अयोध्या ने कैसे बदल दी बंबई

प्रशंसा के बोल

"मुंबई अनेक पीढ़ियों के लिए सपनों का शहर रहा है। जीतेंद्र दीक्षित की पुस्तक मुझे पुरानी यादों में ले जाती है, क्योंकि मैं उसमें वर्णित कई घटनाओं का साक्षी रहा हूँ। जीतेंद्र की मुंबई की व्याख्या ईमानदार, स्पष्ट और बाँधनेवाली है, जो शहर के परिदृश्य पर धब्बेदार प्रमुख घटनाओं का उल्लेख करती है। पक्के मुंबईकर होने के नाते जीतेंद्र इस पुस्तक को लिखने के लिए सबसे सक्षम और योग्य हैं।"

—**राकेश मारिया**, *पूर्व पुलिस कमिश्नर, मुंबई*

"एक बड़े शहर पर दुनिया का पहला बड़ा आतंकवादी हमला मार्च 1993 में हुआ था। सीरियल धमाकों और उससे पहले हुए दो दंगों ने मायानगरी मुंबई को हमेशा के लिए बदल दिया है। एक मुंबईकर और एक पत्रकार के रूप में जीतेंद्र दीक्षित ने उन घटनाओं को करीब से देखा है, जिन्होंने आज की मुंबई को आकार दिया है। मैं उन अभूतपूर्व घटनाओं को कालक्रमबद्ध करने के उनके प्रयास की सराहना करता हूँ। मुंबई से प्यार करनेवाले किसी भी व्यक्ति को इस पुस्तक को पढ़ने से नहीं चूकना चाहिए।"

—**डी. शिवनंदन**, *पूर्व महानिदेशक, महाराष्ट्र पुलिस*
और संयुक्त निदेशक, सी.बी.आई.

"जीतेंद्र दीक्षित की पुस्तक 'अयोध्या ने कैसे बदल दी बंबई' में इसका दिलचस्प वर्णन किया गया है कि चुनावी फायदे के लिए धार्मिक मामलों और पहचान का इस्तेमाल कैसे किया जाता है। दीक्षित ने एक उत्कृष्ट इतिहास लेखक की तरह इस बात का दस्तावेजीकरण किया है कि ताकत की चाहत में किस प्रकार इनसान ईश्वर के चेहरे को जबरन बदलने की लगातार कोशिश करता है।"

—**रशीद किदवई**, *वरिष्ठ पत्रकार और लेखक*

"मुंबई में रहने और काम करने के बाद मुझे यह स्पष्ट है कि अयोध्या की घटना ने इस शहर को बहुत गहरा प्रभावित किया। अयोध्या सिर्फ भारतीय राजनीति का ही नहीं, बल्कि मुंबई का भी टर्निंग प्वाइंट था। एक उत्कृष्ट पत्रकार जीतेंद्र दीक्षित इस प्रभाव और मेरे पसंदीदा शहर में हुए बदलावों की गहराई से पड़ताल करते हैं।"

—**अभिज्ञान प्रकाश**, *लेखक और टीवी पत्रकार*

अयोध्या ने कैसे बदल दी बंबई

जीतेंद्र दीक्षित

प्रभात प्रकाशन

प्रकाशक

प्रभात प्रकाशन प्रा. लि.

4/19 आसफ अली रोड, नई दिल्ली–110002

फोन : 011–23289777 • हेल्पलाइन नं. : 7827007777

इ–मेल : prabhatbooks@gmail.com ❖ वेब ठिकाना : www.prabhatbooks.com

संस्करण

प्रथम, 2023

अनुवाद

भुवेंद्र त्यागी

पेपरबैक मूल्य

पाँच सौ रुपए

मुद्रक

आर–टेक ऑफसेट प्रिंटर्स, दिल्ली

—————— ★ ——————

AYODHYA NE KAISE BADAL DI BAMBAI
by Shri Jitendra Dixit
(Hindi translation of
BOMBAY AFTER AYODHYA: A CITY IN FLUX)

Published by **PRABHAT PRAKASHAN PVT. LTD.**
4/19 Asaf Ali Road, New Delhi-110002

ISBN 978-93-90372-30-0

₹ 500.00 (PB)

मेरे दादा

उमादत्त दीक्षित

और

मेरे नाना

रामकुमार शुक्ला

के लिए

लेखक का वक्तव्य

1996 में बॉम्बे का नाम बदलकर मुंबई कर दिया गया।

मैंने 1996 से पहले की घटनाओं का जिक्र करते हुए शहर को बंबई और उस वर्ष से आगे की घटनाओं के लिए मुंबई लिखा है।

यहाँ यह भी उल्लेखनीय है कि 1996 में शहर के इस आधिकारिक नामकरण से पहले भी मराठी और गुजराती आबादी इसे 'मुंबई' कहती थी, जबकि हिंदीभाषी लोग इसे 'बंबई' कहते थे।

मुंबई के निवासियों को 'बंबइया' और 'मुंबईकर' कहा जाता रहा है।

आभार

इस पुस्तक को पूरा करने में मुझे करीब तीन साल लगे, लेकिन इसे जीने में तीस साल लग गए। मेरी किशोरावस्था शुरू ही हुई थी, जब 1992 93 में बंबई सांप्रदायिक दंगों से हिल गई थी। खून-खराबा देखना, मौत की खौफनाक दहशत महसूस करना और उस छोटी सी उम्र में मजहबी नफरत से अंधी हुई भीड़ से बचने के लिए जल्दबाजी और अफरा-तफरी में घर छोड़कर भागना मुझ पर एक अमिट छाप छोड़ गया। जस्टिस श्रीकृष्ण आयोग की रिपोर्ट, सच जानने के लिए बनीं एन.जी.ओ. और पत्रकारों की समितियों ने उस दहशत के मंजर के दस्तावेज पेश किए हैं, जिससे उन दिनों मुंबई थरथरा रही थी। लेकिन मैं हमेशा अपनी कहानी बताना चाहता था—एक ऐसे शख्स के नजरिए से कही गई कहानी, जिसने न केवल शहर के सामाजिक ताने-बाने को तहस-नहस कर देनेवाले दंगों को करीब से देखा, बल्कि उनसे प्रभावित भी हुआ। यह पुस्तक शहर के सबसे डरावने सांप्रदायिक दंगों की कहानी कहती है। इसमें उन हालात को बयान किया गया है, जिनकी वजह से वह तमाम मार-काट हुई थी। यह बताती है कि कैसे उन दंगों ने आनेवाले बरसों में मुंबई और मुंबईकरों की जिंदगी पर असर डाला। यह असर मुंबई की सियासत, अंडरवर्ल्ड, सामाजिक ताने-बाने, कारोबार और रियल एस्टेट पर भी पड़ा। मैं एक मुंबईकर और ढाई दशक से ज्यादा वक्त से शहर को कवर करने की बदौलत एक पत्रकार के रूप में इन तमाम बदलावों का गवाह हूँ।

जब डी. शिवानंदन मुंबई क्राइम ब्रांच के चीफ थे, तब वे 'एनकाउंटर स्पेशलिस्ट पुलिस अधिकारियों' की टीमों को देखते थे। मैं उनके मिशन 'फिनिश अंडरवर्ल्ड' के किस्से जानने के लिए करीब रोज ही उनसे मिला करता था।

डी.जी.पी. (महाराष्ट्र) के पद से उनके रिटायर होने के बाद हमारी मुलाकातें कम होने लगीं। हालाँकि जब भी हम मिलते हैं, वे हमेशा हौसलाअफजाई करते हैं। शिवानंदन ने न केवल लिखने के लिए मेरा जोश बढ़ाया, बल्कि इसके लिए अपने पुलिस कॅरियर के दिलचस्प किस्से भी साझा किए। उन्होंने मेरी सभी पुस्तकें पढ़ी हैं और मुझे बेशकीमती राय दी है। मैं उनकी मदद और हौसलाअफजाई के लिए उनका आभारी हूँ।

लेखन में मेरी रुचि ने मुझे एक शानदार इनसान, साथी पत्रकार और लेखक धवल कुलकर्णी से मिलवाया। यह पुस्तक लिखने में न केवल मेरा मार्गदर्शन करने और सामग्री जुटाने में मदद करने के लिए, बल्कि लैबिरिंथ लिटरेरी एजेंसी के अनीश चांडी से मेरा परिचय कराने के लिए भी मैं उनका शुक्रगुजार हूँ। क्वालिटी के लिए अनीश की चाह कभी खत्म नहीं होती। मुझे उनके प्रोफेशनल रुख और पुस्तकों से मोहब्बत ने भी हौसला दिया। उन्होंने मेरे लेखन को निखारने में बहुत बड़ी भूमिका निभाई है। मेरे लेखन को रिप्रेजेंट करने के लिए मैं उनका आभारी हूँ।

मैं दिग्गज पत्रकार और लेखिका मीना मेनन का शुक्रगुजार हूँ कि उन्होंने मुझे अपनी पुस्तक 'राइट्स ऐंड आफ्टर इन मुंबई : क्रॉनिकल्स ऑफ ट्रूथ ऐंड रिकॉन्सिलिएशन' दी। इस पुस्तक ने मुझे मुंबई में बार-बार होनेवाले सांप्रदायिक संघर्षों के पीछे की वजहों को समझने में मदद की। मैं अतीक-उर-रहमान का शुक्रगुजार हूँ, जिन्होंने मुझे विल्सन कॉलेज में पॉलिटिकल साइंस पढ़ाया और इस पुस्तक के लिए बेशकीमती रिसर्च मटीरियल मुहैया कराया।

मैंने इस पुस्तक की सामग्री जुटाने के लिए कई लोगों से मुलाकात की और उनके इंटरव्यू लिये। मैं वक्त और मदद देने के लिए उन सभी का आभारी हूँ।

यह पुस्तक मूलत: अंग्रेजी में लिखी गई। मैं वरिष्ठ पत्रकार और अनुवादक भुवेंद्र त्यागी का आभारी हूँ कि उन्होंने इसका हिंदी संस्करण प्रकाशित करने की प्रेरणा दी। अगर मैं यह पुस्तक हिंदी में लिखता, तो शायद उतनी सुंदर न होती, जितनी सुंदरता से त्यागीजी ने इसका अंग्रेजी से हिंदी में अनुवाद किया।

मैं अपनी पत्नी रिम्पी और बेटे वेदांत का आभारी हूँ, जिन्होंने हर कदम पर मेरा साथ दिया और ऑफिस के बाद के घंटों में कभी मुझसे वक्त देने की जिद नहीं की। इससे मैं इस पुस्तक को लिखने के लिए वक्त दे सका।

अनुक्रम

1

अयोध्या से पहले की बंबई

खौलते ताड़ के तेल की एक बड़ी काली कड़ाही से छलनी निकली और यशवंत के पिछवाड़े पर जा लगी। वह पीड़ा से चिल्लाया। गरम तेल लगी छलनी ने न केवल उसकी पैंट, बल्कि उसके पिछले हिस्से की त्वचा को भी जला दिया था। यशवंत को सड़क पर इतनी बुरी हालत में पड़ा देखकर उसके दो साथी भाग गए। हंगामा होता देखकर भीड़ जमा हो गई। डर के मारे दुकानदारों ने शटर बंद कर लिये। किसी ने कभी नहीं सोचा था कि यशवंत, जिसका नाम सड़क के किनारे के स्टॉल मालिकों के लिए आतंक का पर्याय बन गया था, के साथ इस तरह का दुस्साहस किया जाएगा। लोगों को डर था कि अब उमादत्त, जिसने इस गुंडे का मुकाबला करने की हिम्मत की थी, पर जल्द ही जानलेवा हमला होगा।

यह 1970 के दशक की शुरुआत थी और एक नई राजनीतिक पार्टी शिवसेना शहर में अपनी उपस्थिति दर्ज करा रही थी। पार्टी युवाओं के समर्थन के साथ विस्तार कर रही थी और तेजी से एक कैडर-आधारित संगठन में बदल रही थी। यह संगठन अपने एजेंडे को आगे बढ़ाने के लिए हिंसा करने में संकोच नहीं करता था। इसे सत्ताधारी कांग्रेस पार्टी का निहित समर्थन प्राप्त था। असल में कांग्रेस को शहर में कम्युनिस्ट राजनीतिक संगठनों के बढ़ते प्रभाव का मुकाबला करना था। कुछ लोग शिवसेना का पदाधिकारी होने का झूठा दावा करके शिवसेना के डर और आक्रामकता को भुनाने की कोशिश करते थे। यशवंत उनमें से एक था। वह दक्षिण बंबई के कालबादेवी और जवेरी बाजार इलाकों में सक्रिय था। ये इलाके कपड़े और सोने के आभूषणों के व्यवसाय के

लिए जाने जाते थे। वह वहाँ के छोटे दुकानदारों से वसूली करता था। जो भी उसे हफ्ता देने से इनकार करता था, उसके साथ वह मारपीट करता। यशवंत अपने पास एक रामपुरी चाकू रखता था। दो लोगों ने उसे हफ्ता देने में आनाकानी की, तो उसने उन्हें चाकू मार दिया। स्थानीय व्यवसायी उसके साथ किसी भी तरह के टकराव से बचते थे और शायद ही कभी पुलिस में शिकायत दर्ज कराते थे। प्रतिरोध न करने पर ऐसे लोगों की ताकत में तेजी से इजाफा होता है और यशवंत इसका बेहतरीन उदाहरण था। आज तक किसी ने उसका सामना करने की हिम्मत नहीं की थी।

पारंपरिक उत्तर भारतीय धोती-कुरता पहनने वाले थुलथुल और गंजा उमादत्त जवेरी बाजार में स्ट्रीट-फूड का स्टॉल लगाता था। वहाँ वह वड़ा-पाव, समोसे और भजिया बेचता था। उमादत्त भोजन करने के लिए रोज दोपहर 2 बजे घर जाता था और थोड़ा आराम करके शाम 5 बजे तक स्टॉल पर लौट आता था। इस बीच उसके सहायक स्टॉल को सँभालते थे। इसी दौरान यशवंत अपने साथियों के साथ आता, स्टॉल पर खाना खाता और बिना पैसे दिए चला जाता।

एक बार नियमित सहायक नहीं था। उसकी जगह एक नौजवान मुन्ना काम कर रहा था। हमेशा की तरह यशवंत अपने दो साथियों के साथ स्टॉल पर पहुँचा और गरमागरम खाने का लुत्फ उठाया। उसकी कमीज के ऊपर के दोनों बटन खुले हुए थे और उसकी सोने की मोटी चेन साफ नजर आ रही थी। यशवंत के रुतबे से अनजान मुन्ना ने उससे भुगतान के लिए कहा। यशवंत ने अचानक मुन्ना को थप्पड़ मारा और खाली प्लेट उस पर फेंक दी। गालियों की बौछार करते हुए यशवंत ने धमकी दी कि अगर मुन्ना ने फिर कभी पैसे माँगे, तो वह स्टॉल बंद करा देगा।

उस शाम जब उमादत्त दुकान पर पहुँचा तो दुःखी मुन्ना ने उससे नौकरी छोड़ने की गुहार की। उमादत्त उस दिन के वाकये के बारे में जानकर चकित हुआ। उसने मुन्ना को शांत किया। पहलवान होने के नाते उमादत्त की अंतरात्मा उसे इस धमकी के आगे घुटने टेकने से रोक रही थी।

अगले दिन उमादत्त दोपहर के भोजन के लिए घर नहीं गया और स्टॉल पर ही रुक गया। बटाटा वड़ा का एक ताजा घान उबलते तेल में डाला गया था।

शहर में पुर्तगाली शासन के अंतिम अवशेषों में से एक, बटाटा वड़ा-पाव मिल मजदूरों और तमाम कामगारों के लिए पूरे भोजन जैसा था।

जैसे ही पीले वड़े काली कड़ाही में खौलने लगे, यशवंत अपने साथियों के साथ स्टॉल पर आया। कई प्लेट बटाटा वड़ा खाने के बाद उसने बगल के चाय के स्टॉल से एक कप चाय मँगवाई। जैसे ही उसने खाना खत्म किया और जाने के लिए तैयार हुआ, उमादत्त ने चिल्लाकर उससे कहा, "ऐ, पैसा कौन देगा ?"

"अपने बाप से पैसा माँगता है ? ये ले !"

यशवंत ने काँच की प्याली उमादत्त के चेहरे पर फेंकी, जिससे उसके माथे से खून बहने लगा। उमादत्त ने गुंडे की नाक पर मुक्का मारकर इसका जवाब दिया। यशवंत के साथी उमादत्त पर हमला करने के लिए दौड़े, लेकिन स्टॉल मालिक के मददगार उन्हें रोकने के लिए आगे बढ़े। उमादत्त के दुस्साहस पर यशवंत चौंक गया। गुस्से में यशवंत ने अपना रामपुरी चाकू निकाल लिया, लेकिन इससे पहले कि वह हमला कर पाता, उमादत्त ने कड़ाही से गरम तेल की छलनी उठाई और अपनी पूरी ताकत से यशवंत के पिछवाड़े पर वार किया। यशवंत जमीन पर गिर पड़ा दर्द से कराहने लगा। उसके साथी भाग खड़े हुए।

इसके बाद उमादत्त ने पुलिस को बुलाया और यशवंत को उनके हवाले करते हुए उन्हें इस गुजारिश के साथ खूब रिश्वत दी कि उस पर सख्त कानूनी धाराओं के तहत मामला दर्ज किया जाए और हवालात में 'अच्छी खबर' ली जाए। उस दिन के बाद यशवंत और उसके साथी फिर कभी उस इलाके में नहीं दिखे। हालाँकि उमादत्त के शुभचिंतकों ने चेताया था कि यशवंत बदला लेने फिर आ सकता है, लेकिन ऐसा कभी नहीं हुआ। उमादत्त रातोरात एक नायक के रूप में उभरा, जिसने एक खलनायक को मात देकर इलाके से भगा दिया था। वह अब जनता का दुलारा था। सभी उसकी तारीफ करते थे। स्थानीय लोग छोटे-मोटे झगड़ों को निपटाने की उम्मीद में उसके पास आने लगे। अब किसी की उमादत्त से पंगा लेने की हिम्मत नहीं थी। जैसाकि दुनिया का चलन है, लोग चमत्कार करनेवालों की पूजा करते हैं और यशवंत की गुंडागर्दी को खत्म करने का मतलब जवेरी बाजार और कालबादेवी के लोगों के लिए कोई छोटी बात नहीं थी।

यशवंत जैसे गुंडों से निपटना उन शुरुआती संघर्षों में से एक था, जिनका सामना उमादत्त जैसे प्रवासियों को करना पड़ता था। उनमें से कुछ तो हालात के आगे झुक जाते थे, जबकि कुछ हालात से हारकर लौट जाते थे। उमादत्त के लिए इस शहर की इन मुश्किलों से ज्यादा वजनदार वे मौके थे, जो कड़ी मेहनत और संघर्ष करने को तैयार रहनेवालों को बंबई देती थी। जो लोग बंबई के निवासी बनने का इरादा रखते हैं, उन्हें पहले शहर की 'प्रवेश परीक्षा' देनी होती है और यह शहर कुछ चुनिंदा लोगों को ही लंबी दौड़ के लिए गले लगाकर नवाजता है।

उमादत्त दीक्षित मेरे दादा थे, जो 1950 के दशक की शुरुआत में मेरे नाना रामकुमार के साथ किशोरावस्था में बंबई आए थे। वह एक ऐसा समय था, जब बंबई को ब्लैक ऐंड व्हाइट सिनेमा के जरिए दुनिया के सामने पेश किया जाता था, सड़कों पर ट्राम चलती थीं, कुछ ट्रेनें अब भी भाप के इंजनों द्वारा खींची जाती थीं, सड़कों को हर दिन धोया जाता था, लोकल ट्रेनों में केवल नौ डिब्बे होते थे, पुलिस की वरदी नीली थी, 'विक्टोरिया' नाम की घोड़ागाड़ी कम दूरी तक आने-जाने का एक पसंदीदा जरिया थी। दक्षिण बंबई के विक्टोरिया टर्मिनस से अँधेरी जैसे उपनगरों तक जाना किसी दूर के शहर का सफर करने जैसा था।

प्रवासी : पुर्तगालियों से पुरबियों तक

मेरे दादा और नाना, दोनों उत्तर प्रदेश के बाराबंकी जिले के एक गाँव से थे। उनके परिवारों के पास गाँव के नजदीक पुश्तैनी खेत थे और खेती ही रोजी-रोटी का एकमात्र स्रोत थी। वे गाँव के लोगों से मजदूरी कराकर खेती की पैदावार उनके साथ साझा करते थे। फसलों में गेहूँ, पुदीना, सरसों और मसूर शामिल थे। उपज का एक बड़ा हिस्सा बेच दिया जाता था, जबकि कुछ हिस्सा इस्तेमाल के लिए घर में रख लिया जाता था। उनकी जमीन का एक बड़ा हिस्सा ब्रिटिश सरकार ने बीसवीं शताब्दी की शुरुआत में महत्त्वाकांक्षी शारदा नहर परियोजना की एक शाखा बनाने के लिए अधिगृहीत कर लिया था। ये उत्तर प्रदेश की सबसे लंबी नहर है, जो कई हजार किलोमीटर तक फैली हुई है। किसानों को दिया जानेवाला मुआवजा ऊँट के मुँह में जीरे जैसा था और दोनों परिवारों

को आजीविका के अन्य साधनों की तलाश करनी पड़ी। जैसे-जैसे परिवारों का आकार बढ़ता गया, भूमि सीमित होती गई। उत्तर भारत में रोजगार के अवसर दुर्लभ थे, इसलिए परियोजना के लिए जमीन चली जाने के बाद कई ग्रामीण अविभाजित भारत के तमाम शहरों में चले गए। सबसे पहले परिवारों के केवल पुरुष सदस्य ही इन शहरों में जाते थे। एक बार नौकरी मिलने, जेब में गुजारे लायक पैसे और रहने का आसरा हो जाने पर परिवार के बाकी सदस्य भी उनके पास आ जाते थे।

दुनिया भर में लगभग सभी शहरी केंद्र प्रवास की बदौलत विकसित हुए हैं और यह बात बंबई के लिए भी सच है। सात द्वीपों में फैली हुई बंबई को मूल रूप से आगरी समुदाय के किसानों और कोली समुदाय के मछुआरों ने बसाया था। इन द्वीपों पर सबसे पहले हाथ रखनेवाले यूरोपीय पुर्तगाली थे, जिन्होंने इस द्वीपसमूह को अपने नौसैनिक अड्डे और बंदरगाह के रूप में विकसित किया था। हालाँकि बंबई में प्रमुख भौगोलिक, डेमोग्राफिक और बुनियादी ढाँचे में बदलाव तब होने शुरू हुए, जब 1661 में पुर्तगाली राजकुमारी के इंग्लैंड के राजा से शादी करने के बाद सात द्वीपों को दहेज के रूप में इंग्लैंड को सौंप दिया गया। लगभग 200 साल बाद इन द्वीपों को रीक्लेमेशन प्रोजेक्टों के जरिए मिलाकर एक भूभाग बना दिया गया। शहर में शुरुआती प्रवासी जमीन के रास्ते आज के गुजरात, गोवा और राजस्थान से आए थे। 1853 में भारत की पहली यात्री ट्रेन सेवा की शुरुआत ने आने-जाने को बढ़ावा देने का काम किया और शहर की डेमोग्राफी को बदल दिया। फिर तो उत्तर भारत, दक्षिण भारत, बंगाल, सिंध और अफगानिस्तान के लोग बड़ी संख्या में बंबई आने लगे। 1940 के दशक की शुरुआत में सांताक्रुज हवाई अड्डे पर कमर्शियल इंटरनेशनल उड़ानें शुरू हुईं। इसने बंबई को एक अंतरराष्ट्रीय शहर के रूप में विकसित करने में मदद की।

बंबई आनेवाली उत्तर भारतीय आबादी अलग अलग इलाकों से आई थी। उनमें बिहारी और पुरबिये (पूर्वी उत्तर प्रदेश के) थे। वे भोजपुरी और मैथिली बोलते थे। बहुत से लोग उत्तर प्रदेश के अवध क्षेत्र से आए थे और अवधी बोलते थे। मेरे दादाजी को गर्व था कि उनकी जड़ें अवध क्षेत्र में हैं, जिसे भगवान् राम का साम्राज्य माना जाता है। उनकी जन्मभूमि अयोध्या मेरे पैतृक गाँव से मुश्किल

से सौ किलोमीटर दूर है। मेरे दादाजी और उनके दोस्त गाँव से इतनी दूर अकसर साइकिल से जाते थे और रामलला के दर्शन करके और सरयू नदी में डुबकी लगाकर अगले दिन लौटते थे। इसी नदी के किनारे अयोध्या बसी है। आज तक हमारे परिवार में अनेक धार्मिक आयोजन अयोध्या में ही होते रहे हैं। परिवार के पुरुषों के लिए सरयू के तट पर कम-से-कम एक बार सिर मुंडवाना अनिवार्य है। परिवार अब भी भगवान् राम के लिए समर्पित है। कोई भी शुभ कार्यक्रम हो—शादी, प्रसव या व्यावसायिक सफलता—अखंड रामायण का पाठ जरूर किया जाता है। यह पाठ 16वीं सदी के कवि गोस्वामी तुलसीदास द्वारा रामायण के अवधी भाषा रूपांतरण 'श्रीरामचरितमानस' का लगातार पाठ होता है। इस अखंड सस्वर पाठ में बहुत से लोग भाग लेते हैं और इसे पूरा करने में लगभग 24 घंटे लगते हैं।

मुंबई में उत्तर प्रदेश और बिहार के लोगों के समुदाय अपनी एक विरोधाभासी तसवीर पेश करते हैं। एक ओर बड़ी संख्या में भारतीय प्रशासनिक सेवा (आई.ए.एस.) और भारतीय पुलिस सेवा (आई.पी.एस.) से संबंधित नौकरशाह इन दोनों राज्यों के मूल निवासी हैं। वे इन सेवाओं से मिली शक्ति से शहर को चलाते हैं।[1, 2] आमतौर पर बहुत से मिडिल क्लास उत्तर भारतीय परिवारों का यह सपना होता है कि उनके बच्चे आला दर्जे के सरकारी अधिकारी बनें, लाल बत्ती वाली एंबेसडर कारों में घूमें, बड़े घरों में रहें और उनकी जरूरतों और सुख-सुविधाओं को पूरा करने के लिए कई नौकर-चाकर हों। एक सरकारी नौकरी न केवल आर्थिक सुरक्षा सुनिश्चित करती है, बल्कि अपने साथ ताकत और रुतबे के साथ कई और लाभ भी लाती है। इसलिए योग्य उम्मीदवार बनने से पहले से ही युवाओं के लिए इन प्रतियोगी परीक्षाओं की तैयारी शुरू करना आम बात है। दूसरी ओर, इन राज्यों के कई लोग मुंबई में बहुत ही खस्ता हालत में रहते थे। उन्हें गुजारा करने के लिए काफी मशक्कत करनी पड़ती थी। वे आमतौर पर मजदूरी करते थे। जैसे—बंदरगाहों पर लोडर, मिल मजदूर, कुली और ठेला खींचनेवाले, चौकीदार, हाउसकीपिंग स्टाफ, फेरीवाले और डिलीवरी बॉय। जो थोड़े पढ़े-लिखे थे, उन्हें क्लर्क की नौकरी मिल गई या वे व्यापारियों और कारोबारियों के सहायक बन गए।

चॉल का जीवन

बंबई पहुँचने के बाद मेरे दादा और नाना कुछ रिश्तेदारों के साथ रहे, जो शहर में उनसे पहले आकर बस चुके थे। उन्होंने नौकरी की तलाश शुरू कर दी। कुछ दिन तक शहर में घूमने के बाद मेरे नाना रामकुमार ने एक चैरिटेबल ट्रस्ट के ऑफिस की देखभाल करनेवाले की नौकरी की। ट्रस्ट एक गुजराती परोपकारी केशवजी जाधवजी के नाम पर था, जिन्होंने जनकल्याण के लिए अपनी संपत्ति दान कर दी थी। इस ट्रस्ट की संपत्तियाँ पूरी बंबई में थीं। उनमें दक्षिण बंबई के मसजिद बंदर में एक चैरिटेबल होम्योपैथिक क्लिनिक और गौशाला शामिल थे। ट्रस्ट के लिए आय का प्राथमिक स्रोत ट्रस्ट के एक हॉल, एक शादी के हॉल और कई दुकानों से मिलनेवाला किराया था।

रामकुमार को मसजिद बंदर में ट्रस्ट के ऑफिस का केयरटेकर बनाया गया। उन्हें हॉल और शादी के हॉल की चाबियाँ भी दे दी गईं। चूँकि वे ब्राह्मण थे, इसलिए उन्हें ट्रस्ट के ऑफिस में रखी गणपति की छोटी मूर्तियों और भगवान् गिरिराज की तसवीर की रोज पूजा करने के लिए भी कहा गया था। उन्हें ट्रस्ट के परिसर में आधिकारिक आवास के रूप में एक छोटा सा कमरा दिया गया था। उसमें मेरे दादा उमादत्त भी उनके साथ रहने लगे।

उमादत्त ने जवेरी बाजार में एक अखबार बेचनेवाले का काम शुरू किया। उन दिनों गुजराती अखबार 'जन्मभूमि' और 'मुंबई समाचार' शेयर बाजार और कारोबार से जुड़ी खबरों को काफी जगह देते थे। अपने खाली समय में उमादत्त ने भी इन अखबारों को पढ़ने की कोशिश की और कुछ ही बरस में वे गुजराती में माहिर हो गए। उन्होंने पाँच साल तक अखबार बेचे। उस दौरान अपने ग्राहकों से बातचीत करते हुए उन्होंने देखा कि ज्यादातर गुजराती और मारवाड़ी खाने के शौकीन होते हैं और वे विविधता और स्वाद पर जान छिड़कते हैं। इससे उनके मन में एक स्नैक्स स्टॉल लगाने का विचार आया। जैसाकि उन्होंने अनुमान लगाया था, उनका फूड स्टॉल चल निकला।

उमादत्त ने जल्द ही मसजिद बंदर इलाके की एक चॉल में एक घर खरीदा। चॉल एक या दो मंजिल की इमारतें होती हैं, जिनमें लगभग आठ से दस कमरे एक लाइन में बने होते हैं। यहाँ रहनेवालों के लिए यही कमरा किचन,

बाथरूम, लिविंग रूम और बेडरूम का काम करता है। कई रहवासियों ने मेजेनाइन बनाकर अपने कमरों में ऊपर भी जगह कर ली थी, जिसका इस्तेमाल सामान रखने या बच्चों के लिए किया जाता था। हर मंजिल पर साझा शौचालय थे और लोगों को टॉयलेट के लिए छोटी-छोटी बाल्टियों में पानी ले जाना पड़ता था। चूँकि कमरे छोटे थे, इसलिए हर घर के लोग दरवाजे के बाहर साझा जगह पर अतिक्रमण कर लेते थे। वहाँ ड्रम, बाल्टी, झाड़ू, साइकिल और कुरसियाँ जैसे सामान रख दिए जाते थे। एक ठेठ चॉल की छत लाल मंगलोरियन टाइलों से ढकी होती थी और हर मानसून से पहले रिसाव को रोकने के लिए टूटी हुई टाइलों पर डामर की परत चढ़ा दी जाती थी। चॉल के अधिकांश निवासी निम्न-मध्यवर्गीय गुजराती थे। उनमें से कुछ स्टॉक ब्रोकिंग फर्मों में काम करते थे, कुछ सड़क के किनारे स्टॉलों पर ऑडियो कैसेट्स बेचते थे—जो अभी-अभी भारतीय बाजार में आए थे, कुछ इलेक्ट्रॉनिक गैजेट्स की मरम्मत करते थे और कुछ पास की खाऊ गली में खाने-पीने का सामान बेचते थे। जिस जगह पर यह चॉल, ऑडिटोरियम और शादी का हॉल था, उसे 'वाडी' के नाम से जाना जाता था। वाडी का एक बड़ा गेट था। यह जेल के फाटक जैसा था। गेट के दो दरवाजों में से एक में पैदल आने-जाने वालों के लिए एक छोटा दरवाजा था। वाहनों के आने के लिए दोनों बड़े दरवाजे खोलने पड़ते थे। वाडी का गेट बंबई के एक स्वतंत्रता सेनानी यूसुफ मेहरअली के नाम की एक सड़क पर खुलता था। मेहरअली ने ही आजादी आंदोलन में 'भारत छोड़ो' और 'साइमन गो बैक!' के खास नारे गढ़े थे।

मसजिद को मंदिर से जोड़नेवाली सड़क

युसूफ मेहरअली रोड मध्य रेलवे लाइन पर मसजिद रेलवे स्टेशन तक जाती है, इसीलिए इसे 'मसजिद बंदर रोड' के नाम से भी जाना जाता है। यह नाम यहाँ की दो जगहों से मिलकर बना है—19वीं सदी के मध्य में बना एक यहूदी इबादतगाह जूनी मसजिद और एक बंदरगाह, जिसे मराठी में 'बंदर' कहा जाता है। दो किलोमीटर लंबी युसूफ मेहरअली रोड शहर में दो मशहूर धार्मिक स्थलों से होकर गुजरती है। एक मुंबादेवी का मंदिर है, जो शहर की

अधिष्ठात्री देवी हैं और दूसरी जकरिया मसजिद है, जो मुसलमानों की एक प्रमुख इबादतगाह है। सड़क के दोनों ओर सैकड़ों छोटे-छोटे स्टॉल लगे हैं, जिनमें जूते से लेकर घरेलू सामान, फलों से लेकर कटलरी तक की चीजें बिकती थीं। इनमें से ज्यादातर स्टॉल स्थानीय मुसलमानों के थे। वे त्योहारी सीजन के मुताबिक अपने स्टॉलों के माल का बदल देते थे। वे स्टॉल दीपावली से पहले पटाखों और सजावटी सामानों से भर जाते, जबकि होली के आसपास उन पर रंग और पिचकारियाँ नजर आतीं। युसूफ मेहरअली रोड की एक गली में उद्योगपति धीरूभाई अंबानी ने कारोबार में अपनी कामयाबी का सफर शुरू किया था। अंबानी ने 1960 के आसपास यहाँ एक छोटा सा ऑफिस बनाया था। वहाँ से वे काली मिर्च, इलायची और हल्दी जैसे मसालों का व्यापार करते थे। वे पास के भुलेश्वर में एक चॉल में रहते थे।

युसूफ मेहरअली रोड दो अलग-अलग समुदायों की बस्तियों को भी बाँटती है। खड़क, उतरान और डोंगरी जैसे मुसलिम बहुल इलाके इस सड़क के उत्तरी किनारे पर हैं, जबकि वडगादी, दरियास्थान, कोलीवाड़ा और कत्था बाजार जैसे हिंदू बहुल इलाके दक्षिण की ओर हैं। मसजिद स्टेशन के आसपास के इलाके में दोनों ओर हिंदुओं की आबादी हुआ करती थी। वाडी—जहाँ मेरे दादा और नाना रहते थे—उत्तरी हिस्से में थी। वहाँ हिंदुओं की तादाद बहुत कम थी। वाडी एक द्वीप की तरह लगती थी, जो तीन तरफ मुसलमानों की इमारतों से घिरी हुई थी और चौथी तरफ एक सड़क थी। सड़क पर दिन भर हजारों राहगीरों, ठेलों, ट्रकों और टैक्सियों की भारी भीड़ रहती थी। यहाँ की घनी आबादी को देखते हुए बॉम्बे इलेक्ट्रिसिटी सप्लाई ऐंड ट्रांसपोर्ट (बेस्ट) ने इस सड़क पर सिर्फ एक डबल डेकर बस सेवा चलाई थी।

शहर में कुछ साल बिताने और अपने रहने का इंतजाम करने के बाद मेरे दादा और नाना ने अपने-अपने परिवारों को यहीं बुला लिया। रामकुमार की पत्नी विद्या अपने दो बेटों—रमाकांत और शशिकांत के साथ बंबई आ गईं। मेरे माता-पिता, राम और प्रेमा यहाँ उमादत्त के साथ आए। मेरी दादी इस बड़े शहर के हुड़दंग से दूर रहने में ज्यादा सहज महसूस करती थीं। मामा रमाकांत और शशिकांत तथा मेरे पिता को जल्द ही अलग-अलग मारवाड़ी ज्वैलर्स ने नौकरी

पर रख लिया। जैसे-जैसे वे तीनों इस शहर और यहाँ के लोगों को बेहतर ढंग से समझते गए, कुछ बरसों में उन्होंने अपने कारोबार शुरू कर दिए। रमाकांत ने कैलकुलेटर और घड़ी की मरम्मत की दुकान खोली, जबकि शशिकांत और मेरे पिता ने परफ्यूम, इलेक्ट्रॉनिक गैजेट्स, खिलौने, सौंदर्य प्रसाधन और स्टेशनरी जैसे इंपोर्टेड सामान को बेचने के लिए जवेरी बाजार में छोटे से स्टॉल लगाए।

मेरा जन्म जुलाई 1979 में लक्ष्मीबाई मैटरनिटी होम में हुआ था। यह वाडी के सामने की सड़क पार करके वडगादी की हिंदू बस्ती में था। मैं अपने परिवार में बंबई में पैदा होनेवाला पहला बच्चा हूँ। मेरा नाम जीतेंद्र रखा गया, जिसका अर्थ है—अपनी इंद्रियों पर विजय प्राप्त करनेवाला। इस नाम का श्रेय मेरे परिवार की रामभक्त हनुमानजी में गहरी आस्था को जाता है। मेरे जन्म के दिन से ही मेरे पिता ने मुझे आई.ए.एस. अधिकारी बनाने का मन बना लिया था। उन्होंने अपनी शिक्षा हिंदी माध्यम से पूरी की थी, लेकिन उनका मानना था कि सिविल सेवा परीक्षा देने के लिए अंग्रेजी शिक्षा मेरे लिए फायदेमंद होगी। हमारे घर से पैदल दूरी पर अंग्रेजी माध्यम के सिर्फ दो स्कूल थे—दाऊद फजल हाई स्कूल और खोजा खान हाई स्कूल। शहर में रहनेवाले ज्यादातर खोजा मुसलमान गुजराती बोलते हैं। उन्हें सहिष्णु और प्रगतिशील माना जाता है। मुझे सैमुअल स्ट्रीट पर दो लेन दूर, खोजा खान हाई स्कूल में भरती कराया गया। मेरे दादा-दादी मुझे मुसलमानों के स्कूल में भेजने से डरते थे। उन्हें डर था कि ये मेरे धार्मिक विश्वासों और जीवन-शैली के चुनाव को प्रभावित करेगा। मेरे परिवार में अंडे, मछली या मांस खाना मना था। दादा-दादी यह समझाने के बाद मान गए कि स्कूल में ज्यादातर टीचर हिंदू हैं और अंग्रेजी मीडियम के हिंदुओं के स्कूल घर से बहुत दूर थे।

जब मैं आठवीं क्लास में पहुँचा, तो 40 छात्रों की क्लास में केवल मैं और चीनी मूल के मेरे बौद्ध दोस्त हू शिह फुँग ही गैर-मुसलिम छात्र बचे थे। फुंग के माता-पिता का डोंगरी में डेंटल क्लिनिक था। स्कूल में ज्यादातर छात्र पास के डोंगरी, भिंडी बाजार, पायधुनी और इमामवाड़ा में रहनेवाले मध्यवर्गीय मुसलिम परिवारों के थे। कुछ छात्र अंडरवर्ल्ड डॉन करीम लाला के खूँखार पठान गिरोह के सदस्यों के दूर के रिश्तेदार थे।

ऐसा माना जाता था कि 'सड़क सुरक्षा गश्ती दल' (आर.एस.पी.) में नाम लिखवाकर एक छात्र अधिक अनुशासित और आत्मविश्वासी बन जाता है। आर.एस.पी. कैडेट को मैरून वरदी पहननी होती थी। हालाँकि मेरे एक बुजुर्ग पड़ोसी कुंजबिहारी शर्मा, मुझे एक अलग वरदी में देखना चाहते थे—राष्ट्रीय स्वयंसेवक संघ (आर.एस.एस.) की खाकी शॉर्ट्स, सफेद शर्ट और काली टोपी की वरदी में। आर.एस.एस. की एक शाखा मेरे घर से लगभग दो किलोमीटर दूर कालबादेवी रोड पर चलती थी। कुंजबिहारी ने मेरे घरवालों को वहाँ मेरा नाम लिखवाने के लिए मना लिया। बुजुर्ग और धार्मिक कुंजबिहारी हर शनिवार की रात को कीर्तन आयोजित करते थे। उसमें कई उत्तर भारतीय पड़ोसी भाग लेते थे। अब जबकि मैं इतने सालों बाद यह पुस्तक लिख रहा हूँ, तो ढोलक और घंटी की वह मिली-जुली ताल मेरे कानों में अब भी ताजा है। कीर्तन में लोगों की एक आवाज लाउडस्पीकर से भी तेज होती थी। कभी-कभी सुबह चार बजे तक चलनेवाले उस कीर्तन पर पड़ोस की मुसलिम इमारतों से कभी किसी ने ऐतराज नहीं किया था।

हमारे पड़ोस के कई और लोगों की तरह कुंजबिहारी आर.एस.एस. और इसकी राजनीतिक शाखा भारतीय जनता पार्टी (बीजेपी) के प्रशंसक थे। वे दृढ़ता से मानते थे कि यह वास्तव में एक राष्ट्रवादी संगठन है। हालाँकि मेरे माता-पिता ने स्कूल में मेरे खराब प्रदर्शन को ध्यान में रखा और आर.एस.एस. की शाखा में भेजने की बजाय मुझे दो घंटे के गणित के ट्यूशन में भेजना पसंद किया। इस तरह मैंने वे खाकी शॉर्ट्स कभी नहीं पहने।

इंदिरा की हत्या और बदलती वफादारी

1984 तक मेरा परिवार सामान्य रूप से कांग्रेस और खासतौर पर इंदिरा गांधी का समर्थन करता रहा था। इंदिरा के कट्टर समर्थकों की तरह वे बहुत गर्व से बताते थे कि कैसे भारत ने 1971 में पाकिस्तान को हराया और इंदिरा गांधी के नेतृत्व में बांग्लादेश बनवाया, कैसे उन्होंने सोवियत संघ के साथ दोस्ती की, संयुक्त राज्य अमेरिका के पाकिस्तान समर्थक रुख अपनाने पर कैसे उन्होंने परमाणु परीक्षण किए और भारत को एक परमाणु शक्ति बनाया और कैसे वे

पंजाब के खालिस्तानी उग्रवादियों से निबटीं। वे मेरे परिवार के लिए किसी जीवंत देवी से कम नहीं थीं। जब भी उन्होंने बंबई के आजाद मैदान में रैलियों को संबोधित किया, तो मेरे परिवार के सदस्य और आस-पड़ोस के सभी पुरुष उत्साह से उन्हें सुनने के लिये गए, उनकी तसवीर के साथ बैज लगाए और कांग्रेस के झंडे लहराए। इन जनसभाओं में वे जो कहती थीं, वह आनेवाले दिनों में गंभीर चर्चा का विषय बना रहता था। आपातकाल के दौरान उनकी ज्यादतियों को माफ कर दिया गया। इसके लिए उनके बेटे संजय को जिम्मेदार ठहराया गया। उनकी हत्या की खबर सुनकर मेरी नानी बेहोश हो गईं और दो दिन तक उनकी तबीयत खराब रही।

इंदिरा गांधी के निधन के साथ कांग्रेस के लिए समर्थन धीरे-धीरे फीका पड़ने लगा। उनके निधन के बाद हुए लोकसभा चुनाव में कांग्रेस ने सहानुभूति वोटों की लहर से 404 सीटों पर जीत हासिल की। बाद में शाह बानो मामले पर राजीव गांधी की काररवाई और सलमान रुश्दी की पुस्तक 'द सैटेनिक वर्सेज' पर प्रतिबंध को बीजेपी ने भुनाया और कांग्रेस को 'छद्म-धर्मनिरपेक्ष' और मुसलिम तुष्टीकरण करनेवाली पार्टी के रूप में प्रचारित करके उसके खिलाफ इस्तेमाल किया। 1989 में हुए अगले लोकसभा चुनाव में कांग्रेस पार्टी को सत्ता से बेदखल कर दिया गया। उसकी सीटें 1984 की 404 से घटकर 197 रह गईं, जबकि 1984 में सिर्फ दो सीटें पानेवाली बीजेपी की सीटें इस बार बढ़कर 85 हो गईं। हालाँकि यह एक त्रिशंकु संसद थी और वी.पी. सिंह राष्ट्रीय मोर्चे के बैनर तले छोटे दलों के समर्थन और बीजेपी के बाहरी समर्थन से जनता दल के प्रधानमंत्री बन गए।

1989 में बीजेपी ने हिंदुत्व को अपनी विचारधारा के रूप में अपनाया। बीजेपी के लिए हिंदुत्व केवल एक धार्मिक अवधारणा नहीं थी, बल्कि भारतीय पहचान का प्रतिनिधित्व करनेवाली सांस्कृतिक राष्ट्रवाद की एक अभिव्यक्ति थी। बंबई में बीजेपी को शिवसेना के रूप में समान विचारधारा का एक सहयोगी मिला। यह सियासी गठजोड़ लगभग अगले तीन दशकों तक जारी रहा। □

2

रुश्दी की पुस्तक पर 1989 का दंगा

वह 1989 की फरवरी की एक खुशनुमा दोपहर थी। स्कूल से वापस आते समय मैंने मोहम्मद अली रोड पर कुछ हंगामा देखा। एक पुलिस वैन के पीछे हजारों लोगों की भीड़ उमड़ पड़ी थी। कुछ पुलिसवाले हाथों में लाठियाँ लिये हुए पहले से ही सड़क पर तैनात थे। भ्रम में डूबकर और जिज्ञासा से भरकर मैं फुटपाथ पर भीड़ के साथ चलने लगा। भीड़ गुस्से में थी और 'सलमान रुश्दी हाय हाय', 'सलमान रुश्दी मुर्दाबाद', 'नारा-ए-तकबीर... अल्लाह हो अकबर' के नारे लगा रही थी। उनके हाथों में अंग्रेजी और उर्दू में लिखी तख्तियाँ भी थीं।

मैं सलमान रुश्दी की पुस्तक 'द सैटेनिक वर्सेज' पर होनेवाली सियासत से बेखबर था, लेकिन घर पर होनेवाली चर्चा के जरिए मुझे इसके बारे में कुछ जानकारी थी। मुझे पता था कि इस पुस्तक ने मुसलमानों की भावनाओं को ठेस पहुँचाई है। भीड़ के साथ लगभग एक किलोमीटर तक चलने के बाद मैंने घर लौटने की सोची। बंबई पुलिस ने क्रॉफर्ड मार्केट के जंक्शन पर बैरिकेडिंग कर दी थी और भीड़ को आगे बढ़ने से रोक दिया था। इसके कारण भीड़ का नेतृत्व करनेवाले लोगों और पुलिस के बीच कहा-सुनी हुई। तभी अचानक कुछ लोगों ने पुलिस पर पत्थर और काँच की बोतलें फेंकनी शुरू कर दीं, जिससे पुलिस तुरंत हरकत में आई। लाठीचार्ज का आदेश दिया गया। अब तक चुपचाप भीड़ के साथ आगे बढ़ रही पुलिस फौरन प्रदर्शनकारियों पर टूट पड़ी। इससे सड़क पर भगदड़ मच गई।

पुलिस की मार से बचने की कोशिश में एक आदमी फुटपाथ की ओर भागा और उसने अनजाने में मुझे धक्का दे दिया। उस आदमी का पीछा कर रहे

पुलिसवाले उसे घेरने में कामयाब रहे और उस पर लाठियों की बौछार करने लगे। जमीन पर पड़े हुए मैंने देखा कि उसे बेरहमी से पीटा जा रहा था। उसके सिर से खून बह रहा था।

"क्या मरना है तेरे कू? इधर क्या कर रहा है?" मैं उस आवाज की ओर मुड़ा। वे एक बुजुर्ग बोहरी मुसलमान थे। उन्होंने सफेद कुरता और कढ़ाईदार टोपी पहनी थी। मैं घबराहट में काँप रहा था और मेरे मुँह से शब्द नहीं निकल रहे थे। उन्होंने मेरी परेशानी को महसूस किया और मुझे फुटपाथ से सटी इमारत की पहली मंजिल पर अपने दफ्तर में ले गए। वहाँ से वे हार्डवेयर का कारोबार चलाते थे। उन्होंने मुझे तसल्ली दी, पानी पिलाया और अपने एक सहायक को मेरे घावों पर एंटीसेप्टिक क्रीम लगाने के लिए कहा। मुझे महफूज होने का भरोसा दिलाने के बाद उन्होंने मेरे घर का पता पूछा।

"हम्म...तेरे कू उस भीड़ के साथ नहीं जाने का था। तेरा घर तो नजीक में ही है, पर अभी तेरे कू उधर लेके जाने में वांदा है। पुलिस फायरिंग चालू है और बाहर निकलने में लफड़ा है। तेरे माँ-बाप को फिकर हो रहा होएगा। अगर तेरे घर पर फोन है, तो हम लोग उनको बता सकता है कि तू ठीक है।"

हालाँकि हमने टेलीफोन कनेक्शन के लिए एप्लिकेशन दे रखी थी, लेकिन उन दिनों कनेक्शन मिलने में कई साल लग जाते थे। राजनीतिक जान-पहचानवाले लोगों को तरजीह देकर कनेक्शन के लिए सिफारिश कर दी जाती थी, लेकिन मेरे माता-पिता की इस तरह की कोई पहचान नहीं थी। पड़ोस की स्टेशनरी की दुकान का एक नंबर था, जो मेरे माता-पिता ने हमारे रिश्तेदारों को बेहद जरूरी होने पर संपर्क करने के लिए दिया था, लेकिन मेरे पास वह नंबर भी नहीं था।

"मैं समझ सकता हूँ कि तेरे माँ-बाप के मन में क्या खयाल आ रहे होएँगे। बाहर के हालात खतरनाक हैं। मेरे कू लगता है कि बहुत से लोग मर गए होएँगे।" उसने आह भरी।

बाहर हो रही हिंसा की आवाजें—लगातार की जा रही गाली-गलौज, ट्यूबलाइट और काँच की बोतलों के टूटने और गोलियों की आवाजें उस इमारत के अंदर से साफ सुनी जा सकती थीं। कई वाहन जलकर खाक हो

गए और आसमान में धुआँ भर गया। आधी खुली खिड़की से हमने देखा कि एक पुलिसवाला रास्ते पर नजर आनेवाले हर शख्स को बेरहमी से पीट रहा है। मैं परेशान था कि ऐसा कब तक चलता रहेगा? मैं घर पहुँचने के लिए तरस रहा था। हालाँकि मेरा घर वहाँ से केवल एक किलोमीटर दूर था, लेकिन अब वह मुझे मानो दूसरी दुनिया में लग रहा था। वहाँ मौजूद हर शख्स को मुझसे सहानुभूति थी। हर कोई यही सोच रहा था कि मेरी मदद कैसे की जा सकती है?

किसी को उम्मीद नहीं थी कि एक लेखक के खिलाफ गुस्सा इस कदर खून-खराबे में बदल जाएगा! सलमान रुश्दी का जन्म और पालन-पोषण बंबई में हुआ था, लेकिन बाद में वे ब्रिटेन और फिर अमेरिका चले गए। हालाँकि जब उनके उपन्यास 'मिडनाइट्स चिल्ड्रन' ने 1981 में बुकर पुरस्कार जीता था, तब वे साहित्य की दुनिया में एक मशहूर नाम बन गए थे, लेकिन फिर भी शहर के इस हिस्से में उन्हें शायद ही कोई जानता था कि वे कौन थे! उनका विवादास्पद उपन्यास 'द सैटेनिक वर्सेज' 1988 में छपा था, लेकिन पूरी दुनिया में वह तभी चर्चित हुआ, जब एक साल बाद ईरानी नेता अयातुल्ला खुमैनी ने उस उपन्यास पर ऐतराज जताया और रुश्दी के कत्ल के लिए एक फतवा जारी कर दिया। उनके सिर पर इनाम रखा गया था। रश्दी के इस उपन्यास को ईशनिंदा, इसलाम विरोधी और पैगंबर के अपमान के रूप में देखा गया था। इसने दुनिया के कई हिस्सों में मुसलमानों में गुस्सा पैदा किया और कई देशों ने इस पुस्तक पर पाबंदी लगा दी। पुस्तकों की कई दुकानों में तोड़-फोड़ की गई, इसकी प्रतियाँ जला दी गईं। उपन्यास के प्रकाशन, संपादन और अनुवाद से जुड़े लोगों पर हमला किया गया। पुस्तक के खिलाफ ऐसे माहौल को देखते हुए केंद्र की कांग्रेस सरकार ने नवंबर 1988 में इस पर भारत में पाबंदी लगा दी। तब सलमान रुश्दी ने तत्कालीन प्रधानमंत्री राजीव गांधी को पाबंदी हटाने के लिए एक भावनात्मक पत्र लिखा था। हालाँकि उनका वह पत्र सरकार के रुख को बदलने में नाकाम रहा।

ये पाबंदियाँ नाराज मुसलिम संगठनों को शांत करने के लिए काफी नहीं थीं। उन्होंने बंबई में ब्रिटिश मिशन को घेरकर अपना विरोध जाहिर करने का फैसला किया। उनका गुस्सा भारतीय अधिकारियों के प्रति नहीं, बल्कि सलमान रुश्दी और उनकी सुरक्षा सुनिश्चित करनेवाली ब्रिटिश सरकार के खिलाफ था।

'इनकलाब' और 'उर्दू टाइम्स' जैसे उर्दू अखबारों में विरोध-प्रदर्शन का ऐलान करते हुए विज्ञापन छपवाए गए। आयोजकों को विज्ञापन इसलिए छपवाने पड़े थे, क्योंकि इन अखबारों ने इसे खबर की तरह छापने से इनकार कर दिया था। उन्हें वह सामग्री भड़काने वाली और रुश्दी के खिलाफ मौत के फतवे को सही ठहरानेवाली लग रही थी। विज्ञापन में कई मुसलिम संगठनों को उस प्रदर्शन के आयोजकों के रूप में पेश किया गया था। इनमें 'तंजीम-ए-अल्लाह-हो-अकबर', 'मुसलिम एकता परिषद्' और चंद दिन पहले एक सियासी पार्टी बनानेवाले एक अंडरवर्ल्ड डॉन शामिल थे।[1]

विरोध-प्रदर्शन की तारीख खुमैनी द्वारा रुश्दी के खिलाफ फतवे के ऐलान के करीब 10 दिन बाद, 24 फरवरी तय की गई थी। विरोध-प्रदर्शन के लिए दक्षिण बंबई के मुसलिम बहुल इलाके नागपाड़ा में मैदान मस्तान तलाब को चुना गया था।[2] प्रदर्शनकारी वहाँ इकट्ठा होकर ब्रिटिश वाणिज्य दूतावास की ओर मार्च करनेवाले थे। मुसलिम इलाकों में 'बंद' की घोषणा की गई थी। सभी दुकानें और दफ्तर बंद रखे जानेवाले थे। प्रदर्शनकारियों को शुक्रवार की नमाज के बाद मिलना था। बंबई पुलिस ने विरोध मार्च के लिए मंजूरी देने से इनकार कर दिया था और शहर में आपराधिक प्रक्रिया संहिता (सी.आर.पी.सी.) की धारा 144 लागू कर दी थी। इसके तहत चार या ज्यादा लोगों की किसी भी सभा पर पाबंदी लगा दी गई थी और ऐसी सभा को गैर-कानूनी करार दिया था। देश भर में पुलिस फोर्स ऐसी किसी भी परेशानी की आशंका होने पर इस धारा का इस्तेमाल करती हैं, जो जान-माल को खतरे में डाल सकती है। मोर्चे से पहले ही पुलिस ने ज्यादातर आयोजकों को गिरफ्तार कर लिया और उन्हें उत्तरी बंबई के एक दूर के उपनगर मुलुंड के हवालात में बंद कर दिया।

अपने नेताओं को हिरासत में लिये जाने के बावजूद उन संगठनों के सदस्यों ने बैनर, तख्तियाँ और काले झंडे लेकर, ट्रकों में सवार होकर मस्तान तलाब की ओर जाना शुरू कर दिया। इन बैनरों और तख्तियों पर लिखा था—'मैं रुश्दी को मारने के लिए तैयार हूँ' और 'रुश्दी-रश+डाई'। दोपहर 2 बजे तक 2,000 से ज्यादा प्रदर्शनकारी मैदान में पहुँच चुके थे। बंबई पुलिस और राज्य आरक्षित पुलिस बल ने मैदान को घेर लिया और नौजवानों को अपनी वैन में धकेलकर

हिरासत में ले लिया। कई प्रदर्शनकारी फिर भी मोहम्मद अली रोड से होते हुए ब्रिटिश मिशन की ओर बढ़ने में कामयाब रहे। रिपोर्टों के मुताबिक, प्रदर्शनकारी शहर के कई मुसलिम बहुल इलाकों से वहाँ पहुँचे थे और उनकी संख्या बढ़कर लगभग 2,000 हो गई थी।[3]

पुलिस ऐसे हालात से निपटने के लिए तैयार नहीं थी। उन्हें लगा कि मस्तान तलाब में प्रदर्शनकारियों की गिरफ्तारी के बाद मामला खत्म हो जाएगा।... लेकिन बड़ी संख्या में प्रदर्शनकारी क्रॉफर्ड मार्केट तक पहुँचने में कामयाब रहे, जो ब्रिटिश वाणिज्य दूतावास से कुछ ही किलोमीटर दूर था। हालात खतरनाक हो गए। बंबई पुलिस के एडिशनल कमिश्नर रैंक के एक अफसर ने पेशकश की कि एक प्रतिनिधिमंडल को ब्रिटिश वाणिज्य दूतावास में अधिकारियों से मिलने और विरोध का एक ज्ञापन देने की मंजूरी दी जाए। कुछ प्रदर्शनकारी प्रतिनिधिमंडल का हिस्सा बनने के लिए तैयार हो गए और पुलिस उन्हें अलग ले गई। हालाँकि बाकी लोग इस बात पर अड़े थे कि वे वाणिज्य दूतावास के बाहर विरोध करना चाहते हैं। भीड़ किसी की बात सुनने को तैयार नहीं थी। न तो पुलिस की और न ही उन लोगों की, जिनसे हालात ठीक करने के लिए पुलिस बातचीत कर रही थी। पुलिस ने क्रॉफर्ड मार्केट जंक्शन पर बैरिकेड्स लगाकर सड़क को बंद कर दिया था।

इस बीच पुलिस अफसर जब प्रदर्शनकारियों को समझा रहे थे, तो उनमें से कुछ ने पत्थर, काँच की बोतलें और ईंटें फेंकनी शुरू कर दीं। पुलिसवाले अपना आपा खो बैठे। उनकी पहली प्रतिक्रिया लाठीचार्ज थी। जो भी सामने आया, उसकी बेरहमी से पिटाई की गई। इससे भगदड़ मच गई और भीड़ गलियों में तितर-बितर हो गई। हालाँकि प्रदर्शनकारी जल्द ही छोटे समूहों में फिर से सामने आकर पुलिस से टकराने लगे। मैं उसी अफरा-तफरी में फँस गया था और उन बुजुर्ग ने मुझे बचाने के लिए इमारत में खींच लिया था।

हालात और भी बदतर हो गए, और पुलिस ने न केवल प्रदर्शनकारियों को लाठियों से मारा, बल्कि आँसू गैस के गोले भी दागे। जब इससे भी हालात काबू में न हुए, तो पुलिस ने फायरिंग का सहारा लिया। पुलिस फायरिंग में 11 लोग मारे गए और 40 से ज्यादा घायल हो गए। मारे गए लोगों में प्रदर्शनकारी, निर्दोष

दर्शक और वहाँ से गुजर रहे वे लोग भी थे, जिनका विरोध से कोई लेना-देना नहीं था। मृतकों की सूची में केरल के दो युवक भी शामिल थे, जो मक्का की एक छोटी तीर्थयात्रा उमराह के लिए सऊदी अरब जानेवाले थे। वे अपनी इमारत की बालकनी से नीचे हो रहे इस हंगामे को देख रहे थे और पुलिस की गोलियों की चपेट में आ गए। 24 वर्षीय जुबेर लकड़ावाला अपने दो भाइयों के साथ काजी मोहल्ले में लकड़ी की दुकान चलाता था। इलाके में तनाव को भाँपकर वे दुकान बंद करके घर जाने लगे। जब वे अपने घर पहुँचने ही वाले थे कि आगजनी शुरू हो गई। टकराव में फँसने से बचने के लिए दोनों भाई एक ट्रक के पीछे छिप गए। एक गोली जुबेर के सिर में लगी और वो अपने भाइयों के सामने गिर गया। वे उसे सर जे.जे. अस्पताल ले गए, लेकिन चार दिन बाद उसकी मौत हो गई। पुलिस ने 60 राउंड से ज्यादा गोलियाँ चलाई थीं। गोलीबारी में मारे गए लगभग सभी लोग 18 से 25 साल तक की उम्र के थे। हिंसा में तीन पुलिसवाले भी घायल हुए। उन्हें अस्पताल में भरती कराया गया।[4] हालात को काबू में करने में करीब तीन घंटे लग गए। सुनसान सड़कों पर एक मातमी सन्नाटा छा गया और दमकल की गाड़ियाँ जले हुए वाहनों में लगी आग को बुझाने लगीं। लगातार घूम रही एक पुलिस वैन का सायरन सड़क के खौफनाक सन्नाटे को तोड़ रहा था। उन बुजुर्ग ने गलियारे में आसपास के दफ्तरों के लोगों से पूछा कि क्या उनमें से कोई मुझे मेरे घर तक छोड़ सकता है? कोई भी इस हालत में बाहर सड़क पर कदम रखने का जोखिम नहीं लेना चाहता था। हालात अब भी तनावपूर्ण थे। पुलिस सड़क पर नजर आनेवाले किसी भी शख्स को पीट सकती थी और हिरासत में भी ले सकती थी।

बुजुर्ग की अपील पर कोई आगे नहीं आया। तब उन्होंने तय किया कि वे खुद ही मुझे घर तक छोड़ आएँगे। मेरा हाथ पकड़कर वे मुझे लेकर सीढ़ियों की ओर आगे बढ़े। जैसे ही हम नीचे उतरने लगे, किसी ने कहा, "चाचा, आप परेशान मत हो। बच्चे को मैं छोड़ आऊँगा।" हमने सफेद कुरता और टोपी पहने हुए छोटी सी दाढ़ीवाले एक लंबे आदमी अनवर को अपनी ओर आते देखा। वह कपड़े बेचता था और उसकी दुकान बुजुर्ग के दफ्तर के बगल में थी। उसने कहा कि वह मुख्य सड़क से बचते हुए मुझे सटी हुई गलियों में से ले जाकर मेरे घर छोड़ आएगा।

"यह चाचा के साथ तू चला जा। ये तेरे कू घर पे पहुँचा देंगे।" बुजुर्ग ने मुसकराते हुए मुझसे कहा।

अनवर मेरा हाथ पकड़कर तेज कदमों से चलने लगा। हम सँकरी गली से कुछ ही मीटर आगे बढ़े थे कि मैं दर्द से बिलबिला उठा। सड़क पर पड़े टूटे काँच का एक टुकड़ा मेरे बाएँ पैर में चुभ गया था और वहाँ से बहुत खून बह रहा था। मैं पुलिस से बचने की हड़बड़ी में भूल गया था कि मेरे जूते भगदड़ के दौरान फुटपाथ पर ही छूट गए थे और गली टूटे काँच के टुकड़ों से भरी हुई थी। जाहिर था कि दंगे मोहम्मद अली रोड की गलियों में भी फैल गए थे। अनवर ने खून से लथपथ मेरे पैर से काँच निकाला, लेकिन मैं जमीन पर पैर नहीं रख पा रहा था और लँगड़ाकर चलने लगा। उसने बिना देर किए अपना रूमाल निकालकर मेरे पैर पर बाँध दिया।

चकला स्ट्रीट जंक्शन से गुजरते हुए मैंने एक पुरानी पुलिस चौकी देखी, जो राख में तब्दील हो चुकी थी। इलाके में तैनात पुलिसवाले लकड़ी की उस चौकी का इस्तेमाल चेंजिंग रूम के तौर पर तथा आराम करने और दोपहर को भोजन करने और चाय पीने के लिए करते थे। जेबकतरों और छोटे-मोटे अपराधियों को पुलिस स्टेशन ले जाने से पहले यह एक फौरी हवालात के रूप में भी काम आती थी।

जैसे ही अनवर मुझे लेकर वाडी के गेट पर पहुँचा, मैंने वहाँ खड़ी अपनी माँ को बदहवास होकर रोते देखा। पड़ोस की औरतें उन्हें सँभाल रही थीं। वे दौड़ती हुई मेरी ओर आईं और जोर से चिल्लाते हुए मुझे थप्पड़ मार दिया, "अगर आज तुझे कुछ हो जाता, तो मैं क्या करती? कहाँ था तू?"

इलाके में सांप्रदायिक तनाव के इतिहास को देखते हुए हुए पड़ोस में कई लोगों के लिए एक मुसलिम शख्स का एक हिंदू लड़के को सुरक्षित रूप से घर लाते देखना बहुत आश्चर्य की बात थी।

कुछ घंटे बाद एक पड़ोसी, जो जे.जे. अस्पताल में एक बीमार रिश्तेदार को देखने के लिए अस्पताल में गए थे, ने हमें वहाँ हुई अफरा-तफरी के बारे में बताया। अस्पताल इतने मरीजों को एक साथ सँभालने के लिए वह तैयार नहीं था। अस्पताल परिसर में मृतकों और घायलों के परिजन बिलख रहे थे। स्थिति

अराजक थी। कुछ लोगों ने एक व्यक्ति की मृत्यु की सूचना देनेवाले डॉक्टरों के साथ दुर्व्यवहार किया। अन्य लोग दर्द से कराह रहे थे और डॉक्टरों से जान बचाने की गुहार लगा रहे थे। किसी भी सीनियर पुलिस अफसर के मौजूद न होने से वहाँ कांस्टेबल उस अराजकता को सँभालने में नाकाम रहे। कुछ मंत्रियों और लोकल नेताओं ने अस्पताल में आने की कोशिश की, लेकिन गुस्साई भीड़ ने उन्हें देखते ही घेर लिया और भागने पर मजबूर कर दिया।

अगले दिन के अखबार घटनाओं के तमाम पहलू उजागर करनेवाली खबरों से भरे हुए थे। कुछ अखबारों ने 'खुफिया सूत्रों' के हवाले से कहा कि हिंसा विदेशी ताकतों ने करवाई थी। कुछ खबरों में दावा किया गया कि हिंसा की पहले से साजिश थी, क्योंकि प्रदर्शनकारियों के पास धारदार हथियार और बंदूकें थीं। कुछ लोगों ने यह अफवाह फैलाकर हिंसा को सांप्रदायिक रंग देने की कोशिश की कि इस तबाही में हिंदुओं के वाहनों और दुकानों को निशाना बनाया गया था। पुलिस ने गोलीबारी को सही ठहराया और कहा कि प्रदर्शनकारियों के गोलीबारी किए जाने के बाद यह कदम जवाबी काररवाई में उठाया गया था। मुख्यमंत्री ने भी पुलिस का समर्थन किया और तर्क दिया कि हालात को काबू में करने के लिए इस तरह की काररवाई जरूरी थी। यह भी पता चला कि विरोध-प्रदर्शन के आयोजकों ने कई मुसलिम समूहों की मंजूरी के बिना उनका समर्थन होने का दावा किया था।

सवालों के घेरे में पुलिस

कुछ दिन बाद एक गैर-सरकारी 'संगठन कमेटी फॉर प्रोटेक्शन ऑफ डेमोक्रेटिक राइट्स' (सी.पी.डी.आर.) ने तथ्यों की पड़ताल के लिए एक टीम बनाई। इसमें नामी वकील, शिक्षक, पत्रकार और मानवाधिकार कार्यकर्ता शामिल थे। टीम ने आयोजकों, पुलिस, मोर्चे में शामिल होनेवालों और नेताओं की भूमिका की छानबीन की। उन्होंने बंबई के पुलिस कमिश्नर वसंत सर्राफ, मृतकों और घायलों के परिवारों तथा आयोजकों के बयान लिये। टीम ने अपनी रिपोर्ट में तथ्यों को रखते हुए निष्कर्ष निकाला कि इस तरह के नरसंहार से बचा जा सकता था। रिपोर्ट ने बंबई पुलिस को हालात बिगड़ने के लिए दोषी ठहराया

गया। इसने बताया कि मोर्चे को मंजूरी न देने और इसके आयोजकों को गिरफ्तार करने का पुलिस का निर्णय उलटा साबित हुआ था। रिपोर्ट में पाया गया कि प्रदर्शनकारियों पर गोलीबारी करना ज्यादा सख्त काररवाई थी और पुलिस के इस फैसले ने हालात को और खराब ही किया।

इस हिंसा ने 1992-93 के बाबरी मसजिद विध्वंस के बाद के दंगों की पृष्ठभूमि तैयार की। इसने मुसलिम आबादी के बीच पुलिस और प्रशासन के लिए दुश्मनी पैदा की। यह कहा गया था कि पुलिस का रवैया मुसलमानों के लिए पक्षपात का था, क्योंकि उसी दिन दलित संगठनों के एक और मोर्चे को उसी रास्ते से गुजरने की मंजूरी दी गई थी। लेकिन यह सवाल था कि पुलिस ने मुसलमानों को ही प्रदर्शन करने से क्यों रोका ? प्रदर्शन न तो सरकार के खिलाफ था और न ही हिंदू समुदाय के खिलाफ, बल्कि रुश्दी और ब्रिटिश सरकार के खिलाफ गुस्सा जाहिर करने के लिए था। दंगों के बाद एक आई.पी.एस. अधिकारी ने एक अखबार को बयान दिया। उन्होंने कहा, "अगर वे हमारा खून बहाएँगे, तो हम उनका और ज्यादा खून बहाएँगे" और "अब वे छह महीने तक पुलिस वैन की ओर देखेंगे भी नहीं।" इससे लोग पुलिस के और भी खिलाफ हो गए।[5]

जाँच टीम ने यह भी पाया कि शहर में कौम का नेता बनने के लिए कई अराजक तत्त्व उठ खड़े हुए। उन्होंने पूरे जोश के साथ इन मुद्दों पर प्रतिक्रियाएँ दीं और कड़े विरोध की घोषणा की। लेकिन उनमें शांतिपूर्ण जुलूसों को अंजाम देने या भीड़ को नियंत्रित करने के लिए नेतृत्व की कमी थी। इस खतरनाक घटनाक्रम ने मिडिल क्लास, लोअर मिडिल क्लास और गरीबों की धार्मिक उकसाने में आने की कमजोरियों को भी उजागर किया। उस दिन पुलिस फायरिंग में मारे गए 11 में से कम-से-कम छह युवाओं के रिश्तेदारों ने जाँच टीम को बताया कि वे मार्च में भाग लेने इसलिए गए थे, क्योंकि उन्हें लगा कि रुश्दी ने इसलाम का अपमान किया है और उसका विरोध करना जरूरी था। □

3

1990 : बंबई पहुँचा रथ

सितंबर की उस शाम बंबई के कालबादेवी इलाके में रोज की तरह चहल-पहल थी। लोग इधर-उधर आ-जा रहे थे, भीड़ के बीच रेंगते वाहन लगातार हॉर्न बजा रहे थे, फल और सब्जी बेचनेवाले एक लय में चिल्ला-चिल्लाकर कीमतें बता रहे थे और ग्राहक दुकानदारों से सौदेबाजी में मशगूल थे। इस सबके बावजूद कॉटन एक्सचेंज जंक्शन पर लगे आर.एस.एस. के ब्लैकबोर्ड पर एक संदेश सबसे ज्यादा मुखर था। इस ब्लैकबोर्ड पर आए दिन नए संदेश लिखे जाते थे। आमतौर पर भारत को हिंदू राष्ट्र बनाने, गौमाता का महत्त्व, हिंदू धर्म को खतरा, कांग्रेस की ओर से मुसलिम तृष्टीकरण जैसी बातें इस पर लिखी जाती थीं। ब्लैकबोर्ड पर वैसी सामग्री होती थी, जैसी आज सोशल मीडिया पर दक्षिणपंथी संगठनों की ओर से पोस्ट की जाती है। उस शाम जब मैं भुलेश्वर से गणित का ट्यूशन लेकर वापस लौट रहा था, तो मेरी नजर ब्लैकबोर्ड पर चिपकाए गए एक पोस्टर पर पड़ी। उस पर एक बिना बालोंवाले, चश्मा पहने और सफेद मूँछोंवाले शख्स की तसवीर थी। उस पोस्टर के जरिए पता चला कि ये बीजेपी नेता लालकृष्ण आडवाणी हैं और एक रथ पर सवार होकर बंबई आ रहे हैं।

उन दिनों दूरदर्शन पर रामानंद सागर की 'रामायण' (1987) और बी.आर. चोपड़ा की 'महाभारत' (1988) का प्रसारण होता था। उनमें पात्र रथों पर खड़े होकर परस्पर युद्ध करते दिखाई देते थे। 10 साल की उम्र के मेरे बालमन में सवाल उठा कि ये शख्स बंबई आने के लिए इतने आदिम वाहन का इस्तेमाल क्यों कर रहे हैं? कालबादेवी में नजर आए इस पहले पोस्टर के बाद आडवाणी

की रथयात्रा की हर ओर चर्चा होने लगी। आडवाणी और भगवान् राम की हाथ में धनुष लेकर क्रोधित मुद्रा वाली तसवीरों के साथ सैकड़ों बैनर और पोस्टर छपवाए गए। उनका इस्तेमाल आडवाणी की रथयात्रा के बंबई आगमन पर लोगों को जुटाने के लिए किया गया। रोजाना अखबारों में रथयात्रा से जुड़ी खबरें छप रही थीं और लग रहा था कि देश की सबसे बड़ी खबर यही है।

ठीक एक साल पहले, जून 1989 में बीजेपी ने अपने पालमपुर अधिवेशन में राम मंदिर को अपने एजेंडे के रूप में अपनाया था और रथयात्रा इसकी पहली जमीनी अभिव्यक्ति थी। अधिवेशन में यह संकल्प लिया गया था कि बीजेपी विश्व हिंदू परिषद् (विहिप) की अयोध्या में राम मंदिर के निर्माण की माँग को एक राजनीतिक मुद्दे के रूप में उठाएगी। यह संकल्प इस आधार पर था कि सन् 1528 में मुगल बादशाह बाबर ने अयोध्या पर हमला करके उस मंदिर को ध्वस्त कर दिया था, जहाँ भगवान् राम का जन्म हुआ था। उस जगह पर एक मसजिद बनाई गई, जिसका नाम बाबरी मसजिद रखा गया था। यह आरोप लगाया गया कि मौजूदा कांग्रेस पार्टी ने हिंदुओं की भावनाओं की परवाह नहीं की। हिंदुत्व की विचारधारा अपनाने के बाद बीजेपी का असर बेतहाशा बढ़ गया। पालमपुर अधिवेशन के पाँच महीने बाद हुए 1989 के लोकसभा चुनावों में पार्टी एक मजबूत ताकत बनकर उभरी। बीजेपी चुनाव में 85 सीटें जीतकर देश की तीसरी सबसे बड़ी पार्टी बन गई थीं। कांग्रेस की 197 सीटें और जनता दल की 143 सीटें थीं।

अगला कदम पालमपुर के रोटरी भवन में पारित प्रस्ताव को लागू करने के लिए जमीन पर आंदोलन करना था। इस तरह रथयात्रा 25 सितंबर, 1990 को गुजरात के सोमनाथ मंदिर से शुरू हुई। सोमनाथ भगवान् शिव के 12 ज्योतिर्लिंगों में से एक है और बाबरी मसजिद की तरह इसे विदेशी हमले की याद दिलानेवाला माना जाता है। तुर्की शासक महमूद गजनवी 11वीं सदी में मंदिर पर हमला करनेवाला पहला हमलावर था। उसके बाद की सदियों में और मुसलिम शासकों ने भी हमले किए। इसे कई बार नष्ट किया गया और फिर बनाया गया था। भारत को आजादी मिलने के बाद मौजूदा मंदिर का जीर्णोद्धार किया गया था। तय हुआ कि देश के तमाम राज्यों से होते हुए 10 हजार किलोमीटर का

सफर पूरा करके यह यात्रा अयोध्या पहुँचेगी, जहाँ कारसेवक बाबरी मसजिद को कब्जे में लेकर मंदिर बनाने का काम शुरू करेंगे। आडवाणी प्रतिदिन करीब 300 किलोमीटर का सफर तय करते हुए बंबई की ओर आगे बढ़ रहे थे। रास्ते में वे रोज पाँच-छह जनसभाओं को संबोधित करते थे। इस रथयात्रा को सांस्कृतिक राष्ट्रवाद और हिंदू कट्टरवाद की अभिव्यक्ति के तौर पर देखा जा रहा था। गुजरात के कुछ इलाकों से जब रथयात्रा गुजरी तो वहाँ हिंसा की छिटपुट वारदात की खबरें आईं।

बंबई : संघर्ष का रंगमंच

फिल्म और टेलीविजन इंडस्ट्री की केंद्रबिंदु बंबई अब तक सांप्रदायिक संघर्षों का रंगमंच भी बन चुकी थी। 1893 से 1990 तक शहर में सात बड़े हिंदू-मुसलिम दंगे हुए।[1]

दर्ज इतिहास के मुताबिक, गौहत्या के मुद्दे पर 11 अगस्त, 1893 को दो समुदायों के बीच पहली झड़प हुई थी। हिंसा को काबू करने के लिए अंग्रेजों ने ग्रांट रोड इलाके में गोलियाँ चलाने के लिए सेना को बुलाया था। तीन दिन तक चले दंगों में 80 लोग मारे गए थे। 1929 में मिल मजदूरों के बीच एक अफवाह फैल गई कि एक खास समुदाय के लोग बच्चों का अपहरण कर रहे हैं। इससे शहर में भगदड़ मच गई। इस बार भी सेना बुलाई गई और मरनेवालों की संख्या 149 हो गई। 1932 में बंबई एक बार फिर हिंसा की चपेट में आ गई, जब सी.पी. टैंक इलाके में एक पूजास्थल को तोड़ दिया गया। तब पाँच दिन तक चले दंगों में 96 लोग मारे गए थे।[2]

चार साल बाद, 1936 में भायखला इलाके में एक बड़ा दंगा भड़क गया। एक बार फिर सेना को बुलाना पड़ा। मुद्दा यह था कि एक समुदाय के पूजास्थल ने दूसरे समुदाय के पूजास्थल पर कब्जा कर लिया था। उस हंगामे में 60 लोग मारे गए थे। अगले साल, 1937 में दंगे तब शुरू हुए, जब एक बारात बैंड-बाजे के साथ एक समुदाय के पूजास्थल के सामने से गुजर रही थी। श्रद्धालुओं ने संगीत बंद करने को कहा तो खूनी संघर्ष हो गया। 1938 में दो समुदाय एक छोटी सी वजह से आपस में भिड़ गए। तब जुए के दौरान एक

विवाद ने देखते-ही-देखते एक सांप्रदायिक रंग ले लिया। उस हिंसा में 80 लोगों की जान चली गई और 86 लोग घायल हो गए।[3]

इसी तरह 1941 में दो समुदायों के सदस्य एक मामूली वजह से आपस में भिड़ गए। नतीजतन 24 मौतें हुईं। हिंदू-मुसलिम दंगों के अलावा बंबई ने पारसियों और मुसलिमों के बीच तीन झड़पें और मुहर्रम के दौरान शियाओं और सुन्नियों के बीच सांप्रदायिक हिंसा को भी देखा था।[4] महानगरीय और आधुनिक चरित्र वाले शहर बंबई में सांप्रदायिक झड़पों का इतिहास शहर की एक विरोधाभासी तसवीर पेश करता है। और अब आडवाणी अपने रथ में धीरे-धीरे इस शहर की ओर बढ़ रहे थे, जहाँ सांप्रदायिक तनाव भड़कने को हमेशा तैयार रहता था।

बंबई में आडवाणी

बंबई में प्रवेश करने के बाद रथयात्रा का पहला पड़ाव बोरीवली था, जहाँ एक जनसभा आयोजित की गई। रथ के आगमन का समय 5 बजे का था, लेकिन पहुँचते-पहुँचते 9 बज गए थे। उत्तर बंबई बीजेपी इकाई के तत्कालीन उपाध्यक्ष आर.यू. सिंह याद करते हैं कि आडवाणी की सभा में भारी भीड़ उमड़ी थी। करीब 9 बजे रथ के रूप में डिजाइन किए गए और भगवा झंडों, मालाओं, स्पीकरों और बैनरों से सजे एक टोयोटा ट्रक से जोशीले आडवाणी को मंच पर ले जाया गया। तब भीड़ ने पार्टी और आडवाणी की गगनभेदी जय-जयकार की। आडवाणी के साथ महाराष्ट्र के बीजेपी नेता प्रमोद महाजन और मध्य प्रदेश के मुख्यमंत्री सुंदरलाल पटवा भी थे। स्थानीय सांसद राम नाईक ने रथ का स्वागत किया। स्वामी विवेकानंद की प्रतिमा पर माल्यार्पण करने के बाद आडवाणी ने राष्ट्र की स्वतंत्रता की निरर्थकता और राम जन्मभूमि को मुक्त कराने में इसकी विफलता पर जोर देते हुए अपना संबोधन शुरू किया। उन्होंने दावा किया कि लोगों ने 450 से अधिक साल तक जन्मभूमि के लिए अपने जीवन का बलिदान दिया है और अब प्रतिशोध लेने का समय आ गया है। इसके अलावा, प्रमोद महाजन ने अपने भाषण में उल्लेख किया कि वे किसी भी धर्म के खिलाफ नहीं हैं, लेकिन भारी विरोध के बावजूद एक हमलावर के बनाए गए ढांचे को तोड़ देना चाहिए।[5]

खास बात यह थी कि मुसलिम विरोधी एजेंडे वाली रथयात्रा में इस्तेमाल किए जानेवाले ट्रक का चालक खोजा मुसलिम समुदाय का था। उसका नाम सलीम मकानी था। बंबई के पास डोंबिवली के निवासी मकानी के पिता बीजेपी के पूर्ववर्ती जनसंघ के सदस्य थे और उनका ट्रांसपोर्ट का कारोबार था। रथ की पूरी यात्रा के समन्वय की जिम्मेदारी बीजेपी की महाराष्ट्र इकाई को दी गई थी, जिसे रथ के लिए अतिरिक्त बैटरी से लेकर टायर की मरम्मत, लाउडस्पीकर, भोजन और प्रेस कॉन्फ्रेंस की जगहों तक सबकुछ इंतजाम करने थे।

महाराष्ट्र बीजेपी के सचिव रघुनाथ कुलकर्णी बंबई में रथयात्रा के समन्वयक थे। आडवाणी के जोश पर उनकी हैरानी उनके इन शब्दों में झलकती है—"भले ही वे रात को 3 बजे सोए हों, लेकिन सुबह 7 बजे तैयार हो जाते थे। जब भी रथ किसी शहर में जाता था, तो वे उस पर घंटों खड़े रहते थे। हम उनसे अंदर चलकर कुछ देर आराम करने का अनुरोध करते तो वे हमेशा यह कहकर मना कर देते कि लोग उन्हें देखने आए हैं और अंदर रहना गलत है।"[6]

रथयात्रा के मुंबई आने के दूसरे दिन कोलाबा और खेतवाड़ी इलाकों में आडवाणी की सभाएँ हुईं। उन सभाओं में काफी भीड़ आई। शिवसेना ने रथयात्रा को अपना समर्थन दिया था। शाम को दादर इलाके में आडवाणी और शिवसेना प्रमुख बाल ठाकरे की एक संयुक्त सभा हुई। शिवसेना ने भी तीन साल पहले ही 1987 में सियासी तौर पर हिंदुत्व का मुद्दा अपनाया था। हालाँकि उसका मुसलिम विरोध 1984 में ही जाहिर हो गया था, जब शिवसैनिकों ने भिवंडी में बड़े पैमाने पर हिंसा की थी। हिंदुत्व का गोंद लगाकर दोनों पार्टियों ने गठजोड़ का फैसला किया था। ठाकरे जानते थे कि मराठी मानुष का मुद्दा उठाकर वे ज्यादा-से-ज्यादा अपनी पार्टी को बंबई, ठाणे और कोंकण क्षेत्र में फैला सकते हैं। पार्टी की कामयाबी के लिए किसी बड़े मुद्दे की जरूरत थी और वह मुद्दा उन्हें हिंदुत्व की शक्ल में मिल गया। उधर बीजेपी को भी महाराष्ट्र में पैर पसारने के लिए किसी पार्टनर की जरूरत थी। प्रमोद महाजन ने दोनों पार्टियों के बीच गठजोड़ करा दिया। बीजेपी ने शिवसेना के साथ गठबंधन करके 1984 और 1989 का लोकसभा और 1990 का महाराष्ट्र विधानसभा चुनाव लड़ा।

दादर की सभा में आडवाणी और ठाकरे के एक मंच पर साथ आने की

तसवीरें तो अगले दिन अखबारों में छपीं ही, साथ-साथ पत्रकारों को एक और बड़ी खबर मिल गई। सभी ने गौर किया कि इतने बड़े आयोजन में ठाकरे के सबसे करीबी आदमी छगन भुजबल गायब थे। दरअसल उस सभा में शामिल न होकर भुजबल ने बाल ठाकरे के प्रति अपनी नाराजगी जताई थी। भुजबल अपनी जगह शिवसेना के एक और दिग्गज नेता मनोहर जोशी को विपक्ष के नेता का पद दिए जाने से नाराज थे। उन्हें लग रहा था कि ठाकरे उन्हें बी.एम.सी. की राजनीति तक ही सीमित रखना चाहते हैं। अगले ही साल भुजबल ने ठाकरे से बगावत कर दी और अपने समर्थकों के साथ कांग्रेस से जुड़ गए।

दादर के बाद अगली सभा गुजराती बहुल घाटकोपर इलाके में हुई। यहाँ सभा के वक्त इतनी भीड़ आई कि आसपास के इलाके में भारी ट्रैफिक जाम हो गया। सभा में बुलाए गए लोगों में अभिनेता शत्रुघ्न सिन्हा भी थे। वे जाम में फँस गए। उन्हें लगा कि वे सभा में नहीं पहुँच पाएँगे, लेकिन तभी कुछ कार्यकर्ताओं ने तरकीब निकाली। सिन्हा को एक एंबुलेंस में बिठाकर सायरन बजाते हुए उन्होंने रास्ता साफ करवाया और सभा की जगह तक पहुँचा दिया।

रथयात्रा ने एक और बीजेपी नेता, 40 साल के आर.एस.एस. सदस्य प्रमोद महाजन को सुर्खियों में ला दिया। ऐसा माना जाता है कि आडवाणी ने पहले एक पदयात्रा का प्रस्ताव रखा था, लेकिन महाजन ने दूरी और अवधि की ओर इशारा करते हुए इसके बजाय एक वाहन का इस्तेमाल करने का सुझाव दिया था। उन्होंने रूट की योजना भी बनाई और तमाम जगहों पर पूरी यात्रा का समन्वय किया। रघुनाथ कुलकर्णी याद करते हैं कि कैसे महाजन पूरी यात्रा के दौरान आडवाणी के साथ थे और बिहार के समस्तीपुर में उनके साथ गिरफ्तार भी हुए थे।

बंबई पुलिस के लिए तनाव के दिन

इस रथयात्रा के बंबई में आने से शहर की पुलिस के आला अफसरों के दिल की धड़कनें बढ़ गई थीं। साल भर पहले ही बंबई पुलिस ने सलमान रुश्दी विरोधी दंगों की शक्ल में मुसलमानों का गुस्सा देखा था। ऐसे में उस रथयात्रा के बंबई से गुजरते वक्त सांप्रदायिक दंगे भड़कने की आशंका थी, क्योंकि रथयात्रा

का अंतिम उद्‌देश्य मुसलिमों की एक मसजिद हासिल करके वहाँ मंदिर बनाना था। जिन दो दिन आडवाणी का रथ बंबई में रहा, पुलिस ने शहर में कड़ा बंदोबस्त रखा। आडवाणी की रैलियों और रथयात्रा के रास्ते पर तगड़ी सुरक्षा व्यवस्था की गई।''लेकिन पुलिस की आशंका गलत साबित हुई। उन दो दिन में मुंबई में कोई अप्रिय घटना नहीं हुई। न तो किसी मुसलिम संगठन ने रथयात्रा का विरोध किया और न ही किसी राजनीतिक पार्टी ने।

रथयात्रा को लेकर बंबई के मुसलिमों के बीच किस तरह की सुगबुगाहट थी, यह जानने के लिए उस दौरान मुसलिम मोहल्लों में रहनेवाले कुछ लोगों से मैंने बात की। मिनारा मसजिद के पास रहनेवाले अतीक-उर-रहमान का कहना था कि लोगों ने रथयात्रा को ज्यादा गंभीरता से नहीं लिया। 'रजा अकादमी संगठन' चलानेवाले सईद नूरी के मुताबिक, शुरुआत में बंबई के मुसलिमों ने रथयात्रा को बीजेपी की ओर से चुनावी फायदा हासिल करने के लिए अपनाया गया एक हथकंडा ही समझा और उस पर ध्यान नहीं दिया। लेकिन रथयात्रा जब उत्तर प्रदेश पहुँची और वहाँ से हिंसा की खबरें आने लगीं, तो चिंता होने लगी। बंबई में मुसलिम आबादी का एक बड़ा हिस्सा उत्तर प्रदेश से आकर बसा है। 23 अक्तूबर को बिहार के समस्तीपुर में आडवाणी की गिरफ्तारी के बाद देश के कई शहरों में दंगे हुए। उन दंगों में सैकड़ों लोगों की जान गई, लेकिन बंबई में शांति बनी रही।

रथयात्रा बिना किसी वारदात के बंबई से तो निकल गई, लेकिन शहर पर इसका एक असर दो साल बाद बेहद खौफनाक तरीके से सामने आनेवाला था। मुझे याद है कि रथयात्रा के बाद से मशहूर कार्टूनिस्ट आर.के. लक्ष्मण जब भी आडवाणी की तसवीर बनाते थे, तो उनके हाथ में त्रिशूल और सिर पर मुकुट जरूर दिखाते थे। आडवाणी देश में शुरू हुई भगवा राजनीति का सबसे बड़ा चेहरा बन चुके थे।[7]

□

4

दिसंबर 1992 के दंगे

'मुझे टोकरी से माला देना जरा। ओहो, गेंदे के फूलों की माला देना।' यह समझना मुश्किल था कि इस पूरे हंगामे के बीच कौन-किससे-क्या कह रहा है? सुबह से ही घर में मेहमानों का ताँता लगा हुआ था। उत्सव में डूबे हम सब इस बात से बेखबर थे कि अयोध्या में उस दिन क्या हो रहा था? यह मेरे ममेरे भाई महेश के कान छिदवाने की रस्म थी। इस वजह से हमारी खोली दिन भर मेहमानों से भरी रही थी। समोसे और कोल्ड ड्रिंक के बार-बार चले दौर के बीच हम इससे बेखबर थे कि उस दिन यानी 6 दिसंबर, 1992 को अयोध्या में क्या हो रहा था? रस्म होने के बाद सभी लोग खाना खाकर रात 11 बजे वापस लौटने लगे। रात 12:30 बजे पड़ोसी के टेलीफोन पर एक कॉल आई। यह कॉल दीपनारायण की थी, जो मेरे मामा के दोस्त थे और कुछ वक्त पहले ही हमारी खोली से वालकेश्वर में अपने घर की ओर निकले थे। फोन पर उनसे मामा ने बात की। दीपनारायण ने घबराई आवाज में बताया कि उनकी जान बाल-बाल बची।

शुरू हुई मार-काट

हमारे घर से निकलने के बाद जैसे ही दीपनारायण की टैक्सी मिनारा मसजिद के चौराहे पर पहुँची, उन्होंने महसूस किया कि लगभग 400-500 लोगों की भीड़ ने पूरी सड़क को जाम कर दिया था। जब तक वे कुछ समझ पाते कि आसपास क्या हो रहा है, भीड़ हिंसक हो उठी। कुछ दंगाइयों ने चौराहे पर फँसे लोगों पर तलवारें, लाठियाँ और रॉड लहराना शुरू कर दिया। दीपनारायण की टैक्सी का ड्राइवर सूझ-बूझ दिखाते हुए फौरन गाड़ी उलटी घुमाकर वहाँ

से निकल भागने में कामयाब हो गया। दूसरे रास्ते से घर पहुँचने के बाद दीपनारायण ने हमें सावधान करने के लिए फोन किया था। "अब तक वे कई लोगों का कत्ल कर चुके होंगे", दीपनारायण ने घबराई आवाज में कहा।

अब तक टीवी के जरिए हमें भी पता चल गया था कि अयोध्या में विवादित बाबरी ढाँचे को कारसेवकों ने ढहा दिया है, लेकिन यह हमें दीपनारायण के फोन कॉल से पता चला कि उसकी हिंसक प्रतिक्रिया मुंबई में शुरू हो गई है। हमारे लिए यह चिंता की बात थी, क्योंकि हमारी वाडी और चॉल के तीन तरफ मुसलिम बस्ती थी। दंगाई हमें आसानी से शिकार बना सकते थे। हम बच्चे तो बेपरवाह थे, लेकिन बड़ों की नींद उड़ गई थी। चूँकि मेरे दादा बूढ़े हो गए थे और चाचा पुलिस की नौकरी की वजह से घर से दूर रहते थे, इसलिए मेरे पिता ने गाँव जाकर रहने का फैसला किया था, ताकि दादा की देखभाल हो सके। माता-पिता तो कुछ वक्त पहले गाँव चले गए थे, लेकिन मुझे और मेरे छोटे भाई देवेंद्र को मुंबई में नाना-नानी के पास छोड़ गए थे, ताकि हम अपनी 10वीं तक की पढ़ाई यहीं पूरी कर लें। नाना-नानी के घर में उनके बेटे रमाकांत और शशिकांत और बहुएँ आशा और सुनीता यानी कि मेरे मामा-मामी थे। बड़े मामा रमाकांत का बेटा महेश उस वक्त 6 साल का था। छोटे मामा की 11 महीने की बेटी पूजा थी, जो उसी साल जनवरी में हुई थी। हम सभी की सुरक्षा अब जोखिम में थी।

आखिर वह हो गया, जिसका डर था। रात एक बजे घर के बाहर जोरदार विस्फोट के साथ तेज रोशनी नजर आई। उसके बाद किसी के दर्द से कराहने की आवाज सुनाई दी। चॉल के सभी लोग घर से बाहर निकल आए। जो उन्होंने देखा, उससे उनके होश उड़ गए। हार्डवेयर की दुकान के बाहर रोज रात को सोनेवाले मजदूर माधव का दाहिना पैर आग की लपटों की गिरफ्त में था। वह दर्द से तड़प रहा था। सटी हुई इमारत से किसी दंगाई ने पेट्रोल बम फेंका था, जो जाकर माधव के पैर पर गिरा था। इससे पहले कि आग उसके पूरे जिस्म को अपनी गिरफ्त में लेती, पानी डालकर आग को बुझाया गया। माधव को फौरन अस्पताल ले जाना जरूरी था, लेकिन सवाल था कि कैसे ले जाया जाए? सड़क पर अब कोई टैक्सी नहीं चल रही थी। इस बीच किसी ने पुलिस

को फोन कर दिया। पुलिस की एक वैन वाडी के गेट पर पहुँच गई और उसी में बिठाकर माधव को विक्टोरिया टर्मिनस स्टेशन से सटे सेंट जॉर्ज अस्पताल में पहुँचाया गया। माधव के कुछ साथी उसी के साथ पुलिस वैन में अस्पताल गए। माधव महाराष्ट्र के सातारा का रहनेवाला था। गाँव में उसके बूढ़े माता-पिता, पत्नी और 10 साल का बेटा था। घायल माधव की अस्पताल में देखरेख करनेवाला कोई नहीं था।

अब तक दंगे की आग शहर के तमाम इलाकों में फैल चुकी थी। घर से कुछ दूरी पर हमें रुक-रुककर गोलियाँ चलने की आवाज सुनाई दे रही थी। रात भर सड़क से पुलिस वैन के सायरन के चीखने की आवाजें आती रहीं। हमने खिड़की से देखा कि हमारी इमारत की बगल की गली से कुछ दंगाई मेन रोड से गुजरने वाले पुलिस के वाहनों पर पत्थर और डंडे फेंक रहे थे और पुलिसकर्मियों को गालियाँ दे रहे थे। एक पुलिस वैन अचानक उनके सामने रुकी। उसमें से दो पुलिसवाले निकले और उन्होंने दंगाइयों की तरफ अपनी राइफलें तान दीं। इसके बाद दंगाई उन्हें गालियाँ देते हुए गली के अंदर भाग गए। ज्यादातर दंगाई बीस-तीस साल की उम्र के बीच के नजर आ रहे थे।

अचरज की बात है कि अगली सुबह अखबार के स्टॉल लगे थे और सभी अखबार भी वक्त पर आ गए थे। रोज घर में एक अखबार आता था, लेकिन उस दिन मामा तीन अखबार लेकर आए। यह जानने की ज्यादा-से-ज्यादा उत्सुकता थी कि अयोध्या में क्या हुआ है ? हर अखबार के पहले पन्ने पर बाबरी ढाँचे को गिराए जाने की खबर और तसवीर थी। इसी के साथ मुंबई में शुरू हुए हिंसा के दौर की खबरों से अखबार के पन्ने पटे पड़े थे। अखबार के जरिए ही हमें पता चला कि जब हम परिवार के कार्यक्रम में व्यस्त थे, तब शहर में क्या हो रहा था!

6 दिसंबर को सुबह से शहर का माहौल गरम हो रहा था। विश्व हिंदू परिषद् और भारतीय जनता पार्टी की ओर से जगह-जगह कारसेवकों की सभाएँ बुलाई गई थीं। दादर के शिव मंदिर के पास एक बड़ी सभा आयोजित की गई। उसमें करीब 400 लोग शामिल हुए। दोपहर 12:30 बजे जब बाबरी ढाँचा ढहाए जाने की खबर आई, उसके बाद धारावी जंक्शन से शिवसेना ने एक साइकिल रैली निकाली, जो सांप्रदायिक तौर पर कई संवेदनशील इलाकों से होकर काला

किला तक पहुँची। काला किला में एक सभा हुई। उसमें भड़काऊ भाषण दिए गए। कई जगहों पर जश्न मनाया गया। शाम तक मुसलिम इलाकों में भी हलचल शुरू हो चुकी थी। अयोध्या में जो कुछ हुआ, उससे मुसलिम गुस्से में थे। उनका पहला गुस्सा सरकार पर था, जो बाबरी ढाँचे को बचा नहीं पाई। ऊपर से हिंदुत्ववादी संगठनों की ओर से सरेआम जश्न मनाए जाने ने जले पर नमक छिड़कने का काम किया था।

8 बजे के बाद से भिंडी बाजार, इमामबाड़ा और पायधुनी इलाकों में गुस्साए लोगों की भीड़ जमा होना शुरू हो चुकी थी। ऐसी ही एक भीड़ मिनारा मसजिद के पास भी जमा हुई थी। उसी भीड़ का शिकार होने से दीपनारायण बाल-बाल बचे थे। उसी भीड़ ने पुलिस पर भी हमला कर दिया था और पुलिस ने जवाब में फायरिंग की थी। भीड़ में से कुछ लोगों ने पुलिस पर गोलियाँ भी चलाईं। मिनारा मसजिद का चौराहा, जो हर साल रमजान के दौरान खाने-पीने के लिए जन्नत हुआ करता था और सभी धर्मों के लोगों को आकर्षित करता था, अब सांप्रदायिक संघर्ष का एक अखाड़ा बन गया था।

दीपनारायण का हिंसक भीड़ से बचना, माधव के ऊपर पेट्रोल बम का फेंका जाना, अखबार में छपी खबरें और पड़ोसियों को उनके फोन पर रिश्तेदारों के जरिए शहर के हालात पर दिए जा रहे ब्योरे हमें आतंकित करने के लिए काफी थे। घर पर सभी समझ गए थे कि यह महज एक रात की बात नहीं थी, दंगे आगे और भड़कनेवाले थे। पुलिस ने कर्फ्यू लगा दिया था। हर थोड़ी देर पर पुलिस की गाड़ी लाउडस्पीकर पर ऐलान करते घूम रही थी कि घर से बाहर निकलनेवालों पर काररवाई की जाएगी।...लेकिन कर्फ्यू का ऐलान बेअसर साबित हुआ। उलटा 7 दिसंबर की तारीख पुलिस के लिए सबसे ज्यादा घातक रही। देवनार में दंगाइयों ने दो पुलिस कांस्टेबलों पर तलवार से हमला कर उनकी हत्या कर दी और उनमें से एक के शव को कूड़े के ढेर पर फेंक दिया। दक्षिण मुंबई के भायखला में भी एक पुलिसवाले को मार डाला गया। जोगेश्वरी में एक इंस्पेक्टर की सिर में गोली लगने से मौत हो गई। इस दिन दंगाई बीती रात के मुकाबले ज्यादा तैयारी के साथ आए थे। कई ठिकानों पर दोनों समुदायों के दंगाइयों की आमने-सामने भिड़ंत हुई। शहर भर में कई मंदिर, मसजिद और

मदरसों को या तो ढहा दिया गया या उनमें आग लगा दी गई। बॉम्बे सेंट्रल डिपो में खड़ी बेस्ट की कई बसें हिंसा की भेंट चढ़ गईं। उस दिन मची हिंसा में 92 लोग मारे गए और करीब 150 लोग घायल हुए। शहर में जिस कदर दंगे फैल चुके थे, उसके आगे पुलिस मशीनरी नाकाम साबित हो चुकी थी। पुलिस तंत्र भी पस्त हो गया। लगभग 1.40 करोड़ की आबादी के लिए शहर में सिर्फ 40,000 पुलिसकर्मी थे। अपराध की गुत्थी तेजी से सुलझाने के लिए जिस बंबई पुलिस की तुलना कभी स्कॉटलैंड यार्ड से की जाती थी, वह अब शहर में कानून और व्यवस्था बनाए रखने के अपने फर्ज में नाकाम हो रही थी।[1]

वाडी के ज्यादातर गुजराती परिवार घाटकोपर, मुलुंड, विले पार्ले और सांताक्रुज जैसे उपनगरों में अपने रिश्तेदारों के यहाँ भाग गए। दरियास्थान स्ट्रीट के शादी के बैंक्वेट हॉल को एक राहत शिविर में बदल दिया गया था, जहाँ कुछ अन्य परिवार अपने जरूरी और कीमती सामान के साथ आ गए थे। अब वाडी में हम कुछ ही परिवार रह गए थे।

आग से बचकर निकले

शहर के हालात ने वाडी में रहनेवाले बाशिंदों को खौफजदा कर दिया था। ज्यादातर गुजराती परिवार अपना घर छोड़कर घाटकोपर, मुलुंड और विले पार्ले में रहनेवाले अपने रिश्तेदारों के यहाँ चले गए थे। वाडी के सामने दर्यास्थान नाम की गली में एक हॉल था। उसका इस्तेमाल शादी-ब्याह के लिए होता था, उसे एक तरह से शरणार्थी कैंप में तब्दील कर दिया गया था। कई परिवारों ने अपना जरूरी सामान लेकर उस हॉल में आसरा लिया। अब वाडी में हमारे परिवार के अलावा सिर्फ 3-4 और परिवार ही बचे थे। वहाँ रुके रहने में जान जाने का जोखिम तो था ही, साथ ही यह भी फिक्र थी कि अगर सभी लोग वाडी छोड़कर चले गए तो दंगाई बेहिचक सबके घरों में लूटपाट करेंगे। 8 दिसंबर को सुबह से शांति थी, लेकिन दोपहर एक बजे के करीब 10-12 दंगाइयों ने हमारी इमारत से सटी एक दूसरी इमारत में आग लगा दी। इस इमारत में हींग और तेल के गोदाम थे। पूरे इलाके में हींग की गंध फैल गई। फायर ब्रिगेड को फोन लगाया गया, लेकिन उनका नंबर लगातार व्यस्त आ रहा था। शहर में बड़ी तादाद में

आगजनी की घटनाएँ हो रही थीं और फायर ब्रिगेड के संसाधन कम पड़ रहे थे। करीब 20 मिनट तक कोशिश करने के बाद फायर ब्रिगेड को फोन लगा और उसके 10 मिनट बाद एकमात्र फायर इंजिन आग बुझाने पहुँचा। उसमें ड्राइवर समेत सिर्फ 3 कर्मचारी सवार थे। उन्होंने तुरंत होज पाइप निकालकर आग बुझाना शुरू किया। इस बीच नाना-नानी ने तय किया कि मुझे, मेरे भाई देवेंद्र, ममेरे भाई महेश, मामी और उनकी बच्ची पूजा को सुरक्षित ठिकाने पर भेज दिया जाए। सड़क पार करके वडगादी नामक इलाके में प्रेमशंकर शर्मा का घर था। सभी को वहाँ पहुँचाने के लिए मामा हमें साथ लेकर निकले। हमने दो बैगों में सभी के कपड़े रख लिये थे। मैंने स्कूली पुस्तकों के साथ चंपक, टिंकल जैसी बाल-पत्रिकाओं की कुछ पुरानी प्रतियाँ और चाचा चौधरी की कुछ कॉमिक्स भी रख लीं, जिनका उन दिनों मैं आदी हो चुका था। मैंने सोचा कि बिना कॉमिक्स के वक्त काटना मुश्किल हो जाएगा। पता नहीं और कितने दिन वहाँ रहने पड़े? वाड़ी से बाहर निकलकर सड़क पार करते वक्त हमने देखा कि आग बुझा रहे फायर ब्रिगेड कर्मचारी डर के मारे वापस अपनी गाड़ी की ओर दौड़ रहे थे। आग बुझाए जाते वक्त धुएँ में से दो दंगाई निकले और उनमें से एक ने फायर ब्रिगेड कर्मचारियों की तरफ पिस्तौल तान दी थी। सड़क पार करते वक्त मुझे उन दंगाइयों की झलक दिखाई दी। उन्होंने अपना चेहरा रूमाल से ढक रखा था। पूरी बंबई में कई जगहों दमकलवालों को डराया गया और उन्हें उनका फर्ज निभाने से रोका गया।

लकड़ी की सीढ़ियों से हम 50 साल पुरानी इमारत की चौथी मंजिल तक पहुँचे। इस इलाके की ज्यादातर इमारतें पुरानी थीं और इसी तरह से बनाई गई थीं। ये इमारतें तीन से सात मंजिलों तक की थीं, लेकिन कुछ ही इमारतों में मैन्युअल रूप से चलनेवाली लिफ्ट थी। ये इमारतें खस्ताहाल थीं। इन्हें एक और मानसून से बचने के लिए मरम्मत की जरूरत थी। प्रेमशंकर का घर लगभग 750 वर्ग फीट के क्षेत्र में था, जिसमें दो कमरे और एक विशाल हॉल था। इतने से घर में 8 लोगों का संयुक्त परिवार पहले से रह रहा था। उस पर हम भी पहुँच गए।...लेकिन प्रेमशंकर के घर वालों ने हमारा पूरा खयाल रखा। हमें यह नहीं महसूस होने दिया कि हम उनके यहाँ शरणार्थी हैं या उनके लिए बोझ बनकर

आए हैं। हमें बताया गया कि अगले कुछ दिनों के लिए हमारे पास पर्याप्त भोजन है, लेकिन अगर कर्फ्यू जारी रहा, तो स्थिति खराब हो सकती है। चूँकि प्रेमशंकर पास में आइसक्रीम की फैक्टरी चलाते थे, इसलिए उनके पास दूध का अच्छा-खासा स्टॉक था।

बंदूकें लेकर आए दंगाई

प्रेमशंकर की आइसक्रीम की दुकान का नाम था 'श्रीराम आइसक्रीम फैक्टरी' और वो घर से एकदम करीब थी। दुकान के ठीक सामने की गली पड़ोस के मुसलिम मोहल्ले को जोड़ती थी। हमारे प्रेमशंकर के घर पहुँचने के कुछ देर बाद ही उनकी दुकान के सामने दोनों संप्रदायों के दंगाइयों के बीच पथराव शुरू हो गया। वे लोग एक-दूसरे पर पत्थर और काँच की खाली बोतलें फेंक रहे थे। लेकिन अचानक सामने के मोहल्ले से एक दंगाई ने बंदूक निकाल ली। उसने दो गोलियाँ चलाईं, जो आइसक्रीम फैक्टरी का बंद शटर भेदकर अंदर जा घुसीं। एक गोली फ्रिज में जाकर अटक गई और दूसरी अंदर मौजूद सुंदरिया नाम के मजदूर के सीने को रगड़ती हुई निकल गई। सुंदरिया की बनियान खून से सन गई। एक दूसरा मजदूर बदहवास होकर दौड़ते हुए प्रेमशंकर के घर आया और जानकारी दी कि सुंदरिया को गोली लगी है। प्रेमशंकर तुरंत सुंदरिया को सेंट जॉर्ज अस्पताल में भरती कराने के लिए उतरे। शहर के ऐसे हालात में प्रेमशंकर घर से निकल रहे थे, यह जानकर उनकी पत्नी देवमाला चिंतित हो गईं और रोने लगीं।...लेकिन सुंदरिया को ऐसे मरने के लिए नहीं छोड़ा जा सकता था। उसे अस्पताल ले जाना जरूरी था। कोई वाहन था नहीं, इसलिए घायल हालत में सुंदरिया को लोकल ट्रेन से ही ले जाना था। प्रेमशंकर बाकी मजदूरों के साथ सुंदरिया को उठाकर मसजिद स्टेशन की तरफ दौड़े। प्रेमशंकर की पत्नी देवमाला को पता था कि प्रेमशंकर सभी मजदूरों के लिए एक पिता जैसे थे, लेकिन वे अपने पति को जलते हुए शहर में घर से बाहर जाते देखकर रोती रहीं।

प्रेमशंकर के अस्पताल निकलने के कुछ वक्त बाद फिर से गोली चलने की आवाज सुनाई दी। कुछ देर में लोग हाथगाड़ी पर छटपटाते हुए एक शख्स को लेकर नीचे गली में आते दिखाई दिए। उसके सिर से खून बह रहा था। दरअसल

आइसक्रीम फैक्टरी के शटर के अंदर दो गोलियाँ लगने के बाद बंदूकधारी दंगाई ने फिर से फायरिंग की थी। इस बार उसकी गोली सामनेवाले पक्ष की ओर से पत्थर फेंक रहे इस शख्स के सिर में जा लगी थी। उस शख्स को तुरंत अस्पताल पहुँचाने की जरूरत थी, लेकिन न तो एंबुलेंस उपलब्ध थी, न कोई दूसरा वाहन। हाथगाड़ी पर उसके तड़पते शरीर को रखकर उसके साथी पुलिस वैन का इंतजार कर रहे थे। तभी उस शख्स की पत्नी चीखते हुए वहाँ पहुँची। उसके साथ दो छोटी बच्चियाँ भी थीं। पुलिस की वैन आई और उस शख्स को अस्पताल ले गई। साथ में वह महिला भी बच्चियों के साथ उसी गाड़ी में गई। बाद में पता चला कि दो घंटे बाद उस शख्स की मौत हो गई। मरनेवाले शख्स का नाम परेश जोशी था। माटुंगा की एक पुस्तक की दुकान पर वो काम करता था। आमतौर पर शांत रहनेवाले और किसी से ज्यादा न घुलने-मिलनेवाले परेश को पता नहीं उस दिन क्या हुआ कि वह इमारत से उतरकर सीधे सामनेवाले दंगाइयों की भीड़ पर पत्थर फेंकने लगा! बाद में उसके साथियों ने बताया कि परेश को इस बात का डर था कि कहीं दंगाई उसकी इमारत में न घुस आएँ और उसके परिवार को नुकसान न पहुँचा दें! इसी डर ने उसे पत्थर उठाने को मजबूर कर दिया था। उस दौरान बंबई में ऐसे कई लोग थे, जिनका कोई क्रिमिनल रिकॉर्ड नहीं था, जो ईमानदारी से अपनी रोजी-रोटी कमाते थे, लेकिन डर और नफरत के कॉकटेल ने उन्हें दंगाई बना दिया था। ऐसे कई लोग या तो दंगों में मारे गए, घायल हुए या फिर पुलिस की फाइलों में उनका नाम बतौर अपराधी दर्ज हो गया।

जब शहर में हर किसी की पहचान उसका मजहब था

चौथी मंजिल के जिस घर में हम मौजूद थे, वहाँ की खिड़कियों से आसपास होनेवाली गतिविधियाँ हमें दिखाई दे रही थीं। एक गली के दोनों मुहानों पर खड़े होकर पत्थरबाजी कर रहे दंगाइयों की ओर से दी जा रही गालियाँ हमें सुनाई दे रही थीं। युवाओं का झुंड चुन-चुनकर दूसरे समुदाय के लोगों की दुकानों में लूटपाट कर रहा था और फिर उनमें आग लगा रहा था। पुलिस की कोई गाड़ी आते हुए दिखती, तो वे लोग आसपास की सँकरी गलियों में छिप जाते और कुछ देर में फिर निकल आते। पास ही में बब्बू बाटलीवाले का गोदाम

था। बब्बू बाटलीवाला काँच की पुरानी बोतलों को खरीदने का काम करता था। दंगाई उसके गोदाम में घुस गए। काँच की बोतलें दंगे में इस्तेमाल करने का एक अहम हथियार होती थीं। गोदाम में सैकड़ों की तादाद में रखी बोतलों को लूटकर गोदाम में आग लगा दी गई। हर तरफ धुआँ–ही–धुआँ नजर आ रहा था। अगर दूसरे समुदाय का कोई शख्स नजर आता, वे लोग उसकी पहचान जानने के लिए उसकी पैंट उतरवाते।

सुंदरिया को अस्पताल में दाखिल करके लौट रहे प्रेमशंकर भी इसी तरह फँस गए। प्रेमशंकर साधुओं की तरह लंबी दाढ़ी रखते थे और पठानी कुरता पहनते थे। मसजिद स्टेशन के पास कुछ मुसलिम नौजवानों ने उन्हें अपने समुदाय का समझकर हिंदू इलाके की तरफ जाने से आगाह किया, लेकिन उनकी सलाह को अनसुना करके जब वे आगे बढ़ते गए, तो वे नौजवान फौरन समझ गए कि वे हिंदू हैं और पीछे से उन पर पत्थर फेंकने लगे।

पुलिस और राजनीति

हम लोग तो सुरक्षित थे, लेकिन हमें नाना–नानी और मामा की चिंता लगी थी। वे अब भी वाडी में ही थे। हमारे कानों में पड़नेवाली पुलिस, एंबुलेंस और सायरन की हर आवाज हमें सिहरा रही थी। मुंबई में हिंसा का सिलसिला अगले दिन यानी 8 दिसंबर को भी जारी रहा। पुलिस को 43 ठिकानों पर हिंसक भीड़ को काबू करने के लिए फायरिंग करनी पड़ी। फायरिंग में दोनों समुदायों के 52 लोग मारे गए। दंगाइयों ने कई मंदिर, मसजिद, मदरसों और दरगाहों को नुकसान पहुँचाया। पुलिस आज के दिन सबसे ज्यादा सख्त नजर आई। हालाँकि पुलिस फायरिंग में दोनों समुदायों के लोग मरे थे, लेकिन आरोप लगा कि पुलिस मुसलमानों के प्रति ही ज्यादा सख्ती बरत रही है। कांग्रेस के तत्कालीन मुख्यमंत्री सुधाकरराव नाईक पर दबाव पड़ा कि वे पुलिस को नरमी बरतने के लिए कहें। उन्होंने पुलिस कमिश्नर को निर्देश दिया कि फायरिंग करने के बजाय आँसू गैस के गोलों और लाठियों के जरिए ही भीड़ को काबू करें। अब तलवार, चॉपर, लोहे के सरिया और पेट्रोल बम से लैस दंगाइयों से पुलिस को लाठी और आँसू गैस के गोलों से निपटना था। अगले दिन यानी

9 दिसंबर को भी हिंसा जारी रही। दंगा इतना खौफनाक था कि मुख्यमंत्री से मिले फायरिंग न करने के आदेश के बावजूद पुलिस को कई मौकों पर गोलियाँ चलानी पड़ीं। इसमें दोनों समुदायों के 17 लोगों की मौत हो गई।

पुलिस की सख्ती का असर शहर पर पड़ा। 10 दिसंबर तक दंगे धारावी और माहिम के इलाकों तक ही सीमित रह गए थे। यहाँ भी पुलिस ने गोलियाँ चलाईं, लेकिन किसी की जान नहीं गई। आखिरकार 11 दिसंबर तक इन इलाकों में भी अमन बहाल हो गया। ऐसा लगा कि शहर सामान्य स्थिति में लौट रहा है। पुलिस ने कर्फ्यू में भी ढील दी। हम आखिरकार वाडी लौट आए, जहाँ स्टेट रिजर्व पुलिस (एस.आर.पी.) की एक वैन गेट के ठीक बाहर खड़ी रहती थी। हिंसा थम चुकी थी, लेकिन हमें डर था कि जुम्मे की नमाज एक बार फिर दंगाइयों को भड़का सकती है। चूँकि सड़क पर कोई ट्रैफिक नहीं था, इसलिए हम जकारिया मसजिद में होनेवाली मजहबी तकरीर साफ सुन सकते थे। हमने सोचा था कि भीड़ को उकसाया जाएगा, लेकिन ऐसा नहीं हुआ। जकारिया मसजिद के इमाम मौलाना हामिद अशरफ मीठा बोलनेवाले और अमनपसंद थे। जब शिवसेना ने सड़क पर नमाज पर पाबंदी का मुद्दा उठाया था, तो वे उससे पहले ही जकारिया मसजिद के बाहर नमाज को नामंजूर कर चुके थे। हालाँकि अयोध्या की घटना की निंदा की गई, लेकिन लोगों से अमन बनाए रखने को कहा गया। कुछ समय बाद मसजिद के बगल में कांबेकर स्ट्रीट के प्रवेश द्वार पर एक सफेद झंडा लगाया गया।

इस बीच दक्षिण बंबई के आजाद मैदान में एक और घटना ने शहर में तनाव को फिर से बढ़ा दिया, जब दो बाइकरों ने क्रिकेट खेल रहे लड़कों के एक समूह पर गोलीबारी की। इसमें एक युवक की मौत हो गई, जबकि चार अन्य गंभीर रूप से घायल हो गए। अगले दिन 12 दिसंबर को घाटकोपर, भांडुप और दिंडोशी इलाकों में हिंसा की कुछ घटनाएँ हुईं। दंगाइयों ने आठ लोगों की चाकू मारकर हत्या कर दी थी। पीड़ित दोनों समुदायों के थे। लेकिन इससे पहले कि हैवानियत बढ़ती, पुलिस ने हालात पर काबू पा लिया। उस दिन से हिंसा की घटनाओं में तेजी से गिरावट देखी गई।

हालात कुछ वक्त के लिए काबू में

मुंबई शहर की खासियत है कि उसे चाहे जितने भी गहरे जख्म क्यों न लगे हों, शहर बहुत जल्दी सामान्य होने की कोशिश करता है। 14 दिसंबर यानी सोमवार को फिर शहर की जिंदगी शुरू हुई। सड़क किनारे की दुकानें, जिन्हें ज्यादातर गुजराती ही चलाते थे, फिर से खुल गईं। सड़क पर स्टॉल लगानेवाले फेरीवाले भी आ गए। बेस्ट की 102 नंबर की बस, जो वाडी के सामने की सड़क से गुजरती थी, वह भी फिर से चलना शुरू हो गई। मसजिद बंदर स्टेशन पर लोकल ट्रेन से उतरकर मुंबादेवी मंदिर और जवेरी बाजार की ओर जानेवाले मुसाफिरों की भीड़ भी फिर दिखने लगी। वाडी के गुजराती परिवार, जो घर छोड़कर भाग गए थे, वे भी वापस लौट आए। उस सुबह देखकर ऐसा लगा नहीं कि बीते हफ्ते यह शहर सांप्रदायिक नफरत की आग में जल रहा था और करीब 300 लोग अपनी जान से हाथ धो बैठे थे।

एस.आर.पी. और केंद्रीय रिजर्व पुलिस बल (सी.आर.पी.एफ.) के जवान अब भी कई जगहों पर सड़क पर तैनात थे। कुछ सामाजिक कार्यकर्ताओं ने दंगा प्रभावित परिवारों के लिए राहत सामग्री जुटाने के लिए रैली निकाली। लाउडस्पीकर के जरिए उन्होंने लोगों से पैसे, कपड़े और बाकी जरूरी सामान दान करने की अपील की। दर्यास्थान गली में गरीबों को भोजन कराने का इंतजाम किया गया। उन्हें एक रुपए में भरपेट भोजन मुहैया कराया गया। फूड काउंटर पर लोगों की लंबी लाइन थी। पूरे शहर में कई नेक लोग मुसीबत में फँसे लोगों को राहत देने के लिए निकले।

मामा दुविधा में थे कि मुझे स्कूल भेजें या नहीं? जब पता चला कि स्कूल के करीब भी एक पुलिस वैन को तैनात किया गया है तो स्कूल भेजने का फैसला लिया। मंगलवार की सुबह मैं स्कूल जाने के लिए निकला। कौतूहल से मैं वाडी के बगल की गली में गया, जहाँ दंगाइयों ने एक इमारत को आग लगा दी थी। इमारत जलकर राख के ढेर में तब्दील हो चुकी थी। हींग की गंध अब भी उस गली में फैली हुई थी, जो स्कूल पहुँचने तक मेरी नाक में बनी रही। स्कूल में हमारी करीब पूरी क्लास हाजिर थी। सभी के पास दंगों से जुड़े किस्से थे। किसने क्या देखा और कौन कैसे बचा, यह सब एक-दूसरे को बताने के लिए सभी उतावले थे।

दंगों के दौरान मुसलिम इलाकों में क्या चल रहा था, इसकी जानकारी मुझे अपने सहपाठियों से मिली। मेरी बगल वाली बेंच पर बैठनेवाले सलीम काजी ने रेसेस के वक्त बताया कि 6 दिसंबर की रात से उसके अम्मी-अब्बा ने उसे इमारत से नीचे नहीं उतरने दिया। अकसर वह शाम के वक्त गली में जाकर अपने दोस्तों से गपशप करता था, लेकिन वह सबकुछ इस दौरान बंद रहा था। शाम की नमाज के लिए मसजिद में जाना भी बंद था। बिल्डिंग के बाहर से गोलियाँ चलने और हंगामे की आवाजें आती थीं। रिजवान नाम के लड़के ने बताया कि उसका परिवार दंगों का शिकार होते-होते बचा। उमरखाडी इलाके की जिस इमारत में वह रहता था, उसमें ज्यादातर मराठी भाषी हिंदू लोग रहते थे। मुसलिम परिवार गिने-चुने थे। उन सबसे रिजवान के परिवार के दोस्ताना रिश्ते थे, लेकिन एक शाम कुछ लोग शराब पीकर बोलने लगे कि इन लोगों को छोड़ना नहीं चाहिए। इस पर रिजवान के पड़ोसियों ने उसके अम्मी-अब्बा को सलाह दी कि कुछ दिन के लिए वे घर छोड़कर सुरक्षित जगह चले जाएँ। इस बीच यह भी खबर आई थी कि उनके घर के करीब ही नूर बाग के कुछ लोगों को मार डाला गया है। पड़ोसियों की सलाह मानकर रिजवान के अम्मी-अब्बा ने फौरन घर छोड़ दिया और पास के मुसलिम इलाके के एक स्कूल में जाकर पनाह ली। स्कूल को राहत कैंप में तब्दील कर दिया गया था। हफ्ते भर बाद दंगा शांत होने पर वे जब घर वापस लौटे, तो घर का ताला टूटा हुआ पाया।

कुछ बच्चों के मुताबिक, पुलिस का रवैया पक्षपात का था। उनका मानना था कि पुलिस सिर्फ मुसलिम इलाकों में ही सख्ती बरत रही थी। एक पठान छात्र ने धमकाने वाले अंदाज में कहा—'वो तो पुलिस तुम लोग के साथ थी, नहीं तो…'

मैंने यह भी सुना कि 6 दिसंबर को मेरे एक दोस्त असलम मलकानी के साथ क्या हुआ था। वह मेरे घर के पास डोंगरी के चार-नल इलाके में रहता था और दाऊद फजल हाई स्कूल में छठी क्लास में पढ़ता था। 6 दिसंबर की शाम को उसका परिवार भिश्ती मोहल्ले में एक शादी के रिसेप्शन में गया था। वहाँ करीब 50 लोगों की भीड़ लाठियों और तलवारों से टूट पड़ी। वे बाबरी ढाँचा गिराए जाने की खबर आने के बाद किसी भी तरह के जश्न से नाराज थे। उन्होंने

सभी को धमकाया और वहाँ से चले जाने को कहा।

असलम के मुताबिक अगले दिन एक मोरचे की शक्ल में बड़ी संख्या में लोग भिंडी बाजार के चौराहे पर जमा हुए। उसके बाद उस भीड़ ने हिंसा करनी शुरू कर दी। हिंसा के सबसे पहले शिकार बने बी.एम.सी. के सफाई कर्मचारी, जो रोज की तरह वहाँ सड़क पर झाड़ू लगाने पहुँचे थे। वहाँ से गुजरने वाली बेस्ट की बसों को निशाना बनाया गया और उनके ड्राइवर और कंडक्टर पर हमले किए गए। भिंडी बाजार के चौराहे के करीब ही मांडवी टेलीफोन एक्सचेंज है। उसके कर्मचारी भी हिंसा की चपेट में आ गए। इसके बाद अगले चंद दिनों तक चुन-चुनकर हिंदुओं की दुकानों को लूटा गया और उनमें आग लगा दी गई। असलम को याद है कि उसके घर के करीब ही 'आकाशवाणी' नाम की ऑडियो कैसेट की एक दुकान थी, जिसे दंगाइयों ने लूटा था। हत्या, लूटपाट और लोगों को भड़काने में आपराधिक पृष्ठभूमि के लोग आगे थे। इनमें दाऊद गिरोह और पठान गिरोह के सदस्य भी थे। दंगों के दौरान यही लोग बंदूक का इस्तेमाल कर रहे थे और पुलिस पर गोलियाँ चला रहे थे। इमारत के लोगों के बीच हो रही चर्चा से असलम को पता चला कि नल बाजार में लोहे के औजारों के कुछ दुकानदार तलवारें भी बेच रहे थे और वहाँ से कई लोग तलवार लेकर आए थे। इलाके में खड़े वाहनों से पेट्रोल निकालकर उन्हें काँच की खाली बोतलों में डाला गया और पेट्रोल बम बनाए गए।

दंगाइयों ने इलाके में खड़ी हाथगाड़ियों को रुकावट की तरह इस्तेमाल किया। उन्हें गली के मुहाने पर अड़ा दिया गया, ताकि पुलिस अंदर न आ सके। असलम याद करते हैं कि कर्फ्यू की वजह से दूध और खाने-पीने के दूसरे सामान की किल्लत शुरू हो गई थी। आलम यह था कि लोगों ने गली में भटक रही बकरियों को पकड़कर उनका मांस खाया। असलम के पिता इलाके के बाकी लोगों के साथ राहत के काम में हाथ बँटाने के लिए घर से निकल गए। घर में माँ उनकी सुरक्षा को लेकर परेशान हो रही थी, क्योंकि पिता काफी गुस्सैल तबीयत के थे और उन्हें डर था कि वे भी कहीं दंगाइयों के साथ मिलकर हिंसा में न शामिल हो जाएँ।[2]

'हम' और 'वे'

एक हफ्ते तक मार-काट देखने के बाद शहर बाहर से शांत दिखाई दिया, लेकिन भीतर दहशत, नफरत और अविश्वास उबल रहा था। बंबई अब 'हमारे लोग' और 'उनके लोग' में बँट गई थी। हिंदू और मुसलमान दूसरे समुदाय की बहुलता वाले क्षेत्रों में प्रवेश करने से बचने लगे थे। आनेवाले हफ्तों में यह डर धीरे-धीरे दूर हो गया, क्योंकि दोनों समुदायों के कारोबार और दैनिक जीवन आपस में इतने जुड़े हुए थे कि अलग रहना मुमकिन नहीं था। खुदरा हिंदू परिधान विक्रेताओं को मुसलिम बहुल चकला स्ट्रीट में थोक विक्रेताओं से अपना माल खरीदना पड़ता था। इसी तरह मुसलिम इलाकों में कई बेकरियों के वितरक हिंदू बहुल इलाकों में थे। जिन मालिकों की दुकानें लूट ली गईं, उनमें से कई ने उन्हें बेचने का फैसला किया, जबकि बाकी ने अपनी दुकानों को नए स्टॉक से भर दिया। समय बीतने के साथ संवेदनशील इलाकों में भी पुलिस की मौजूदगी कम हो गई। वाडी के गेट पर तैनात एस.आर.पी. वैन भी दिसंबर के अंत तक हट गई।

इस बीच शहर में छुरेबाजी की कुछ घटनाएँ हुईं, लेकिन उन्हें हिंदू-मुसलिम संघर्ष की नजर से नहीं देखा गया। दिसंबर के आखिरी हफ्ते में शिवसेना ने सड़क पर नमाज के खिलाफ मुहिम छेड़ दी। पार्टी के मुखपत्र 'सामना' में रोज मुसलिम विरोधी संपादकीय छपने लगे। हालाँकि 'सामना' के संपादक बाल ठाकरे थे, लेकिन रोज संपादकीय लिखने और यह तय करने का काम 6 महीने पहले ही नियुक्त हुए 28 वर्षीय कार्यकारी संपादक संजय राउत का था। 'सामना' से जुड़ने से पहले राऊत 'लोकप्रभा' पत्रिका में क्राइम रिपोर्टर थे। रोज संपादकीय वे ही लिखते थे और उनकी लेखनी बहुत आक्रामक थी। सड़क पर नमाज के विरोध में शिवसेना ने 'महा आरती' का ऐलान किया। 'महा आरती' खासकर ऐसे मंदिरों में आयोजित की जा रही थी, जो मुसलिम बहुल इलाकों से सटे हों, जैसे मुंबादेवी मंदिर और गोल देवल मंदिर। 'महा आरती' करीब घंटे भर तक चलती थी। इसमें भारी भीड़ जुटती। जो लोग कभी मंदिर नहीं जाते थे, वे भी रोज महा आरती में शामिल होते थे। महा आरती का आयोजन आस्था से ज्यादा आक्रमकता का प्रतीक बन गया

था। इसके जरिए हिंदुओं के एकजुट होने और मुसलिम विरोध का संदेश दिया जा रहा था। महा आरती का समापन 'हर हर महादेव', 'जय श्रीराम' और 'भारतमाता की जय' के नारों से होता। शहर में हिंसा नहीं हो रही थी, लेकिन जिस तरह का माहौल बन रहा था, उससे डर था कि हिंसा का डरावना दौर फिर लौट सकता है!

□

5

जनवरी 1993 के दंगे

स्कूल में हमारी गणित की क्लास शुरू ही हुई थी कि हेड मास्टर जमीरुल खान चेहरे पर गंभीर हाव-भाव के साथ अचानक दाखिल हुए। उन्होंने अध्यापक विनोद सिंह के कान में कुछ कहा और फिर निकल गए। उनके जाते ही अध्यापक सिंह ने घोषणा की कि आज स्कूल नहीं चलेगा और सभी छात्र तुरंत घर के लिए निकलें।

'सभी लोग सीधे घर जाएँगे और कहीं नहीं', उन्होंने सख्ती से कहा। सिंह ने बच्चों के पूछने पर भी नहीं बताया कि उन्हें क्यों जल्दी भेजा जा रहा है। वे खुद भी स्कूल से निकलने की जल्दी में नजर आए। वह 6 जनवरी, 1993 की तारीख थी। सुबह के 11 बजे थे। स्कूल खत्म होने में और दो घंटे बाकी थे। हम छात्रों को इस बात की खुशी थी कि स्कूल से जल्दी छुट्टी मिल रही है, लेकिन साथ ही यह जानने की उत्सुकता भी थी कि आज जल्दी क्यों छोड़ा जा रहा है ?

फिर सुलगी बंबई

मैं स्कूल से बाहर निकला तो देखा कि दुकानें बंद हो रही थीं। शटर बंद करके दुकानदार जल्द-से-जल्द घर निकलने की अफरा-तफरी में नजर आए। हालात देखकर समझ आ रहा था कि कुछ तो गड़बड़ हुई है। सस्पेंस घर जाकर खत्म हुआ। एक पड़ोसी ने आकर बताया कि हमारे स्कूल के करीब चिंचबंदर में बीती रात 2 माथाडी मजदूरों की हत्या कर दी गई। ज्यादातर माथाडी मजदूर पश्चिम महाराष्ट्र के सतारा, सांगली और पुणे जिलों से आते हैं और गोदामों और ट्रकों में माल की ढुलाई का काम करते हैं। उनकी यूनियन काफी ताकतवर मानी

जाती है और अगर वे हड़ताल पर उतरते हैं तो मुंबई में कारोबार ठप हो जाता है। मजदूरों की लाशें मिलने के बाद माथाडी मजदूर गुस्से में थे और उनकी ओर से 'बंद' का ऐलान किया गया था। इन हत्याओं की खबर जल्द ही शहर भर में फैल गई और शहर में तनाव फैल गया।

मेरे क्लासमेट जाहिद[1] मोमिन के भाई जसीम को हत्याओं के आरोप में गिरफ्तार किया गया था। जिस सुबह माथाडी मजदूरों की हत्या की खबर आई, उससे एक रात पहले जसीम टीवी पर खबरें देख रहा था। जी टीवी पर 'घूमता आईना' नाम के एक कार्यक्रम में उसने सूरत में मुसलमानों के साथ होनेवाले कथित अत्याचार की खबर देखी, जिससे वह भड़क गया। गुस्से में वह बिल्डिंग से नीचे उतरकर अपने दोस्तों से मिला। उनमें लाला नाम का एक शख्स और दाऊद गिरोह के लिए शूटर का काम करनेवाला फिरोज कोकणी भी था। इन तीनों ने कुछ और साथियों को इकट्ठा किया और तय किया कि कौम के दुश्मनों को सबक सिखाने के लिए वे भी कुछ करेंगे। उन्होंने सबसे पहले एक ड्रमर की हत्या करने की सोची। उस दौरान इलाके में खबर फैली हुई थी कि गणपति उत्सव में ढोल बजानेवाले इस लंबे बालोंवाले ड्रमर ने कई लोगों को छुरा भोंककर हत्या की थी। पता चला कि ड्रमर डोंगरी इलाके में उठता-बैठता था। रात भर काफी ढूँढ़ने के बाद भी ड्रमर नहीं मिला। इससे कुंठित होकर ये नौजवान वापस लौटने लगे। तभी चिंचबंदर पर उन्हें पेशाब करने के लिए एक ट्रांसपोर्ट कंपनी के गोदाम से बाहर निकला एक माथाडी मजदूर नजर आया और इन्होंने अपना गुस्सा उस पर हमला करके उतारा। इस मजदूर की चीखें सुनकर उसके तीन साथी भी गोदाम से बाहर आए। छुरे से उन पर भी हमला कर दिया गया। चारों मजदूरों को जब जे.जे. अस्पताल ले जाया गया, तो उनमें से लक्ष्मण कदम और राजाराम कदम नाम के दो मजदूर दम तोड़ चुके थे। (करीब सालभर बाद पुलिस ने इन लोगों को गिरफ्तारी की, लेकिन सबूतों के अभाव में पुलिस ने सभी को छोड़ दिया। फिरोज कोकणी हिरासत से फरार हो गया, लेकिन बाद में छोटा शकील ने ही उसकी हत्या करा दी।)

अगली दोपहर तक एक बार फिर पूरे शहर में सांप्रदायिक हिंसा शुरू हो गई। शिवसैनिकों ने माहिम इलाके में एक मुसलिम कॉलोनी पर हमला किया।

दोनों समुदायों के बीच हिंसक झड़प हो गई।[2] बंबई अभी दिसंबर के दंगों से पूरी तरह उबर भी नहीं पाई थी और एक बार फिर उसे खून से रँगा जा रहा था। डोंगरी, पायधुनी, नागपाड़ा और वी.पी. रोड प्रभावित इलाकों में से थे। शुरुआती पीड़ितों में से कुछ टैक्सी चालक थे। चाकूबाजी और भीड़ द्वारा हत्या के कई मामले सामने आए।

बरसों बाद वरिष्ठ फोटो जर्नलिस्ट और मेरे दोस्त विजयानंद गुप्ता ने मुझे बताया कि कैसे उन्होंने अपने चचेरे भाई शशि को ऐसी ही एक घटना में खो दिया था। शशि का चार साल का चुलबुला बच्चा अनाथ हो गया था। मांडवी टेलीफोन एक्सचेंज में टेलीफोन इंस्पेक्टर शशि उस दिन स्टोर रूम में कुछ उपकरणों की जाँच कर रहे थे कि तभी एक हिंसक भीड़ वहाँ घुस गई। वे उस भीड़ की हिंसा का शिकार हो गए। शशि की खून से लथपथ लाश कुछ घंटे बाद करीब 100 मीटर दूर मिली थी, जिस पर चाकू के 16 घाव थे। सहार में उनके परिवार को एक दिन बाद इसकी खबर मिली। उनकी लाश जे.जे. अस्पताल में थी, जो मुसलिम इलाके में था। विजयानंद के पत्रकार दोस्तों की खास गुजारिश पर पुलिस कमिश्नर श्रीकांत बापट ने शशि के शव को पुलिस वैन से घर ले जाने का इंतजाम किया था।[3] उस दिन 11 लोग चाकुओं से मारे गए और 32 लोग घायल हुए थे।

7 जनवरी को दंगे तेज हो गए। शाम के अखबारों ने हिंसा का खौफनाक मंजर छापा। प्रतीक्षा नगर में दो लोगों को टैक्सी से खींचकर जिंदा जला दिया गया। पूजास्थलों में तोड़-फोड़ की गई। दोनों समुदायों के दंगाइयों ने बेरहमी से एक-दूसरे पर हमले किए। उस दिन मरनेवालों की तादाद 24 हो गई। हमने मसजिद बंदर में अपने अभी तक सुरक्षित समझे जानेवाले घर में शहर के जलने के किस्से सुने।

8 जनवरी को जो कुछ हुआ, उसे न तो कर्फ्यू रोक सका और न ही सुनसान सड़कें रोक सकीं। उस सुबह दंगाइयों की एक भीड़ ने जोगेश्वरी की गांधी चॉल (जिसे तमाम अखबारों ने गलती से राधाबाई चॉल बताया था)[4] में एक मराठी परिवार को एक कमरे में बंद करके उन्हें आग लगा दी। उसमें फँसकर पाँच पुरुषों और एक महिला की दर्दनाक मौत हो गई।

1984 के भिवंडी दंगों की तरह शिवसैनिकों ने बदला लेने के लिए और

ज्यादा हिंसा की। इससे उसकी कट्टरपंथी हिंदुत्व विचारधारा साबित हो गई।

शिवसेना 'मराठी माणूष' के लिए आवाज उठाने के एजेंडे पर चलकर बंबई और ठाणे से आगे नहीं बढ़ सकी थी। हिंदुत्व की ओर झुकाव ने उसे पूरे महाराष्ट्र और बाकी देश में दबदबा बढ़ाने का माकूल मौका दे दिया था।

1987 के विधानसभा उपचुनाव के दौरान पार्टी सुप्रीमो बाल ठाकरे ने हिंदुत्व को एक राजनीतिक मुद्दे के रूप में उठाया था। उन्होंने एक पब्लिक रैली में मुसलमानों के खिलाफ एक जहरीला भाषण दिया। उसके बाद चुनाव आयोग ने उनसे मतदान का अधिकार छीन लिया।[5] अब ठाकरे भगवा कपड़ों में दिखाई देने लगे और उन्हें 'हिंदू हृदय सम्राट्' कहा जाने लगा। कैडर आधारित इस पार्टी के तमाम शाखा कार्यालयों में शिवसैनिक इकट्ठा होने लगे। ठाकरे के भड़काऊ बयान, 'सामना' के तेजाबी संपादकीय और जमीनी स्तर पर शिवसैनिकों की हिंसा ने उस तबाही को और बढ़ाने का ही काम किया, जो बंबई देख रही थी।

पुलिस कमिश्नर श्रीकांत बापट ने हाल ही में कुरसी सँभाली थी। वे चौबीसों घंटे दंगा प्रभावित इलाकों का दौरा कर रहे थे। 8 जनवरी को मैंने उनके काफिले को सैमुअल स्ट्रीट की ओर जाते हुए देखा था, जहाँ मेरा स्कूल था। कुछ देर बाद हमने एक जोरदार धमाका सुना और बापट के साथियों को गली से भागते हुए देखा। मेरे स्कूल के बगल की एक इमारत से उन पर देसी बम से हमला किया गया था और वे बाल-बाल बचे थे। विस्फोट से जमीन पर एक गड्ढा हो गया था। इससे हमारे मन में दहशत फैल गई, क्योंकि हम सोच रहे थे कि इस शहर में अब कौन सुरक्षित है?

हमलावर भीड़ को तितर-बितर करने के लिए पुलिस को 31 जगह गोलियाँ चलानी पड़ीं। इससे 28 लोग मारे गए। चाकूबाजी और भीड़ द्वारा हत्या करने की घटनाओं में 40 लोगों की मौत हो गई थी। इमामबाड़ा इलाके में बहुत ज्यादा हिंसा हुई थी। वहाँ दमकल कर्मचारियों के क्वार्टर हैं। कुछ दंगाइयों ने उनके घरों पर पेट्रोल बम से हमला किया। कितनी अजीब बात थी कि दूसरों के घरों की आग बुझाने के लिए निकले दमकलवालों के अपने घर जल रहे थे!

मेरे क्लासमेट अहमद शेख याद करते हैं कि सैंडहर्स्ट रोड के हिंदू आबादी वाले इलाके की एक भीड़ ने डोंगरी में उनकी नूरानी मंजिल इमारत में उन पर

और उनके दोस्तों पर पथराव किया था। अहमद के बड़े भाई इरफान और कुछ दूसरे लोगों ने पत्थरों और खाली बोतलों से इस हमले का जवाब दिया। अचानक एक पुलिस वैन आई और पुलिस ने उन पर फायरिंग शुरू कर दी। एक गोली इरफान के दोस्त की आँख में लगी, जिससे उसकी मौके पर ही मौत हो गई। पुलिस फायरिंग का एक और शिकार एक आलू बेचनेवाला था। उसकी दुकान डोंगरी बाजार के बाहर थी। तीसरा एक अनजान शख्स था, जिसे पेट में गोली मारी गई थी। वो खून से लथपथ था और सड़क पर रेंग रहा था। कुछ ही मिनट में उसने दम तोड़ दिया।[6]

दहशत और नफरत ने बढ़ाए अपराध

डोंगरी मंडी से करीब आधे किलोमीटर के फासले पर रहनेवाले असलम मलकानी याद करते हैं कि दंगों के दौरान मुसलिम इलाकों की गलियों के मुहाने पर हाथगाड़ियों को रुकावट के तौर पर अड़ा दिया गया था, ताकि हिंदू दंगाइयों की हिंसक भीड़ और पुलिस भीतर न आ सके। उन दिनों तरह-तरह की अफवाहें उड़ रही थीं। जैसेकि इलाके में आनेवाले पानी और दूध में जहर मिला दिया गया है। ऐसी अफवाह भी उड़ी कि हिंदुओं की भीड़ इलाके में घुसकर हिंसा कर सकती है। लोगों ने अपने घरों में खाली बोतलें, चाकू और लाल मिर्च मिला पानी जमा कर रखा था। अगर कोई दूसरे समुदाय का शख्स नजर आता, तो चाकू या तलवार से उसकी हत्या कर दी जाती और उसके शव को या तो गटर में डाल दिया जाता या फिर ड्रम में रखकर सड़क पर फेंक दिया जाता। असलम के मुताबिक, केरल के कई मुसलिम भी दंगाइयों के हाथों मारे गए। भाषा नहीं समझ पाने के कारण वे दंगाइयों को अपनी धार्मिक पहचान नहीं बता पाए। दंगों के दौरान कुछ नौजवान गली में 'नारा-ए-तकबीर' का नारा लगाते हुए गुजरते और बाकी लोगों को साथ आने के लिए उकसाते। जब बड़ी तादाद में लोग जमा हो जाते, तो यह भीड़ हिंसा करना शुरू कर देती। उसकी इमारत में रहनेवाले लाला गिरोह के लोग छत पर से पुलिस पर गोलियाँ चलाते थे और इससे पहले कि पुलिस उन तक पहुँचती, वे निकल भागते।[7]

9 जनवरी की दोपहर को हमने वाडी से आधा किलोमीटर दूर मिनारा

मसजिद की तरफ से काफी देर तक गोलियों की आवाज सुनी। पुलिस को लगा कि कुछ आतंकवादी सुलेमान बेकरी की छत से ऑटोमैटिक हथियारों से गोलीबारी कर रहे हैं। ज्वॉइंट पुलिस कमिश्नर रामदेव त्यागी फोर्स लेकर वहाँ पहुँचे। उन्होंने फायरिंग का आदेश दिया। उस दिन नौ लोग मारे गए थे, लेकिन कोई आतंकवादी या हथियार नहीं मिला था। पुलिस का डर झूठा साबित हुआ। मरनेवाले उत्तर प्रदेश के गरीब बेकरी कर्मचारी थे।[8] त्यागी और उनकी टीम के सदस्यों पर बाद में ज्यादती की इस काररवाई के लिए मुकदमा चलाया गया।

हमें अब अपने नजदीकी लोगों से परेशान करनेवाली खबरें मिलनी शुरू हो गई थीं। मेरे मामा के एक दोस्त अपना रसोई गैस सिलेंडर भरवाने के लिए बाहर गए थे, तभी दंगाइयों ने उनकी हत्या कर दी। उनके जैसे कई लोग, जो मेडिकल इमरजेंसी या जरूरी सामान खरीदने के लिए बाहर गए थे, कभी घर नहीं लौटे। शहर में कई स्टॉलों और दुकानों को आग लगा दी गई। यहाँ तक कि पुलिस कमिश्नर ऑफिस के पास लोहार चॉलवालों को भी नहीं बख्शा गया।

एक दिन हंगामे के बीच तीन-चार लोगों ने वाडी का गेट खटखटाया। उनके चेहरे रूमाल से ढके हुए थे। मेरे मामा और दादा उनसे मिलने नीचे गए।

"हमने सुना है कि वाडी के अंदर बंदूक की दुकान है। हमें उसमें से कुछ बंदूकें निकालनी हैं। उन लोगों के पास बंदूकें हैं और इसलिए हमारे लोग मारे जा रहे हैं। हम हर गोली का जवाब गोली से देना चाहते हैं।" उनमें से एक ने कहा।

साफ था कि इनकी मंशा हथियारों की दुकान लूटने की थी। मेरे चाचा ने उन्हें जवाब दिया, "इस दुकान में यकीनन बंदूकें हो सकती हैं, लेकिन वे बेकार भी हो सकती हैं, जो मरम्मत के लिए यहाँ आई हों। अगर तुम वर्कशॉप का ताला तोडकर बंदूकें ले गए, तो भी वे किसी काम की नहीं होंगी। और अगर ठीक-ठाक बंदूक मिल भी गईं, तो गोलियाँ कहाँ से आएँगी? मुझे नहीं लगता कि वर्कशॉप में गोलियाँ हैं। इससे कोई मकसद तो पूरा नहीं होगा और तुम लोग एक क्रिमिनल केस में जरूर फँस जाओगे।"

शुक्र है कि उन्होंने मेरे मामा की बात मान ली और वहाँ से चले गए। मेरे मामा ने उन्हें पहचान लिया—वे सड़क के उस पार ऑडियो कैसेट बेचते थे। नफरत और असुरक्षा का माहौल उन्हें गुनाह की ओर धकेल रहा था।

फिर से बेघर

उस दोपहर अचानक से चॉल के पिछवाड़े सटी इमारत से कुछ लोगों ने चॉल की छत पर पेट्रोल से भरी बोतलें फेंकीं और फिर उन पर जलता हुआ कपड़ा फेंक दिया। उनका इरादा चॉल को जला देने का था, लेकिन तभी कुछ लोगों ने यह देख लिया और इससे पहले कि आग ज्यादा फैल पाती, बाल्टियों से पानी डाल-डालकर आग को बुझा दिया गया। जिन लोगों ने आग लगाई थी, उनके पास पिस्तौल भी थी, जिसे दिखाकर वे आग बुझा रहे लोगों को धमका रहे थे। चॉल के लोगों की बदहवासी देखकर उनके चेहरों पर दूसरों को परेशान करने की खुशी साफ नजर आ रही थी। आग तो बुझ गई थी, लेकिन इस घटना से चॉल में हड़कंप मच गया। कई परिवारों ने चॉल से निकल भागने में ही भलाई समझी और कर्फ्यू को नजरअंदाज करके जरूरी सामान के साथ मसजिद स्टेशन की ओर दौड़े। मामा को भी हालात काफी गंभीर लगे और उन्होंने फिर एक बार हमें सुरक्षित जगह भेजने का फैसला किया। इस बार प्रेमशंकर शर्मा के घर जाने का विकल्प नहीं था, क्योंकि उनके यहाँ पहले से ही कई रिश्तेदार आकर ठहरे थे। मामा ने तय किया कि वे हमें खेतवाड़ी इलाके में रहनेवाले दूर के एक रिश्तेदार के यहाँ भेजेंगे। बड़ी मामी इस बार पहले ही अपने दोनों लड़कों के साथ मायके चली गई थीं। छोटी मामी, उनकी बेटी पूजा, मुझे और मेरे भाई देवेंद्र को लेकर मामा खेतवाड़ी के लिए पैदल निकले। वैसे तो मसजिद बंदर से खेतवाड़ी का रास्ता महज तीन किलोमीटर का है, लेकिन रास्ते में मोहम्मद अली रोड और पायधुनी जैसे मुसलिम इलाके पड़ते थे। उनसे होकर गुजरना खतरनाक था। मामा ने सात किलोमीटर लंबा रास्ता लेना तय किया, जोकि पूरी तरह हिंदू इलाकों से होकर गुजरता था। यह रास्ता विक्टोरिया टर्मिनस से शुरू होकर कालबादेवी और भुलेश्वर होते हुए खेतवाड़ी पहुँचता था।

मामा ने अपने साथ दो शिवसैनिक दोस्तों को भी मदद के लिए बुला लिया। उनमें से एक को वे राव कहकर संबोधित कर रहे थे। विक्टोरिया टर्मिनस के लिए ट्रेन पकड़ने की खातिर हम मसजिद रेल स्टेशन पहुँचे।...पर यह देखकर हम चौंक गए कि मसजिद स्टेशन पर कोई लोकल ट्रेन रुक ही नहीं रही थी।

दरअसल दंगों की भीषणता के मद्देनजर सरकार ने मसजिद और सेंडहर्सट रोड रेलवे स्टेशनों पर ट्रेनों को न रोकने का फैसला किया था। एक के बाद एक हमारी आँखों के सामने से कई ट्रेनें गुजर गईं। आखिर एक ट्रेन प्लेटफॉर्म से पूरी तरह गुजर जाने के बाद लाल सिग्नल के कारण रुक गई। प्लेटफॉर्म के छोर से करीब 100 मीटर आगे जाकर ट्रेन रुकी थी। डर था कि हमारे वहाँ पहुँचने तक ट्रेन चल न दे, लेकिन फिर भी हमने रिस्क लेने की सोची। पटरी पर चलते हुए जब तक हम उस ट्रेन के आखिरी डिब्बे तक पहुँचते, ट्रेन को हरा सिग्नल दिया जा चुका था। लेकिन ट्रेन के गार्ड ने इनसानियत दिखाते हुए, तब तक ट्रेन आगे बढ़ाने के लिए घंटी नहीं बजाई, जब तक कि हम सभी ट्रेन में चढ़ नहीं गए। ट्रेन के भीतर हमारी तरह ही कई परिवारों की भीड़ थी, जो अपनी जान बचाकर सुरक्षित जगह के लिए निकले थे। सबके चेहरे पर तनाव था। कुछ महिलाओं की आँखों से लगातार आँसू बह रहे थे। कुछ की गोद में छोटे-छोटे बच्चे थे। वे इस बात से अनजान थे कि उनके माँ-बाप पर क्या गुजर रही है ?

हमने विक्टोरिया टर्मिनस पर बड़े पैमाने पर पलायन देखा। दंगों से प्रभावित हजारों लोग चारों दिशाओं से आ रहे थे। वे मुंबई से बाहर जानेवाली ट्रेनों के रिजर्व और चालू डिब्बों में मवेशियों की तरह भरे हुए थे। परेशानी में सब एक जैसे हो गए थे, उनमें कोई फर्क नहीं रह गया था। एक अंदाज के मुताबिक उन दिनों करीब दो लाख लोग बंबई से चले गए थे। भीड़ के रेले के बीच हम स्टेशन से बाहर निकले।

हम महापालिका मार्ग होते हुए कालबादेवी रोड की ओर बढ़े। मेट्रो सिनेमा जंक्शन पर दंगाइयों ने खेल की दुकानों पर गिद्धों की तरह झपट्टा मारा था और उनमें तोड़-फोड़ की थी। जो कुछ भी हाथ लग सकता था, वे ले गए—कोई क्रिकेट का बल्ला लेकर, कोई फुटबॉल और बैडमिंटन रैकेट लेकर चला गया। एक आदमी हॉकी स्टिक लेकर भागता नजर आया। यह सब दिनदहाड़े एक अहम चौराहे पर हो रहा था। एक पुलिस वैन वहाँ से गुजरी, लेकिन उसने लूट को रोकने के लिए कुछ नहीं किया और लुटेरों ने भी उन्हें नजरअंदाज कर दिया। जिस जगह पर यह सब हो रहा था, उसके ठीक बगल में महात्मा गांधी के जीवन से जुड़ी एक यादगार जगह है। मेट्रो सिनेमा के नजदीक ही स्मॉल कॉजेज कोर्ट

है। इसी कोर्ट से गांधी ने भारत में एक पेशेवर वकील के रूप में प्रैक्टिस शुरू की थी। कहा जाता है कि मुकदमे में बहस करते-करते वे घबरा गए और उन्होंने अपने मुवक्किल को फीस वापस कर दी।

आधे घंटे से भी ज्यादा चलकर हम खेतवाड़ी पहुँचे। यह इलाका पूरी तरह से हिंदुओं से आबाद था। करीब 500 मीटर आगे गोल देवल नाम का एक शिव मंदिर था। उसके आगे भिंडी बाजार और नल बाजार जैसी मुसलिम बस्तियाँ थीं। 6 जनवरी को इस इलाके में महा आरती के बाद दंगे शुरू हुए थे। मंदिर से निकल रही भीड़ ने इलाके की मुसलिम इमारतों पर हमला किया, जिससे मार-काट शुरू हुई।

इस तरह की महा आरती न केवल शिवसेना, बल्कि आर.एस.एस. और वी.एच.पी. ने भी आयोजित की थीं। वी.एच.पी. पर 6 दिसंबर, 1992 के बाद बैन लगा दिया गया था। महा आरती के समय और जगह की घोषणा इन संगठनों के स्थानीय नोटिस बोर्ड पर की जाती थी। आर.एस.एस. और उसके सहयोगी संगठन अपनी पहचान छिपाने के लिए इन नोटिस बोर्डों पर अलग-अलग नामों का इस्तेमाल करते थे, जैसे 'राम सेवक संघ' और इसी तरह के दूसरे नाम।

कहने को तो शहर में कर्फ्यू लगा था, लेकिन इस खेतवाड़ी इलाके में लोग बेधड़क बाहर निकल रहे थे। जब भी कोई पुलिस वैन गुजरती, तो लोग इमारतों में छुप जाते, लेकिन कुछ देर बाद फिर वापस आ जाते। गली में नौजवान क्रिकेट खेल रहे थे। किसी ने सही ही कहा है—'चिरैया का मरना, बच्चों का खेल।' हम जिस घर में ठहरे थे, उस गली के नौजवानों को शरारत सूझी। तीन-चार नौजवानों ने चेहरे को रूमाल से ढका और एक खिलौने वाली पिस्तौल हाथ में ले ली। अगर कोई भी शख्स, जिसकी जरा सी भी दाढ़ी होती, वहाँ से गुजरता तो वे लोग उसे पकड़ लेते और पिस्तौल दिखाकर उसे डराते। जब पकड़ा गया शख्स काँपते हुए बताता कि वह हिंदू है, तो उसे यह कहकर छोड़ दिया जाता कि 'दाढ़ी निकालकर घूमो। तुम्हारी खुशनसीबी है कि गोली चलाने से पहले तुमने पहचान बता दी।'

कांग्रेस को अपनी धर्मनिरपेक्ष साख पर गर्व है, लेकिन दंगों के दौरान कांग्रेस कार्यकर्ता और शिवसैनिक एक साथ आ गए। अँधेरी में कांग्रेस के एक प्रमुख उत्तर भारतीय नेता को दंगाइयों के साथ घूमते देखा गया। कौन किस

सियासी पार्टी का है, इसके अब कोई मायने नहीं रह गए थे। दो पहचानें रह गई थीं—'हिंदू' और 'मुसलिम'।

हिंसा का नंगा नाच

10 जनवरी को मैंने खेतवाड़ी में अपनी गली के पास मेन रोड से सेना की टुकड़ियों को गुजरते देखा। सैनिकों ने अपने हथियार तान रखे थे और वे गोली चलाने के लिए तैयार थे। लाल झंडा फहराती एक जीप काफिले के आगे चल रही थी—यह सेना का फ्लैग मार्च था। सरकार ने अब सेना को गड़बड़ी करनेवालों पर गोली चलाने की अनुमति दे दी थी, जबकि पहले उन्हें केवल डराने को कहा गया था।

अगले दिन, 11 जनवरी को कुछ आगजनी करनेवालों को तितर-बितर करने के लिए सैनिकों ने दादर में कुछ गोलियाँ चलाईं, लेकिन कोई मारा नहीं गया। 12 जनवरी को अपने घरों से भाग रहे कुछ लोगों को एंटॉप हिल में दंगाइयों की भीड़ ने पकड़ लिया। सेना के जवानों ने उन्हें बचाने के लिए फायरिंग की। उसी दिन उत्तर-पूर्वी उपनगर में भी इसी तरह के हालात पैदा हो गए। उसमें एक की मौत हो गई, जबकि एक घायल हो गया। जिस सेना को देश को बाहरी खतरों से बचाने की जिम्मेदारी सौंपी जाती है, उसे इस तरह के हालात ने अपने ही नागरिकों पर गोलियाँ चलाने के लिए मजबूर कर दिया था।

लेकिन 12 जनवरी को उस समय हैवानियत की इंतेहा देखी गई, जब देवीपाड़ा में सबके सामने दो महिलाओं के कपड़े उतार दिए गए। उनमें से एक तो किसी तरह बच निकली, दूसरी को जिंदा जला दिया गया। उसके साथ ही एक बुजुर्ग को भी जला दिया गया। बुजुर्ग का कसूर यह था कि उसने महिला को बचाने की कोशिश की थी। करी रोड इलाके की कडूपाटिल चॉल में एक परिवार पर बेरहमी से हमला किया गया और एक बूढ़ी महिला की उँगलियाँ काट दी गईं। खेरवाड़ी थाने के पास दो लोगों को टैक्सी से खींचकर जिंदा जला दिया गया। एक और जगह एक बस पर हमला किया गया और एक यात्री को आग के हवाले कर दिया गया। जोगेश्वरी में ट्रक में सवार दंगाइयों ने झुग्गियों में आग लगा दी, जिसमें झुलसकर दो बच्चों की मौत हो गई।

मेरे पॉलिटिकल साइंस के प्रोफेसर और मुंबई यूनिवर्सिटी में इसलामी स्टडीज के विद्वान् अतीक-उर-रहमान याद करते हैं कि कैसे शिवसेना की महा आरती ने उनके इलाके में आशंकाएँ पैदा कर दी थीं। एक बार वे नमाज के लिए मीनारा मसजिद गए थे। वहाँ उन्होंने एक भीड़ को 'हर हर महादेव' के नारे लगाते हुए सुना। इससे मसजिद में भगदड़ मच गई। कुछ लोगों ने हालात से निपटने की प्लानिंग शुरू कर दी और घुसपैठ रोकने के लिए तैयारी की। लोगों ने रहमान को आगे बढ़नेवाली भीड़ से लड़ने के लिए अपने साथ आने के लिए कहा, लेकिन उनके पिता ने उन्हें रोक दिया। नारेबाजी तेज होने से माहौल में तनाव बहुत बढ़ गया। अचानक इलाके की सभी मसजिदों में एक साथ अजान की आवाज सुनाई दी। उसके बाद लगभग चमत्कारिक रूप से हालात चंद मिनट में ही शांत हो गए।

रहमान याद करते हैं कि दंगों के दौरान उनके घर के करीब नूर अस्पताल लाशों से भर गया था। बहुत से मरीज इसलिए सरकारी अस्पतालों में नहीं गए कि कहीं उन्हें दंगाई करार न दे दिया जाए। इस डर से वे प्राइवेट अस्पतालों में गए। कई मृतकों के अंतिम संस्कार का इंतजाम तक नहीं किया जा सका, क्योंकि उन्हें चुपचाप दफनाया गया था।[9]

अगले कुछ दिनों में दंगों के मामलों की संख्या में कमी आई। 15 जनवरी तक बांद्रा के निर्मल नगर को छोड़कर शहर के ज्यादातर हिस्सों में एक बार फिर से अमन कायम हो गया था।

राजनीतिक प्रभाव

दिसंबर 1992 के दंगों के बाद बंबई की तरह किसी अन्य भारतीय शहर में उबाल नहीं आया था। प्रधानमंत्री पी.वी. नरसिम्हा राव प्रभावित इलाकों का दौरा करने मुंबई पहुँचे, तो उनका स्वागत काले बैनरों और तानों के साथ किया गया। राव इस दौरे के दौरान कहीं भी अपनी कार से बाहर नहीं निकले और न ही उनका काफिला किसी दंगा प्रभावित इलाके में रुका।

20 जनवरी तक दंगे का दूसरा चरण भी थम गया। कई इलाकों से कर्फ्यू हटा लिया गया। महा आरती धीरे-धीरे बंद हो गईं। श्रीकृष्ण आयोग की रिपोर्ट के मुताबिक, दंगों के दोनों चरणों में कुल 900 से अधिक लोग मारे गए और 2,000

लोग घायल हुए।[10] दोनों समुदायों के लगभग 356 लोग गोली लगने से मारे गए। हालाँकि मुझे यकीन है कि हताहतों की संख्या बहुत ज्यादा थी। महाराष्ट्र के पूर्व मुख्यमंत्री शरद पवार ने अपनी आत्मकथा 'ऑन माय टर्म्स' में यह जिक्र किया है कि 2,000 लोग मारे गए थे।[11] हालाँकि बंबई में जिंदगी पटरी पर लौट आई थी, लेकिन निराशा और नफरत ने हर मुंबईकर के दिल में जड़ें जमा ली थीं।

पुलिस और सरकारी तंत्र पहले दंगे टालने में और फिर उनको फैलने से रोकने में नाकामयाब रहे। अकसर होता यह है कि सत्ताधारी राजनेता खुद को निर्दोष बताने के लिए अफसरों पर दोष मढ़ देते हैं। इस मामले में भी ऐसा ही हुआ। पहले मुंबई के 5 डी.सी.पी. का तबादला किया गया और उसके बाद मुंबई के पुलिस कमिश्नर श्रीकांत बापट को ही हटा दिया गया। बापट की इमेज एक बेहद कर्मठ और ईमानदार पुलिस अधिकारी की थी। वे कुछ वक्त खुफिया एजेंसी आई.बी. में भी बिताकर आए थे। बीते साल अगस्त में ही उनकी पुलिस कमिश्नर पद पर नियुक्ति हुई थी, लेकिन छह महीने में ही उनकी छुट्टी कर दी गई। मुंबई के पूर्व पुलिस कमिश्नर राकेश मारिया दंगों के दौरान डी.सी.पी. रैंक के थे। उन्होंने अपनी आत्मकथा 'लेट मी से इट नाऊ' में लिखा है—"नसीब ने बापट को ऐसे वक्त में उस मुंबई पुलिस का मुखिया बनाया था, जिसे नाकाफी वेतन मिलता था, जिसमें पर्याप्त लोग नहीं थे, जो काम के बोझ तले दबे थी और जिसके पास संसाधनों की कमी थी और जिसके लोग कई दिनों तक ढंग की नींद नहीं ले पाए थे, ताकि पहले से तमाम समस्याओं से जूझ रहे शहर में हो रहे संघर्ष को रोका जा सके।[12]

दंगों के कारण राजनीतिक उथल-पुथल भी हुई। महाराष्ट्र में कांग्रेस के नेता शरद पवार और शंकरराव चव्हाण की अगुवाई में दो गुट बन गए। तब के मुख्यमंत्री सुधाकरराव नाईक, जो पहले पवार के करीबी थे, बाद में चव्हाण खेमे के करीब होते देखे गए। हिंसा को रोकने में नाकामी के कारण उन्हें हटाने की सुगबुगाहट तेज हो गई। प्रधानमंत्री नरसिम्हा राव ने तब रक्षा विभाग सँभाल रहे शरद पवार को अपने घर बुलाया। आठ घंटे से ज्यादा हुई चर्चा के बाद यह फैसला किया गया कि पवार बंबई जाएँगे और मुख्यमंत्री की कुरसी सँभालेंगे। मुख्यमंत्री के रूप में यह पवार का चौथा कार्यकाल था।

जनवरी के आखिरी हफ्ते में महाराष्ट्र सरकार ने दंगों की जाँच के लिए जस्टिस बी.एन. श्रीकृष्ण की अध्यक्षता में एक आयोग की घोषणा की। लेकिन इससे पहले कि आयोग का काम रफ्तार पकड़ पाता, राज्य सरकार बदल गई और नई शिवसेना-बीजेपी सरकार ने आयोग को भंग कर दिया। हालाँकि प्रधानमंत्री अटल बिहारी वाजपेयी ने जाँच के दायरे में बदलाव के साथ आयोग फिर से बनाने की गुजारिश की। 1998 में आयोग ने जाँच पूरी की और सरकार को अपनी रिपोर्ट सौंप दी।

शर्मिंदा करनेवाली रिपोर्ट

आयोग इस नतीजे पर पहुँचा कि 1992 के दंगे बाबरी ढाँचा ढहाए जाने के बाद मुसलमानों का फौरी जवाब थे। लेकिन उसने यह भी कहा कि जनवरी 1993 की मार-काट को शिवसेना ने अंजाम दिया था। आयोग ने पाया कि किसी भी मुसलिम नेता या संगठन का हिंसा भड़काने में हाथ नहीं था, लेकिन मुसलिम समुदाय के अपराधी आगजनी, हत्याओं और लूटपाट में शामिल थे।

आयोग ने अपनी रिपोर्ट में बंबई पुलिस के रवैये के बारे में गंभीर टिप्पणियाँ कीं। उसका कहना था कि हालाँकि खाकी वरदी का कोई धर्म नहीं होता, लेकिन इसे पहननेवालों पर उनकी धार्मिक पहचान हावी थी। उन पर भी नफरत का वह जहर चढ़ गया था, जिसने पूरे शहर को अपने आगोश में ले लिया था। आयोग ने साफ कहा कि बंबई पुलिस पक्षपात कर रही थी। पुलिस ने न केवल मुसलमानों को निशाना बनाया, बल्कि उन्हें राहत पहुँचाने और उनकी शिकायतें दर्ज करने में भी ढिलाई बरती। मुसलिम आबादी वाले इलाकों में कर्फ्यू ज्यादा सख्त था। पुलिस की गोलियों के ज्यादातर शिकार मुसलमान थे। आयोग ने खासतौर पर 31 पुलिसवालों को ड्यूटी में लापरवाही बरतने और दंगाइयों के साथ साजिश रचने की बात कही।

मुंबई पुलिस के रिटायर्ड ज्वॉइंट कमिश्नर वाई.सी. पवार दंगों के दौरान एस.आर.पी. में थे। तब उन्हें देवनार में आगजनी को काबू में करने के लिए कहा गया था। पुलिस के पक्षपात का जिक्र करते हुए वे याद करते हैं—"शुरुआत में पुलिस का रवैया सांप्रदायिक नहीं था, लेकिन मुसलिम दंगाइयों ने पुलिस

पर हमला किया और उसने इसका जवाब दिया। मुझे दो पुलिस कांस्टेबलों की टुकड़े-टुकड़े करके कचरे के ढेर में फेंकी गई लाश बरामद करना याद है। मेरा मानना है कि इस तरह की घटनाओं से पुलिस फोर्स के निचले पायदान पर भले ही असर पड़ा हो, लेकिन सीनियर अफसर तटस्थ थे।"[13]

रिटायर्ड असिस्टेंट पुलिस कमिश्नर सुरेंद्रकुमार जायसवाल दंगों के दौरान इंस्पेक्टर थे और दंगा प्रभावित भायखला में तैनात थे। वे जे.सी.पी. पवार से सहमति जताते हुए कहते हैं—"कोई भी इस तरह का बयान नहीं दे सकता कि पुलिस मुसलमानों के खिलाफ थी। ज्यादातर बार, जहाँ मुसलमानों के जान-माल का नुकसान हुआ, वहाँ पुलिसवालों ने खुद शिकायतकर्ता बनकर मामले दर्ज किए।"[14]

मैंने कुछ कांस्टेबलों से बात की, जो दंगा प्रभावित इलाकों में तैनात थे। हवलदार बबन जाधव की ड्यूटी मुसलिम बहुल भिंडी बाजार में थी। बबन ने बताया, "वे बहुत खौफनाक हालात थे। हमें अपनी जान का डर था। हम मुसलमानों के खिलाफ नहीं थे, लेकिन वे हम पर बोतलों, पत्थरों और ट्यूबलाइट से हमला कर रहे थे। सरकार ने हमें उन पर गोली न चलाने का हुक्म दिया था। नसीब से एक दिन मुख्यमंत्री सुधाकरराव नाईक भिंडी बाजार से गुजरे और मुझे उनसे बात करने का मौका मिला। मैंने जमीन पर मौजूद पुलिसकर्मियों की आपबीती सुनाई और पूछा, 'सर, हम कब तक इस तरह मार खाते रहेंगे?' इसके बाद उन्होंने पुलिस को दंगाइयों पर गोली चलाने की मंजूरी दी।"[15]

पुलिस और मुसलमानों के बीच दुश्मनी को तीन साल पहले हुए रुश्दी विरोधी दंगों के लिए भी जिम्मेदार ठहराया जा सकता है। तब ब्रिटिश वाणिज्य दूतावास में विरोध करने की अनुमति नहीं दी गई थी और उनके नेताओं को विरोध-प्रदर्शन से एक दिन पहले गिरफ्तार कर लिया गया था, यह देखकर मुसलमानों ने भेदभाव महसूस किया। दंगाइयों और पुलिस के बीच मोहम्मद अली रोड पर टकराव हुआ। उस दिन 11 मुसलिम मारे गए थे। दंगों के बाद मुसलमानों के खिलाफ सीनियर पुलिस अफसरों के कुछ विवादास्पद बयानों ने कड़वाहट को और बढ़ाया।

पुलिस फोर्स में मुसलमानों की संख्या बहुत कम थी। कई पुलिस परिवार

झुग्गियों या चॉलों में रहते थे, जो दंगों से प्रभावित थे। उनकी अपनी सोच उनके पेशेवर रवैये में झलकती थी।

शिवसेना-बीजेपी सरकार ने श्रीकृष्ण आयोग की रिपोर्ट की सिफारिशों को खारिज कर दिया था। लेकिन कांग्रेस जब शरद पवार की नई पार्टी एन.सी.पी. के साथ गठबंधन करके सत्ता में लौटी, तो उन्होंने एक विशेष कार्य बल (एस.टी.एफ.) बनाया और आयोग की सिफारिशों को लागू करने का फैसला किया। रिपोर्ट में नामजद पुलिसकर्मियों के खिलाफ काररवाई के लिए एस.टी.एफ. में पुलिसवाले ही थे। इसके मुखिया के.पी. रघुवंशी थे। उनकी पहचान एक ईमानदार और गंभीर अफसर की थी। 14 अगस्त, 2001 की शाम को एक सूत्र ने मुझे फोन करके बताया कि पूर्व पुलिस कमिश्नर रामदेव त्यागी को एस.टी.एफ. ने सुलेमान बेकरी फायरिंग केस में गिरफ्तार कर लिया है।

"हाँ, जीतेंद्र। हमने त्यागी सर को गिरफ्तार कर लिया है।" मुझे रघुवंशी के लहजे की वह उदासी याद है। मैंने उन्हें यह खबर कंफर्म करने के लिए फोन किया था। हालाँकि त्यागी कभी सलाखों के पीछे नहीं गए। अपनी गिरफ्तारी से कुछ मिनट पहले उन्होंने तबीयत खराब होने की शिकायत की। उन्हें बॉम्बे हॉस्पिटल में भर्ती कराया गया। कुछ वक्त बाद उन्हें जमानत भी मिल गई। त्यागी बाद में शिवसेना में शामिल हो गए और पार्टी के टिकट पर विधान परिषद् का चुनाव लड़ा। लेकिन हार गए। त्यागी जैसे कई अफसरों को तो आसानी से छोड़ दिया गया, लेकिन एक पुलिसवाले को बरखास्त कर दिया गया और कुछ को सैलरी इंक्रीमेंट या प्रमोशन से हाथ धोना पड़ा।

बाल ठाकरे कैसे बचे?

के.पी. रघुवंशी के रिटायर होने के बाद मैं 2016 में उनसे मिला। तब मैंने उनसे पूछा कि एस.टी.एफ. ने बाल ठाकरे को गिरफ्तार क्यों नहीं किया, जबकि श्रीकृष्ण आयोग ने साफतौर पर यह रिपोर्ट दी थी कि उन्होंने शिवसैनिकों को मुसलिमों पर हमला करने के लिए एक अनुभवी जनरल की तरह आदेश दिया था?

रघुवंशी ने आयोग पर आरोप लगाया—"मैं बाल ठाकरे को कैसे गिरफ्तार करता, जब आयोग ने सिफारिश ही नहीं की थी? रिपोर्टों में उन्होंने यह विवरण

दिया है कि ठाकरे ने कैसे दंगे भड़काए थे, लेकिन हमारे वकीलों ने सलाह दी कि उनके खिलाफ मुकदमा चलाने के लिए मौजूद सबूत काफी नहीं थे।"

रघुवंशी ने बताया कि दंगों के आठ साल बाद एस.टी.एफ. की स्थापना हुई थी और इतने साल बाद सबूत पेश करना मुश्किल था। गवाहों को घटनाओं की तफसील याद नहीं थी और कई गवाह तो अदालत की सुनवाई के झंझट में नहीं पड़ना चाहते थे।

साल 2000 में 'मातोश्री' में अपने बँगले पर मुझसे और दूसरे पत्रकारों से बात करते हुए ठाकरे ने माना था, "यह बहुत संभव है कि मैंने उस तरह की भाषा का इस्तेमाल किया हो। यह हालात पर निर्भर करता है। शायद अब मैं ऐसी भाषा का प्रयोग न करूँ, लेकिन तब हालात ऐसे थे कि सभी पक्षपाती थे।"[16]

काररवाई कहीं और प्रतिक्रिया बंबई में

दंगों के कारण बड़े पैमाने पर पलायन हुआ। कई लोग अपने गृह नगर लौट गए। कुछ लोग मीरा रोड, भायंदर, नवी मुंबई और डोंबिवली जैसे आसपास के इलाकों में बस गए। मैं 2008 तक वाडी में 25 अन्य हिंदू-गुजराती परिवारों के साथ रहा। 1992 के 30 तीस साल बाद अब वहाँ उनमें से कोई भी नहीं बचा है। पड़ोस की दबडा गली में मनाए जानेवाले गणेश उत्सव को भी बंद कर दिया गया है। कई और लोगों की तरह प्रेमशंकर शर्मा ने अपना कारोबार बंद कर दिया, अपना घर बेच दिया और डोंबिवली चले गए। हिंदू आबादी वाले इलाकों में रहनेवाले मुसलिम परिवार मुंब्रा, भिवंडी और मीरा रोड में नया नगर जैसी जगहों पर चले गए।

पिछले कुछ बरसों में मुंबई ने राष्ट्रीय और अंतरराष्ट्रीय सांप्रदायिक मामलों में कुछ सबसे शर्मनाक प्रतिक्रियाओं को देखा है। चाहे वह रुश्दी की 'द सैटेनिक वर्सेज' को लेकर खून-खराबा हो, बाबरी मसजिद ढहाए जाने के बाद हुई मार-काट हो या 2012 में असम और म्याँमार में मुसलमानों पर किए गए अत्याचारों के खिलाफ प्रतिक्रिया हो।

□

6

12 मार्च, 1993 : खून से लथपथ बंबई

"चलो जल्दी यहाँ से! पूरे शहर में बम फट रहे हैं। घर के बाहर रहना ठीक नहीं है।" अधेड़ उम्र की एक महिला चीखते हुए डोंगरी इलाके के स्टडी सेंटर में आई। कुछ देर पहले धमाकों की आवाज मैंने भी सुनी थी, लेकिन मुझे लगा कि वे शायद पड़ोस में हो रहे किसी जश्न की आतिशबाजी हैं।

वह शुक्रवार, 12 मार्च, 1993 की दोपहर थी। मैं लंच करने के बाद आठवीं क्लास के सालाना एग्जाम की तैयारी के लिए स्टडी सेंटर चला गया था। भीड़भाड़ वाले घरों में रहनेवाले हमारे जैसे मिडिल क्लास परिवारों के कई छात्रों के लिए ये पब्लिक स्टडी सेंटर एक वरदान की तरह थे, क्योंकि वहाँ हमें पढ़ाई के लिह जरूरी शांति मिल जाती थी। ये सेंटर महानगरपालिका के एक बगीचे के बीचोबीच एक बड़े बुर्ज की तरह था। बम धमाकों की खबर फैलने पर सेंटर पलक झपकते ही खाली हो गया।

मैं भी डोंगरी से वापस घर की ओर चला। रास्ते में काथा बाजार के मुहाने पर देखा कि भारी भीड़ लगी हुई है और फायर ब्रिगेड और पुलिस की गाड़ियों की आवाजाही हो रही है। मसजिद स्टेशन से सटा हुआ यह एक व्यावसायिक इलाका था। यहाँ तरह-तरह के उत्पाद थोक में बेचे जाते थे और पूरी मुंबई से व्यापारी यहाँ से माल उठाते थे। इस गली में कई शिपिंग कंपनियों के दफ्तर भी थे। मुझे समझते देर न लगी कि शहर भर में जिन बम धमाकों की बात वह महिला कर रही थी, उनमें से एक धमाका इस काथा बाजार में भी हुआ था। स्टडी सेंटर जाने से पहले मैं भी यहाँ स्टेशनरी खरीदने आया था। यहाँ से करीब किलोमीटर भर दूर स्टडी सेंटर में पढ़ाई करते वक्त जिन धमाकों की आवाज

मैंने सुनी थी, उनमें से एक धमाका यहाँ का भी था। बम कॉरपोरेशन बैंक की मांडवी शाखा के सामने एक कार में रखा गया था। धमाके ने पाँच लोगों की जान ले ली थी।

उनके शरीरों के जले हुए अंग सड़क पर बिखरे थे। मैंने इनसानी शरीर को पहली बार ऐसी हालत में देखा था। तब मैं नहीं जानता था कि बाद में एक पत्रकार के रूप में अपने कॅरियर में मुझे ऐसे और हादसे देखने होंगे!

कई दुकानदारों ने डर के मारे अपने शटर गिरा दिए, तो कुछ ने आधे खुले रखे। मेरे घर पहुँचने के करीब आधे घंटे बाद मेरे दोनों मामा शशिकांत और रमाकांत भी घर लौट आए। रमाकांत मामा के बाल काँच के छोटे-छोटे टुकड़ों से चमक रहे थे। उन्होंने हमें बताया कि दोपहर तीन बजे के आसपास उनके एक ग्राहक ने अपनी कलाई घड़ी की मरम्मत करवाई थी। वह अपनी घड़ी ठीक कराने के बाद दुकान से कुछ ही कदम गया था, तभी जोर का धमाका हुआ। उसके बाद आग की लपटें और काला धुआँ निकला। धुआँ हटा तो मामा को चारों ओर इनसानी शरीरों के जले हुए अंग दिखाई दिए। धमाका इतना तेज था कि जूलरी शोरूम के काँच के दरवाजे और खिड़कियाँ टूट गईं। उनके कुछ टुकड़े मामा के बालों में फँस गए। मेरे मामा उस धमाके में बाल-बाल बचे थे। हमें यह एक चमत्कार जैसा लगा। उनके आखिरी ग्राहक ने उनसे मोल-भाव किया था और मामा ने उससे कम पैसे लिये थे। "उसने कुछ पैसे तो बचा लिये, लेकिन उसे क्या पता था कि अगले ही पल वह अपनी जान नहीं बचा पाएगा।" मामा ने उदास आवाज में कहा।

छोटे मामा शशिकांत भी उस विस्फोट में बाल-बाल बचे। विस्फोट के ठिकाने से सटकर ही उनका इंपोर्टेड सामान और कटलरी का स्टॉल था। वे कुछ देर के लिए लघुशंका के लिए वहाँ से हटे थे, तभी धमाका हो गया। उन्हें याद आया कि विस्फोट से कुछ वक्त पहले एक आदमी सड़क के सामनेवाले छोर पर स्कूटर पार्क करने के लिए फेरीवालों से लड़ रहा था। धमाका उसी स्कूटर में हुआ था। जवेरी बाजार के जिस चौराहे पर बम फटा था, वहाँ दिन भर काफी भीड़ रहती है। सोने, चाँदी और कपड़ा खरीदने-बेचनेवालों की आवाजाही हर वक्त लगी रहती है। यहाँ के ज्यादातर कारोबारी गुजराती और मारवाड़ी हैं,

लेकिन सड़क किनारे उत्तर प्रदेश और बिहार के कई लोगों ने भी तरह-तरह के सामान के स्टॉल लगा रखे थे। सड़क के एक छोर पर स्थित मुंबादेवी मंदिर में दर्शन करने के लिए आनेवाले लोग अकसर इन स्टॉल्स पर शॉपिंग करते थे। जवेरी बाजार में हुए धमाके में 17 लोग मारे गए और करीब 50 लोगों ने अपने हाथ, पैर या शरीर के दूसरे अंग गँवा दिए। कई लोग पलक झपकते ही अपनों से हमेशा के लिए बिछड़ गए।

एक लहूलुहान दिन

शरद पवार ने एक हफ्ते पहले ही, 6 मार्च को सुधाकरराव नाईक की जगह मुख्यमंत्री की कुरसी सँभाली थी। उस दोपहर वे दक्षिण बंबई में मंत्रालय में अपने दफ्तर में कुछ फाइलें देख रहे थे। तभी उन्होंने एक जोरदार धमाका सुना। जैसे ही पवार ने अपनी खिड़की से बाहर देखा, उन्हें दक्षिण-पश्चिम दिशा में एयर इंडिया की इमारत से काला धुआँ निकलता नजर आया। इस समय तक उन्हें बॉम्बे स्टॉक एक्सचेंज में हुए बम धमाके की भी सूचना मिल गई थी। पवार ने शहर का दौरा करने का फैसला किया, लेकिन पुलिस कमिश्नर ए.एस. सामरा ने उन्हें इसके लिए मना किया। सामरा का कहना था कि धमाके अब भी हो रहे हैं, इसलिए बाहर जाना मुनासिब नहीं होगा।

पवार ने अपनी आत्मकथा में लिखा है कि उनकी सबसे बड़ी चिंता यह थी कि धमाकों से शहर में सांप्रदायिक दंगों का एक और दौर शुरू हो सकता है! वे लोगों को संबोधित करने के लिए सीधे दूरदर्शन कार्यालय पहुँचे। अपने टेलीविजन भाषण में पवार ने झूठ बोला कि धमाके 12 नहीं, 13 जगहों पर हुए थे। उन्होंने 13वीं जगह मसजिद बंदर बताई। उनका इरादा लोगों को यह नतीजा निकालने से रोकने का था कि हमलों में एक खास समुदाय को निशाना बनाया गया था। उनका मानना था कि उनके इसी झूठ ने सांप्रदायिक हिंसा नहीं होने दी।[1]

उस शाम गुजराती अखबार 'जन्मभूमि' ने एक विशेष संस्करण निकाला। हालाँकि अखबार में सिर्फ प्राथमिक जानकारी ही थी, लेकिन उससे अंदाजा लग गया था कि शहर के लिए वो दिन कैसे कयामत बनकर आया था। दोपहर डेढ़ बजे से लेकर 3:40 बजे तक बंबई के 12 अलग-अलग ठिकानों पर बम फटे

थे। इन दो घंटों ने शहर को लहूलुहान कर दिया था। साजिशकर्ताओं ने बंबई के सिनेमा हॉल, एयरपोर्ट, फाइव स्टार होटल, पब्लिक ट्रांसपोर्ट, शेयर बाजार और भीड़ भरे इलाकों को अपना निशाना बनाया था। धमाके करने के लिए ज्यादातर ठिकानों पर कार और स्कूटर में बम रखे गए थे, लेकिन दो ठिकानों पर हथगोले भी फेंके गए। उस वक्त मृतकों और घायलों की संख्या का अंदाजा नहीं हुआ, लेकिन चंद दिनों बाद ही आँकड़ा सामने आया कि धमाकों में 257 लोगों की मौत हुई थी और 700 से ज्यादा लोग घायल हुए थे।

अगली सुबह, 13 मार्च को अखबारों में और जानकारी सामने आई। शिवसेना के मुखपत्र 'सामना' ने पहले पन्ने पर रिपोर्ट छापी और भीतर के सभी पन्नों पर इनसानी शरीरों की खौफनाक तसवीरें दीं। बमबारी वाली चार जगहों को शिवसेना के गढ़ के रूप में जाना जाता था। एक बम दादर में पार्टी मुख्यालय के ठीक बाहर फटा, दूसरा आधा किलोमीटर आगे प्लाजा सिनेमा में, तीसरा वर्ली के सेंचुरी बाजार में और चौथा माहिम में फिशरमेन्स कॉलोनी में फटा। इन चार में से सबसे घातक धमाका सेंचुरी बाजार में हुआ था। वहाँ एक डबल डेकर बस के परखच्चे उड़ गए थे, जिसमें 90 से ज्यादा लोग मारे गए थे। सबसे ज्यादा जानें इसी जगह पर गई थीं।

'काँच के 100 टुकड़े अब भी मेरे शरीर में फँसे हैं!'

इन धमाकों के 29 साल बाद जब मैं उनसे मिला, तो कीर्ति अजमेरा ने मुझे बताया था कि काँच के 100 टुकड़े अब भी उनके शरीर में फँसे हैं । प्रॉपर्टी कंसल्टेंट अजमेरा उस बदनसीब दोपहर को बॉम्बे स्टॉक एक्सचेंज के अंदर कदम रखने ही वाले थे कि इमारत के बेसमेंट में रखा बम फट गया। वे कुछ दूर जा गिरे। उन्होंने खुद को घायल शरीरों के ढेर के बीच पाया। उनका दाहिना हाथ उनके शरीर से टिशूज की एक पतली झिल्ली के जरिए किसी तरह जुड़ा रह गया था। उनका दाहिना गाल फट गया था और वे खून से लथपथ, अधमरे पड़े थे। अजमेरा को लगा कि वे अब नहीं बचेंगे, लेकिन वे चाहते थे कि उनकी मौत अस्पताल में हो। अगर सड़क पर पड़े-पड़े मौत हुई, तो लावारिस लाशों के साथ उन्हें भी मुर्दाघर में ठूँस दिया जाएगा और घरवाले उन्हें ढूँढ़ने के लिए

परेशान होंगे। कटे-फटे मानव अंगों और काले धुएँ के गुबार के बीच वे अपनी मौत का इंतजार कर ही रहे थे कि एक टैक्सीवाला कहीं से फरिश्ते की तरह आया और उन्हें उठाकर एक किलोमीटर के फासले पर सेंट जॉर्ज अस्पताल ले गया। अस्पताल में सारे बेड घायलों से भर चुके थे। टैक्सीवाला उन्हें फिर जी.टी. अस्पताल लेकर गया। वहाँ भी सेंट जॉर्ज अस्पताल जैसा ही हाल था। कोई बेड खाली नहीं था। टैक्सीवाले ने उन्हें एक बेड के नीचे लिटा दिया। उस बेड पर पहले से ही कोई घायल पड़ा हुआ था। कुछ देर में एक डॉक्टर आया। उसने पाया कि बेड पर पड़ा मरीज दम तोड़ चुका है। फौरन उसके शव को हटाकर अजमेरा को उसकी जगह बेड पर लिटा दिया गया। उनके चेहरे की सर्जरी की गई और हाथ को शरीर से जोड़ा गया।

धमाके के बाद अजमेरा की जिंदगी मुसीबतों का सैलाब बन गई। पिछले 30 साल में उनकी 40 सर्जरी हो चुकी हैं। "आज भी मेरे शरीर से काँच के टुकड़े निकलते हैं। मेरे शरीर के दाहिनी ओर के कुछ अंग काम नहीं करते और मैं अपनी दाहिनी ओर लेट नहीं सकता। अब तक मैंने अपने इलाज पर 50 लाख रुपए से ज्यादा खर्च किए हैं", अजमेरा ने कहा।[2] उन्होंने इस त्रासदी के बाकी पीड़ितों को आर्थिक मदद दिलाने के लिए संघर्ष करने में अपनी जिंदगी लगा देने का फैसला किया है।

उस दिन अजमेरा की तरह कई और बंबईवासियों की जिंदगी कुछ ही लम्हों में पलट गई थी। किसी ने अपनों को खो दिया, तो कोई उम्र भर के लिए अपाहिज हो गया। बंबई सांप्रदायिक हिंसा के जख्मों से उबर ही रही थी कि एक बार फिर वो खून से लथपथ हो गई। सपनों के इस शहर को शैतान अपने मनहूस साए से ढक लेना चाहता था। दिसंबर 1992 और जनवरी 1993 के दंगों के गुनहगारों को आमतौर पर सभी जानते थे, लेकिन यह अब भी एक राज था कि इन सीरियल धमाकों के पीछे आखिर किसका दिमाग था? इन धमाकों ने बंबई की सुरक्षा और इस तरह के हमलों को रोकने के लिए भारतीय खुफिया एजेंसियों की काबिलीयत पर सवाल खड़े कर दिए।[3]

बंबई पुलिस ने तेजी से जाँच शुरू की। उसने धमाकों के 48 घंटों के भीतर इसका पहला सुराग ढूँढ़ निकाला। डिप्टी पुलिस कमिश्नर (डी.सी.पी.) राकेश

मारिया को दादर में बरामद हुए विस्फोटक से भरे एक स्कूटर के बारे में बताया गया था। उस स्कूटर के सुराग उन्हें माहिम पुलिस स्टेशन के पास अल हुसैनी इमारत के एक फ्लैट में ले गए। वह फ्लैट बंद था। पड़ोसियों ने उन्हें बताया कि फ्लैट मुश्ताक मेमन के नाम पर रजिस्टर्ड है, जिसे 'टाइगर' के नाम से जाना जाता है। टाइगर अपने भरे-पूरे परिवार के साथ उस फ्लैट में रहता था। उसके परिवार में उसके माता-पिता, भाई याकूब, यूसुफ, ईसा, अयूब और सुलेमान और उनकी पत्नियाँ शामिल थीं। सभी का मानना था कि टाइगर के रिश्ते दाऊद इब्राहिम से हैं।

मारिया ताला तोड़कर फ्लैट में घुस गए। वहाँ एक चाबी मिली, जो दादर से बरामद स्कूटर में लग गई और भी कुछ सुराग मिले। पड़ोसियों ने मारिया को बताया कि टाइगर को 11 मार्च के बाद से नहीं देखा गया है। धमाकों से कुछ घंटे पहले वह अपने परिवार के साथ देश छोड़कर भाग गया था, लेकिन साजिश से जुड़े कई लोग अब भी भारत में थे। गहरी पड़ताल शुरू हो गई। मारिया ने मामले की जाँच के लिए अलग-अलग रैंक के 162 अफसरों की कई टीमें बनाई थीं। वे टीमें भारत के 79 कस्बों और शहरों में फैल गईं। कुल 189 संदिग्धों को गिरफ्तार किया गया। उनमें से ज्यादातर गरीब लोग थे, जो टाइगर या उसके गुर्गों से अलग-अलग वजहों से जुड़े थे।[4]

जैसे-जैसे जाँच आगे बढ़ी, एक चौंकानेवाला सच सामने आया—धमाकों के पीछे पाकिस्तानी खुफिया एजेंसी इंटर सर्विस इंटेलिजेंस (आई.एस.आई.) का हाथ था। साजिश को अंजाम देने के लिए आई.एस.आई. ने दाऊद इब्राहिम के सोर्स और लोगों का इस्तेमाल किया था। दाऊद छह साल पहले भारत से भाग गया था और अब दुबई से गिरोह चला रहा था। हालाँकि भारत और संयुक्त अरब अमीरात (यू.ए.ई.) के बीच कोई प्रत्यर्पण संधि नहीं थी, लेकिन दोनों देशों के बीच डिप्लोमैटिक रिश्ते मजबूत होने से दाऊद चिंतित था।

इस बीच बंबई दंगों ने आई.एस.आई. का काम आसान कर दिया था। बताया गया कि दाऊद को दंगों का बदला लेने के लिए बंबई के मुसलमानों से संदेश मिले थे। उसे शिवसेना की भूमिका और पुलिस के पक्षपाती रवैये के बारे में बताया गया। आई.एस.आई. ने दाऊद को बंबई दंगों का 'बदला' लेने के लिए

अपनी साजिश को अंजाम देने में मदद करने की खातिर एक सौदे की पेशकश की। आई.एस.आई. ने उसे, उसके परिवार और साथियों को पाकिस्तान में एक महफूज पनाहगाह मुहैया कराने का वादा किया, जहाँ से वह बेखौफ अपने गिरोह को चला सकता था।[5]

आई.एस.आई. चाहती थी कि बंबई में विस्फोटक और हथियार पहुँचाने में दाऊद पुलिस और कस्टम विभाग के उन भ्रष्ट अफसरों के अपने नेटवर्क का इस्तेमाल करे, जो भारत में सोने और चाँदी की तस्करी में उसकी मदद करते थे। दुबई में कई मीटिंग की गईं, जिनमें आई.एस.आई. एजेंटों, दाऊद के भाई अनीस इब्राहिम और टाइगर मेमन ने भाग लिया।[6] शिवसैनिकों ने माहिम में दंगों के दौरान टाइगर मेमन के दफ्तर को जला दिया था। टाइगर को धमाकों के जरिए अपने जाती नुकसान का बदला लेने का मौका मिल गया। लेकिन जाँचकर्ताओं को यह उलझन हुई कि जवेरी बाजार में बम धमाका तो टाइगर मेमन की काँच की खूबसूरत इमारत के ठीक बाहर हुआ था, जो चकनाचूर हो गई थी!

सीरियल धमाकों के तीन दिन बाद बंबई पुलिस के सामने यह साफ हो गया कि साजिश को टाइगर मेमन ने अंजाम दिया था। हालाँकि टाइगर भाग निकला था, लेकिन पुलिस ने बम लगानेवालों को पकड़ लिया। उन्होंने खुलासा किया कि कैसे आर.डी.एक्स. और आई.एस.आई. के भेजे हथियार कस्टम और पुलिस अफसरों की मदद से बंबई के पास रायगढ़ तट पर उतरे थे। आगे की जाँच से पता चला कि बंबई को दहलाने की साजिश जनवरी के दंगों के ठीक बाद शुरू हुई थी। इसके लिए चुनिंदा लोगों को पाकिस्तान भेजा गया था। बाकी लोगों को आसपास के देहाती इलाकों में ट्रेनिंग दी गई थी। उनमें से ज्यादातर कम पढ़े-लिखे और आपराधिक रिकॉर्डवाले 20 अे 30 साल तक की उम्र के गरीब नौजवान थे। कुछ तो अपने परिवार में अकेले कमानेवाले थे।

1990 के दशक के आखिरी और 21वीं सदी के शुरुआती बरसों में 'आतंकवादी और विघटनकारी गतिविधियाँ (रोकथाम) अधिनियम' (टाडा) के तहत बनाए गए स्पेशल कोर्ट में इस मुकदमे को कवर करते हुए मैंने उनमें से कुछ आरोपियों के साथ बातचीत की थी। उनके मन में टाइगर के लिए कड़वाहट भरी थी। आरोपियों में से एक ने कबूल किया—"इन हालात में हम जैसे लोगों

को आसानी से गुमराह किया जा सकता है। बंबई दंगों से हम बहुत गुस्से में थे और टाइगर ने हमारे गुस्से को भुनाया। वह तो अब पाकिस्तान में आराम फरमा रहा है, लेकिन हमारे परिवार तबाह हो गए। मुझे नहीं पता कि मैं कभी आजाद जिंदगी जी पाऊँगा या नहीं?"[7]

संजय दत्त कैसे बने 'खलनायक'

मुंबई में अलग-अलग जगह से बरामद हथियारों और विस्फोटकों के जखीरे ने साफ किया कि 12 मार्च और उसके बाद और ज्यादा हिंसा की साजिश थी। मुंबई महानगरपालिका के हेडक्वार्टर और सेक्रेटेरिएट पर गोलीबारी की जानी थी। धमाकों से सांप्रदायिक दंगे भड़कने की आशंका थी। उस हालत में हथियारों का इस्तेमाल किया जा सकता था। जाँचकर्ताओं ने 2,313 किलोग्राम आर.डी.एक्स., 1,132 किलोग्राम जिलेटिन और 63 ए.के.-56 राइफलें बरामद कीं।

इस दौरान बंबई पुलिस के ज्वॉइंट कमिश्नर एम.एन. सिंह थे। उन्होंने जाँच की निगरानी की। उन्होंने आशंका जताई कि साजिश में हाई-प्रोफाइल नामों के खुलासे से जाँच पर असर पड़ सकता है। "मैंने अपने अफसरों को चेतावनी दी कि यह राष्ट्रीय सुरक्षा से जुड़ा मामला है। इसमें लालच दिए जा सकते हैं। अगर आप उनके झाँसे में आए, तो मैं आपको नहीं बख्शूँगा," सिंह ने मुझसे कहा।[8]

इस जखीरे में से कुछ राइफलें बॉलीवुड अभिनेता संजय दत्त को अनीस इब्राहिम ने अबू सलेम के जरिए भेजी थीं। सलेम उस वक्त दाऊद के साथ काम करता था। धमाके की साजिश में संजय के नाम ने मामले को एक नया मोड़ दे दिया। उस समय महाराष्ट्र और केंद्र में कांग्रेस सत्ता में थी। संजय के पिता सुनील दत्त एक वरिष्ठ फिल्म अभिनेता और कांग्रेस सांसद थे। उन्होंने अपने चुनाव क्षेत्र के मुसलिम बहुल झोंपड़-पट्टी इलाकों में कई राहत अभियान चलाए थे। इसके लिए उन्हें धमकियाँ मिली थीं।

लगभग उन्हीं दिनों संजय की मुलाकात दुबई में एक फिल्म की शूटिंग के दौरान अनीस इब्राहिम से हुई थी। ऐसा माना जाता है कि संजय ने अनीस के सामने अपने पिता की सुरक्षा के बारे में फिक्र जाहिर की थी। उसके बाद संजय को

हथियारों का जखीरा भेजा गया था। संजय ने अपने पास तीन ए.के.-56 राइफल, एक 9 एम.एम. पिस्टल और 25 हथगोले रख लिये थे। कुछ दिन बाद उसने एक ए.के.-56 राइफल को छोड़कर सभी हथियार वापस कर दिए। दिल्ली के पूर्व पुलिस कमिश्नर नीरज कुमार, जो सी.बी.आई. में अपने कार्यकाल के दौरान इस मामले की जाँच का हिस्सा थे, ने मेरे साथ एक इंटरव्यू में खुलासा किया कि दाऊद ने संजय दत्त को हथियारों की सप्लाई करने के लिए कथित तौर पर अनीस को बुरी तरह पीटा था। दाऊद गुस्से में था कि अनीस ने उसकी जानकारी और मंजूरी के बिना ये हथियार भेजे थे।[9] समीर हिंगोरा और हनीफ कड़ावाला ने संजय के घर हथियार पहुँचाए थे। वे मैग्नम वीडियो कंपनी में भागीदार थे। दोनों ने मारिया की जाँच के दौरान संजय के नाम का खुलासा किया था।

संजय पर न केवल आर्म्स ऐक्ट के तहत, बल्कि कड़े टाडा कानून के तहत भी मामला दर्ज किया गया था। टाडा आमतौर पर आतंकवादियों पर लागू होता था। क्या गजब इत्तेफाक था कि संजय को उस वक्त गिरफ्तार कर लिया गया, जब उनकी फिल्म 'खलनायक' रिलीज होनेवाली थी! कई साल बाद मैंने पूर्व पुलिस कमिश्नर ए.एस. सामरा से संजय के खिलाफ टाडा के तहत मामला दर्ज किए जाने का कारण पूछा था, जबकि वह धमाकों की साजिश में शामिल नहीं था! सामरा ने उलटे सवाल किया, "क्या ए.के.-56 राइफलें सब्जी बेचनेवाले बेचते हैं?"[10] उन्होंने समझाया कि आतंकवादी इस तरह के कलाश्निकोव का इस्तेमाल कर रहे थे। संजय दत्त ने जो राइफलें खरीदी थीं, वे उन हथियारों के जखीरे की थीं, जिन्हें सीरियल धमाकों की साजिश के साथ भेजा गया था, इसलिए संजय दत्त पर टाडा लगाया गया था।

अपनी गिरफ्तारी से पहले संजय को अकसर भिंडी बाजार जंक्शन पर देखा जाता था। वह वहाँ अपने दोस्तों के साथ घूमता था। वह कभी-कभी वहाँ के नूर मोहम्मदी रेस्त्राँ में डिनर करता था। इस रेस्त्राँ के मालिक खालिद हकीम ने संजय की सुझाई गई रेसिपी के आधार पर एक खास डिश 'चिकन संजू बाबा' बनाई थी। उसी इलाके में रहनेवाले संजय के करीबी दोस्त यूसुफ नलवाला को भी गिरफ्तार किया गया था। संजय को इससे पहले भी बदनामी का सामना करना पड़ा था, जब वो ड्रग्स का आदी हो गया था। आर्म्स हैंडलिंग

केस से जुड़े एक अधिकारी ने टिप्पणी की, "दोनों ही बार संजय दत्त गलत संगत का शिकार बने।"

संजय दत्त को गिरफ्तार कर लिया गया था। शुरू में वह जेल के नियमों को मानने के लिए तैयार नहीं था। आर्थर रोड जेल की पूर्व सुपरिंटेंडेंट स्वाति साठे ने मुझे बताया कि संजय दत्त को चेतावनी दी गई थी कि अगर वह नहीं मानें, तो जबरदस्ती मनवाया जाएगा। यह चेतावनी काम कर गई। इस बीच सुनील दत्त ने अपने बेटे को जेल से बाहर निकालने के लिए बहुत मशक्कत की। मुख्यमंत्री शरद पवार से मुलाकात के दौरान वे रो पड़े, लेकिन पवार ने इसमें दखल देने से साफ इनकार कर दिया। कांग्रेस के करीब-करीब हर दिग्गज ने सुनील दत्त से दूरी बना ली थी।

कई पत्रकारों को याद है कि संजय से मिलने के लिए स्पेशल टाडा कोर्ट के गेट के बाहर सुनील दत्त अपनी बेटी प्रिया के साथ इंतजार करते थे। लोगों ने सुनील दत्त से हमदर्दी जताते हुए कहा कि उनके प्यारे दिग्गज फिल्म स्टार को अपने बेटे की करतूतों का खामियाजा भुगतना पड़ रहा है। एम.एन. सिंह, जिनकी निगरानी में धमाकों के मामले की जाँच की गई थी, याद करते हैं कि एक बार सुनील दत्त उनसे मिले और आँसू भरी आँखों से संजय की रिहाई में मदद करने का अनुरोध किया। "मिस्टर दत्त, मुझे आपसे हमदर्दी है, लेकिन मैं आपकी मदद नहीं कर सकता। आपके बेटे ने सबकुछ कबूल कर लिया है।" सिंह ने दत्त से दो टूक कहा।[11]

दत्त परिवार को कुछ राहत तब मिली, जब 1995 में महाराष्ट्र में विपक्षी दलों शिवसेना और बीजेपी ने सत्ता हासिल की और मनोहर जोशी मुख्यमंत्री बने। सुनील दत्त ने अपने राजनीतिक प्रतिद्वंद्वी बाल ठाकरे से मुलाकात की और संजय को बचाने के लिए उनके दखल की गुजारिश की। एम.एन. सिंह मानते हैं कि संजय को जमानत देने के लिए ठाकरे की ओर से दबाव था। हर कोई हैरान था कि हिंदू हृदय सम्राट् अपने राजनीतिक प्रतिद्वंद्वी के उस बेटे की मदद करना चाहते थे, जिस पर हिंदुओं के हत्यारों से हाथ मिलाने का आरोप था! एक तरफ 'सामना' ने संजय दत्त के खिलाफ जहर उगला था और दूसरी तरफ ठाकरे ने उसे पूरी तरह से बेकसूर बताया।

ठाकरे के दखल से संजय जेल से बाहर आ गए। लेकिन उससे पहले टाडा के कैदियों की समीक्षा के लिए एक समिति का गठन किया गया। उस समिति ने संजय की रिहाई की सिफारिश की। संजय की जमानत अर्जी इसी समिति की सिफारिश पर आधारित थी। जब वे जेल से बाहर आए, तो सुनील दत्त उन्हें बाल ठाकरे के पास ले गए। वहाँ उन्होंने ठाकरे के पैर छुए और उनका शुक्रिया अदा किया। एम.एन सिंह के अनुसार, संजय की रिहाई को लेकर ठाकरे ने सुनील दत्त से सौदा किया था। दत्त ने अगला लोकसभा चुनाव नहीं लड़ा और शिवसेना के उम्मीदवार मधुकर सरपोतदार उनकी सीट से जीत गए।

एक ऐतिहासिक मुकदमा

सात महीने की तेज रफ्तार जाँच के बाद बंबई पुलिस ने स्पेशल टाडा कोर्ट में अपनी चार्जशीट दायर की···लेकिन यह कोई आम चार्जशीट नहीं थी। चार्जशीट कुल 9,392 पन्नों की थी। चार्जशीट की हर कॉपी का वजन 45 किलो था। इन कॉपियों को बोरियों में भरकर एक ट्रक में रखकर टाडा कोर्ट लाया गया था। चार्जशीट में 3,741 गवाहों के बयान दर्ज किए गए थे। आरोपियों पर टाडा और भारतीय दंड संहिता की तमाम धाराओं के साथ-साथ देश के खिलाफ जंग छेड़ने का भी आरोप लगाया गया था। बताया गया कि भारत की आजादी के बाद शायद यह पहला मामला था, जिसमें किसी शहर की पुलिस के ओर से यह आरोप लगाया गया हो।[12]

चूँकि आरोपियों की तादाद इतनी ज्यादा थी और मामला काफी संवेदनशील था, इसलिए आरोपियों को रोज जेल से कोर्ट ले जाना सरकार को मुनासिब नहीं लगा। सरकर ने फैसला किया कि आर्थर रोड जेल के भीतर ही कोर्ट बनाई जाएगी। जब मुकदमे की शुरुआत हुई, तब जयनारायण पटेल टाडा कोर्ट के जज थे। लेकिन तीन साल बाद, 11 मार्च, 1996 को वे प्रमोशन पाकर हाई कोर्ट के जज बन गए। उनकी जगह प्रमोद कोदे ने ली, जिन्होंने आखिर तक यह मुकदमा चलाया। उनके बारे में यह मशहूर था कि वे कभी छुट्टी नहीं लेते। 24 जुलाई, 2000 को जब उनके पिता का निधन हुआ, तब भी वे श्मशान से सीधे कोर्ट आए और उस दिन की काररवाई शुरू कर दी। 11 साल बाद, जून 2007 को उन्होंने तब जाकर छुट्टी ली,

जब बाथरूम में फिसलने से उनका एक हाथ टूट गया। कोदे एक मिलनसार जज थे और अदालत के भीतर का माहौल तनावरहित रखने की कोशिश करते थे। रोज दोपहर को लंच ब्रेक के वक्त पत्रकारों को अपने चैंबर में बुलाकर गपशप करने की उनकी आदत थी। कई बार किसी रिपोर्टर की कोई खबर उन्हें पसंद नहीं आती या कुछ गलत लगता, तो हलके से अपना गुस्सा भी जता देते। एक बार जमानत पर छूटा आरोपी जब पेशी पर कोर्ट में आया, तो कोदे ने उसे देखकर टिप्पणी की, तुम तो जमानत पर निकलकर घूम-फिर रहे हो, लेकिन मैं तो बाजार तक नहीं जा सकता। दरअसल मुकदमे की संवेदनशीलता को देखते हुए सरकार ने उन्हें और विशेष सरकारी वकील को जेड श्रेणी की सुरक्षा दे रखी थी।

एक क्राइम रिपोर्टर के रूप में मुझे इस ऐतिहासिक मुकदमे और फैसले को कवर करने का मौका मिला। गैंगवार, सांप्रदायिक दंगों और आतंकी गतिविधियों के कारण जबरदस्त खून-खराबा देखनेवाले इलाके में बड़ा होने के कारण क्राइम रिपोर्टिंग में मेरी रुचि पैदा हुई थी। मुझे 1996 में एक पत्रकार के रूप में पहली नौकरी शिवसेना के माऊथपीस 'सामना' के हिंदी एडिशन में मिली थी। 'सामना' में तीन साल तक काम करने के बाद मुझे 1999 में एक नए लॉन्च किए गए राष्ट्रीय हिंदी न्यूज चैनल में नौकरी मिली। मेरे शुरुआती काम में से एक 1993 के सीरियल धमाकों के मुकदमे को कवर करना था। जब मैं पहली बार टाडा कोर्ट गया और अभियुक्तों के चेहरों को देखा तो मुझे यकीन नहीं हुआ। मेरे दिमाग में काथा बाजार स्ट्रीट की तसवीरें कौंध गईं, जहाँ मैंने डोंगरी के स्टडी सेंटर से लौटते समय धमाका पीड़ितों के शरीर के जले हुए अंगों को देखा था। आरोपी मेरे पड़ोस में रहनेवाले लोगों की तरह सीधे-सादे लोग लग रहे थे। यह यकीन करना मुश्किल था कि उन्होंने ऐसा खौफनाक काम किया होगा!

2002 में मुकदमे के दौरान अदाकारा परवीन बॉबी ने टाडा अदालत को 33 पन्नों का एक चौंकानेवाला खत भेजा। वह खत मीडिया में खूब सुर्खियों में रहा। परवीन बॉबी ने कई लोगों पर सीरियल धमाकों में शामिल होने का आरोप लगाया। उनमें बॉलीवुड अभिनेता संजय दत्त और अमिताभ बच्चन, प्रिंस चार्ल्स,

बाल ठाकरे, कई हॉलीवुड हस्तियाँ और सी.आई.ए., आई.एस.आई., ब्रिटिश खुफिया एजेंसी जैसी एजेंसियाँ और रोमन कैथोलिक चर्च शामिल थे। सभी को ये आरोप बेतुके लगे। हालाँकि तब यह सामने नहीं आया था कि परवीन बॉबी को एक मानसिक बीमारी है। अदालत ने उन्हें गवाही देने के लिए बुलाया, लेकिन उन्होंने अपनी जान को खतरा होने का दावा किया। उन्हें पुलिस सुरक्षा की पेशकश की गई, लेकिन उन्होंने फिर भी अदालत में पेश होने से इनकार कर दिया।[13] तीन साल बाद, 2005 में वे अपने अपार्टमेंट में मरी हुई पाई गईं। बताया गया कि उनकी मौत डायबिटीज और कई अंगों के काम न करने से पैदा हुई मुश्किलों के कारण हुई।[14]

कैदी कोर्ट रूम में पीछे की ओर लकड़ी के एक बॉक्स में स्कूली बच्चों की तरह बैठते थे और आपस में बातें करते रहते थे। अदालत में रोज आनेवाले पत्रकारों से भी उनकी जान-पहचान हो गई थी। उनसे वे अकसर धमाकों की साजिश में शामिल होने के लिए उकसाए जाने और पुलिस के बेरहमी करने के बारे में चर्चा किया करते थे। उस बॉक्स के भीतर बैठे संजय दत्त अदालती काररवाई को ध्यान से सुनते थे। अदालत में आने से पहले वे हमेशा अपने माथे पर टीका लगाते थे।

मैंने उस कोर्ट रूम कक्ष में अकसर देखा कि ज्यादातर मुजरिम स्पेशल सरकारी वकील उज्ज्वल निकम से बहुत डरते थे। कोर्ट की काररवाई के बाद हर दिन निकम दिन भर की घटनाओं के बारे में मीडिया को जानकारी देते थे। एक बार जब संजय दत्त अदालत से बाहर आए, तो सभी कैमरे उनकी ओर मुड़ गए और निकम को मीडियाकर्मियों के लौटने तक अदालत के गेट के बाहर इंतजार करना पड़ा। अगली सुनवाई के बाद निकम ने सबके सामने संजय दत्त को चेतावनी दी, "संजू, मेरे जाने से पहले तू अदालत से बाहर नहीं आना चाहिए।"

"यस, सर।" संजय दत्त ने जवाब दिया। वे जानते थे कि उनकी सजा इस बात पर निर्भर करती है कि निकम अदालत में उनके खिलाफ कितनी असरदार बहस करेंगे! उनकी दुश्मनी मोल लेने से बचने में ही समझदारी थी।

उसके बाद निकम के जाने से पहले संजय दत्त कभी कोर्ट से बाहर नहीं आए।

याकूब मेमन फाँसी के फंदे तक कैसे पहुँचा?

एक बार टाइगर मेमन के भाई याकूब की अगुवाई में कुछ आरोपियों ने जज कोदे को दिवाली की मुबारकबाद देने के लिए एक बड़ा सा ग्रीटिंग कार्ड बनाया। उनकी ताकीद पर कार्ड को अदालत के नोटिस बोर्ड पर लगा दिया गया। कोदे बहुत मिलनसार थे। उनके मिज़ाज को देखते हुए कई लोगों का मानना था कि वे भोले-भाले से और हमदर्द हैं और फैसला सुनाते वक्त नरमी बरतेंगे। लेकिन कोदे अपनी जिम्मेदारियों के पाबंद थे और मुकदमे के दौरान पेश किए गए तथ्यों को ही मानते थे। यह मुकदमा 137 मुजरिमों के खिलाफ चलाया गया था। उनमें से 14 की मुकदमे के दौरान मौत हो गई। इन मुजरिमों में ज्यादातर वे थे, जिन्होंने अलग-अलग जगह पर बम रखे थे।

कोदे ने बाकी 123 में से 100 मुजरिमों को गुनहगार ठहराया। याकूब मेमन को 12 लोगों के साथ मौत की सजा दी गई। जब उन्होंने सजा का ऐलान किया तो मेमन इतना भड़क गया कि कोर्ट रूम में सुरक्षाकर्मियों को उसे काबू करने में बहुत मुश्किल हुई। वहाँ से ले जाए जाने के दौरान वह चिल्लाया कि उसने भारत लौटकर बेवकूफी की और वह अपने भाई टाइगर की सलाह को अनदेखा करने की कीमत चुका रहा है। टाइगर ने उसे सरेंडर न करने के लिए कहा था। तब मैंने याकूब को आखिरी बार जिंदा देखा था। फैसले के बाद उसे नागपुर जेल में भेज दिया गया, जहाँ उसे फाँसी लगाई जानी थी।

अंडरवर्ल्ड की चर्चाओं में किस्सा है कि याकूब भारत क्यों लौटा? वह मेमन परिवार में सबसे ज्यादा पढ़ा-लिखा था। देश से भागने से पहले वह चार्टर्ड अकाउंटेंट के तौर पर काम करता था। दाऊद गिरोह के एक पूर्व सदस्य ने मुझे बताया था, "याकूब देवरानी-जेठानी के झगड़े के कारण वापस आया था।"[15] देवरानी और जेठानी के बीच तकरार भारत में कुनबों की आम खासियत है। कहा जाता है कि याकूब अपनी बीवी राहीन और टाइगर मेमन की बीवी शबाना के बीच अकसर होनेवाले झगड़ों से आजिज आ गया था।

बंबई से भागने के बाद याकूब का परिवार टाइगर के आसरे हो गया था। इसका फायदा उठाते हुए शबाना अकसर राहीन पर ताने कसती रहती थी। राहीन अपना यह दुखड़ा याकूब से कहती थी। अपनी बीवी की चिक-चिक से आजिज

आकर याकूब ने लौटने का फैसला किया। उसका मानना था कि चूँकि साजिश में उसका रोल सबसे कम था, इसलिए वह कुछ दिन में ही जेल से बाहर आ जाएगा। याकूब ने बंबई में अपने चचेरे भाई से बात की और उसे भारत लौटने की ख्वाहिश के बारे में बताया। उसे 5 अगस्त को सी.बी.आई. की एस.टी.एफ. ने नई दिल्ली रेलवे स्टेशन पर गिरफ्तार किया। फैसला सुनाए जाने के बाद याकूब की बीवी राहीन ने पत्रकारों से कहा कि याकूब बेकसूर है और वह अपने भाई के पापों की सजा भुगत रहा है।

सुप्रीम कोर्ट ने याकूब मेमन को छोड़कर सभी की मौत की सजा को कम कर दिया था। आठ साल बाद याकूब की सभी अपीलों और दया याचिकाओं को खारिज कर दिए जाने पर उसकी फाँसी की तारीख 30 जुलाई, 2015 तय की गई। वह संयोग से उसका जन्मदिन भी था। उसकी फाँसी से पहले एक नाटकीय विवाद हो गया। Rediff.com पर आए एक लेख में भारत की विदेश खुफिया एजेंसी रिसर्च ऐंड एनालिसिस विंग, यानी रॉ के अधिकारी बी. रमन ने खुलासा किया कि याकूब को जुलाई 1994 में काठमांडू में अनौपचारिक रूप से उठाया गया था और सी.बी.आई. ने पुरानी दिल्ली रेलवे स्टेशन से उसकी गिरफ्तारी दिखाई थी।[16] रमन ने टिप्पणी की कि भारतीय एजेंसियों के साथ याकूब के सहयोग और उसके परिवार के लिए उसकी लगातार दलीलों को देखते हुए वह मौत की सजा का हकदार नहीं था।

याकूब की फाँसी से एक हफ्ते पहले उसे मौत की सजा देने की वजह को समझने के लिए मैंने जस्टिस पी.डी. कोदे का इंटरव्यू किया। उन्होंने मुझे बताया कि मुकदमे के दौरान अदालत में उसके अच्छे व्यवहार का उन पर जरा भी असर नहीं हुआ और उन्होंने तमाम सबूतों की बिनाह पर उसे मौत की सजा देना सही समझा। "समाज कानून बनाता है और अगर किसी मुल्जिम को मौत की सजा दी जाती है, तो यह समाज और देश के हक में है। सजा उस शख्स को नहीं दी जाती है, बल्कि उसके भीतर के मुल्जिम को दी जाती है", उन्होंने मुझसे कहा।[17]

याकूब को फाँसी दिए जाने के एक दिन पहले मैं नागपुर पहुँच गया था। जेल में फाँसी के फंदे तैयार थे। तमाम इंतजाम हो चुके थे, लेकिन माहौल में बहुत आशंका थी। अचानक ही नागरिकों के एक बड़े ग्रुप ने कई नामी वकीलों, पूर्व जजों, लेखकों, नेताओं, पत्रकारों, फिल्म एक्टरों और प्रोड्यूसरों के

दस्तखत वाली दया याचिका के साथ अंतिम समय में सुप्रीम कोर्ट का दरवाजा खटखटाया। इस तरह के हालात पहले नहीं देखे गए थे। अदालत उस रात बहुत देर से याचिका पर सुनवाई करने के लिए तैयार हो गई।

मैं एक ऐसी घटना देख रहा था, जो पूरी जिंदगी में कभी-कभार ही होती। याचिका में मानवाधिकारों के उल्लंघन, याकूब के जेल में बिताए 20 साल, अंतरराष्ट्रीय समझौतों और बी. रमन के लेख की बिनाह पर मौत की सजा को कम करने की गुहार लगाई गई थी। कुछ लोगों ने दलील दी कि चूँकि पूर्व प्रधानमंत्री राजीव गांधी के हत्यारों, चंदन तस्कर वीरप्पन के साथियों और खालिस्तानी उग्रवादियों को माफ कर दिया गया था, इसलिए याकूब भी माफी का हकदार है। याचिकाकर्ताओं और सरकार के वकीलों ने करीब दो घंटे तक बहस की। सुबह करीब चार बजे तीन जजों की बेंच ने दया याचिका खारिज कर दी।

नागपुर पुलिस ने जेल के आसपास के इलाके में कर्फ्यू लगा दिया और पत्रकारों को भी एक किलोमीटर दूर रोक दिया था। सुबह 6:35 बजे जेल के एक गार्ड, जिसे जल्लाद की जिम्मेदारी सौंपी गई थी, ने लीवर खींचा और याकूब की आँखें हमेशा के लिए बंद हो गईं। उसका पोस्टमॉर्टम जेल कंपाउंड के भीतर ही किया गया और शरीर को इंडिगो एयरलाइंस की उड़ान से मुंबई ले जाया गया। मैं उसी फ्लाइट में सवार हो गया। याकूब का भाई सुलेमान और एक रिश्तेदार इस सफर के दौरान लगातार रोते रहे।

माहिम की अल हुसैनी बिल्डिंग के पास बहुत लोग जमा हो गए, जहाँ याकूब की लाश को ले जाया जा रहा था। भीड़ को काबू करने के लिए खुद पुलिस कमिश्नर राकेश मारिया भी मौजूद थे। भीड़ बहुत जज्बाती हो गई थी, इसलिए हिंसा होने का डर था। मारिया के लिए बम धमाकों के मामले का चक्र पूरा हो चुका था। उन्होंने 22 साल पहले इसी बिल्डिंग में डी.सी.पी. के तौर पर जाँच शुरू की थी और अब उसी जगह उनके सामने एक मुल्जिम की लाश थी।

बंबई सीरियल धमाके, उनका मुकदमा और मुल्जिम को फाँसी की सजा एक बड़ा घटनाक्रम था। इसने मुंबई की आत्मा को तार-तार कर दिया था। मुंबई दहशतजदा थी कि यह सब फिर कभी न दोहराया जाए! लेकिन यह तो महज शुरुआत थी।

□

7

अंडरवर्ल्ड का राज

'सलीम बडगुजर की गोली मारकर हत्या।'

खबर की हेडलाइन ने मुझे सुन्न कर दिया। 1998 के लोकसभा चुनाव से कुछ दिन पहले ही बडगुजर और मैं स्थानीय सियासत पर चर्चा करते हुए दक्षिण मुंबई के नागपाड़ा की तंग गलियों में टहल रहे थे। यह हत्या 1993 में शुरू हुई सियासी हत्याओं के सिलसिले में ही थी।

बडगुजर को दाऊद इब्राहिम के सेकेंड-इन-कमांड शकील अहमद शेख उर्फ छोटा शकील ने कथित तौर पर मारा था। वह बडगुजर के शिवसेना के साथ जुड़ाव और मुसलिम बहुल नागपाड़ा में घुसपैठ करने में पार्टी को मदद देने से नाराज था। बडगुजर एक सच्चे मुसलमान थे। वे हर शुक्रवार को नियमित रूप से नमाज पढ़ते थे। कुछ दिन पहले ही वे शिवसेना में नागपाड़ा के शाखा प्रमुख के रूप में शामिल हुए थे। मैं 'सामना' के रिपोर्टर के तौर पर उनसे और शिवसेना सांसद मोहन रावले से मिला था। रावले के इलाके में बडगुजर ने चुनावी अभियान शुरू किया था।

मैंने उनसे पूछा कि वे उस पार्टी में क्यों शामिल हुए, जिस पर मुंबई दंगों के दौरान मुसलमानों को निशाना बनाने का आरोप लगाया गया था? इस पर उन्होंने मुसकराते हुए कहा, "हिंसा दोनों ओर से हुई थी। हमें अतीत को भूल जाना चाहिए और आगे बढ़ना चाहिए। मुझे बालासाहेब पसंद हैं, क्योंकि वे एक बेखौफ शख्स हैं और हमारे देश के भले की बात करते हैं।"

नागपाड़ा दाऊद इब्राहिम की खूँखार डी-कंपनी का गढ़ था। 1989 में भारत से भागने से पहले छोटा शकील अपने परिवार के साथ नागपाड़ा की

टेमकर स्ट्रीट पर रहता था। दाऊद की विधवा बहन हसीना पार्कर उसी इलाके के गॉर्डन हॉल अपार्टमेंट में रहती थी। उसके घर के ठीक सामने अहमद सेलर हाई स्कूल था, जहाँ दाऊद नौवीं क्लास तक पढ़ा था। उसके बाद उसने पढ़ाई छोड़ दी थी। ऐसी जगह पर मुसलमानों के विरोधियों का समर्थन करना कौम को धोखा देने के बराबर था।

दंगों के बाद शिवसेना और बीजेपी के कई और नेता भी शकील की हिट लिस्ट में थे। उनमें एक खास नाम बीजेपी विधायक प्रेम कुमार शर्मा का था। उन्होंने इलाके में अवैध निर्माणों का विरोध किया था। नतीजतन कई इमारतों को ढहा दिया गया था। उनमें से कुछ डी-कंपनी के सदस्यों की थीं। जून 1993 में एक दिन जब शर्मा अपनी बेटी के एग्जाम में पास होने का जश्न मनाने के लिए एक रेस्त्राँ में जा रहे थे, तो शकील के दो लोगों ने खेतवाड़ी के पास उनकी कार को रोका और गोली मारकर उनकी हत्या कर दी।

अगले साल बंबई के बीजेपी अध्यक्ष रामदास नायक को बांद्रा में उस समय गोली मार दी गई, जब वे काम पर जा रहे थे। अंडरवर्ल्ड ने पहली बार किसी नेता की हत्या के लिए ए.के.-47 राइफल का इस्तेमाल किया था। आमतौर पर अपराधी पुलिस पर हमला करने से बचते थे, लेकिन इस मामले में नायक के पुलिस बॉडीगार्ड को भी गोली मार दी गई थी।

नायक की हत्या ने शिवसेना और बीजेपी नेताओं में खौफ पैदा कर दिया। बीजेपी ने शहर में 'बंद' का ऐलान किया। नायक के अंतिम संस्कार में अटल बिहारी वाजपेयी और लालकृष्ण आडवाणी सहित बीजेपी के बड़े नेता शामिल हुए थे।

हालाँकि इन हत्याओं के और भी मकसद हो सकते हैं, लेकिन उनकी वजह सांप्रदायिकता मानी गई। इसकी वजह थी—दाऊद के गिरोह में बँटवारा होना। इससे दाऊद का सबसे भरोसेमंद शख्स उसका दुश्मन बन गया था।

अंडरवर्ल्ड का सांप्रदायिक विभाजन

जब दाऊद ने पठान गिरोह की रीढ़ तोड़ दी और बंबई के अंडरवर्ल्ड में अपना दबदबा कायम कर लिया, तो राजन निखलजे उर्फ छोटा राजन उसका

साथी बन गया। राजन ने पूर्वी बंबई के चेंबूर में सहकार सिनेमा के बाहर टिकटों की कालाबाजारी करते हुए जुर्म की दुनिया में कदम रखा था। अपने गुरु बड़ा राजन की सोहबत से जल्द ही शहर के अंडरवर्ल्ड में उसका खासा नाम हो गया। तब वो दाऊद के साथ आ गया। उनकी नजदीकी वक्त के साथ मजबूत होती गई। जल्द ही वह दाऊद का सबसे भरोसेमंद बन गया। राजन 1986 में दाऊद के साथ दुबई चला गया। दाऊद ने उसे गिरोह में बहुत अख्तियार दिए थे। इससे राजन के कई दुश्मन बन गए थे। गिरोह के भीतर जहर की तरह दुश्मनी फैल गई और गिरोह के कई सदस्य दाऊद के सामने राजन को बदनाम करने लगे। छोटा शकील और दाऊद का छोटा भाई अनीस तो पहले से राजन से नफरत करते थे।

1992 में दाऊद के बहनोई इब्राहिम पारकर को अरुण गवली के गिरोह ने गोली मार दी थी। इसके कुछ दिन बाद जब वे शूटर एक और शूटआउट के बाद भाग रहे थे, तो उन्हें भीड़ ने पकड़ लिया और उनकी पिटाई कर दी। पुलिस ने उन्हें जख्मी हालत में गिरफ्तार कर लिया और सर जे.जे. अस्पताल में भरती करा दिया। दाऊद अपने बहनोई पारकर की हत्या का बदला लेना चाहता था। उसने छोटा राजन को उन शूटरों को मारने के लिए कहा, लेकिन अस्पताल के आसपास भारी सुरक्षा के कारण राजन ने इनकार कर दिया।

कुछ दिन बाद दाऊद ने सुभाष सिंह ठाकुर की अगुवाई में एक और टीम को यह काम सौंप दिया। उन्होंने अस्पताल पर दुस्साहसिक हमला किया। इस हमले में एक शूटर शैलेश हलदणकर और दो पुलिसवाले मारे गए। शकील ने इस मौके का इस्तेमाल करते हुए दाऊद के सामने राजन की वफादारी के बारे में सवाल उठाया। धीरे-धीरे दाऊद का ध्यान गिरोह के एक और सदस्य शरद शेट्टी उर्फ बड़ा इडली की ओर गया। फिर क्या था! राजन के अख्तियार शरद को मिलने लगे।

डी-कंपनी में राजन का भविष्य अधर में लटका हुआ था और तभी दाऊद का नाम 12 मार्च, 1993 के बंबई धमाकों के अहम साजिशकर्ता के रूप में उभरा। राजन को धमाकों में डी-कंपनी के शामिल होने के बारे में कोई जानकारी नहीं थी। इतनी बड़ी वारदात से खुद को बाहर रखे जाने ने उसे झकझोर दिया। उसने महसूस किया कि उसका दाऊद के साथ कोई भविष्य नहीं है। बस, उसने

गिरोह छोड़ दिया। अगले साल वह थाइलैंड चला गया। इसका ऐलान उसने कई इंटरव्यू में भी किया था।[1] उसने आरोप लगाया कि बंबई में बम धमाकों की साजिश रचकर दाऊद ने भारत के साथ दगा किया था। अब दाऊद की तबाही उसकी जिंदगी का मिशन बन गई थी।

इन सब बातों ने राजन को एक 'देशभक्त' और 'राष्ट्रवादी' डॉन के रूप में मशहूर कर दिया। हालाँकि महाराष्ट्र पुलिस के पूर्व प्रमुख डी. शिवनंदन एक और ही कहानी बताते हैं। उन्होंने अंडरवर्ल्ड के खिलाफ बहुत बड़ी मुहिम चलाकर उसके एक बड़े हिस्से को नेस्तनाबूद कर दिया था। मेरे साथ बातचीत में उन्होंने बताया कि माफिया की अँधेरी दुनिया में मजहब की कोई जगह नहीं है। इस दुनिया में सबकुछ फायदे के लिए किया जाता है, इसलिए छोटा राजन का हिंदुओं का हमदर्द होने का दावा महज ढकोसला था।

अंडरवर्ल्ड के एक और सोर्स ने मुझे बताया कि दाऊद और राजन के बीच मन-मुटाव की वजह हफ्ता वसूली थी। अकसर जब राजन किसी को हफ्ता वसूली के लिए धमकी देता था, तो वे सीधे दाऊद और अनीस के पास पहुँच जाते थे। तब राजन को उन्हें परेशान न करने की हिदायत दी जाती थी। हालाँकि जब अनीस या शकील किसी को धमकी देते और पीड़ित कुछ राहत के लिए राजन से गुजारिश करते, तो राजन की बात कभी नहीं सुनी जाती थी। इस भेदभाव ने राजन को परेशान कर दिया। दुबई में गिरोह के सदस्य अकसर अपनी शामें ताश खेलने में बिताते थे और इससे उनके बीच तकरार भी हो जाती थी।

'फ्रंटलाइन' पत्रिका के साथ एक इंटरव्यू में छोटा शकील ने कहा था कि गिरोह का बँटवारा राजन की खुदगर्जी के कारण हुआ था। "छोटा राजन का कहना है कि सीरियल धमाकों की वजह से वह हमसे अलग हुआ। लेकिन फिर उन धमाकों के एक साल बाद तक वह हमारे साथ क्यों रहा? धमाकों के दो-तीन दिन बाद ही वह हमें क्यों नहीं छोड़ गया? आखिर हमारे समेत सभी आरोपियों के नाम तब तक अखबारों में आ चुके थे। तब उसने हमसे अलग होने का बयान क्यों नहीं दिया? सच तो यह है कि वह खुदगर्ज हो गया था। जिस थाली में खा रहा था, उसी में छेद कर रहा था। वह खुद को एक सफेदपोश शख्स की तरह पेश करना चाहता था, लेकिन वह अपने सफेद कॉलर से दाग

नहीं मिटा सकता।" शकील ने कहा था।[2]

एक 'देशभक्त डॉन' के रूप में अपनी छवि को मजबूत करने के लिए राजन ने बंबई सीरियल धमाकों में शामिल होने के लिए गिरफ्तार किए गए मुजरिमों को मार डालने का फरमान देना शुरू कर दिया। उसके शूटरों ने कथित तौर पर आठ विचाराधीन कैदियों को मार डाला। इसे राजन ने ही हरी झंडी दिखाई थी। मैग्नम वीडियो कंपनी के पार्टनर हनीफ कड़ावाला की एक दोपहर बांद्रा में उसके दफ्तर में गोली मारकर हत्या कर दी गई। चूँकि कड़ावाला विस्फोटों के मामले में एक संदिग्ध था, इसलिए मुंबई पुलिस ने उसकी हत्या के लिए राजन को जिम्मेदार माना। सी.बी.आई. ने 2015 में इस मामले को अपने हाथ में लिया। हालाँकि कड़ावाला के बेटे ने ट्रायल कोर्ट में याचिका दायर की कि उसके पिता की हत्या के पीछे एक रिश्तेदार का हाथ था, जो उनकी संपत्ति को हड़पना चाहता था। उसकी याचिका को अदालत ने इस आधार पर खारिज कर दिया कि पिछले 16 वर्ष में ऐसा कोई दावा नहीं किया गया था और यह समझना मुश्किल था कि इतनी देरी के बाद ऐसा दावा क्यों किया जा रहा है?[3] छोटा राजन आखिरकार मामले में सबूत की कमी के कारण बरी कर दिया गया था।[4]

जहाँ राजन ने मीडिया को इंटरव्यू में धमाकों के संदिग्धों को मारने की जिम्मेदारी का दावा किया, वहीं छोटा शकील ने जवाबी कारवाई में शिवसेना के पदाधिकारियों की हत्या कर दी। उसके ज्यादातर निशाने श्रीकृष्ण आयोग द्वारा दंगों के लिए जिम्मेदार ठहराए गए लोग थे। उनमें से एक अहम नाम मुंबई के पूर्व मेयर मिलिंद वैद्य का था, जो शकील के गिरोह के दो घातक हमलों में बाल-बाल बचे थे।

दिलचस्प बात यह है कि छोटा राजन और दाऊद के बीच गैंगवार के सांप्रदायिक रंग थे, लेकिन दोनों गिरोहों में हिंदू और मुसलिम—दोनों मजहबों के सदस्य थे। दाऊद के शरद शेट्टी, सुनील सावंत उर्फ सावत्या और अनिल परब जैसे हिंदू वफादार थे, जबकि एजाज लकड़ावाला और फरीद तनाशा जैसे मुसलमान छोटा राजन के लिए काम करते थे।

बंबई पर था पाँच गिरोहों का राज

1990 के गैंगवॉर में दाऊद और राजन के अलावा और भी कई खिलाड़ी थे। एक पूर्व मिल कर्मचारी अरुण गवली उर्फ डैडी का गिरोह दक्षिण बंबई के भायखला में दगड़ी चॉल से चलता था। दगड़ी चॉल से कुछ ही दूरी पर चिंचपोकली है, जहाँ से एक और डॉन अमर नाईक उर्फ रावण अपना गिरोह चलाता था। इन गिरोहों ने शहर को बाँट लिया था। हर गिरोह अलग-अलग बिल्डरों, होटल मालिकों, मिल मालिकों, जौहरियों और नामी हस्तियों से पैसे वसूलता था।

दाऊद का दबदबा दक्षिण मुंबई के नागपाड़ा, मुंबई सेंट्रल, मसजिद बंदर, पायधुनी, जवेरी बाजार, कोलाबा, मझगाँव, डोंगरी और क्रॉफर्ड मार्केट जैसे इलाकों में था। छोटा राजन का असर मध्य मुंबई के चेंबूर, कुर्ला, गोवंडी, घाटकोपर, तिलक नगर और परेल जैसे उत्तर-पूर्वी उपनगरों में था। अरुण गवली और अमर नाईक में दक्षिण और मध्य मुंबई के गिरगाँव, भायखला, लोअर परेल, वर्ली, दादर, माटुंगा, वडाला जैसे इलाकों और मुलुंड, भांडुप, विक्रोली और कांजुरमार्ग जैसे उपनगरों पर दबदबे के लिए मुकाबला रहता था। वे सब दूसरे गिरोहों के खात्मे की ताक में रहते थे। इसके लिए या तो वे अकसर एक-दूसरे के गुर्गों को खलास कर देते थे या पुलिस को उनकी मुखबिरी कर देते थे।

1997 में अब्दुल कयूम अंसारी उर्फ अबू सलेम का पाँचवाँ गिरोह उभरा। सलेम ने पहले अनीस के लिए काम किया था, लेकिन दाऊद की मंजूरी के बिना म्यूजिक दिग्गज गुलशन कुमार को खत्म करने के बाद वह डी-कंपनी के साथ नहीं रह सका। दाऊद के कोप से बचने के लिए सलेम दुबई छोड़कर यूरोप चला गया। वहाँ वह कई शहरों में रहा और आखिर में पुर्तगाल के लिस्बन में बस गया। उसने अपना गिरोह बना लिया। उसने गिरोह में उत्तर प्रदेश में अपने शहर आजमगढ़ के नौजवानों को शामिल किया। मुंबई क्राइम ब्रांच के अफसरों ने सलेम के गिरोह के कामकाज पर नजर रखी। उन्हें पता चला कि सलेम की कमाई का अहम जरिया बॉलीवुड था, लेकिन वह कई रियल एस्टेट कारोबारियों से भी हफ्ता वसूलता था।

मैंने 2018 में एक शख्स को एक राष्ट्रीय राजनीतिक पार्टी के मुंबई ऑफिस में देखा। उसे वहाँ देखकर मैं दंग रह गया। उसे या तो मार डाला जाता या वह सलाखों के पीछे होता! लेकिन इसके बजाय वह अब एक राजनीतिक कार्यकर्ता था। हम उसे बृजेश यादव कहेंगे। 1998 में शिवसेना शाखा प्रमुख किशोर पशते की हत्या की रिपोर्टिंग करते समय मैंने एक आरोपी के रूप में उसका नाम देखा था। जब मैंने 2018 में उसके साथ चाय पीते हुए खुलासा किया कि मुझे अमर नाईक गिरोह के साथ उसके पिछले रिश्तों के बारे में पता है, तो उसने अपनी पूरी कहानी बयाँ की।

बृजेश ने अंडरवर्ल्ड में तब प्रवेश किया था, जब वो दक्षिण मुंबई के के.सी. कॉलेज में फर्स्ट ईयर में पढ़ता था। एक बार अपने कॉलेज के बाहर एक राहगीर से उसकी हाथापाई हो गई, जो अमर नाईक गिरोह का सदस्य निकला। बृजेश के दोस्तों ने उससे कहा कि वह उससे बदला लेने के लिए फिर आ सकता है। दोस्तों ने उसे सलाह दी कि वह उससे माफी माँगने के लिए नाईक के गुर्गे शशिकांत सागवेकर उर्फ चिकना बाबू से मिले। उसने दोस्तों की यह बात मान ली। वह चिकना बाबू से मिलने गया। चिकना बाबू को बृजेश काम का छोकरा लगा। उसने उसके सामने गैंग के लिए काम करने की पेशकश रखी। उसी पल बृजेश को अहसास हो गया कि चाय बेचनेवाले उसके पिता अंडरवर्ल्ड में मुमकिन ताकत और रुतबा उसे कभी नहीं दिला सकते। उसने वह पेशकश मान ली और जल्द ही गिरोह के लिए अलग-अलग जरियों से उगाही शुरू कर दी।

हालाँकि किशोर पशते गिरोह के साथ घूमता था, लेकिन नाईक को उस पर पुलिस का मुखबिर होने का शक था। यह शक तब और बढ़ गया, जब गिरोह का एक सदस्य पुलिस एनकाउंटर में मारा गया। 1997 में एक दिन बृजेश और उसके साथियों ने भुलेश्वर के भीड़भाड़ वाले इलाके में पशते को गोली मार दी और होटल ओबेरॉय भाग गए। उन्होंने जी.टी. अस्पताल में पशते की मौत की पुष्टि होने पर होटल में शैंपेन पीकर जश्न मनाया।

ये हत्याएँ मुंबई में रोजमर्रा की खबरें बन गई थीं। इसलिए अखबारों ने अब आए दिन होनेवाली गोलीबारी को अहमियत देना बंद कर दिया था, लेकिन

पशते की हत्या का कवरेज 'सामना' के लिए महत्त्वपूर्ण था। इसकी वजह पशते का शिवसेना में होना थी। एक पत्रकार के रूप में मेरा कॅरियर 'सामना' के हिंदी संस्करण के लिए दक्षिण मुंबई के स्ट्रिंगर के रूप में काम करने से शुरू हुआ था। इसलिए इस हत्या की जाँच का विस्तार से कवरेज करना मेरा काम था। पुलिस से मिली जानकारी के आधार पर अगली सुबह 'सामना' में सभी संदिग्धों की पहचान बताते हुए मेरी एक रिपोर्ट छपी थी। बृजेश नेपाल भाग गया, लेकिन चिकना बाबू और एक साथी एनकाउंटर में मारे गए। तीन महीने बाद बृजेश ने अदालत के सामने सरेंडर कर दिया, लेकिन अंडरवर्ल्ड के ज्यादातर मामलों की तरह सबूतों के अभाव में उसे बरी कर दिया गया। फिलहाल बृजेश पार्टी दफ्तर के चक्कर लगाता रहता है।

अंडरवर्ल्ड से चरण शर्मा (बदला हुआ नाम) का परिचय बृजेश जैसा ही था। मैं 1997 में मुंबई मराठी पत्रकार संघ हॉल में अरुण गवली की पत्नी आशा गवली की एक प्रेस कॉन्फ्रेंस में मौजूद था। करीब 20 नौजवान बॉडीगार्डों से घिरी आशा ने अपने पति की मासूमियत के बारे में मीडिया को समझाने की कोशिश की। यह देखकर मेरे अचरज का ठिकाना नहीं रहा कि इन 'बॉडीगार्डों' में विल्सन कॉलेज का मेरा क्लासमेट चरण शर्मा भी था। मैंने उससे फौरन बातचीत की।

चरण वर्ली में एक चॉल में अपने पिता के साथ रहता था। उसके पिता हिंदी मीडियम के एक स्कूल में टीचर थे। एक बार कॉलेज की कैंटीन में चरण की गर्लफ्रेंड के साथ छेड़छाड़ हो गई। जब चरण को इस घटना के बारे में पता चला, तो उसने छेड़छाड़ करनेवाले को बुरी तरह पीट दिया। वह लड़का अरुण गवली के गिरोह का सदस्य था। चरण के दोस्तों ने उसे बात बिगड़ने से पहले दगड़ी चॉल जाकर मामले को निपटाने की सलाह दी। जब वह गवली के गुर्गे राजू फिलिप से मिलने चॉल में गया, तो उसे उत्तर प्रदेश में उसके गाँव के उसके एक परिचित वहाँ मिले। उन्होंने उसे गवली गिरोह में शामिल होने की सलाह दी।

चरण उस पेशकश को ठुकरा नहीं सका। वह जल्द ही गिरोह में शूटर बन गया। इसके बाद वह कई शूटआउट में शामिल हुआ। उसे 'कंपनी का

आदमी' होने का फख्र था। मुंबई अंडरवर्ल्ड की भाषा में गिरोह को 'कंपनी' कहा जाता है। दाऊद के गिरोह को डी-कंपनी के नाम से जाना जाता है, छोटा राजन के गिरोह को 'नाना कंपनी' कहा जाता है और अरुण गवली के गिरोह को 'भायखला कंपनी' या 'डैडी कंपनी' का नाम दिया गया है। जुर्म की खतरनाक दुनिया में कंपनी का आदमी होने की मुहर लगने पर किसी का भी एक अलग कद और रुतबा बन जाता है। अब तक चरण दो एनकाउंटरों में बच निकला था। नई सदी की शुरुआत तक अरुण गवली का गिरोह बिखर गया और चरण ने अंडरवर्ल्ड छोड़ दिया। वह अब एक पड़ोसी शहर में एक राजनीतिक कार्यकर्ता है और भोजपुरी फिल्मों में अभिनय करता है। मुझे यह जानकर कोई हैरानी नहीं हुई कि वह आमतौर पर खलनायक की भूमिका निभाता है।

हालाँकि बृजेश और चरण की कहानियाँ बताती हैं कि नौजवानों को अंडरवर्ल्ड कैसे लुभाता है, लेकिन मैं उनके सच होने की गारंटी नहीं दे सकता। बहुत मुमकिन है कि उन्होंने मुझसे बात करते समय झूठ बोला हो या तथ्यों को बढ़ा-चढ़ाकर पेश किया हो! दोनों में से किसी को भी कभी भी किसी भी अदालत ने दोषी नहीं पाया। ये दोनों अब राजनीतिक कार्यकर्ता हैं, लेकिन इनके जैसे कई और भी थे, जो अंडरवर्ल्ड की अँधेरी गलियों में घुसे और फिर कभी वापस नहीं लौट पाए। या तो उन्हें पुलिस ने गोली मार दी या वे अब भी जेलों में सड़ रहे हैं।

मुंबई के पूर्व पुलिस कमिश्नर वसंत सर्राफ ने शहर के संगठित अपराध सिंडिकेट पर बड़े पैमाने पर रिसर्च की है। उनके नतीजों के मुताबिक, 66.5 फीसदी गैंगस्टर 19 से 28 साल और 26 फीसदी 29 से 38 साल की उम्र के थे।[5] अंडरवर्ल्ड के एक सोर्स के मुताबिक, गिरोहों के लिए सबसे बड़ी भर्ती का जरिया जेल होती हैं। गिरोह के लिए काम करने की काबिलीयत होनेवाले चोरी, जेबकतरे, धोखाधड़ी और दूसरे छोटे-मोटे क्राइम के आरोप में बंद कैदियों की वकीलों और जमानत के लिए पैसे से मदद की जाती है। एक बार जब वह जेल से बाहर आ जाता है, तो उसे हथियार देकर टारगेट बताया जाता है। इस तरह की हर हत्या के लिए 25,000 रुपए तक दिए जाते हैं। एक बार काम पूरा हो जाने के बाद हथियार वापस करना पड़ता है। कुछ गिरोह शूटरों को पगार पर रख लेते

हैं, लेकिन यह तय नहीं होता कि उन्हें रकम कब और कितनी मिलेगी!

छोटा शकील और अबू सलेम ने उत्तर प्रदेश के बेरोजगार नौजवानों को शूटर बनाया था। टारगेट को टपकाने के बाद उन्हें वापसी के लिए फ्लाइट का टिकट दिया जाता था। सर्राफ की रिपोर्ट के मुताबिक, मुंबई के 30 फीसदी गैंगस्टर महाराष्ट्र के अलावा दूसरे राज्यों से आते हैं। फिल्मों में अंडरवर्ल्ड को ग्लैमरस दिखाया जाना क्राइम के लिए नौजवानों के मुंबई की ओर खिंचे चले आने की एक और वजह है।

गिरोह काफी संगठित तरीके से काम करते थे। गिरोह में हरेक के लिए खास काम हुआ करते थे—कुछ को टारगेट पर नजर रखने और कुछ को उन्हें मारने का काम सौंपा जाता था। कुछ को क्राइम के लिए गाड़ी चुराने का जिम्मा दिया जाता था। कुछ हफ्ता वसूली में माहिर थे। कुछ गिरोह के अकाउंट देखने में एक्सपर्ट थे। कुछ गिरोह के गिरफ्तार सदस्यों के लिए वकीलों का इंतजाम करते थे, पुलिस को रिश्वत देते थे और जरूरत के मुताबिक गवाहों को धमकाते थे। हर गिरोह की एक 'जेल यूनिट' भी होती थी, जो अपने गिरफ्तार साथियों का ध्यान रखती थी और सफेदपोश कैदियों को तंग करके उनसे हफ्ता वसूली करती थी। कुछ गिरोहों ने भरती किए गए शूटरों को ट्रेनिंग देने का इंतजाम भी कर रखा था। यह काम आमतौर पर खाली पड़ी इमारतों, कंस्ट्रक्शन साइट या सुनसान सड़कों पर किया जाता था। चूँकि ज्यादातर टारगेट को एकदम पास से गोली मारी जाती थी, इसलिए टारगेट पर निशाना लगाने की प्रैक्टिस की कोई जरूरत नहीं होती थी। शूटरों को बस हथियार चलाने की ट्रेनिंग दी जाती थी।

अरुण गवली और अमर नाईक के गैंग के ज्यादातर शूटर मिल मजदूरों के परिवारों के थे। 1980 के दशक में मजदूर यूनियन की लंबी हड़ताल के कारण बंबई में 50 से ज्यादा कपड़ा मिलें स्थायी रूप से बंद हो गई थीं। कई मिल मालिक अपना कारोबार यहाँ से गुजरात ले गए। कपड़ा मिलों के अलावा कई और उद्योगों ने भी शहर में आक्रामक यूनियनबाजी के कारण अपना काम दूसरी जगहों से करना शुरू कर दिया था। बंबई इंडस्ट्रियल शहर से कमर्शियल शहर में बदलती चली गई। बेरोजगार मजदूर बेबस जिंदगी जी रहे थे। अंडरवर्ल्ड ने इन हालात को भुनाया और मिल मजदूरों के लड़कों को गैंग में भरती कर लिया।

खुद अरुण गवली पहले एक मिल मजदूर था।

दाऊद इब्राहिम, छोटा राजन और अबू सलेम जैसे माफिया डॉन विदेश से अपने गिरोह चलाते थे। वे हफ्ता वसूली के लिए भारत में अपने टारगेट को फोन करते थे। इसके बाद गिरोह के सदस्य उनसे पैसा वसूल करके हवाला चैनलों के जरिए अपने आकाओं को भेज देते थे। जो हफ्ता देने से मना करता था, उसकी हत्या कर दी जाती थी। पकड़े गए गैंगस्टरों को पुलिस गोली मार देती थी या सलाखों के पीछे डाल देती थी। डॉन अपने विदेशी ठिकानों में महफूज रहते थे और उन्हें जेल में बंद या मारे गए गुर्गों की जगह लेने के लिए आसानी से नए छोकरे मिल जाते थे। लेकिन अमर नाईक और अरुण गवली बंबई से अपने गिरोह चलाते थे। भ्रष्ट जेल प्रशासन के साथ मिलीभगत करके वे जेल से भी अपना गिरोह चला लेते थे। गवली गिरोह के सदस्य गर्व से दावा करते थे, "हमारे डैडी भगोड़े नहीं हैं। जेल में रहकर भी वे सब पर हावी हैं।"

1990 के दशक की शुरुआत में मंदी के कारण अंडरवर्ल्ड की गतिविधियों में उछाल आया। उस दौरान शादी जैसे आयोजनों पर दिल खोलकर खर्च करनेवाले हर शख्स को अंडरवर्ल्ड से हफ्ता वसूली के फोन आने लगे थे। बहुत से लोगों ने डर के मारे निमंत्रण-पत्र पर अपना पता छापना बंद कर दिया। अंडरवर्ल्ड ने 1994 तक शहर पर राज किया। बंबई का कोई इलाका उनसे अछूता नहीं रहा। गैंग वॉर और नामी लोगों की हत्याएँ आए दिन देश भर में सुर्खियाँ बनती थीं। बंबई में माफिया से ज्यादा ताकतवर कोई नहीं लग रहा था। पुलिस सिस्टम उनके सामने बेबस नजर आ रहा था। अंडरवर्ल्ड ने शहर पर हावी इस दहशत का भरपूर फायदा उठाया। जितनी ज्यादा दहशत होती, उतनी ही ज्यादा गिरोह की कमाई होती थी। किसी एक गिरोह को हफ्ता देनेवालों को दूसरे गिरोह को भी हफ्ता देना पड़ता था। 1995 में अंडरवर्ल्ड की गोलियों ने 29 लोगों की जान ले थी। 1998 में ये संख्या 99 हो गई।

मेरे जैसे क्राइम रिपोर्टर रोजमर्रा की इन हत्याओं की रिपोर्टिंग करते थे। वारदात की एक जगह से दूसरी जगह तक दौड़ना आम बात हो गई थी। हर जगह एक जैसा मंजर हुआ करता था—सड़क पर बिखरा खून, खाली छर्रे, जमीन पर लाशों के चारों ओर चॉक से निशान लगाती पुलिस और चश्मदीदों

के बयान दर्ज करते अधिकारी! गोली मारने की जगह से हम अस्पताल पहुँचते। वहाँ मुर्दाघर के बाहर पीड़ितों के रोते-बिलखते परिजन जमा होते थे।

माफिया का बड़ा संदेश

कपड़ों के नामी ब्रांड 'रूपम' का मामला 1990 के दशक के दौरान मुंबई में माफिया के सबसे असरदार दौर की कुछ सबसे मार्मिक यादों को ताजा करता है। स्लेट-ग्रे रंग का यह बहुमंजिला शोरूम मुंबई पुलिस कमिश्नर के ऑफिस के ठीक सामने खड़ा है। यह उन दिनों की याद दिलाता है, जब गैंगस्टरों के सामने पुलिस खुद को बेबस महसूस करती थी।

'रूपम' के 40 वर्षीय मालिक भरत शाह की पुलिस कमिश्नर ऑफिस के ठीक बाहर छोटा शकील के आदमियों ने गोली मारकर हत्या कर दी थी। पुलिस कमिश्नर के केबिन तक भी यकीनन इन गोलियों की आवाज गूँजी होगी। भरत 8 अक्तूबर, 1998 को विदेश में कॉल करने के लिए मुश्किल से 100 मीटर दूर पास के एक पब्लिक टेलीफोन बूथ पर गए थे। अचानक भीड़ में से निकलकर दो लोग उनके पास पहुँचे और उन्हें बूथ में गोली मार दी। वे भरत को लहूलुहान हालत में छोड़कर भाग गए। वह कोई सुनसान सड़क नहीं थी, बल्कि शहर का केंद्र था। उस वक्त वहाँ दीवाली की खरीदारी करने के लिए भारी भीड़ थी। फिर भी शूटरों का आसानी से निकल भागना कोई बड़ी बात नहीं लग रही थी।

जैसाकि मेरे एक दोस्त, जो भरत के परिवार का सदस्य है, ने बताया कि भरत को तीन साल से हफ्ता वसूली के फोन आ रहे थे, लेकिन उन्होंने धमकियों के आगे नहीं झुकने का फैसला किया था। डॉन की बात मानने के बजाय उन्होंने हर बार पुलिस में शिकायत दर्ज कराई थी और पुलिस ने उन्हें कुछ वक्त के लिए सिक्योरिटी भी दी थी। भरत ने बाकी कारोबारियों को भी अंडरवर्ल्ड के खिलाफ खड़े होने के लिए कहा था। उनमें से कुछ के लिए सिक्योरिटी का इंतजाम किया गया था। जब हफ्ता वसूली की संख्या में गिरावट आ गई, तो भरत ने अपनी मौत से करीब आठ महीने पहले सिक्योरिटी वापस कर दी थी। उन्हें पता ही नहीं था कि इस दौरान हर वक्त उन पर नजर रखी जा रही थी। यह हत्या भरत के अंडरवर्ल्ड के खिलाफ खड़ा होने के लिए शकील का बदला थी।

भरत शाह की मौत ने राष्ट्रीय सुर्खियाँ बटोरीं। यह अंडरवर्ल्ड का बड़ा संदेश था—वे किसी को भी, कहीं भी, कभी भी मार सकते थे, भले ही उनके टारगेट के पास पुलिस की सिक्योरिटी हो। माफिया सबसे ऊपर हो गए थे और सभी को उनके सामने झुकना पड़ता था। जिन लोगों ने पहले हफ्ता देने से इनकार किया था, इस घटना के बाद उन्होंने अपना सारा 'बकाया' फौरन चुका दिया। भरत की हत्या के एक हफ्ते के अंदर अंडरवर्ल्ड ने करोड़ों रुपए कमाए। मुंबई पुलिस बेबस थी।

भरत के रिश्तेदार के मुताबिक, पुलिस ने भरत को ही बदनाम करना शुरू कर दिया। उसने खुद को बचाने के लिए अंडरवर्ल्ड के साथ भरत के रिश्तों की अटकलों को मीडिया में हवा दी। उसने यह अफवाह भी फैलाई कि मारे जाने से पहले उसने दुबई में एक गैंगस्टर से बात की थी। हालाँकि जब भरत बूथ में मर रहा था, तो उसके छोटे भाई वीरेन ने होशियारी दिखाते हुए वह नंबर फिर से डायल कर दिया। वह दुबई में रहनेवाला उनका रिश्तेदार निकला। वीरेन ने यह बात पुलिस में दर्ज करा दी। छोटा शकील अब वीरेन को धमकी के कॉल करने लगा तो आखिरकार उसने पुलिस सिक्योरिटी ले ली।

भरत शाह की हत्या की जाँच चल ही रही थी कि एक हफ्ते के भीतर भांडुप में एक और शूटिंग की खबर आई। दो छोकरे अपनी बाइक पर सवार होकर भीड़भाड़ वाले मद्रास कैफे तक पहुँचे और आठ राउंड फायरिंग करके भाग गए। कैफे के मालिक कुरूप बंधुओं—कृष्णदास और हरिदास की मौके पर ही मौत हो गई।

1990 के दशक में एक और हाई-प्रोफाइल हत्या 51 वर्षीय सुनीत खटाऊ की थी। खटाऊ की मर्सिडीज 7 मई, 1994 को महालक्ष्मी स्टेशन के पास एक ट्रैफिक सिग्नल पर रुकी, तो उनके मलाबार हिल बँगले से उनका पीछा कर रहे मोटरसाइकिल पर सवार शूटरों ने हथौड़े से उसकी विंडशील्ड तोड़कर उन पर गोलियों की बौछार कर दी। खटाऊ की हत्या अरुण गवली और अमर नाईक के बीच गैंग वॉर का नतीजा थी। खटाऊ भायखला में अपनी 50,000 वर्गफीट की मिल को बेचनेवाले थे। चूँकि गवली ने इस सौदे में मिल मजदूरों को मजबूर करके उनकी मदद की थी, इसलिए उसे भी इसका हिस्सा मिलना था। इस सौदे

से गवली को ज्यादा पैसा, हथियार, शूटर और ताकत मिल जाती। इसने नाईक को परेशान कर दिया और उसने खटाऊ की मौत का फरमान जारी कर दिया।

बिल्डर प्रदीप जैन अंडरवर्ल्ड के हाथों मारा गया एक और बड़ा नाम था। अबू सलेम ने प्रदीप की संपत्ति में हिस्सा माँगा था। उनके इनकार करने पर 7 मार्च, 1995 को उनके अँधेरी ऑफिस में उनकी जान ले ली गई। प्रदीप की हत्या ने रियल एस्टेट कारोबारियों के बीच दहशत की लहर पैदा कर दी। उनमें से कई ने डरकर फौरन हफ्ता दे दिया। जैन की हत्या के 13वें दिन सलेम ने उसकी विधवा को बुलाया और कथित तौर पर खौफनाक ठहाका लगाते हुए उसे धमकी दी कि अगर प्रदीप के छोटे भाई सुनील ने उसकी माँगों को पूरा नहीं किया, तो उसका भी वही हश्र होगा।[6]

तकीउद्दीन वाहिद की हत्या भी उस साल खबरों में रही। भारत सरकार के एविएशन में प्राइवेट खिलाड़ियों को मंजूरी दिए जाने के बाद तकीउद्दीन ने फरवरी 1992 में देश की पहली प्राइवेट एयरलाइन कंपनी 'ईस्ट-वेस्ट एयरलाइंस' शुरू की थी। जैसे ही एयरलाइन ने अपनी उड़ानें बढ़ाने के लिए नए विमानों की खरीद शुरू की, तकीउद्दीन पर 13 नवंबर, 1995 की रात को करीब 9:30 बजे उनके घर के रास्ते में हमला किया गया। यह हमला भी एक साल पहले मिल मालिक खटाऊ की हत्या की तरह ही किया गया था। मोटरसाइकिल सवार हमलावरों ने उनकी मर्सिडीज को रास्ते में रोक लिया और हथौड़े से कार का शीशा तोड़कर उन्हें 14 गोलियाँ मार दीं। एक साप्ताहिक पत्रिका को दिए इंटरव्यू में छोटा राजन ने इस घटना की जिम्मेदारी ली। उसका मानना था कि तकीउद्दीन के रिश्ते उसके विरोधी दाऊद से थे और दाऊद ने उसकी एयरलाइन कंपनी में पैसा लगाया था। इसलिए यह हमला एक तरह से दाऊद पर था।[7]

खोजी पत्रकार जोसी जोसेफ ने अपनी पुस्तक 'फीस्ट ऑफ वल्चर्स' में तकीउद्दीन वाहिद की हत्या के बारे में विस्तार से लिखा है। उन्होंने मुझे बताया कि तकीउद्दीन की हत्या कारोबारी होड़ के कारण की गई थी और इसे दाऊद से जुड़ी दूसरी एयरलाइन के मालिक ने अंजाम दिलाया था।[8] तकीउद्दीन के छोटे भाई फैसल वाहिद से मैंने घटना के 26 साल बाद, 2021 में बात की। तब

वे भी जोसेफ के नतीजे से मुतमईन थे। फैसल ने कहा कि उनके प्रतिद्वंद्वियों ने बाबरी मसजिद ढहाए जाने के बाद देश में सांप्रदायिक बँटवारे को भुनाया था। उन्होंने कहा, "ईस्ट-वेस्ट एयरलाइंस देश की पहली प्राइवेट एयरलाइन थी और इसका मालिक एक मुसलिम परिवार था। प्रतिद्वंद्वियों ने संगठित तरीके से मुहिम चलाकर इसे मुसलिम मालिकों की कंपनी करार देते हुए टारगेट किया। मेरे अजीम भाई और कंपनी के एम.डी. की उन लोगों ने हत्या कराई थी, जो एविएशन के कारोबार में किसी प्रतिस्पर्धा में भरोसा नहीं करते थे। अपने परिवार की उस जड़ को खो देने की उस ट्रेजडी से हम कभी उबर नहीं पाए। भाईजान ने भारत में प्राइवेट एविएशन की राह तैयार की थी।"[9]

तकीउद्दीन की हत्या ने बंबई में दहशत के माहौल को और बढ़ा दिया। माफिया ने अपनी 'एक को मारो, सबको डराओ' की पॉलिसी जारी रखी। मुंबई पुलिस की हफ्ता विरोधी इकाई के एक अफसर ने कई गैंगस्टरों की आवाज के नमूने इकट्ठा कर रखे थे। मैंने उनमें से कुछ को सुना है। करीब सभी रिकॉर्डिंग में एक जैसी बात थी कि टारगेट के कारोबार के हाल और उनके परिवारों के बारे में गैंगस्टर्स को पूरी जानकारी होती थी—मसलन उनके बच्चे कहाँ पढ़ते हैं, किस समय आते-जाते हैं··· ? यह उनके टारगेट को डराकर हफ्ता वसूली करनेवालों का काम आसान कर देता था।

आमतौर पर गैंगस्टर कॉल में यह जरूर कहते थे कि मदद के लिए पुलिस में जाने के क्या नतीजे होंगे? ज्यादातर हफ्ता वसूली करनेवालों के विपरीत छोटा शकील आमतौर पर खालिस उर्दू में बातचीत शुरू करता था। अगर टारगेट हफ्ता देने से इनकार करता, तो उसका रुख बदल जाता था।

फिल्म इंडस्ट्री में दहशत

अंडरवर्ल्ड की नजर हर उस धंधे पर थी, जहाँ अथाह पैसा था। 1990 के दशक की शुरुआत तक अंडरवर्ल्ड गिरोहों के लिए सोने और इलेक्ट्रॉनिक सामान की तस्करी ही कमाई का एक बड़ा सोर्स थी। उदारीकरण के बाद इसका चलन बंद हो गया, क्योंकि इन सामानों पर कस्टम ड्यूटी काफी कम हो गई। हफ्ता वसूली अब कमाई का एक लुभावना सोर्स लगने लगी और इसके लिए

फिल्म इंडस्ट्री तो सोने की खान थी। 1990 के दशक में करीब-करीब पूरी फिल्म इंडस्ट्री अंडरवर्ल्ड के शिकंजे में थी। यहाँ भी दूसरे कारोबारों की तरह जिन्होंने हफ्ता देने से इनकार किया, उन्हें बेरहमी से मार दिया गया।

'गोपी किशन' और 'साथी' जैसी हिट फिल्में बनानेवाले प्रोड्यूसर और डायरेक्टर मुकेश दुग्गल 7 मार्च, 1997 को माफिया की गोलियों से मारे जानेवाले बॉलीवुड की पहली हस्ती थे। पुलिस ने कहा कि दुग्गल ने एक फिल्म बनाने के लिए एक गिरोह से आर्थिक मदद ली थी और इस वजह से वे दो गैंग के टकराव का शिकार हो गए। जब दूसरे गैंग को इस बात का पता चला तो उसने दुग्गल को खत्म कर दिया।

4 जुलाई, 1997 को बॉबी देओल, मनीषा कोइराला और काजोल की फिल्म 'गुप्त' रिलीज हुई थी। उसने बॉक्स ऑफिस पर अच्छा कलेक्शन किया। फिल्म के डायरेक्टर और प्रोड्यूसर राजीव राय थे। उन्होंने 1980 और 1990 के दशक में 'त्रिदेव', 'विश्वात्मा' और 'मोहरा' जैसी हिट फिल्में दी थीं। जब अंडरवर्ल्ड ने उनसे हफ्ता माँगा, तो उनकी नई फिल्म की कामयाबी की खुशी की जगह डर ने ले ली। राय ने फैसला किया कि वे धमकियों के आगे नहीं झुकेंगे। उन्होंने पुलिस से शिकायत कर दी। उनकी सिक्योरिटी के लिए एक हथियारबंद कांस्टेबल तैनात किया गया। 31 जुलाई को शाम करीब 5 बजे, जब वे दक्षिण मुंबई के ताड़देव इलाके में स्थित अपने ऑफिस से निकल रहे थे तो पाँच लोगों ने उन पर गोलियाँ चलानी शुरू कर दीं। ऐसा शायद ही कभी हुआ हो कि पुलिस सिक्योरिटी वाले किसी शख्स को अंडरवर्ल्ड ने निशाना बनाया हो। गैंग आमतौर पर टारगेट के लापरवाह होने का इंतजार करते थे। कुछ वक्त गुजरने पर यह सोचकर सिक्योरिटी वापस ले ली जाती थी कि अब खतरा नहीं रहा। भरत शाह के साथ यही हुआ था। जब राजीव राय पर हमला हुआ तो उन्होंने बचने की कोशिश की। उनके पुलिस गार्ड ने जवाबी काररवाई में फायरिंग की। उसकी गोलियों से एक गैंगस्टर घायल हो गया और पकड़ा गया। राय की जान तो बच गई, लेकिन इस घटना के बाद वे इतने डर गए कि विदेश में जाकर बस गए। कुछ साल तक वे मुंबई नहीं लौटे।

टी-सीरीज के मालिक गुलशन कुमार अपने धार्मिक संगीत के वीडियो

और भजनों के जरिए घर-घर में मशहूर हो गए थे। उन्हें 'कैसेट किंग' कहा जाने लगा था। वे राजीव राय की तरह भाग्यशाली नहीं थे। 12 अगस्त, 1997 को गोलियों से छलनी उनकी लाश के परेशान करनेवाले सीन टीवी पर दिखाए गए थे। गुलशन हमेशा की तरह सुबह की प्रार्थना के लिए अँधेरी के शिव मंदिर में गए थे। जैसे ही वे प्रार्थना के बाद अपनी कार में बैठनेवाले थे, किसी ने चिल्लाकर कहा, "बहुत हो गई तेरी पूजा।" और उन पर गोलियों की बौछार होने लगी। घायल गुलशन ने भागने की कोशिश की, लेकिन तीन शूटरों ने उन्हें घेर लिया और उनकी हत्या कर दी। पोस्टमॉर्टम रिपोर्ट से पता चला कि उनके शरीर में सोलह गोलियाँ मारी गई थीं।

गुलशन कुमार अंडरवर्ल्ड के सबसे बड़े शिकारों में से एक थे। दिल्ली में अपने ऑडियो कैसेट कारोबार में कामयाबी हासिल करने के बाद वे बंबई आए थे। फिल्में बनाने के अलावा वे म्यूजिक एल्बम भी बनाते थे। इस कारोबार से उनकी खुशहाली बहुत तेजी से बढ़ी। इससे उनके मुकाबिल कंपनियाँ और म्यूजिक इंडस्ट्री के पुराने खिलाड़ी परेशान हो गए।

पुलिस का मानना था कि अबू सलेम ने गुलशन को मारने की सुपारी ली थी और इसके पीछे दो वजह थीं। संगीतकारों की मशहूर जोड़ी नदीम-श्रवण के नदीम सैफी ने एक म्यूजिक एल्बम 'हाय अजनबी' बनाया था। वे चाहते थे कि गुलशन इसके अधिकार खरीद लें। गुलशन को एल्बम पसंद नहीं आया, लेकिन दबाव में आकर उन्होंने इसे खरीद लिया। जैसाकि गुलशन को लगा था, एल्बम फ्लॉप हो गया। नदीम ने आरोप लगाया कि गुलशन ने एल्बम का ठीक से प्रचार नहीं किया। तब उसने सलेम से गुलशन को रास्ते से हटाने के लिए कहा।

दूसरी ओर, मुंबई पुलिस ने टिप्स के मालिक रमेश तौरानी को भी गिरफ्तार किया, जो टी-सीरीज की प्रतिद्वंद्वी कंपनी थी। पुलिस ने दावा किया कि तौरानी ने पेशेवर मुकाबले के कारण गुलशन की हत्या करा दी। इस बीच नदीम सैफी लंदन चला गया। उसे वापस भारत प्रत्यर्पित करने के लिए मुंबई पुलिस ने लंदन की एक अदालत में कानूनी लड़ाई लड़ी, लेकिन वह उसमें हार गई। नदीम के वकील मजीद मेमन ने उसके साथ मेरी फोन पर बात कराई। जब मैंने उससे इस बारे में पूछा तो नदीम ने कहा, "मुझे इस मामले में झूठा फँसाया गया है। मैं

सिर्फ एक कलाकार हूँ। मैं किसी को मारने के बारे में सोच भी नहीं सकता।"[10] जबकि नदीम पुलिस की पहुँच से बाहर था, उसके साथी श्रवण राठौड़ को क्राइम ब्रांच ने कई बार बुलाकर उससे घंटों तक पूछताछ की।

दो साल बाद बॉलीवुड की एक और हस्ती को निशाने पर लिया गया। राकेश रोशन तंगहाली से गुजर रहे थे। उन्होंने 'कहो ना प्यार है' (KNPH) फिल्म बनाई थी, जिसमें उनके बेटे ऋतिक रोशन मुख्य भूमिका में थे। 14 जनवरी, 2000 को रिलीज हुई यह फिल्म तुरंत हिट हो गई। रोशन को उम्मीद थी कि फिल्म की कामयाबी से उनकी तंगहाली दूर हो जाएगी। हालाँकि उन दिनों बॉक्स ऑफिस के आँकड़ों पर न केवल फिल्म-निर्माता, बल्कि अंडरवर्ल्ड भी नजर रखता था। जब अंडरवर्ल्ड को कमाई का हिस्सा नहीं मिला, तो रोशन की मौत का फरमान जारी कर दिया गया। KNPH के रिलीज होने के एक हफ्ते बाद, 21 जनवरी को रोशन को उस समय गोली मारी गई, जब वे सांताक्रुज में अपने ऑफिस से बाहर आ रहे थे। बदमाशों ने उन पर छह गोलियाँ चलाईं। दो गोलियाँ उनके बाएँ हाथ में लगीं। उनका ड्राइवर सूझ-बूझ दिखाते हुए उन्हें सीधे नानावटी अस्पताल ले गया और वे इस हमले में बच गए। इस हमले ने बॉलीवुड में दहशत का माहौल और बढ़ा दिया।

इस तरह के हमले 2001 तक जारी रहे। इनका एक शिकार अदाकारा मनीषा कोइराला के सचिव अजीत देवानी भी हुए। सलेम गिरोह को मनचाही रकम देने से इनकार करने पर देवानी की 30 जून को उनके ऑफिस में गोली मारकर हत्या कर दी गई थी। अबू सलेम देखते-ही-देखते बॉलीवुड से वसूली करनेवाला सबसे खूँखार माफिया डॉन बन गया। इस समय तक एजाज लकड़ावाला, जिसका छोटा राजन से मतभेद हो गया था, ने अपना एक अलग गिरोह बना लिया था। उसने लॉरेंस डिसूजा से मोटी रकम ऐंठने की कोशिश की। डिसूजा ने 1990 के दशक की शुरुआत में 'साजन', 'दिल का क्या कसूर' और 'न्याय' जैसी हिट फिल्में बनाई थीं। डिसूजा ने हफ्ता देने से इनकार कर दिया। नजीजतन 4 जुलाई, 2002 को उन पर घातक हमला हुआ। वे बाल-बाल बच गए। निर्माता मनमोहन शेट्टी और डिस्ट्रीब्यूटर अनिल थडानी भी इस तरह के हमलों में बच गए। मुंबई पुलिस ने दावा किया कि अंडरवर्ल्ड की अभिनेता

आमिर खान, प्रोड्यूसर आशुतोष गोवारीकर और अदाकारा मनीषा कोइराला के अपहरण की साजिश थी, लेकिन समय पर मिली खुफिया जानकारी ने उन्हें बचा लिया।

एक ओर बॉलीवुड फिल्मों में बुराई पर अच्छाई की जीत दिखाई जाती है, लेकिन यह इंडस्ट्री खुद अंडरवर्ल्ड के रहम पर टिकी थी। परदे पर खूँखार गैंगस्टर्स की हड्डियाँ तोड़नेवाले हीरो मुंबई की तमाम 'कंपनियों' के खौफ में रहते थे। माफिया के इशारों पर कलाकारों ने जमकर डांस किया।

डॉन, पुलिस और निषिद्ध प्रेम

"मेरा सरकारी हथियार वापस ले लिया गया है, लेकिन शायद यह अच्छे के लिए ही हुआ है। जब मेरी हत्या कर दी जाएगी, तो मैं उससे स्वर्ग में मिलूँगा। वह वहाँ मेरा इंतजार कर रही है। हम ज्यादा दिन तक अलग नहीं रह सकते।"[11]

फिल्मी डायलॉग जैसी ये लाइनें एक पुलिसवाले की रोमांटिक गाथा हैं। उसने मुझसे कैमरे के सामने कबूल किया था कि एक डॉन की पत्नी के साथ उसके रिश्ते थे, जिसकी हत्या कथित तौर पर उसके पति ने कर दी थी। उस पुलिसवाले को लगता था कि अगला निशाना वही होगा।

नीता नाईक की हत्या 1990 के दशक की उन सभी वारदातों से अलग है, जिन्हें मैंने कवर किया था। उनकी मुंबई में दो पहचान थीं—पहली, एक फायरब्रांड शिवसेना नगरसेवक की और दूसरी, खूँखार अंडरवर्ल्ड डॉन अश्विन नाईक की पत्नी की। वे एक अमीर गुजराती परिवार से ताल्लुक रखती थीं। उन्हें अश्विन से प्यार हो गया और उन्होंने शादी कर ली। अश्विन बंबई पर राज करनेवाले पाँच गिरोहों में से एक का मुखिया था। उसने अपने बड़े भाई अमर नाईक उर्फ रावण के कथित एनकाउंटर में पुलिस के हाथों मारे जाने के बाद गिरोह की कमान सँभाली थी।

अश्विन ने एक विदेशी विश्वविद्यालय में सिविल इंजीनियरिंग की पढ़ाई की थी। वह बंबई अंडरवर्ल्ड में सबसे शिक्षित गैंगस्टर के रूप में जाना जाता था। पूर्व पुलिस कमिश्नर वसंत सर्राफ के रिसर्च के मुताबिक, अंडरवर्ल्ड के गुंडों में से केवल 29 फीसदी ने प्राइमरी की पढ़ाई की थी और 42 फीसदी ने मिडिल

स्कूल का मुँह देखा था।[12] अप्रैल 1994 को बंबई के सेशन कोर्ट के बाहर प्रतिद्वंद्वी गिरोह के शूटरों ने अश्विन नाईक पर हमला किया। एक गोली उसके सिर में लगी और उसे हमेशा के लिए कमर के नीचे लकवा मार गया। उसके बाद वह ताउम्र व्हीलचेयर पर रहने के लिए मजबूर हो गया। पुलिस ने उसे कई अपराधों के लिए गिरफ्तार किया। लेकिन न तो जेल की दीवारें और न ही उसका अपंग हो जाना उसे अपना गिरोह चलाने और खून-खराबा करने से रोक सके।

ऐसा माना जाता है कि दिल्ली की तिहाड़ जेल में कैद के दौरान नाईक को एक पुलिसवाले लक्ष्मण जिमन के साथ नीता के रिश्ते के बारे में पता चला। लक्ष्मण शिवसेना नेता और महाराष्ट्र के पूर्व मुख्यमंत्री नारायण राणे का बॉडीगार्ड था। गुस्से में नाईक ने कथित तौर पर अपनी पत्नी की हत्या का फरमान जारी कर दिया। 13 नवंबर, 2000 को शूटरों ने नीता पर उसके घर के बाहर फायरिंग की।

अंडरवर्ल्ड के बारे में एक खास बात यह है कि वहाँ औरतों पर कभी हमला न करने का एक नियम है। जब मैं उस घटना को कवर करने के लिए मौके पर पहुँचा, तो पुलिस के सोर्स ने खुलासा किया कि नीता पर अंडरवर्ल्ड ने हमला नहीं किया है। वह अपने पति के शक का शिकार हो गई। अगले दिन तसवीर और भी साफ हो गई।

मुझे पता चला कि लक्ष्मण जिमन को मुंबई क्राइम ब्रांच के जैकब सर्कल में यूनिट 2 के ऑफिस में बुलाया गया है। जब मैं अपने कैमरामैन के साथ वहाँ पहुँचा, तो हमने यूनिट इंचार्ज दिलीप पाटिल के ऑफिस के बाहर जिमन को परेशान हालत में बैठे देखा। पाटिल मरीन ड्राइव पर छोटा शकील के गिरोह के साथ एक एनकाउंटर के लिए गए थे। इसलिए जिमन को उनके लौटने तक इंतजार करने के लिए कहा गया था। जब मैंने उनसे इंटरव्यू की गुजारिश की, तो उन्होंने मना कर दिया और कुछ बड़बड़ाने लगे। मेरे कैमरे पर रिकॉर्ड किए गए अपने एकालाप में उन्होंने खुलासा किया कि उनका सरकारी हथियार जब्त कर लिया गया है और जल्द ही अश्विन नाईक उनकी भी हत्या करा सकता है। उन्होंने कहा कि वे स्वर्ग में नीता से मिलेंगे। मैंने कैमरा चालू रखवाया और सवाल पूछता रहा, लेकिन वे इससे बचने के लिए यूनिट ऑफिस से भाग गए।

जनवरी 2009 में अश्विन को सभी आरोपों से बरी कर दिया गया। एक अखबार को दिए इंटरव्यू में अश्विन ने कहा कि वह नीता को मिस करता है।[13] उसने नीता की पुण्यतिथि पर अखबारों में श्रद्धांजलि भी छपवाई।

निशाने पर पत्रकार

"क्या तुम कुछ दिन के लिए मुंबई से बाहर रह सकते हो? यह तुम्हारी सुरक्षा का सवाल है।" महाराष्ट्र ए.टी.एस. चीफ हेमंत करकरे ने अप्रैल 2008 की एक दोपहर में परेशान आवाज में मुझसे पूछा था।

करकरे ने मुझे दो घंटे पहले फोन किया था और मुझसे किसी जरूरी काम के लिए मिलने को कहा था। उनके ऑफिस के बजाय हम मुंबई पुलिस के हेडक्वार्टर में ज्वॉइंट कमिश्नर के केबिन में मिले। मेरे उस केबिन में पहुँचने पर ज्वॉइंट कमिश्नर, जो करकरे के जूनियर थे, हमें अकेले में बात करने के लिए अपने केबिन में छोड़ गए।

हमने हाथ मिलाया। करकरे ने मुझसे सीधे पूछा, "तुम्हारी किस खबर ने दाऊद के गिरोह को चिढ़ाया है?"

हालाँकि बाद में भले जो लगा हो, लेकिन उस वक्त मैंने करकरे के सवाल को तारीफ के तौर पर लिया। एक क्राइम रिपोर्टर भारत के मोस्ट वांटेड माफिया डॉन को परेशान करनेवाली खबरें देने से ज्यादा भला क्या चाह सकता है? मैंने जवाब दिया, "किसी एक के बारे में बताना मुश्किल है। मैंने ऐसी कई खबरें कवर की थीं, जो शायद दाऊद को परेशान कर सकती थीं। स्टार न्यूज के क्राइम रिपोर्टर के तौर पर मैंने अंडरवर्ल्ड के गलत कामों से जुड़ी कई रिपोर्ट्स बनाई थीं।"

"जरा याद करने की कोशिश करो। मेरे लिए यह जानना बहुत जरूरी है।" करकरे ने मुझसे कहा।

"सर, मैंने हाल ही में दाऊद के खिलाफ कई स्टोरी फाइल की हैं। मैंने रत्नागिरी में उसका पुश्तैनी बँगला दिखाया है। मैंने मुंबई के पकमोडिया स्ट्रीट पर उसके घर से रिपोर्ट की है। सभी हिंदी न्यूज चैनलों की तरह मैंने उसे कैमरे पर देशद्रोही और देशविरोधी कहा है। क्या इस बात से दाऊद मुझसे नाराज है? मैंने

तो केवल वही दोहराया है, जो पहले से ही कहा जा रहा है।"

तब करकरे ने मुझे बताया कि उनके अफसरों ने छोटा शकील की मुंबई में अपने गुर्गों से बातचीत इंटरसेप्ट की है। शकील मेरे बारे में जानकारी माँग रहा था। करकरे मेरी जान के लिए खतरे की आशंका से चिंतित थे। उन्होंने मुझे अलर्ट करने के लिए बुलाया था। उन्होंने मुझे कुछ दिन के लिए मुंबई छोड़ने की सलाह दी, लेकिन मैंने उनसे कहा, "यह मुमकिन नहीं है। अप्रैल के आखिरी हफ्ते में मेरी शादी होनेवाली है और उससे एक हफ्ते पहले मुझे अपने कजिन की शादी में शामिल होना है। दोनों शादियों की तैयारी जोरों पर है और इसलिए मुझे शहर में ही रहना है।" इसके बाद करकरे ने स्टार न्यूज के मेरे संपादक मिलिंद खांडेकर से बात की, जो उनके दोस्त थे। खांडेकर ने कुछ दिन के लिए मेरा तबादला दिल्ली करने की पेशकश की। मैंने इसके लिए भी इनकार कर दिया।

मुझे मुंबई से बाहर जाने के लिए तैयार न होते देखकर करकरे ने मेरी हिफाजत का इंतजाम करने की बात की। इसके लिए उन्होंने क्राइम ब्रांच के चीफ राकेश मारिया से बात करने की पेशकश की। मैं उस समय अपनी मोटरसाइकिल पर आता-जाता था और एक हथियारबंद कमांडो को हमेशा अपनी मोटरसाइकिल पर पीछे बैठाने की पेशकश मुझे अजीब लगी। मैंने इसके लिए भी इनकार कर दिया। आखिर उन्होंने कहा कि उनके आदमी अपने खास तरीके से मुझ पर नजर रखेंगे। करकरे ने अगले कुछ दिनों के लिए मुझे कुछ ताकीद भी दीं। करकरे से वह मेरी आखिरी मुलाकात थी। मैंने कुछ दिन तक उनकी ताकीद मानी और फिर करकरे से अपडेट माँगने के बारे में सोचा। हालाँकि काम में बिजी रहने के कारण मैं उनसे फिर कभी नहीं मिल पाया। सात महीने बाद वे मुंबई में 26/11 के आतंकी हमले में शहीद हो गए। कई साल बाद एक खुफिया एजेंसी में काम करनेवाले मेरे एक दोस्त ने मुझे बताया कि मेरी जान के लिए खतरा काफी बड़ा था, लेकिन सही वक्त पर काररवाई करके उसे टाल दिया गया था।

अंडरवर्ल्ड ने मिल मालिकों, बिल्डरों, होटलवालों और कारोबारियों की तरह पत्रकारों को भी निशाना बनाया। हालाँकि हफ्ता वसूली के अलावा और वजहों से भी पत्रकारों पर हमला किया गया था।

12 जून, 1997 को 'बॉम्बे आई' अखबार के संपादक बलजीत परमार अपनी पत्नी और बच्चों को मुंबई सेंट्रल रेलवे स्टेशन पर छोड़ने के लिए एंटॉप हिल पुलिस स्टेशन के सामने अपने घर से निकले। वे पंजाब जा रहे थे। अचानक गेट के बाहर एक मोटरसाइकिल रुकी। पीछे की सीट पर बैठे शख्स ने परमार पर पाँच गोलियाँ चलाईं। एक गोली उनकी दाहिनी पसली में लगी, दूसरी उनकी बगल में लगी, तीसरी उनकी हथेली में लगी और बाकी दो ने उनकी कलाई को घायल कर दिया। उनका नसीब था कि वे वक्त पर अस्पताल पहुँच गए और बच गए।

जाँच में पता चला कि परमार पर हमला छोटा राजन गिरोह ने किया था। सी.बी.आई. ने हाल ही में मुंबई बंदरगाह से छोटा राजन से जुड़े 52 कंटेनर जब्त किए थे। उनमें करोड़ों रुपए का तस्करी का सामान था। राजन को शक था कि सी.बी.आई. ने परमार से मिली जानकारी पर यह काररवाई की थी। विदेश से भारत आनेवाले लोगों के लिए रिहाइश बदलने (टी.आर.) के तहत घरेलू प्रोडक्ट्स के लिए कस्टम ड्यूटी में छूट दी गई थी। माफिया भ्रष्ट कस्टम अफसरों की मिलीभगत से इस स्कीम का गलत इस्तेमाल करके मुंबई के कालाबाजारों में बेचने के लिए बड़ी संख्या में कंज्यूमर प्रोडक्ट्स की तस्करी करता था।[14]

1997 में 'एशियन एज' की रिपोर्टर आनंदिता रामास्वामी पर दगड़ी चॉल में अरुण गवली के घर के बाहर हमला किया गया था। उस सुबह इस अखबार में एक रिपोर्ट छपी थी। उसमें दावा किया गया था कि राजनीति में आने के बाद गवली दिवालिया हो गया था और अपने शूटरों को पैसे नहीं दे पा रहा था। जब आनंदिता गिरोह के बारे में एक और रिपोर्ट करने के लिए दगड़ी चॉल पहुँचीं, तो चारों तरफ से उन पर पथराव होने लगा। उन्होंने पुलिस में शिकायत दर्ज कराई। इसके लिए अरुण गवली और उसके दो साथियों को गिरफ्तार किया गया था। सात साल बाद, अक्तूबर 2004 में गवली पर फिर उसी अखबार के एक रिपोर्टर हफीज मतीन की पिटाई करने का आरोप लगाया गया, क्योंकि एक इंटरव्यू के दौरान मतीन के कुछ सवालों ने उसे परेशान कर दिया था। उसे एक बार फिर गिरफ्तार किया गया।

जुलाई 2000 में मुंबई पुलिस ने छोटा शकील के गिरोह के चार सदस्यों को गिरफ्तार किया, जो हिंदी 'सामना' के मुख्य संवाददाता प्रेम शुक्ला को मारने के लिए साकी नाका में उनके घर के आसपास घूम रहे थे। शुक्ला ने मुझे बताया कि उन पर हमले की साजिश छोटा शकील से रिश्ते रखनेवाले एक बड़े उत्तर भारतीय नेता ने बनाई थी। शुक्ला को अगले कुछ वर्ष के लिए एक हथियारबंद बॉडीगार्ड दिया गया। बाद में वे बीजेपी के प्रवक्ता बन गए।

माफिया अपनी सार्वजनिक छवि को लेकर बहुत संवेदनशील रहते थे। अपने धंधे को चलाने के लिए उन्हें खुद को खतरनाक, दुस्साहसी और सबकुछ जाननेवाले के रूप में पेश करना पड़ता था। वे कभी भी कमजोर या बेमानी नहीं दिख सकते थे, क्योंकि इससे उनका खौफ खत्म हो जाता और उनका धंधा मंदा पड़ जाता। इसलिए अगर कुछ पत्रकारों ने उनकी कमजोर या खराब छवि पेश करने की कोशिश की, तो माफिया उन्हें मारने में संकोच नहीं करते थे।

11 जून, 2011 को छोटा राजन के शूटरों ने मुंबई के पवई उपनगर में मेरे दोस्त और सीनियर जर्नलिस्ट ज्योतिर्मय डे की हत्या कर दी। वे 'मिड-डे' के क्राइम एडिटर थे और उन्होंने अंडरवर्ल्ड पर दो पुस्तकें लिखी थीं। सी.बी.आई. के मुताबिक, राजन को बताया गया था कि डे तीसरी पुस्तक लिख रहे हैं, जो उसकी इमेज को नुकसान पहुँचा सकती है।

इस मामले में राजन को उम्र कैद की सजा सुनाते हुए सी.बी.आई. की स्पेशल कोर्ट ने पाया कि उसने यह सोचकर डे की हत्या का फरमान जारी किया कि डे के लिखने से उसके अहं को ठेस पहुँचेगी और उसे इस पुस्तक में उसके दुश्मन दाऊद इब्राहिम से कमजोर दिखाया जाएगा।[15] एक और पत्रकार जिग्ना वोरा को भी इस मामले में गिरफ्तार किया गया था, लेकिन सुनवाई के बाद उन्हें बरी कर दिया गया था।

सितंबर 2014 में मुंबई क्राइम ब्रांच ने रवि पुजारी के गिरोह के तीन शूटरों को गिरफ्तार किया। वे एक अंग्रेजी अखबार के एक पत्रकार को मारनेवाले थे, जिसने अपनी एक रिपोर्ट में उन्हें 'चिंदी' कहा था।

1986 में एक भ्रष्ट पुलिसवाले की एक गुप्त सूचना ने दाऊद को चौकस कर दिया था। इससे पहले कि पुलिस उसके ठिकाने पर छापा मारती, उसे दुबई

भाग जाने दिया गया। 12 मार्च, 1993 के सीरियल धमाके कभी नहीं होते, अगर कस्टम अफसर और रायगड़ के पुलिसवाले इतने भ्रष्ट न होते! बदमाश जेल प्रशासन की बदौलत ही अरुण गवली और बाकी गैंगस्टर सलाखों के पीछे होने के बावजूद अपने गिरोह चला सके और लोगों को मरवा सके। पुलिस थानों से लेकर सत्ताधारी नेताओं तक फैला भ्रष्टाचार उन कई वजहों में से एक था, जिसने मुंबई के अंडरवर्ल्ड को फलने-फूलने में मदद की। गैंगस्टरों के लिए किसी पुलिसवाले को रिश्वत देना एक निवेश की तरह हो गया था।

25 दिसंबर, 2009 को चेंबूर की एक क्लब पार्टी का एक वीडियो वायरल हुआ।[16] इसमें एक असिस्टेंट पुलिस कमिश्नर छोटा राजन के गिरोह के साथ बॉलीवुड के गानों पर नाचते हुए दिखा। वीडियो में दिख रहे फरीद तनाशा और डी.के. राव खूँखार गैंगस्टर थे और छोटा राजन के वफादार थे। वे कुछ दिन पहले ही जेल से छूटे थे। उस पार्टी में पाँच पुलिसवालों के मौजूद होने की खबर मिली थी। पुलिस और गैंगस्टरों के बीच इस मिलीभगत के कारण लोगों में बहुत आक्रोश था। हंगामे के बाद पुलिस कमिश्नर डी. शिवनंदन ने उन पाँच पुलिसवालों को निलंबित करने की सिफारिश की और मामले की तत्काल जाँच के आदेश दिए। यह जानने के लिए अनौपचारिक जाँच भी की गई कि वीडियो आखिर लीक कैसे हुआ?

कहा जाता है कि पुलिस डिपार्टमेंट में दाऊद के जासूस थे। 2005 और 2008 में इंस्पेक्टर रैंक के दो अफसरों को अंडरवर्ल्ड के साथ उनके कथित रिश्तों के कारण सर्विस से सस्पेंड कर दिया गया था। एक असिस्टेंट पुलिस कमिश्नर को दाऊद की बहन हसीना पारकर का करीबी समझा जाता था। हसीना दक्षिण मुंबई के नागपाड़ा में रहती थी। उस अफसर पर हसीना की ओर से एक बिल्डर से पैसे ऐंठने का भी आरोप लगाया गया था। एक कांस्टेबल राजेश इग्वे मुंबई पुलिस के शस्त्रागार में काम करता था। वह दाऊद गिरोह का सदस्य भी था और संजय गांधी नेशनल पार्क में माफिया बॉस के शूटरों को ट्रेनिंग देता था। इग्वे 17 नवंबर, 1995 को एक एनकाउंटर में पुलिस के हाथों मारा गया। संयोग से इग्वे को खत्म करनेवाला इंस्पेक्टर कादर खान था, जो

नागपाड़ा के अहमद सेलर उर्दू स्कूल में दाऊद के साथ पढ़ता था। खान ने मुझे बताया कि दाऊद के गुर्गों ने इग्वे को उन हाई-प्रोफाइल लोगों की एक लिस्ट दी थी, जिन्हें खत्म किया जाना था। इग्वे की हिटलिस्ट में बीजेपी नेता एल.के. आडवाणी, शिवसेना सुप्रीमो बाल ठाकरे और आई.पी.एस. अफसर एम.एन. सिंह और राकेश मारिया के नाम थे। मारिया बंबई विस्फोट मामले की जाँच कर रहे थे। लेकिन इससे पहले कि वह उनमें से किसी के करीब भी पहुँच पाता, उसका एनकाउंटर हो गया।

जुहू इलाके में एक पुलिस चौकी है चंदन चौकी। यह चौकी कभी वहाँ तैनात कुछ पुलिस अफसरों की रिश्वतखोरी के कारण 'हफ्ता वसूली चौकी' के नाम से मशहूर थी। उन अफसरों पर व्यापारियों से पैसे ऐंठने का आरोप लगाया जाता था। यह भी अजीब है कि यह चौकी 'एंटी-एक्सटॉर्शन सेल' थी, यानी इसका काम हफ्ता वसूली को रोकना था। कई शिकायतें मिलने के बाद वरिष्ठ पुलिस अफसरों ने इसे बंद कर दिया। बाद में यह चौकी ए.टी.एस. को सौंप दी गई।

मुंबई में यह भी कहा जाता था कि न्यायपालिका में भी अंडरवर्ल्ड के जासूस थे। मार्च 2000 में एक सेशन कोर्ट के जज को उनके और छोटा शकील के बीच टेलीफोन पर कथित बातचीत के सामने आने के बाद गिरफ्तार कर लिया गया था। कॉल में जज ने शकील से चिट फंड से अपने पैसे वसूलने में मदद माँगी थी। इसके बदले में जज ने उन पुलिस अफसरों के खिलाफ गैंगस्टर कारवाई का आश्वासन दिया था, जिन्होंने फर्जी एनकाउंटरों में शकील के लोगों को मार डाला था। यह बातचीत शकील के एक वकील ने कराई थी। उस वकील की बाद में हत्या कर दी गई थी। तीन साल बाद सबूतों की कमी के कारण जज को बरी कर दिया गया।[17]

विदेश तक फैल गई मुंबई की गैंग वॉर

मुंबई में गैंगवार का खून-खराबा जल्द ही पूरी दुनिया में फैल गया, क्योंकि कई गैंगस्टर भारत से बाहर भी कई देशों से अपना गैंग चलाने लगे थे। उन देशों के या तो भारत से अच्छे रिश्ते नहीं थे या उनके प्रत्यर्पण कानून

सख्त थे। उन गैंगस्टरों ने विदेश में वहाँ के माफिया और असरदार लोगों से भी दोस्ती गाँठ ली थी।

दाऊद इब्राहिम जानता था कि अमीर शेखों को फिल्मी सितारों के साथ मेल-जोल पसंद था। इसलिए वह अकसर अपने घर व्हाइट हाउस और विभिन्न स्टार होटलों में पार्टियों का आयोजन करता था। वह बॉलीवुड सितारों को शेखों से मिलाने के लिए बुलाता था। दाऊद शेखों के लिए भी कार्यक्रम आयोजित करता था, जिनमें नामी गायक और अभिनेता अपना फन दिखाते थे। दाऊद की तारीफ में कुछ गीत खासतौर पर ऐसे मौकों के लिए तैयार किए गए थे।

यह सब सुनने में भले ही आकर्षक लग सकता है, लेकिन विदेशों में गैंगस्टरों की जिंदगी हमेशा आसान नहीं होती थी। वे हर जगह मौत का जोखिम उठाते थे।

1994 में छोटा राजन के दाऊद से अलग होने के बाद बंबई के गैंग वॉर का पहला असर विदेशी धरती पर महसूस किया गया था। राजन के गिरोह ने बख्तियार खान उर्फ फीलू को बैंकॉक के एक होटल के कमरे में बहला-फुसलाकर मार डाला। दाऊद के गिरोह को पता चला कि फीलू के बॉडीगार्ड मंगेश पवार ने राजन को उसके बारे में जानकारी दी थी। उन्होंने पवार की तलाश शुरू की और उसे जल्द ही दक्षिण अफ्रीका में मार डाला।

1995 में दुबई में छोटा राजन के एक और हमले से दाऊद को पक्का यकीन हो गया कि वह अब संयुक्त अरब अमीरात में महफूज नहीं है। छोटा राजन के शूटरों ने दुबई में होटल हयात रीजेंसी के बाहर दाऊद के गुर्गे सुनील सावंत उर्फ सावत्या की हत्या कर दी थी।[18] इसलिए दाऊद ने वहाँ से पाकिस्तान जाना मुनासिब समझा।

राजन को बताया गया था कि छोटा शकील भी सावत्या के साथ जा रहा है। लेकिन उस दिन शकील नहीं आया और इस तरह वह बच गया। इस हमले के बाद दाऊद कराची में जाकर बस गया। वह वैसे भी दुबई छोड़ने के बारे में सोच रहा था, क्योंकि 1993 के बंबई धमाकों के लिए जिम्मेदार करार दिए जाने के बाद यू.ए.ई. सरकार पर उसके प्रत्यर्पण का दबाव बढ़ गया था।

मुंबई अंडरवर्ल्ड ने नेपाल में भी अपनी मौजूदगी दर्ज कराई। 29 जून, 1998

को एक नेपाली सांसद मिर्जा दिलशाद बेग को छोटा राजन के लोगों ने गोली मार दी थी। वह अपनी दूसरी पत्नी के घर में जाने के लिए कार से उतरा ही था कि उसे घेरकर हमला कर दिया गया। इस हमले में उसका ड्राइवर भी मारा गया था। राजन ने आरोप लगाया कि बेग पाकिस्तान की इंटर-सर्विस इंटेलिजेंस का एजेंट था और दाऊद की मदद कर रहा था।

बेग को गँवाने के बाद डी-कंपनी बदला लेने का मौका तलाश रही थी। उनका इंतजार दो साल बाद खत्म हुआ, जब शरद शेट्टी ने छोटा राजन के ठिकाने की जानकारी देने के लिए दाऊद से मुलाकात की। चेंबूर के एक होटल व्यवसायी विनोद शेट्टी ने शरद को छोटा राजन का बैंकॉक का पता लीक किया था। दाऊद ने शकील से तुरंत एक हमलावर दस्ते को बैंकॉक भेजने के लिए कहा। 15 सितंबर, 2000 को मुन्ना झिंगाड़ा की अगुवाई में शूटरों की एक टीम ने बैंकॉक में राजन के अपार्टमेंट पर हमला किया। राजन को गोली लगी, लेकिन वह भाग निकला। हालाँकि उसके भरोसेमंद रोहित वर्मा की गोली लगने से मौत हो गई और रोहित की पत्नी घायल हो गई। बैंकॉक पुलिस ने झिंगाड़ा को गिरफ्तार कर लिया। शूटआउट के कुछ समय बाद मेरा एक सहयोगी बैंकॉक गया और उसने झिंगाड़ा का इंटरव्यू किया। उसने कैमरे के सामने कबूल किया कि उसे 'शकील बॉस' ने भेजा था और गिरोह छह महीने के भीतर फिर से राजन पर हमला करेगा।

घायल राजन का बैंकॉक के एक अस्पताल में इलाज चल रहा था, लेकिन जब उसे पता चला कि मुंबई पुलिस की एक टीम उसके प्रत्यर्पण के लिए थाईलैंड आ रही है तो वह भाग निकला। छिपने के दौरान राजन को पता चला कि उसके दोस्त विनोद शेट्टी ने उसे धोखा दिया था। 2 नवंबर, 2000 को विनोद शेट्टी की मुंबई के पास उरण-पनवेल रोड पर दो और लोगों के साथ हत्या कर दी गई। राजन पर हमले के बाद यह पहली गोलीबारी थी और इसने संदेश दिया कि राजन अब भी बहुत सक्रिय था और अपने दुश्मनों का सफाया कर सकता था। हालाँकि राजन के लिए विनोद शेट्टी को मारना ही काफी नहीं था। हमले का बदला लेने के लिए उसने शूटरों का एक दस्ता दुबई भेजा। 20 जनवरी, 2003 की शाम को जब शरद शेट्टी अपने दोस्त के डिनर

में शामिल होने के लिए इंडिया क्लब में दाखिल हुआ, तो एक नौजवान ने उसे गोली मार दी और फरार हो गया।

शरद शेट्टी की हत्या डी-कंपनी का बहुत बड़ा नुकसान था, क्योंकि वह न केवल उसके कई होटल चलाता था, बल्कि उसके क्रिकेट सट्टेबाजी और मैच फिक्सिंग रैकेट भी सँभालता था। हालाँकि शकील के आदमी फिर कभी राजन तक नहीं पहुँच सके, लेकिन उन्होंने कुआलालंपुर में राजन के गिरोह के एक शूटर बालू डोकरे को ढूँढ़ निकाला और उसे खलास कर दिया। डोकरे ने ही नेपाल में दाऊद के कथित एजेंट मिर्जा दिलशाद बेग की हत्या की थी। उसका कत्ल इतनी बेरहमी से किया गया कि उसका सिर करीब-करीब कट गया था। उसके शरीर पर चाकू के कई घाव थे।

□

8

कड़वी गोली : अंडरवर्ल्ड का अंत?

'पुलिस कमिश्नर की नाक के नीचे बिजनेसमैन की गोली मारकर हत्या'

'म्यूजिक दिग्गज की दिन-दहाड़े गोली मारकर हत्या'

'बिल्डर के ऑफिस में उसकी हत्या करके शूटर भाग गए'

'मिल मालिक की बिजी ट्रैफिक सिग्नल पर गोली मारकर हत्या'

'माफिया ने ली भारत के पहले प्राइवेट एयरलाइन मालिक की जान'

'गलत पहचान के कारण बेकसूर नागरिकों को गैंगस्टरों ने मार डाला'

आए दिन इस तरह की सुर्खियों ने मुंबई में दहशत पैदा कर दी थी। इन हालात में शहर में कानून-व्यवस्था बनाए रखने के लिए जिम्मेदार मुंबई पुलिस अपनी पुरानी इज्जत को बहाल करने के लिए जूझ रही थी। अंडरवर्ल्ड के खतरे को तकरीबन कश्मीर और पंजाब में उग्रवाद जैसा माना जाने लगा था। मुंबई के हालात खराब थे। केंद्रीय गृह सचिव को इन हालात का अंदाज लगाने के लिए कदम उठाना पड़ा। लॉ ऐंड ऑर्डर की नाकामी को उजागर करते हुए भगवा पार्टियाँ राज्य में सत्ता में आ गईं। बीजेपी और शिवसेना दोनों ने तब के मुख्यमंत्री शरद पवार पर निशाना साधकर आरोप लगाया था कि अंडरवर्ल्ड उनके शासन में फला-फूला।

पवार को 1995 में सत्ता से बेदखल कर दिया गया था, लेकिन नई सरकार भी इस खतरे से निपटने में नाकाम रही। बाल ठाकरे ने मनोहर जोशी को महाराष्ट्र का नया मुख्यमंत्री बनाया। बीजेपी के गोपीनाथ मुंडे को गृह मंत्रालय देकर उप मुख्यमंत्री बनाया गया। मुंडे पुलिस के राजनीतिक बॉस के रूप में उभरे। इसका मतलब यह था कि वे शहर की हिफाजत के लिए जिम्मेदार थे और उन्हें इसके

कारोबारी हलकों में भरोसा बहाल करना था।

14 मार्च, 1995 को उनके शपथ लेने से ठीक एक हफ्ते पहले नामी बिल्डर प्रदीप जैन को अबू सलेम के गिरोह ने मार डाला था। मुंडे ने हालात की गंभीरता को समझने के लिए मुंबई पुलिस के कुछ सीनियर अफसरों के साथ एक मीटिंग की। उन्होंने महसूस किया कि अंडरवर्ल्ड की वारदात में बढ़ोतरी की दो अहम वजह कड़े कानूनों का न होना और कानूनी सिस्टम में खामियाँ थीं।

टाडा ने पुलिस को बहुत अधिकार दिए थे। लेकिन उन अधिकारों का अकसर गलत इस्तेमाल किया जाता था। उसी वर्ष टाडा की मियाद खत्म हो गई थी। पुलिस के आम तौर-तरीकों से वाकिफ अंडरवर्ल्ड ने उन्हें बेअसर करने के लिए नए-नए तरीके ईजाद किए थे। अफसरों ने मुंडे से इस खतरे से निपटने के लिए एक अलग रुख अपनाने की गुजारिश की। इसने उन्हें अनौपचारिक रूप से एक नई पॉलिसी को मंजूरी देने के लिए मजबूर किया। वह पॉलिसी थी—'कानून की हिफाजत के लिए कानून को तोड़ो।'[1,2] उन्होंने पुलिस को गैंगस्टरों को उन्हीं की तरह जवाब देने की खुली छूट दे दी।[3] यह अवैध तरीका मुंबई के हालात सुधारने के लिए कड़वी गोली की तरह साबित हुआ।

एक नई शब्दावली

"मैं उन्हें इनसान नहीं समझता। मैं उन्हें पागल कुत्ते मानता हूँ, जो मारने के ही लायक हैं।" विजय सालस्कर ने मुझसे कहा था। मैंने उनसे किसी को मारने के नैतिक आधार के बारे में सवाल किया था। सालस्कर मशहूर 'एनकाउंटर स्पेशलिस्ट' थे। हालाँकि पुलिस फोर्स में सच में ऐसा कोई डेजिगनेशन नहीं है।[4] मीडिया रिपोर्टों में ये शब्द उन पुलिसवालों के लिए चलन में आया, जो अकसर गैंगस्टरों को टपका देते थे और पुलिस इन्हें 'एनकाउंटर' करार देती थी। मुंबई पुलिस के लिए इस शब्द का मतलब पुलिस और गैंगस्टरों के बीच एक मुठभेड़ थी, जो हमेशा गैंगस्टरों की मौत में खत्म होती थी। पुलिस हर 'एनकाउंटर' के बाद जनता को इसी तरह की कहानी बताती थी।

'अपने मुखबिरों से यह इनपुट मिलने के बाद कि कोई गैंगस्टर किस जगह पर आ रहा है, हमने वहाँ जाल बिछाया। गैंगस्टर को देखने के बाद हमने उसे

सरेंडर करने को कहा, लेकिन उसने पुलिस टीम पर फायरिंग कर दी। हमारी जवाबी फायरिंग में वह मारा गया। हमने उसके पास से एक हथियार बरामद किया है।'

गृहमंत्री मुंडे के मौन समर्थन से मुंबई पुलिस ने मौत का तांडव मचा दिया।[5] संगठित गिरोहों से निपटने के लिए डिप्टी पुलिस कमिश्नरों के तहत पाँच अलग-अलग दस्ते बनाए गए। हर 'कंपनी' के टॉप 10 गैंगस्टरों की लिस्ट तैयार की गई और एक-एक करके उन्हें टपकाना शुरू कर दिया गया था। इसके अलावा, जिस किसी के नाम पर हत्या का कम-से-कम एक मामला दर्ज था, उसे 'एनकाउंटर के लिए फिट' माना जाता था। मोबाइल फोन की निगरानी के अलावा एनकाउंटर स्पेशलिस्टों ने मुखबिरों का एक असरदार नेटवर्क बनाया था। उसे 'जीरो नंबर' कहा जाता था। यह नेटवर्क उन्हें गैंगस्टरों को ट्रैक करने और मारने में मदद करता था। मुखबिरों को दरअसल पुलिस फोर्स में भरती किए बिना पुलिसकर्मी माना जाता है। हर पुलिसकर्मी के पास सरकारी पहचान का एक बैज नंबर होता है, लेकिन इन मुखबिरों के पास तो वह भी नहीं होता। मुखबिर छोटे-मोटे अपराधी से लेकर गैंगस्टर, कॉल गर्ल, बार डांसर या टैक्सी ड्राइवर तक कोई भी हो सकता है। 1995 में मुंडे के गृह मंत्रालय सँभालने से पहले सात एनकाउंटर हो चुके थे। जब उन्होंने पुलिस को खुली छूट दी, तो इनकी संख्या बढ़ गई। 1996 में 59 कथित गैंगस्टरों को पुलिस ने टपका दिया। 1997 में यह संख्या बढ़कर 70 हो गई। अखबारों की सुर्खियाँ बननेवाले इन एनकाउंटरों से एनकाउंटर स्पेशलिस्ट असली जिंदगी के हीरो बन गए। विजय सालस्कर, प्रदीप शर्मा, दया नायक, प्रफुल्ल भोसले, रवींद्रनाथ आंग्रे, दत्ता घुले और सचिन वाझे उन खास नामों में से थे, जिनकी तारीफों के पुल बाँधे गए। एक जोड़ी के रूप में काम करनेवाले प्रदीप शर्मा और दया नायक का जिक्र 'टाइम' मैगजीन में भी किया गया था। सीनियर जर्नलिस्ट शेखर गुप्ता ने एनडीटीवी पर अपने शो 'वॉक द टॉक' शो के लिए उनका इंटरव्यू किया था।

ये अफसर जल्द ही खास गिरोहों के गैंगस्टरों को मारने में माहिर हो गए। सालस्कर ने ज्यादातर अमर नाईक और अरुण गवली के गिरोहों को निशाना बनाया, जबकि प्रदीप शर्मा ने छोटा शकील और छोटा राजन को निशाना

बनाया। रवींद्रनाथ आंग्रे ने सुरेश मंचेकर के गिरोह पर कहर बरपाया, जो ठाणे में सक्रिय था।

जब मैंने मुंबई के पूर्व पुलिस कमिश्नर एम.एन. सिंह का इंटरव्यू किया तो उन्होंने उस वक्त को इस तरह याद किया था, "मैं 2000 में जिस दिन पुलिस चीफ बना, उसी दिन मैंने ऐलान किया था कि मेरा पहला काम अंडरवर्ल्ड को खत्म करना है। सरकार ने मेरा साथ दिया और मैंने माफिया के खिलाफ बड़े पैमाने पर हल्ला बोल दिया।" यही वजह थी कि 2000 में 73 और 2001 में 74 कथित गैंगस्टर मारे गए।

हालाँकि इन एनकाउंटरों में मुंबई में गिरोहों के हाथों होनेवाले कत्ल घटे, लेकिन यह कदम विवादों में घिर गया। मानवाधिकार कार्यकर्ताओं ने पुलिस पर कानून को अपने हाथ में लेकर हत्याएँ करने और संदिग्धों को अदालत में पेश किए जाने से पहले ही सजा दे डालने का आरोप लगाया। उन्होंने जाँच करनेवाले, वकील और जज के साथ-साथ जल्लाद का किरदार भी एक साथ निभाने के लिए पुलिस की आलोचना की।

अगस्त 1997 में मुंबई पुलिस ने अबू सलेम से नजदीकी का हवाला देते हुए दक्षिण मुंबई के बैलार्ड एस्टेट में जावेद फावड़ा को टपका दिया। जावेद के परिवार ने बॉम्बे हाई कोर्ट में एक याचिका दायर की। याचिका में दावा किया गया था कि पुलिस की गोली से मारा गया अबू साएमा मूँगफली बेचनेवाला एक गरीब शख्स था। परिवार ने आरोप लगाया कि साएमा को एक मसजिद के बाहर से पकड़कर दिन-दहाड़े मार दिया गया। इस याचिका के बाद उसी वर्ष दो और याचिकाएँ दायर की गईं। विजय सालस्कर ने घाटकोपर में सदा पावले उर्फ मामा और विजय तांडेल को गोली मारी थी। याचिकाकर्ताओं ने आरोप लगाया कि ये एनकाउंटर नकली थे। बॉम्बे हाई कोर्ट ने चीफ सेशन जज ए.एस. अगुइयार को इन याचिकाओं की जाँच करने और एक मुकम्मल रिपोर्ट पेश करने का आदेश दिया। जज अगुइयार की मार्च 1998 में आई रिपोर्ट पुलिस की छवि को धूमिल करनेवाली थी। उन्होंने कहा कि एनकाउंटर फर्जी थे और इनमें मारे गए लोग उस वक्त निहत्थे थे।[6] याचिकाकर्ताओं ने इन अधिकारियों के खिलाफ हत्या का आरोप लगाने की माँग की।

अगुइयार की रिपोर्ट के बाद 1998 के पहले पाँच महीनों में एक भी एनकाउंटर नहीं हुआ। पुलिस अफसरों को मुकदमे का डर लगने लगा था।

तब क्राइम ब्रांच के चीफ डी. शिवनंदन थे। उन्होंने मुझे बताया कि माफिया के खिलाफ मुहिम जारी रखने के लिए लगातार जोश दिलाने के बावजूद उन दिनों पुलिस का मनोबल हमेशा के लिए गिर गया था। उस साल 99 हत्याओं के साथ अंडरवर्ल्ड की गतिविधियाँ एक बार फिर बढ़ गईं। मई में एनकाउंटर स्पेशलिस्टों ने एक बार फिर अपनी बंदूकें निकाल लीं और 48 कथित गैंगस्टरों को मार गिराया गया। जज अगुइयार की रिपोर्ट और उसके बाद जुडिशरी की निगाहों में होने पर भी मुंबई पुलिस ने अपनी एनकाउंटर पॉलिसी फिर से शुरू की। इस बार किसी खराब टिप्पणी से बचने के लिए उन्हें 'एनकाउंटर' के बजाय 'ऑपरेशन' कहा गया। बाद के बरसों में एनकाउंटरों को 'जैसे को तैसा' की तरह इस्तेमाल किया जाता था—अगर शहर में किसी गैंगस्टर ने किसी की हत्या कर दी, तो पुलिस 24 घंटे के भीतर एक गैंगस्टर को मार देती थी।

निर्दोष साबित होने तक दोषी

हालाँकि एनकाउंटरों के नतीजे आए, लेकिन वे विवादों घिरे रहे। इसलिए पुलिस उनके विकल्प की तलाश में थी। 1995 में टाडा के हटने के बाद इसके जैसे ही एक और कड़े कानून की जरूरत महसूस की गई, इसलिए मुख्यमंत्री मनोहर जोशी ने एक अध्यादेश जारी किया। यह अध्यादेश फरवरी 1999 में 'महाराष्ट्र संगठित अपराध नियंत्रण कानून' (मकोका) के रूप में सामने आया। यह भारत में संगठित अपराध से निपटने के लिए राज्य का पहला कानून था। इसने बाकी सभी कानूनों को खत्म कर दिया और पुलिस को बेशुमार ताकत से लैस कर दिया। मकोका के तहत दर्ज केस में मुजरिम को अग्रिम जमानत नहीं मिल सकती थी। एक पुलिस अफसर के सामने दिए गए उसके इकबालिया बयान को सबूत के तौर पर इस्तेमाल किया जा सकता था। मुजरिम की संपत्ति संगठित अपराध से खड़ी की गई हो तो कुर्क की जा सकती है। कानून ने पुलिस के लिए चार्जशीट दायर करने का वक्त 90 दिन से बढ़ाकर 180 दिन कर दिया। अगर किसी शख्स पर मकोका लगा दिया जाता, तो उसे जमानत मिलना मुश्किल होता

था। आमतौर पर जुडिशियल सिस्टम में किसी को दोषी साबित होने तक निर्दोष माना जाता है। लेकिन मकोका के तहत अदालती काररवाई में मुजरिम को तब तक दोषी माना जाता है, जब तक कि वह मुकदमे में अपनी बेगुनाही साबित नहीं कर दे। इसके लिए सबूत पेश करने की जिम्मेदारी मुजरिमों की है।

मुझे 5 सितंबर, 2000 को एक स्पेशल मकोका कोर्ट में एक सुनवाई अच्छी तरह से याद है। उसमें मोहम्मद जुबेर शेख, फजल शेख और अजीजुद्दीन शेख अपने हाथों में कुरान लिये बॉक्स में बैठे थे। वे डर से थर-थर काँप रहे थे। वे कथित तौर पर छोटा शकील के गिरोह के थे और उन पर मुंबई के पूर्व मेयर मिलिंद वैद्य पर गोली चलाने का मामला दर्ज किया गया था। हालाँकि वैद्य हमले में बच गए थे, लेकिन उनके तीन साथियों ने गोली लगने से दम तोड़ दिया था। मुकदमे के दौरान कोई भी गवाह मुकरा नहीं। तीनों मुजरिमों को पता था कि उन्हें मौत की सजा मिलेगी। जज ए.पी. भांगले ने तीनों को फाँसी की सजा सुनाई।

सजा सुनकर मुजरिम जार-जार रोने लगे, लेकिन पुलिसवाले खुश थे। यह मकोका के तहत दर्ज पहला मामला था और मुजरिमों को सजा दिलवाने के अंजाम तक पहुँचा था। क्राइम ब्रांच के डी.सी.पी. प्रदीप सावंत को सबसे आला जाँच अफसर का इनाम दिया। उनकी इस कामयाबी के लिए 'राष्ट्रपति पदक' के लिए उनके नाम की सिफारिश की गई। उन मुजरिमों को सजा मिलने से सावंत की इमेज और चमक गई। फिल्म 'सरफरोश' में ए.सी.पी. राठौड़ का किरदार सावंत से प्रेरित बताया जाता है। हालाँकि जब मकोका अदालत के आदेश को बॉम्बे हाई कोर्ट में चुनौती दी गई, तो दो मुल्जिमों को रिहा कर दिया गया और तीसरे की मौत की सजा को उम्र कैद में बदल दिया गया।

टाडा की तरह मकोका भी एक सख्त कानून था। इस कानून का भी मानवाधिकार और कानूनी सुधारों के अलमबरदारों ने जोरदार विरोध किया। इसके उन कई प्रावधानों की निंदा की गई थी, जिनका पुलिस गलत इस्तेमाल कर सकती थी। विरोधियों ने तर्क दिया कि यह कानून मौलिक अधिकारों को रौंदता है और मुजरिमों की अदालत में पेश किए जाने से पहले ही मुल्जिम ठहरा देता है। लेकिन डी. शिवनंदन ने मुझे बताया कि मुंबई में क्राइम खत्म करने में इस कानून का अहम रोल था।

शिवनंदन ने मुझे एक इंटरव्यू में बताया—"यह आम सोच गलत है कि अंडरवर्ल्ड गिरोहों को बेअसर करने के पीछे पुलिस एनकाउंटरों का हाथ था। इससे बड़ा रोल मकोका जैसे असरदार कानून का रहा है। मकोका क्रिमिनल गैंग्स से निपटने के लिए लाया गया था। इसके तहत मामलों को जल्दी सुलझाया गया। इसने उन कानूनी खामियों को खत्म कर दिया, जिनका गैंगस्टर फायदा उठाते थे। इस कानून का मकसद उनके सपोर्ट सिस्टम को मिटाना भी था। हाँ, यह सही है कि मकोका सख्त कानून है, लेकिन क्या हम कुछ बीमारियों के इलाज के लिए कड़वी गोलियाँ नहीं खाते? 1999 से इस कानून के तहत मुट्ठी भर क्रिमिनलों पर ही मामले दर्ज किए गए हैं।"

इस लिस्ट में दाऊद इब्राहिम के गिरोह के 209 और छोटा राजन के गिरोह के 167 कथित सदस्य शामिल हैं, जिन्हें 2009 तक मकोका के तहत गिरफ्तार किया गया था। इस कानून के तहत नामजद किए गए गैंगस्टरों को सजा दिलाने का रेट भी पुलिस के लिए जोश बढ़ानेवाला साबित हुआ। मकोका के तहत 58 फीसदी मामलों में सजा हुई थी, जबकि आई.पी.सी. के तहत सजा होने का रेट महज 25 फीसदी था।[7]

डी-कंपनी : बंदूकें क्यों खामोश हो गईं?

31 अगस्त, 2017 को दाऊद का छोटा भाई इकबाल कासकर दक्षिण मुंबई की पकमोडिया स्ट्रीट पर हैरान और डरा हुआ खड़ा था। वहाँ उसके पड़ोस की एक जर्जर इमारत ढह गई थी। उस इमारत के 34 रहवासियों की मौत हो गई थी। मैं बचाव के काम को कवर करने के दौरान उससे मिला। उसने मेरे कैमरे के सामने वह घटना बयान की।

दाऊद की तेज-तर्रार और डरानेवाली छवि से एकदम उलटा है इकबाल। वह एक सरल और मिठास से बोलनेवाला शख्स लगता है। दाऊद के छोटे भाई नूरा से एक संपत्ति विवाद के कारण 11 नवंबर, 2002 को 'तहलका न्यूज' के मालिक अली नानजियानी को छोटा शकील के शूटरों ने मार डाला था। उसके बाद से मुंबई में डी-कंपनी की ओर से कोई बड़ी गोलीबारी या हत्याएँ न होने की एक वजह इकबाल का यहाँ होना भी थी।

2003 में इकबाल को दुबई से प्रत्यर्पित कर दिया गया था। उसे यहाँ लाने के बाद मुंबई पुलिस ने उसके खिलाफ मकोका के तहत मामला दर्ज किया था। उस पर दक्षिण मुंबई में पी.डब्ल्यू.डी. की जमीन हड़पने और अपने साथियों के साथ अवैध रूप से सारा-सहारा बाजार बनाने का आरोप लगाया गया था। यह कोई संयोग नहीं था कि इकबाल के मुंबई प्रत्यर्पण के बाद दाऊद गिरोह ने हत्याएँ करना बंद कर दिया था। इस दौरान दाऊद की बहन हसीना पारकर पर भी क्रिमिनल केस दर्ज किया गया था।

दाऊद समझ गया था कि अगर वह मुंबई की सड़कों पर खून बहाता रहा, तो उसके भाई-बहनों को इसका अंजाम भुगतना पड़ेगा। गैंग वॉर में पहले ही उसका बड़ा भाई साबिर और बहनोई इब्राहिम पारकर पठान और गवली गिरोहों के हाथों मारे जा चुके थे। अगर दाऊद अपने दुश्मनों के खिलाफ कोई भी हिंसक कदम उठाता तो इकबाल की सुरक्षा को भी खतरा हो सकता था। दरअसल 2011 में पकमोडिया स्ट्रीट पर इकबाल पर हमला किया भी गया था और उसके ड्राइवर की हत्या कर दी गई थी। इस शूटआउट के बावजूद डी-कंपनी शहर में बदला लेने के लिए किए जानेवाले खून-खराबे से दूर रही।

इकबाल को प्रत्यर्पित किए जाने से पहले से ही दाऊद मुंबई में अपने गिरोह की हरकतें कम करने के बारे में सोच रहा था। 1990 के दशक में दाऊद ने दिग्गज वकील राम जेठमलानी के जरिए सरेंडर करने की पेशकश भी की थी। लेकिन उसने एक शर्त लगाई थी कि उसे गिरफ्तार करके जेल न भेजा जाए, बल्कि घर में ही नजरबंद रखा जाए। उसकी पेशकश 1990 के दशक की शुरुआत में कोलंबियाई ड्रग लॉर्ड पाब्लो एस्कोबार के राष्ट्रपति सीजर गेविरिया को संयुक्त राज्य अमेरिका में निर्वासन को रोकने के लिए की गई पेशकश जैसी ही थी। एस्कोबार ने गुहार लगाई थी कि नजरबंदी के दौरान उस पर मुकदमा चलाया जा सकता है। यह साफ नहीं है कि दाऊद एस्कोबार से प्रेरित था या नहीं?

9/11 के हमलों के बाद अमेरिकी सरकार की नई आतंकवाद विरोधी नीति का असर दाऊद पर भी पड़ा। 2003 में अमेरिका ने उसे 'ग्लोबल टेररिस्ट' करार दिया था। भारत ने हमेशा कहा कि पाकिस्तान ने दाऊद को पनाह दे रखी

है और वह आतंकवादी हरकतों में उसकी मदद कर रहा है। पाकिस्तान के लिए यह शर्मनाक होता, अगर उसकी धरती पर दाऊद की मौजूदगी नजर आती। उसी साल संयुक्त राष्ट्र सुरक्षा परिषद् (यू.एन.एस.सी.) ने भी यह आरोप लगाते हुए दाऊद को टेररिस्ट करार दिया कि उसके अल-कायदा, तालिबान और लश्कर-ए-तैयबा के साथ रिश्ते हैं। उस पर भारत में आतंकवादी गतिविधियों की फंडिंग का आरोप लगाया गया था। भारतीय खुफिया एजेंसियों ने कम-से-कम तीन बार उसका सफाया करने की कोशिश की थी। इन सब कारणों से दाऊद पाकिस्तान में कभी खुलकर सामने नहीं आया।

मुंबई में डी-कंपनी के खास गुर्गे या तो मारे गए या मकोका के तहत या गिरफ्तार कर लिये गए। इतना ही नहीं, दाऊद के गिरोह में नई भरतियाँ करनेवाले एजेंट भी पुलिस जाँच के दायरे में थे। कानून लागू करनेवाली एजेंसियों ने उन सब पर आर्थिक शिकंजा कसना भी शुरू कर दिया। दिसंबर 2000 में इनकम टैक्स विभाग ने कोलाबा के 'होटल डिप्लोमैट' में कथित तौर पर दाऊद की 11 संपत्तियों की प्रॉपर्टीज की नीलामी की थी।

मैंने उस नीलामी को कवर किया और टीवी पर बताया कि डर के मारे किसी ने भी बोली लगाने की हिम्मत नहीं की। इसके तुरंत बाद मुझे दिल्ली के एक वकील अजय श्रीवास्तव का फोन आया, जो मेरी रिपोर्ट से नाराज थे। उन्होंने शिवसेना का सदस्य होने का दावा किया और एक प्रॉपर्टी के लिए बोली लगाने में दिलचस्पी दिखाई। अगले साल फिर से नीलामी की गई। श्रीवास्तव बोली लगानेवाले अकेले शख्स निकले। उन्होंने जयराजभाई लेन, नागपाड़ा में दो दुकानों की बोली लगाई। हालाँकि श्रीवास्तव को इन संपत्तियों का कब्जा नहीं मिल सका, क्योंकि वे हसीना पारकर के कब्जे में थीं। श्रीवास्तव ने कब्जे के लिए स्माल काजेज कोर्ट का दरवाजा खटखटाया, लेकिन कोई फायदा नहीं हुआ। इस बीच मामला अदालत में होने के दौरान ही दिल का दौरा पड़ने से हसीना पारकर की मौत हो गई।

2021 में हुई एक नीलामी में श्रीवास्तव ने रत्नागिरी में दाऊद के पैतृक गाँव का पुश्तैनी बँगला खरीद लिया। वे उसका कब्जा लेने में कामयाब रहे। उन्होंने कहा कि इस जगह पर एक हिंदू धार्मिक विद्यालय 'सनातन धर्म पाठशाला'

बनाई जाएगी। श्रीवास्तव को इस प्रोजेक्ट को लेकर कुछ धमकियाँ भी मिलीं। लेकिन डी-कंपनी ने उन्हें नुकसान पहुँचाने की कोई कोशिश नहीं की।

हालाँकि गिरोह अब भी कुछ हद तक मुंबई में अपनी मौजूदगी दर्ज कराता रहता है। इसके सदस्य अब रियल एस्टेट के कारोबार में घुस गए हैं। वे रीडेवलपमेंट के तहत मल्टी-स्टोरी रिहाइशी टावर बनाने के लिए सही-गलत तरीकों से पुरानी इमारतों को खरीदते हैं। इस बीच छोटा शकील अकसर टीवी इंटरव्यू देता रहा। उसका आखिरी इंटरव्यू 2015 में आया था। उसमें उसने याकूब मेमन की बेगुनाही का दावा करते हुए उसकी फाँसी का विरोध किया था। उसके बाद से मुंबई में दाऊद की बादशाहत खत्म होती नजर आ रही है। हालाँकि खुफिया अफसरों का मानना है कि दाऊद को पाकिस्तान में सुरक्षित पनाहगाह के बदले आई.एस.आई. के लिए 'काम का' बने रहना है। इसका मतलब यह है कि अगर आई.एस.आई. उसे कोई काम सौंपती है, तो वो उसे अंजाम देने के लिए मजबूर है।

नाना कंपनी का बिखरना

मैंने एक पत्रकार के रूप में छोटा राजन उर्फ नाना पर कई खबरें की हैं, लेकिन मैंने उसे आमने-सामने सितंबर 2015 में ही देखा था। कैदियों की नारंगी वरदी में राजन किसी आम क्रिमिनल जैसा ही लग रहा था। मेरे मन में उसकी जो इमेज थी, हमारी सीमित बातचीत और उसके कुछ फुटेज के जरिए वह उससे कुछ अलग ही नजर आया। उसे न्यूज चैनलों पर बार-बार दिखाया गया था।[8] बीमार, बूढ़े और कमजोर राजन को बाली में क्राइम ब्रांच के ऑफिस से हवालात में ले जाया जा रहा था।

छोटा राजन को 25 अक्तूबर, 2015 को सिडनी, ऑस्ट्रेलिया से गरुड़ की उड़ान से उतरते ही बाली के देनपसार एयरपोर्ट पर गिरफ्तार कर लिया गया था। उसके पास मोहन कुमार के फर्जी नाम से जारी पासपोर्ट पाया गया था। लेकिन उसके खिलाफ जारी इंटरपोल के रेड कॉर्नर नोटिस के आधार पर बाली पुलिस को ऑस्ट्रेलियाई पुलिस से राजन के बारे में ज्यादा जानकारी दी गई थी।

राजन की गिरफ्तारी भारत में बड़ी खबर थी। इसलिए मेरे जैसे कई भारतीय

पत्रकारों को फॉलोअप कवरेज के लिए बाली में भेजा गया था। अंडरवर्ल्ड में चर्चा थी कि राजन ने खुद अपनी गिरफ्तारी की योजना बनाई थी। वह न्यू कैसल, ऑस्ट्रेलिया में एक सुंदर पोर्ट सिटी से अपना गिरोह चला रहा था। मगर वह शहर अब उसके लिए महफूज नहीं रहा था, क्योंकि छोटा शकील ने अप्रैल 2015 में राजन के रसोइए से उसके इस ठिकाने के बारे में पता कर लिया था। राजन को इस साजिश की भनक लग गई और वह वहाँ से भाग निकला। डी-कंपनी ने राजन को मारने की कसम खाई थी। राजन जानता था कि उस पर अगला हमला जल्द ही हो सकता है। उसे एक देश से दूसरे देश में भागते रहने में कोई तुक नजर नहीं आती थी। उसकी बिगड़ती सेहत भी उसके लिए खतरा बन चुकी थी, इसलिए माना जा रहा था कि उसने सरेंडर करके भारत लौटना सही समझा। हालाँकि बाली पुलिस की हिरासत में राजन ने कहा कि उसने सरेंडर नहीं किया है और वह किसी से नहीं डरता है।

1 नवंबर, 2015 को सी.बी.आई., मुंबई पुलिस और दिल्ली पुलिस की छह सदस्यों की टीम राजन के प्रत्यर्पण के लिए बाली पहुँची। पास के माउंट रिंजनी में एक ज्वालामुखी विस्फोट के कारण उड़ानें बंद थीं। इसलिए पुलिस को राजन को प्रत्यर्पित करने के लिए इंतजार करना पड़ा। 6 नवंबर को भारतीय वायुसेना की एक विशेष उड़ान छोटा राजन को दिल्ली लेकर आई। वह अपने पुराने बॉस दाऊद के पीछे-पीछे दुबई भागने के 27 साल बाद भारत लौटा था। छोटा राजन की गिरफ्तारी के कारण उसके गिरोह की हरकतें बंद हो गईं। दाऊद के बाद मुंबई अंडरवर्ल्ड का दूसरा बड़ा गिरोह अब खामोश हो गया।

छोटा राजन का पतन 2000 में शुरू हो गया था। उस साल 15 सितंबर को छोटा शकील ने बैंकॉक में उस पर हमला कराया था। उस हमले में राजन बच तो गया, लेकिन इसके बाद उसका रुतबा पहले जैसा नहीं रहा। उसे बार-बार अपना ठिकाना बदलते रहना पड़ा। अपने गिरोह के लोगों पर उसका शक बढ़ता गया। उसे शक था कि वे उसके ठिकाने का खुलासा कर सकते हैं। इसका असर उसके गिरोह के कामकाज पर हुआ। उसके कुछ सबसे भरोसेमंद छोकरों ने उसे छोड़ दिया। कुछ ने अपने खुद के गिरोह बना लिये, जैसे—रवि पुजारी, बंटी पांडे, एजाज लकड़ावाला, हेमंत पुजारी, संतोष शेट्टी और भरत नेपाली।

यह सब चल ही रहा था कि छोटा शकील के गुर्गों ने राजन के करीबी बालू डोकरे की 22 मई, 2005 को मलेशिया में कुआलालंपुर के पास चाकू मारकर हत्या कर दी। डोकरे के खिलाफ 43 गंभीर मामले दर्ज थे। उसने राजन के फरमान पर कई शूटआउट किए थे। उनमें नेपाली सांसद मिर्जा दिलशाद बेग की हत्या भी शामिल थी। मुंबई पुलिस ने 2002 के बाद कंपनी के शूटरों को मारकर और रवि मल्लेश वोरा उर्फ डी.के. राव, फरीद तनाशा और विक्की मल्होत्रा जैसे राजन के खास गुर्गों को गिरफ्तार करके गिरोह को तारे दिखा दिए थे।

मुंबई पुलिस की मुहिम के तहत दिसंबर 2005 में राजन की पत्नी सुजाता को बिल्डरों से हफ्ता वसूली के आरोप में मकोका में गिरफ्तार किया गया। राजन ने 1987 में सुजाता से शादी की थी। दुबई में उसकी शादी के रिसेप्शन में दाऊद और उसकी पत्नी महजबीन भी शामिल हुए थे। राजन दंपती की तीन बेटियाँ हैं। सुजाता अपनी सबसे छोटी बेटी के नाम पर एक कंस्ट्रक्शन फर्म 'खुशी डेवलपर्स प्राइवेट लिमिटेड' चलाती थी। दो साल बाद, 2007 में सुजाता को कोर्ट ने रिहा कर दिया।

इतने सारे झटकों का सामना करते हुए राजन एक कमजोर और बेबस डॉन के तौर पर देखे जाने का जोखिम नहीं उठा सकता था। यह बात भी उड़ रही थी कि बैंकॉक हमले के बाद उसका गिरोह धीरे-धीरे निष्क्रिय हो गया था। 2011 में राजन ने एक बार फिर मुंबई के अंडरवर्ल्ड को प्राइम टाइम की खबरों में ला दिया, जब उसके कथित शूटरों ने दाऊद के गढ़ पकमोडिया स्ट्रीट में इकबाल कासकर के बॉडीगार्ड आरिफ की हत्या कर दी। 11 जून, 2011 को बरसात की एक दोपहर छोटा राजन के कथित शूटरों ने मेरे दोस्त और सीनियर जर्नलिस्ट ज्योतिर्मय डे की हत्या कर दी। मोटरसाइकिल पर सवार होकर अपनी माँ के आवास की ओर जाते वक्त उन पर पीछे से हमला किया गया। डे की मौत पर देश भर के पत्रकार संगठनों और सियासी पार्टियों ने हंगामा खड़ा कर दिया। उन्होंने पुलिस को राजन के खिलाफ एक पुरजोर मुहिम शुरू करने के लिए मजबूर कर दिया। उसके गिरोह के बचे-खुचे सदस्यों को भी गिरफ्तार कर लिया गया और कंपनी ढह गई।

डे की हत्या के बाद राजन ने कथित तौर पर हत्या की जिम्मेदारी लेने के

लिए चार पत्रकारों को कॉल किया था। उसने कहा कि उसे डे की हत्या का पछतावा है और यह उसे मिली एक गलत जानकारी का नतीजा है। अपनी हत्या के कुछ दिन पहले डे ने राजन से फिलीपींस में मिलने के लिए कहा था। राजन को शक था कि डे ने डी-कंपनी के इशारे पर उसे कॉल किया था और यह उसे फँसाने की चाल थी। हालाँकि सी.बी.आई. ने अपनी जाँच में एक और मकसद सामने रखा—डे 'चिंदी : रैग्स टू रिचेज' पुस्तक लिख रहे थे। इस पुस्तक के कुछ हिस्से राजन को लीक कर दिए गए थे। इससे राजन को लगा कि डे उसके दुश्मन दाऊद इब्राहिम का गुणगान करते हुए उसे गलत तरीके से पेश करेंगे।

डे की हत्या ने मुझे झकझोरकर रख दिया। जब भी हमारी बातचीत होती, तो वे हमेशा छोटा राजन की तारीफ किया करते थे। वे जोर देकर कहते थे कि राजन एक सच्चा 'देशभक्त' डॉन था, जिसने राष्ट्र-विरोधी तत्त्वों को खत्म करने में भारतीय खुफिया एजेंसियों की मदद की थी। राजन के साथ टेलीफोन पर उनकी अकसर लंबी बातचीत होती थी। अपने इस दोस्त को खोने की ट्रेजडी ने मेरी इस सोच को और मजबूत किया कि कलम सचमुच में बंदूक से ज्यादा ताकतवर है। हालाँकि इस घटना ने मुझे क्राइम रिपोर्टिंग के खतरों के बारे में सोचने के लिए मजबूर कर दिया। यह आग से खेलने जैसा है। डे का लेखन उस ताकतवर इमेज को तोड़ता था, जैसी राजन बनाना चाहता था। इसीलिए डे को जान गँवानी पड़ी। उनकी वह पुस्तक कभी पूरी नहीं हो सकी। रविवार की सुबह अंडरवर्ल्ड की कुछ खास तसवीरें साझा करने के लिए डे ने मुझे चाय पर घर बुलाया था। उस रविवार को मैं उनसे मिलने के बजाय उनके अंतिम संस्कार में शामिल हुआ। राजन को सी.बी.आई. ने जे.डे. हत्याकांड में दोषी ठहराकर उम्र कैद की सजा सुनाई थी। राजन ने इस सजा को बॉम्बे हाई कोर्ट में चुनौती दी थी।

भारत प्रत्यर्पित होने से पहले राजन ने दावा किया कि उसके खिलाफ सभी मामले झूठे हैं। उसका कहना था कि पुलिस फोर्स के कुछ अफसरों की दाऊद के साथ साँठ-गाँठ थी और इस वजह से उसकी जान को खतरा था। उसके प्रत्यर्पण के कुछ ही समय बाद महाराष्ट्र सरकार ने उसके खिलाफ दर्ज सभी 70 मामलों को सी.बी.आई. को सौंपने का ऐलान किया। राजन को दिल्ली की तिहाड़ जेल में रखा गया। यह मुंबई पुलिस के लिए बड़ा झटका था, क्योंकि वह

अपने एक मोस्ट वांटेड अपराधी से पूछताछ तक नहीं कर सकी। हाल के दिनों में जे. डे हत्याकांड और शीना बोरा हत्याकांड जैसे कुछ अन्य हाई-प्रोफाइल मामले भी सी.बी.आई. को सौंपे गए थे। मुंबई पुलिस के एक हताश अधिकारी ने मुझसे कहा, "अब मुंबई पुलिस के पास जेबकतरों और चेन खींचनेवालों को पकड़ने का काम बाकी रह गया है।"[9]

गवली गैंग का खेल खत्म

2004 में महाराष्ट्र विधानमंडल के सत्र के दौरान एक दिन अरुण गवली अपनी मिनी बस में दक्षिण मुंबई के नरीमन प्वाइंट में विधान भवन की ओर जा रहा था। गवली ने हाल ही में चिंचपोकली सीट से चुनाव जीतकर विधायक की नई पहचान हासिल की थी। वह अपनी नई-नई सियासी पार्टी 'अखिल भारतीय सेना' (ए.बी.एस.) का पहला और एकमात्र विधायक था। मिनी बस जब गवली के गढ़ दगड़ी चॉल से निकली, तो उसमें मैं अकेला पत्रकार मौजूद था। माफिया डॉन की प्राइवेट सिक्योरिटी की तुलना वी.आई.पी. को दी जानेवाली ऑफिशियल जेड कैटेगरी की सिक्योरिटी से की जा सकती है। बस में कम-से-कम दस छोकरे थे और उनमें से कुछ के पास तो हथियार भी थे। मिनी बस के साथ पाँच-छह मोटरसाइकिलें और कुछ कारें थीं। दाऊद का खतरा अब भी मँडराता था, क्योंकि गवली के गिरोह ने एक जमाने में दाऊद के बहनोई को मार डाला था।

गवली न तो अच्छा वक्ता था और न ही उसके पास कोई राजनीतिक अनुभव था। उसकी पर्सनैलिटी भी करिश्माई नहीं थी। वह विधायक कैसे बना, यह कई लोगों के लिए अचरज की बात थी। कुछ सियासी एक्सपर्ट्स ने इसके लिए पैसे को जिम्मेदार ठहराया। उसके चुनाव क्षेत्र के ज्यादातर मतदाता गरीब या मिडिल क्लास के थे। वे झुग्गी-झोंपड़ियों या पुरानी चॉलों में रहते थे। बी.एम.सी. उन्हें अनदेखा करती थी। गवली ने उनके कुछ मुद्दों को हल करने की कोशिश की, जैसे—पब्लिक टॉयलेट्स की मरम्मत करना, टूटे हुए नलों को ठीक करना आदि। उसने गणपति मंडलों को आर्थिक मदद दी और गंभीर बीमारियों से पीड़ित लोगों को आर्थिक मदद की पेशकश की। लोग मदद के

लिए उसकी पार्टी के ऑफिस के बाहर लाइन लगाकर खड़े रहते थे। गवली एक तरह से लोकल रॉबिनहुड बन गया था।

मैंने विधान भवन के रास्ते में गवली का इंटरव्यू किया। उसने अपने सियासी विरोधियों के खिलाफ बोलने से परहेज किया और खुशी जाहिर की कि लोगों ने उसे उनकी सेवा करने का मौका दिया है। वह सबसे पहले बेरोजगारी और झुग्गीवासियों की रिहाइश के मुद्दे हल करना चाहता था। 'वे (पुलिसवाले) अब मुझे नहीं मार सकते। मैं एक एम.एल.ए. हूँ।' कहकर वह मुसकराया।[10] विधान भवन से महज 100 मीटर की दूरी पर गवली की मिनी बस रुकी। एक काली मर्सिडीज वहाँ उसका इंतजार कर रही थी। गवली का एक सेडान में विधानसभा पहुँचना उसके सियासी प्रतिद्वंद्वियों के लिए एक संदेश था कि वह भी अब उनमें से एक था।

हालाँकि राजनीति में गवली का आगाज उसके गिरोह को भारी पड़ा। इसकी वजह यह थी कि उसने मौजूदा सियासी खिलाड़ियों, खासकर शिवसेना से दुश्मनी मोल ले ली थी। असल में गवली की पार्टी 'शिवसेना को सबक सिखाने के लिए' बनाई गई थी। 1990 के दशक के आखिर में गवली की ए.बी.एस. शिवसेना के लिए एक चुनौती बन गई। इसने शिवसेना के नेताओं को नाराज कर दिया।

1995 के विधानसभा चुनाव तक हालात अलग थे। अपने सियासी अभियानों के दौरान बाल ठाकरे खुले तौर पर अरुण गवली के अपने साथ और दाऊद इब्राहिम के कांग्रेस के साथ रिश्तों को खुले तौर पर मानते थे। महाराष्ट्र में शिवसेना-बीजेपी गठबंधन के सत्ता में आते ही शिवसेना और गवली का पहले वाला रिश्ता खत्म हो गया और ये दोस्त एक साल के भीतर दुश्मन बन गए। नई सरकार को अपने पक्ष में मानकर गवली गिरोह ने बेखौफ होकर अपनी कारगुजारियाँ तेज कर दीं। हालाँकि गृहमंत्री मुंडे ने सभी अंडरवर्ल्ड गिरोहों के खिलाफ एक बड़ी मुहिम का आदेश दिया था और गवली इसमें कोई अपवाद नहीं था। मुंडे के भरोसेमंद केशव उपाध्याय ने मुझे बताया, "मुंडेजी ने पुलिस को गोलियों का जवाब गोलियों से देने का निर्देश दिया। उन्होंने कहा कि दूसरों को मारनेवालों का कोई मानवाधिकार नहीं होता।"[11] जब 1995 में मुंडे ने गृहमंत्री

का पद सँभाला था, तब तक गवली गिरोह का केवल एक सदस्य 7 अगस्त को मुलुंड में पुलिस के हाथों मारा गया था। जैसे ही पुलिस ने अपनी काररवाई तेज की, 1996 में मारे गए गवली के गैंगस्टरों की संख्या बढ़कर सात हो गई।

उसके गिरोह के सदस्यों को मारने के अलावा सरकार ने उस बुनियादी ढाँचे को भी नेस्तनाबूद करने की ठान ली, जिसके जरिए गैंगस्टर जेलों से अपने गिरोह चलाते थे। गवली को उम्मीद थी कि शिवसेना उसके बचाव में आएगी, लेकिन पार्टी ने उसे निराश कर दिया। गवली को अचानक औरंगाबाद जेल से अमरावती जेल में भेज दिया गया। इससे औरंगाबाद जेल प्रशासन के साथ उसकी मिलीभगत खत्म हो गई। नतीजतन गिरोह के साथ उसके संपर्क भी टूट गए। उसने धीरे-धीरे अमरावती जेल के अफसरों से भी मिलीभगत कर ली। जल्द ही पता चला कि उसे बाल ठाकरे के मानस पुत्र माने जानेवाले जयंत जाधव के इशारे पर वहाँ भेजा गया है। इससे नाराज होकर गवली ने 30 अप्रैल, 1996 को प्रभादेवी में जाधव के घर के पास ही उसकी हत्या का आदेश दिया और यही कदम शिवसेना के साथ उसके रिश्तों का अहम मोड़ बन गया।

गवली ने जनवरी 1997 में एक राष्ट्रीय पार्टी बनाने के मकसद से अपने राजनीतिक संगठन 'अखिल भारतीय सेना' (ए.बी.एस.) का ऐलान किया था। गवली ने ए.बी.एस. को बिल्कुल शिवसेना की तर्ज पर तैयार किया था। उसकी लोकल इकाई के शाखा प्रमुख को शिवसेना के 'शाखा प्रमुख' की तरह 'शाखा अध्यक्ष' कहा जाता था। गवली को जितेंद्र दाभोलकर का मार्गदर्शन मिल रहा था, जो पहले शिवसेना के नेता थे और शिवेसना के श्रमिक संघ 'भारतीय कामगार सेना' से जुड़े थे। वे अपने साथ न केवल संगठन का भरपूर तजुर्बा लाए थे, बल्कि बड़ी संख्या में कार्यकर्ता भी लेकर आए थे। ए.बी.एस. ने सबसे पहले मुंबई महानगरपालिका का चुनाव लड़ा। उसने 227 सीटों में से 40 पर कैंडिडेट उतारे। बेशक पार्टी एक भी सीट नहीं जीत सकी, लेकिन उसके कैंडिडेट 10 सीटों पर दूसरे नंबर पर रहे। हालाँकि दाभोलकर ने एक भी सीट न मिलने के लिए चुनाव-प्रचार के दौरान गवली के जेल में होने को जिम्मेदार ठहराया।

जेल से बाहर आने के बाद गवली ने अपनी सियासी ताकत दिखाने का फैसला किया। 11 जुलाई, 1997 को रमाबाई नगर में डॉ. बी.आर. आंबेडकर

की मूर्ति को तोड़े जाने के विरोध-प्रदर्शन के दौरान पुलिस फायरिंग में 10 लोग मारे गए थे। जेल से बाहर आए गवली ने इस मुद्दे को उठाया और 17 जुलाई को आजाद मैदान में एक विरोध रैली करने का फैसला किया। इसमें मुंबई, नासिक, कोल्हापुर, सोलापुर, अहमदनगर और दूसरे जिलों के 75,000 से ज्यादा लोगों ने भाग लिया। हैरानी की बात यह है कि गवली खुद अपनी सुरक्षा का हवाला देते हुए रैली में शामिल नहीं हुआ। उसकी पत्नी आशा उर्फ मम्मी और जितेंद्र दाभोलकर ने उस प्रदर्शन की अगुवाई की। उन्होंने अपने भाषणों में गठबंधन सरकार पर यह आरोप लगाते हुए निशाना साधा कि राज्य में लॉ ऐंड ऑर्डर फेल हो गया है। एक साल के भीतर ही पार्टी का तेजी से विकास हुआ। लगभग 3,50,000 सदस्य बने और 221 शाखाएँ बनाई गईं। ऐसा कहा जाता है कि शिवसेना के कई सदस्यों को किसी-न-किसी तरह से ए.बी.एस. में खींच लिया गया था। कुछ को पैसे की पेशकश की गई, जबकि कुछ को वफादारी बदलने के लिए मजबूर किया गया। शिवसेना की शाखाओं पर युद्ध में जीते गए किलों की तरह कब्जा कर लिया गया और उसके साइनबोर्ड की जगह ए.बी.एस. के साइनबोर्ड लगा दिए गए। ए.बी.एस. की लेबर विंग ने भी बड़ी जीत हासिल की। ओबेरॉय होटल्स, टाटा मेमोरियल कैंसर हॉस्पिटल, एस.आई.सी.ओ.एम. (स्टेट इंडस्ट्रियल ऐंड इनवेस्टमेंट कॉरपोरेशन ऑफ महाराष्ट्र) और आई.आर.सी.ओ.एन. (इंडियन रेलवे कंस्ट्रक्शन लिमिटेड) जैसे सरकारी संगठनों में भारतीय कामगार सेना की जगह ए.बी.एस. ने ले ली। ये संगठन पार्टी के लिए कमाई के बड़े सोर्स थे।

ए.बी.एस. के बढ़ते असर से शिवसेना के वजूद के लिए खतरा पैदा होने लगा। गवली ने ऐलान किया कि उसकी पार्टी अगला बी.एम.सी. चुनाव भी लड़ेगी। तब शिवसेना बी.एम.सी. में एक दशक से ज्यादा वक्त से पावर में थी। भारत की सबसे बड़ी लोकल बॉडी होने और कई छोटे राज्यों की तुलना में बड़ा बजट होने के नाते यह शिवसेना के लिए फंड का एक अहम सोर्स थी। पार्टी की बैठकों में यह आवाज उठाई जाने लगी कि गवली के परों को फौरन काटे जाने की जरूरत है।

1997 में गवली के 12 गुर्गे एनकाउंटरों में मारे गए। उसकी कंपनी के

खिलाफ पुलिस की काररवाई तेज हो गई और गिरोह के कई अहम गुर्गों को गोली मार दी गई। उनमें से एक था गवली का मैनेजर सदा पावले उर्फ मामा। उस पर कई जुर्मों के लिए मामले दर्ज थे। गवली की पहली सियासी रैली के एक महीने बाद, 26 सितंबर को घाटकोपर में विजय सालस्कर की टीम ने पावले का एनकाउंटर कर दिया। पावले के साथी विजय तांडेल को भी गोली लगी थी। गवली के लिए यह एक बड़ा झटका था, क्योंकि पावले ही गिरोह के फंड का इंतजाम करता था। गवली की गैर-मौजूदगी में गैंग भी वही चलाता था।

पुलिस एनकाउंटरों के साथ-साथ गवली के पार्टी पदाधिकारियों को दूसरे गैंग भी निशाना बना रहे थे। 4 अक्तूबर, 1997 को पार्टी सचिव जितेंद्र दाभोलकर की हत्या ए.बी.एस. के लिए एक बड़ा झटका थी। इसने पार्टी के कामकाज को अस्थायी रूप से पंगु बना दिया था। गवली का सियासी कॅरियर क्रैश होना शुरू हो चुका था। शिवसेना से ए.बी.एस. में शामिल हुए कई सदस्य अपनी पुरानी पार्टी में लौट गए, क्योंकि उन्हें गवली के दुश्मनों के हाथों निशाना बनाए जाने का डर था।

इन झटकों के बावजूद गवली सियासत छोड़ने के लिए तैयार नहीं था। इस सबके बीच वह और जोश से सियासत करने लगा। 1999 में शिवसेना-बीजेपी सरकार की जगह कांग्रेस-एन.सी.पी. गठबंधन ने ले ली। नई सरकार के साथ भी गवली का विरोध था। अंडरवर्ल्ड का खतरा अभी खत्म नहीं हुआ था और मुंबई पुलिस की काररवाई जारी थी। गवली का मानना था कि ताकतवर और महफूज रहने का एकमात्र तरीका विधायक बनना है।

उसने 2004 में मुंबई के दक्षिण-मध्य निर्वाचन-क्षेत्र से लोकसभा चुनाव लड़ा। गवली के सामने शिवसेना के उम्मीदवार मोहन रावले थे। रावले इस सीट पर चार बार जीत चुके थे। मैदान में एक और दावेदार एन.सी.पी. के सचिन अहिर थे। वे गवली के भतीजे थे। मतदान के दिन मैं गवली को मतदान केंद्र पर कवर करने के लिए दगड़ी चॉल में गया। मैं वहाँ शूट कर ही रहा था कि मैंने गवली को इस तरह देखा, जैसा पहले कभी नहीं देखा था। गवली की नजर एनकाउंटर स्पेशलिस्ट विजय सालस्कर पर पड़ी। सालस्कर दगड़ी चॉल के गेट पर घूम रहे थे। उन्हें देखकर गवली डर से काँपते हुए बोला, "वो

कातिल है। उसने मेरे कई छोकरों को खल्लास कर डाला। मुझे भी टपका देगा वो। डर लगता मेरे कू उससे।" उसने अपने घर से बाहर निकलने से ही इनकार कर दिया।

भले ही गवली मतदान नहीं कर सका, लेकिन चुनाव के नतीजों ने उसे खुश कर दिया। वह 92,000 वोट पाकर तीसरे पंबर पर रहा था। शिवसेना के मोहन रावले एक बार फिर जीते। उनके पीछे सचिन अहिर थे। रिटायर्ड आई.पी.एस. अफसर टी.के. चौधरी भी उसी सीट से चुनाव लड़े थे। उन्हें गवली से 10,000 वोट कम मिले। आखिर गैंगस्टर यहाँ तो पुलिस से आगे निकल गया था! गवली ने कभी जीतने की उम्मीद नहीं की थी। उसकी उम्मीदवारी सिर्फ आनेवाले राज्य विधानसभा चुनावों के लिए पानी की धार भाँपने जैसी थी। इस हार ने बाद में विधायक के रूप में चुने जाने की उसकी संभावनाओं को बहुत बढ़ा दिया।

महाराष्ट्र विधानसभा चुनाव के लिए मुंबई में मतदान 13 अक्तूबर, 2004 को था। गवली चिंचपोकली सीट से उम्मीदवार था। इस बार वह सुबह वोटिंग शुरू होते ही मतदान केंद्र पर पहुँच गया। लाइन को धीरे-धीरे आगे बढ़ते देखकर वह चिढ़ गया। उसे इसमें साजिश महसूस हुई। इस बार उसे जीत का पूरा भरोसा था, लेकिन धीमी वोटिंग का मतलब था कम वोट पड़ना और वह भी उसके अपने गढ़ में। गवली ने पहले से ही डरे हुए मतदान अधिकारी से और डरानेवाले लहजे में पूछा कि लाइन कछुए की स्पीड से क्यूँ खिसक रेली है? फिर वह अपने गैंग के एक छोकरे की ओर मुड़ा और मतदान अधिकारी की ओर उँगली दिखाते हुए बोला, 'इसका नाम और पता मालूम करो। हम इसे बाद में देखेंगे।' हालात शायद हिंसक हो जाते, लेकिन गवली ने देखा कि मेरा कैमरा चालू है। वह हमेशा टीवी पर अपने गैंगस्टर अवतार को दिखाने में हिचकिचाता था। जब भी मैंने उसका इंटरव्यू किया, तो उसने खुद को मीठा बोलनेवाला और अच्छा बरताव करनेवाला दिखाने की कोशिश की। उसने मतदान अधिकारी को गुस्से से देखा और फिर पोलिंग बूथ में चला गया। मजेदार बात यह है कि गवली के मतदान केंद्र से निकलने के बाद लाइन तेजी से आगे बढ़ने लगी।

गवली 31,964 वोट पाकर जीत गया। कांग्रेस उम्मीदवार मधु चव्हाण ने

20,146 वोट हासिल किए। यह गवली के सियासी कॅरियर की बुलंदी थी। यह सिलसिला 1997 में शुरू हुआ था। जिस शख्स को अकसर कानून तोड़ने के लिए सलाखों के पीछे भेजा जाता था, वह अब विधायक बन गया था। हालाँकि गवली का क्रिमिनल अतीत उसके विधायक रहते हुए भी उसके साथ चलता रहा। हफ्ता वसूली के कई केस अब भी उसके खिलाफ चल रहे थे। पुलिस दगड़ी चॉल के आसपास घूमती रहती थी। इसी चॉल में वह गीताई इमारत की तीसरी मंजिल पर रहता था। दूसरी और चौथी मंजिल पर उसका दफ्तर था। एक कमरे को 'भजनाची खोली' कहा जाता था। इसी जगह तमाम कारोबारियों को बुलाकर उन्हें हफ्ता वसूली के लिए धमकाया जाता था।

एक बार 2005 में जब क्राइम ब्रांच की टीम हफ्ता वसूली के एक मामले में गवली को पकड़ने उसके घर गई, तो मैं उनके साथ था। पुलिस ने बहुमंजिला इमारत के हर कमरे की तलाशी ली। बंद दरवाजों को तोड़ दिया। सोफे, बिस्तर और अलमारी के भीतर तलाशा। लेकिन गवली नहीं मिला। ऐसा माना जाता है कि पुलिस जब भी चॉल पर छापा मारती थी, तो उससे बचने के लिए उसने गुप्त सुरंगें बनवा रखी थीं। बाद में वह अस्पताल में भरती हो गया और वहीं उसे तकनीकी रूप से गिरफ्तार कर लिया गया।

जब मुंबई पुलिस ने एक मॉडल प्रीति जैन को गिरफ्तार किया, तो गवली का नाम एक बार फिर राष्ट्रीय खबरों में आ गया। प्रीति पर फिल्म प्रोड्यूसर मधुर भंडारकर की हत्या के लिए गवली गैंग के नरेश परदेशी को सुपारी देने का आरोप लगाया गया था। प्रीति ने पहले भंडारकर के खिलाफ एक क्रिमिनल केस भी दर्ज कराया था। सरकारी वकील का कहना यह था कि प्रीति ने इस काम के लिए परदेशी को 75,000 रुपए दिए थे। जब गवली को इस बात का पता चला, तो उसने पुलिस को इत्तला दे दी। प्रीति और परदेशी को गिरफ्तार कर लिया गया। प्रीति ने मुझे बताया कि उसे मामले में फँसाया गया है और पुलिस उसके जरिए गवली को फँसाना चाहती है।

गवली को शिवसेना के नगरसेवक कमलाकर जामसांडेकर की हत्या के लिए गुनहगार ठहराकर उम्र कैद की सजा सुनाई गई। इसके साथ ही उसका क्रिमिनल कॅरियर खत्म हो गया। 2 मार्च, 2007 को दो मोटरसाइकिलों पर चार

लोग साकी नाका में उस चॉल के बाहर पहुँचे थे, जहाँ जामसांडेकर रहते थे। उनमें से एक ने उनके कमरे में जाकर सीधे उनके सिर में गोली मार दी। इससे उनकी मौके पर ही मौत हो गई। क्राइम ब्रांच ने एक साल तक जाँच की। उसने पाया कि जामसांडेकर के राजनीतिक प्रतिद्वंद्वियों ने गवली को उसे मारने के लिए 30 लाख रुपए की सुपारी दी थी। गवली को गिरफ्तार कर लिया गया। बतौर विधायक उसका कार्यकाल जेल में रहते हुए ही पूरा हो गया था। 2012 में सेशन कोर्ट ने उसे उम्र कैद की सजा सुनाई थी। हालाँकि उसकी सियासी पार्टी ए.बी.एस. चलती रही। उसकी बेटी गीता गवली ने 2007 में बी.एम.सी. चुनाव लड़ा। उसने जीत हासिल की। गीता ने 2012 और 2017 में भी यह कामयाबी दोहराई। हैरत की बात यह है कि एक चुनाव में शिवसेना ने गीता के खिलाफ कोई उम्मीदवार खड़ा न करके उसका समर्थन किया और उसे बी.एम.सी. की स्वास्थ्य समिति का अध्यक्ष बनवाया।

अबू सलेम का गैंग और उसकी लव स्टोरी का खात्मा

मैं 24 नवंबर, 2005 की सर्द रात स्कैंडिनेवियाई देश नॉर्वे की राजधानी ओस्लो में उतरा। एयरपोर्ट से 30 मिनट की ट्रेन यात्रा करके मैं और मेरा कैमरामैन 45 किलोमीटर दूर ड्रामेन पहुँचे। तापमान माइनस 5 डिग्री सेल्सियस तक गिर गया था। मैं मुंबई से 6,660 किलोमीटर दूर सूरज की रोशनी की कमी वाले दुनिया के इस हिस्से में केवल एक वजह से पहुँचा था—मुंबई का अंडरवर्ल्ड।

माफिया डॉन अबू सलेम और उसकी फिल्म अदाकारा पत्नी मोनिका बेदी को पुर्तगाल की राजधानी लिस्बन से डिपोर्ट कर मुंबई लाया गया था और मीडिया के लिए यह एक बड़ी खबर बन गई थी। मोनिका के होने ने इसमें 'फिल्मी टच' को जोड़ा, जिसे उन दिनों हिंदी मीडिया हाथोहाथ लपकता था। मोनिका ने कुछ बड़े एक्टरों के साथ 'सुरक्षा' और 'जोड़ी नंबर 1' जैसी फिल्मों में काम किया था।

मेरे चीफ एडिटर उदयशंकर के दिमाग में यह बात थी कि अगर हम यूरोप में मोनिका बेदी के परिवार का पता लगाकर यह जान सकते हैं कि वह एक

गैंगस्टर के प्यार में कैसे पड़ी, तो स्टार न्यूज के पास एक खास स्कूप हो सकता है। यह मेरा पहला विदेशी असाइनमेंट था। मैं क्राइम इंटेलिजेंस यूनिट के एक अफसर को बार-बार फोन करके ड्रामेन में मोनिका के भाई बॉबी बेदी के संपर्क में आया। मुंबई से रवाना होने से पहले मैंने बॉबी से इंटरव्यू के लिए गुजारिश की थी। इस पर उसने मेरे नॉर्वे आने के खिलाफ सख्त चेतावनी दी और तीखी प्रतिक्रिया की थी। फिर भी मैं इस ठंडे देश में अपनी किस्मत आजमाने के लिए पहुँचा था।

ओस्लो जाने से पहले मैंने कुछ मुखबिरों और क्राइम ब्रांच के अफसरों से अबू सलेम के क्रिमिनल कॅरियर के बारे में जानकारियाँ जुटाईं। सलेम का असली नाम अब्दुल कयूम अंसारी था। वह 14 साल की उम्र में उत्तर प्रदेश के आजमगढ़ जिले में अपने पैतृक गाँव सराय मीर से भाग गया था। कुछ साल तक उसने दिल्ली में टैक्सी चलाई। फिर वह 1980 के दशक के आखिर में मुंबई पहुँचा। कुछ दिन उसने अँधेरी के अरसा बाजार में एक टेलीफोन बूथ ऑपरेटर का काम किया। वहाँ वह एक नेता के संपर्क में आया। कहा जाता है कि वह नेता डी-कंपनी से जुड़ा था। इसी शख्स ने सलेम को दाऊद के छोटे भाई अनीस इब्राहिम से मिलवाया था। सलेम को अनीस ने ड्राइवर रख लिया। लेकिन कुछ ही दिनों में उसे गैंग के काम में लगा लिया। गैंग में सलेम तेजी से आगे बढ़ा। वह बॉलीवुड से हफ्ता वसूली का धंधा देखने लगा। गैंग के कहने पर सलेम शूटआउट के लिए आजमगढ़ के बेरोजगार नौजवानों का इंतजाम किया करता था।

1993 के बंबई धमाकों के बाद सलेम यू.ए.ई. और फिर पाकिस्तान भाग गया। हालाँकि जब उसने म्यूजिक कारोबारी गुलशन कुमार की हत्या कराई, तो उसके और डी-कंपनी के बाकी सदस्यों, खासकर छोटा शकील के बीच मतभेद पैदा हो गए। सलेम ने अपना गिरोह चलाने का फैसला किया और दुबई से धंधा शुरू कर दिया। उसका गिरोह तेजी से बढ़ता गया। साथ ही उसकी दहशत भी फैलती गई। उसकी इस तरक्की ने डी-कंपनी को परेशान कर दिया। कंपनी नहीं चाहती थी कि उसके मुकाबिल कोई भी खड़ा हो।

एक बार अनीस ने अपने कुछ गुर्गों के साथ दुबई में सलेम के घर में घुसने

की कोशिश की, लेकिन वह वहाँ से भागने में कामयाब रहा। गुस्साए अनीस ने उसके घर में तोड़-फोड़ की और सलेम की पहली पत्नी समीरा से गाली-गलौज की। बाद में दाऊद ने समीरा को बुलाया और अनीस की तरफ से माफी माँगी। उसका उसूल था कि गैंग के टंटे में औरतों को नहीं लाया जाना चाहिए।

शकील ने सलेम की हरकतों पर नजर रखी। जब सलेम शारजाह गया, तो शकील ने वहाँ के अफसरों को इत्तला कर दी। इंटरपोल ने सलेम के खिलाफ रेड कॉर्नर नोटिस जारी कर रखा था। इसके आधार पर सलेम को अक्तूबर 2001 में हिरासत में ले लिया गया था। उसने खुद को मोहम्मद अली बताते हुए पाकिस्तानी नागरिक होने का दावा किया। भारतीय अफसर उसके प्रत्यर्पण करने के लिए काररवाई में जुट गए। लेकिन उसे भारत का भगोड़ा साबित करने के लिए वे संयुक्त अरब अमीरात सरकार के सामने सलेम के फिंगरप्रिंट पेश करने में नाकाम रहे। इससे पहले कि मुंबई पुलिस की टीम शारजाह पहुँच पाती, उसे हिरासत से रिहा कर दिया गया।

सलेम ने तब यू.ए.ई. छोड़ने में ही समझदारी समझी। वह एक देश से दूसरे देश में गया—इंग्लैंड, अमेरिका, सिंगापुर, नेपाल और जर्मनी। हालाँकि 18 सितंबर, 2002 को लिस्बन में मोनिका बेदी के साथ गिरफ्तारी के बाद उसका दुनिया भर में घूमना बंद हो गया। सलेम का दावा था कि मोनिका उसकी पत्नी है। गिरफ्तारी के वक्त सलेम और मोनिका के पास अरसलान मोहम्मद अली और सना मलिक कमल के नाम से एक पाकिस्तानी और एक भारतीय पासपोर्ट था।

लिस्बन में उनकी गिरफ्तारी के बारे में जानने के बाद मेरे मन में मुंबई के पुर्तगाल से रिश्ते की बात आई। पुर्तगालियों ने ही यहाँ सात द्वीपों का शहरीकरण शुरू किया था। उन्हें बाद में अंग्रेजों ने बंबई शहर के रूप में एक कर दिया। बंबई में बम धमाकों की साजिश में शामिल सलेम उसी देश में पकड़ा गया था, जिसने बंबई का शहरीकरण किया था। हालाँकि 1960 के दशक की शुरुआत से भारत और पुर्तगाल के रिश्ते अच्छे नहीं थे। भारत सरकार ने 'गोवा मुक्ति' के लिए पुलिस काररवाई की थी। अब सवाल यह था कि पुर्तगाल सरकार भारत का सहयोग करेगी या नहीं?

अबू सलेम और मोनिका बेदी पर पुर्तगाल में नकली दस्तावेजों के साथ यात्रा करने का आरोप लगाया गया था। भारतीय अफसरों ने उनके प्रत्यर्पण की कोशिश की। हालाँकि दोनों देशों के बीच कोई प्रत्यर्पण संधि नहीं थी। तीन साल की लंबी कानूनी लड़ाई के बाद भारत सरकार ने उनका प्रत्यर्पण तो पक्का कर लिया, लेकिन कुछ शर्तों के साथ। पुर्तगाल ने यूरोपीय देशों के साथ एक समझौते पर हस्ताक्षर किए हुए हैं। इसके मुताबिक किसी भी अपराधी को ऐसे देश में नहीं भेजा जा सकता, जहाँ उसे मौत की सजा दी जा सकती हो। इसलिए प्रत्यर्पण की एक शर्त यह थी कि सलेम को मौत की सजा नहीं दी जा सकती। बाकी शर्तों में यह शामिल था कि उसे 25 साल से ज्यादा वक्त तक जेल की सजा नहीं दी जाएगी और उसके प्रत्यर्पण के लिए पुर्तगाली सरकार के सामने पेश किए गए आठ मामलों के अलावा कोई और मामला नहीं चलाया जाएगा।

हम रात करीब 11 बजे ड्रामेन पहुँचे और शहर के केंद्र में होटल रीटा पार्क में ठहरे। बेदी परिवार एंजीन इलाके में रहता था। वह इलाका हमारे होटल से करीब पाँच मिनट की दूरी पर था। रास्ते में मैंने अपनी शर्ट में एक कैमरा छिपा लिया। अगर बेदी परिवार इंटरव्यू देने से इनकार कर देता, तो यह इंतजाम तब के लिए था। चूँकि मेरे चैनल ने इस असाइनमेंट पर इतना निवेश किया था, इसलिए मैं खाली हाथ नहीं लौट सकता था।

करीब 60 साल के एक बुजुर्ग ने दरवाजे खोला। वे मोनिका के पिता प्रेमकुमार बेदी थे। मैंने उन्हें अपना परिचय दिया। उन्होंने मुझे अंदर जाने दिया। कुछ देर की बातचीत के बाद उन्होंने मुझे चाय की पेशकश की, लेकिन इंटरव्यू देने से मना कर दिया। मैंने उन्हें समझाने की कोशिश की कि इससे मोनिका के लिए जनता की सहानुभूति पैदा करने में मदद मिल सकती है। चूँकि सभी खबरों ने अब तक उसे एक क्रिमिनल के रूप में पेश किया है, इसलिए उसके नजरिए को सामने लाने की जरूरत है। उसका बचाव करनेवाला कोई नहीं है। उसके बारे में चिंतित उसके पिता ने इस पर कुछ देर सोचा। आखिर वे मान गए।

प्रेमकुमार बेदी पंजाब के होशियारपुर जिले के छबेवाल गाँव के रहनेवाले थे। 1975 में जब मोनिका सिर्फ एक साल की थी, तब वे ड्रामेन में चले गए थे। वहाँ उन्होंने एक गारमेंट स्टोर यूरोटेक्सिल खोला और हिंदी फिल्मों की एक

वीडियो लाइब्रेरी चलाई। प्रेमकुमार ने मुझे बताया कि मोनिका का प्यार का नाम निकी था। उसने अपनी शुरुआती पढ़ाई ड्रामेन में पूरी की और फिर आगे की पढ़ाई के लिए इंग्लैंड चली गई। इसके बाद वह एक्ट्रेस बनने के अपने बचपन के सपने को पूरा करने के लिए भारत चली गई।

"मोनिका हमें मुंबई में संजय नाम के एक दोस्त के बारे में बताती थी, जो उसे मूवी असाइनमेंट दिलाने में मदद कर रहा था। उसके गिरफ्तार होने के बाद ही मुझे पता चला कि उसका असली नाम अबू सलेम था। मैं उससे तब मिला, जब वह लिस्बन पुलिस की हिरासत में था। वह छोटे कद का और मीठे बोलवाला शख्स था। उसे देखकर आप सोच भी नहीं सकते कि इस आदमी पर क्राइम के इतने संगीन आरोप हैं! उसने मुझे 'पापा' कहकर बुलाया। वह बोला कि वो बेकसूर है।" प्रेमकुमार ने मुझे बताया।[12] मोनिका की माँ शकुंतला बेदी व्हीलचेयर पर थीं। वे भी उस दिन घर में थीं और इंटरव्यू के लिए तैयार हो गईं। "जब मोनिका मुंबई में काम करने गई, तो मैं भी उसके पास चली गई। वह जहाँ भी शूटिंग के लिए जाती, मैं उसके साथ जाती—हैदराबाद, चेन्नई और भी कई जगहों पर। वो मेरे बिना बाजार भी नहीं जाती थी। जब मैं मुंबई में थी, तो मैंने अबू सलेम का नाम कभी नहीं सुना। मोनिका मुझे बहुत प्यार करती थी और सबकुछ बता देती थी। एक बार मैं नॉर्वे वापस आई और मुझे लकवे का दौरा पड़ा। मैं तब से इस व्हीलचेयर पर सिमट गई हूँ। वह एक मासूम लड़की है, जिसे फँसाया गया है।" शकुंतला ने रोते हुए मुझसे कहा।[13]

शकुंतला की सिसकियों से बॉबी की नींद खुल गई। वह बगल के कमरे में सो रहा था। लंबा, दाढ़ीवाला, करीब 20 साल से कुछ ज्यादा उम्र का नौजवान बॉबी मुझे देखकर आग-बबूला हो गया। उसने मुझे तुरंत चले जाने के लिए कहा। हमारे बीच कहा-सुनी हो गई। उसके पिता ने उसे समझाया। उसके बाद वह अपने कमरे में लौट गया। मेरी गुजारिश पर प्रेमकुमार मुझे उस स्कूल में ले गए, जहाँ मोनिका ने पढ़ाई की थी। बिल्डिंग के कुछ शॉट्स लेने के बाद बेदी मुझे अपने गारमेंट स्टोर में ले गए। वहाँ उन्होंने मोनिका को जाननेवाले कुछ भारतीयों को अपने पास बुला लिया। मैंने उनका इंटरव्यू भी लिया।

मोनिका के माता-पिता को यह नहीं पता था कि वह 1997 की शुरुआत

में अबू सलेम के संपर्क में आई थी। मेरी पूर्व सहयोगी और सीनियर क्राइम जर्नलिस्ट शीला रावल ने सलेम की पहली पत्नी समीरा जुमानी से मुलाकात की थी। समीरा ने शीला को मोनिका और सलेम के साथ अपने रिश्तों के बारे में बताया था। सलेम दुबई में डी-कंपनी के लिए बॉलीवुड सितारों के स्टेज शो आयोजित करता था। ऐसे ही एक शो में फिल्म प्रोड्यूसर मुकेश दुग्गल ने मोनिका को उससे मिलवाया। बाद में, जब दुग्गल दुबई में सलेम के घर गए, तो उन्होंने मोनिका को अपनी प्रेमिका के रूप में समीरा से मिलवाया। जब 7 मार्च, 1997 को दुग्गल को शकील के गुर्गों ने मुंबई में गोली मार दी तो मोनिका सलेम के करीब आ गई और उसके साथ रहने लगी। सलेम का दावा था कि उसने नवंबर 2000 में लॉस एंजिल्स में मोनिका से शादी की थी। समीरा ने आरोप लगाया कि जब वह अमेरिका चली गई, तो मोनिका ने सलेम को तलाक देने के लिए उस पर दबाव डाला। लेकिन उसने इनकार कर दिया।[14]

2002 में अबू सलेम की गिरफ्तारी ने उसके गैंग की गतिविधियों को लगभग थाम दिया। 1997 में उसके शूटरों के गुलशन कुमार की हत्या के बाद उसका गैंग सुस्त हो गया था। मुंबई पुलिस हाथ धोकर उसके गैंग के पीछे पड़ गई। 2002 तक उसके 27 कथित शूटरों को गोली मार दी गई थी। उसके कई गुर्गे भी मकोका के तहत गिरफ्तार किए गए थे।

जेल में सलेम पर दो बार हमला हुआ, लेकिन वह बच गया। 2010 में 1993 के बम विस्फोट मामले के एक अन्य आरोपी मुस्तफा डोसा ने मुंबई की आर्थर रोड जेल में एक धारदार चम्मच से उसका चेहरा काट दिया। 2013 में सलेम को नवी मुंबई की तलोजा जेल में भेजे जाने के बाद हत्या के आरोपी देवेंद्र जगताप ने उस पर गोली चला दी। सलेम के हाथ में चोट लगी, लेकिन वह फिर बच गया। पुर्तगाल को उसके खिलाफ बताए गए ज्यादातर मामलों में उसे दोषी ठहराया गया। मुंबई धमाकों की साजिश में शामिल होने के लिए 2017 में उसे उम्र कैद की सजा सुनाई गई। अगले साल उसे बिल्डर प्रदीप जैन की हत्या के लिए दोषी ठहराया गया। इस मामले में भी उसे उम्र कैद की सजा मिली।

मोनिका के जेल से छूटने के कुछ साल बाद मैंने उसे अँधेरी के होटल समराज में ढूँढ़ निकाला। उसे अपने अतीत के कारण मुंबई में किराए पर घर

लेने में मुश्किल हो रही थी, इसलिए उसे होटल में रहना पड़ रहा था। मैंने उससे इंटरव्यू देने के लिए कहा, लेकिन उसने मना कर दिया और होटल भी छोड़ दिया।

अश्विन नाईक : इंजीनियर से गैंगस्टर और बिल्डर

अगर अश्विन नाईक गैंगस्टर नहीं होता तो बहुतों के लिए प्रेरणा बनता। मुश्किल हालात, शारीरिक अक्षमता और जेल में होने के बावजूद वह किसी भी सूरत में टारगेट पूरा करने की प्रेरणा होता। व्हीलचेयर पर चलनेवाले इस गैंगस्टर ने वह सबकुछ किया, जो वह करना चाहता था। शायद वह जुर्म की दुनिया में गलती से आ गया था।

जुलाई 1996 में इंस्पेक्टर विजय सालस्कर के साथ एक कथित एनकाउंटर में अमर नाईक मारा गया था। तब यह माना गया कि मुंबई के अंडरवर्ल्ड के ताने-बाने से एक गैंग का सफाया हो गया है। हालाँकि कैद में और कमर के नीचे लकवाग्रस्त होने के बावजूद अमर के भाई अश्विन ने कम-से-कम आठ साल और गैंग को बखूबी चलाया। नाईक का गिरोह 2003 तक खत्म हो चला था। उसके ज्यादातर शूटर या तो पुलिस एनकाउंटर में इंस्पेक्टर विजय सालस्कर और इंस्पेक्टर रवींद्रनाथ आंग्रे के हाथों मारे गए थे या दूसरे गिरोहों ने उनका सफाया कर दिया था। कई ने तो मौत से बचने के लिए सरेंडर कर दिया था।

अपने खिलाफ दायर एक बड़े मामले में पुणे की एक अदालत से बरी होने के बाद अश्विन नाईक 2009 में जेल से बाहर आया। चिंचपोकली में अपने घर पर मीडिया से बातचीत के दौरान उसने मुझसे कहा, "मैंने अपने सबसे बुरे दिन जी लिये हैं। मैं अब शांति से जीना चाहता हूँ। प्लीज, मुझे डॉन मत कहो।"[15]

उस प्रेस कॉन्फ्रेंस से कुछ दिन पहले नाईक ने बाल ठाकरे और राज ठाकरे से उनके आवास पर मुलाकात की थी। इससे अटकलें लगाई जा रही थीं कि वह अपने दुश्मन अरुण गवली की तरह सियासत में आने की योजना बना रहा है। लेकिन नाईक ने स्पष्ट किया कि उसकी कोई राजनीतिक महत्त्वाकांक्षा नहीं है और उसने रियल एस्टेट कारोबार शुरू करने की योजना बनाई है। उसने शिवसेना का समर्थक होने का दावा किया। वह चाहता था कि उद्धव ठाकरे और राज ठाकरे अपनी दुश्मनी खत्म कर लें।

ऐसा कहा जाता है कि अपनी रिहाई के बाद नाईक ने कुछ बड़े बिल्डरों के साथ साझेदारी की और अंडरवर्ल्ड से पूरी तरह बाहर निकल गया। लेकिन अंडरवर्ल्ड एक दलदल की तरह होता है। उसमें गिरकर उससे निकलना बहुत मुश्किल होता है। 2015 में नाईक को एक बार फिर एक बिल्डर के अपहरण और हफ्ता वसूली के आरोप में मुंबई पुलिस ने गिरफ्तार किया था। करीब छह साल तक चले मुकदमे के बाद आखिरकार उसे सितंबर 2021 में बरी कर दिया गया। दरअसल नाईक को उन सभी मामलों में बरी कर दिया गया है, जिनमें उस पर मुकदमा चलाया गया था।

"यह रवि पुजारी कुछ पुलिसवालों का बनाया हुआ है। आखिरकार, मैं उसे गिरफ्तार कर लूँगा।" इंस्पेक्टर विजय सालस्कर ने मुंबई में 2008 के हमलों में मारे जाने से कुछ महीने पहले ही मुझे बताया था। सालस्कर के मुताबिक, कुछ भ्रष्ट पुलिस अफसरों ने पुजारी का इस्तेमाल पैसे ऐंठने और अपने हिसाब बराबर करने के लिए किया था।

हालाँकि 21वीं सदी के पहले दशक तक मुंबई के ज्यादातर गैंग शांत हो गए थे, लेकिन पुजारी एक खतरा बना रहा। वह पूरे भारत में कानून प्रवर्तन एजेंसियों के लिए परेशानी का सबब भी रहा। वह छोटा राजन के गैंग से अलग हुए गुर्गों में से एक था। उसने छोटा शकील के शूटरों द्वारा राजन को एक शूटआउट में घायल कर दिए जाने पर सितंबर 2000 के बाद अपना अलग गैंग बना लिया था।

रवि पुजारी का जन्म कर्नाटक के उडुपी जिले के तटीय शहर मालपे में हुआ था, लेकिन वह बंबई के पश्चिमी उपनगरों में पला-बढ़ा था। कुछ समय तक छोटे-मोटे अपराध करने के बाद वह छोटा राजन के गैंग के संपर्क में आया और जल्द ही राजन का खासमखास बन गया। राजन से नाता तोड़ने के बाद उसने राजन जैसी ही रणनीति अपनाई। उसने खुद को एक देशभक्त डॉन के रूप में पेश करने के लिए आतंकवाद के आरोपियों के मुकदमे लड़नेवाले वकीलों और अल्पसंख्यक अधिकारों की बात करनेवालों को निशाना बनाया।

4 जुलाई, 2005 को उसके दो कथित शूटरों ने वरिष्ठ वकील माजिद मेमन पर बांद्रा में उनके पास गोलीबारी की। मेमन ने अदालतों में बंबई धमाकों के

मामलों के कई संदिग्धों का बचाव किया था और ख्वाजा यूनुस को इनसाफ दिलाने के लिए भी कानूनी लड़ाई लड़ी थी। यूनुस पर आतंकवाद का आरोप था। उसे कथित तौर पर पुलिस हिरासत में मौत के घाट उतार दिया गया था। मेमन गोलियों से बाल-बाल बच गया, जबकि उसकी कार को काफी नुकसान हुआ। घटना के बाद पुजारी ने एक भारतीय न्यूज चैनल को फोन करके ऐलान किया कि उसके छोकरों ने एक गद्दार को मारने की कोशिश की है। पुजारी ने 2006 में कथित तौर पर फिल्म-निर्माता महेश भट्ट को मारने की साजिश रची और उसके उदार विचारों और अल्पसंख्यकों के लिए बोलने के लिए उन्हें धमकी दी, लेकिन उसकी यह योजना नाकाम हो गई। उसने 2016 में हुर्रियत कॉन्फ्रेंस के कट्टरपंथी नेता सैयद अली शाह गिलानी को धमकी दी, जो जम्मू-कश्मीर के पाकिस्तान समर्थक राजनेता थे।

एक देशभक्त डॉन होने की छवि बनाने की कवायद के अलावा रवि पुजारी कथित तौर पर मुंबई, नवी मुंबई और ठाणे के कई होटल व्यवसायियों और बिल्डरों से हफ्ता वसूली भी करता था। उसका धंधा केरल और कर्नाटक तक फैला हुआ था, जहाँ वह राजनेताओं और व्यापारियों को भी डराया करता था।

पुजारी का खेल तब खत्म हुआ, जब उसे जनवरी 2019 में सेनेगल में गिरफ्तार किया गया। वह बुर्किना फासो के पासपोर्ट पर एंथोनी फर्नांडिस के फर्जी नाम से वहाँ रह रहा था और 'नमस्ते इंडिया' रेस्त्राँ चलाता था। 2020 में उसके खिलाफ मुंबई और कर्नाटक में दर्ज 10 मामलों के लिए उसे भारत प्रत्यर्पित किया गया था।

भारत सरकार की कूटनीतिक कोशिशों से विदेशों से गैंग चलानेवाले कई और गैंगस्टर भी पकड़े गए। 2010 में प्रकाश उर्फ बंटी पांडे को वियतनाम में गिरफ्तार करके भारत लाया गया। पांडे कभी छोटा राजन का वफादार था। उसने दावा किया कि उसने राजन के कहने पर दाऊद को मारने की तीन बार कोशिश की थी। बंटी ने जाँचकर्ताओं को बताया कि पुलिस एनकाउंटर में मारे गए गिरोह के सदस्यों के परिवारों की मदद करने को लेकर उसके और राजन के बीच कुछ मतभेद पैदा हो गए थे। इस वजह से बंटी ने राजन का गैंग छोड़ दिया था।[16]

2011 में मुंबई पुलिस ने छोटा राजन के एक और पुराने साथी संतोष शेट्टी

को पकड़ लिया। छोटा शकील के शूटरों के राजन पर हमले के बाद संतोष शेट्टी ने ही उसे बैंकॉक से भागने में मदद की थी। वह 2002 तक राजन के साथ था, लेकिन पैसों पर झक-झक होने कारण उसने राजन का साथ छोड़ दिया। शेट्टी को 2011 में बैंकॉक में गिरफ्तार किया गया और भारत भेज दिया गया। राजन, पुजारी और बंटी की तरह उसने भी यह कहकर देशभक्त होने का दावा किया कि उसने पाकिस्तान से चल रहे जाली करंसी रैकेट का पता लगाने में भारतीय एजेंसियों की मदद की थी।[17]

2022 तक मुंबई में कहर बरपाने वाले ज्यादातर गैंगस्टर मारे गए, गिरफ्तार कर लिये गए या खामोश कर दिए गए। 1980 और 1990 के दशक का मुंबई का अंडरवर्ल्ड अब अस्तित्व में नहीं है। शूटआउट, हफ्ता वसूली और अपहरण दुर्लभ हो गए हैं। हालाँकि वक्त के साथ ड्रग्स का धंधा बढ़ा है। 2021 में नारकोटिक्स कंट्रोल ब्यूरो (एन.सी.बी.) ने दक्षिण मुंबई के डोंगरी इलाके में मेफेड्रोन बनानेवाली एक फैक्टरी का पता लगाया। उसका कोडनेम 'एम.डी.' या 'मम्मी-डैडी' भी है। चिंकू पठान नाम के शख्स को गिरफ्तार किया गया। 2020 में अभिनेता सुशांत सिंह की खुदकुशी के मामले और 2021 के कॉर्डेलिया क्रूज पार्टी के मामले में एन.सी.बी. को कुछ व्हाट्सऐप चैट मिले। इनमें कहा गया था कि शहर में ड्रग्स आसानी से उपलब्ध हैं। कई नामचीन हस्तियों के ड्रग्स के नियमित उपभोक्ता होने का पता चला। ऐसे ही एक चैट में एक मशहूर अभिनेत्री अपने मैनेजर से पूछती दिख रही है, 'क्या आपके पास माल है?'[18]

बॉलीवुड में ड्रग्स का इस्तेमाल कोई नई बात नहीं है। लेकिन यह मुद्दा तभी सामने आता है, जब संजय दत्त या फरदीन खान जैसी नामी हस्तियाँ फँसती हैं। असली चिंता यह है कि नशे का खतरा निम्न और मध्यवर्गीय परिवारों के युवाओं को प्रभावित करता है। अपनी लत को पूरा करने के लिए वे अकसर चोरी और अन्य अपराधों का सहारा लेते हैं। मेरे एक मुंबइया दोस्त ने ठीक ही टिप्पणी की है—"मुंबई जब तक 'मुंबई' है, तब तक इसे अंडरवर्ल्ड से कभी छुटकारा नहीं मिल सकता। वह तो हमेशा किसी-न-किसी रूप में उभरता ही रहेगा। फिर पैदा होता रहेगा।"

□

9

खाकी के आँसू

और फिर जाँबाज दया एक लाचार शिकार के सामने बेबस हो गए।

लंबे-तगड़े और मूँछोंवाले दया नायक 1990 के दशक के अंत में एक 'एनकाउंटर स्पेशलिस्ट' के रूप में उभरे थे। उनका व्यक्तित्व उनके नाम के एकदम विपरीत है। 50 से ज्यादा गुंडों को मारकर खौफ का दूसरा नाम बन चुका यह शख्स अब बेबस हो चुका था। मेरे कैमरे ने उन्हें रोते हुए रिकॉर्ड किया, लेकिन मेरा दिमाग इस नजारे पर यकीन नहीं कर सका।

एक साहसी पुलिसवाला, अपने सभी सीनियर अफसरों की आँखों का तारा और बेहद कुशल अफसर दया नायक एनकाउंटर की जगहों पर अपने कलाश्निकोव को लहराते हुए मेरे कैमरे के लिए पोज देने से कभी नहीं हिचकिचाए थे।

पुरुष रोते हैं। पुलिसकर्मी रोते हैं। और जो कोई भी यह मानता है कि नहीं रोते या उन्हें नहीं रोना चाहिए, वे उनमें एक इनसान को देखने में नाकाम रहते हैं। मेरे कैमरे के सामने रोनेवाले पहले पुलिस अधिकारी डॉ. पी.एस. पसरीचा थे। उन्हें 2004 में तब मुंबई का पुलिस कमिश्नर बनाया गया था, जबकि उनसे पहले के पुलिस कमिश्नर फर्जी स्टांप पेपर से संबंधित एक घोटाले में उलझे हुए थे। इसे इस घोटाले को अंजाम देनेवाले अब्दुल करीम तेलगी के नाम पर 'तेलगी घोटाले' का नाम दिया गया था। मामले की जाँच के लिए बॉम्बे हाई कोर्ट ने एक विशेष जाँच दल (एस.आई.टी.) का गठन किया, जिसके कारण गृहमंत्री छगन भुजबल को इस्तीफा देने पर मजबूर होना पड़ा और कई पुलिसवालों को जेल भी जाना पड़ा।

भुजबल की जगह आर.आर. पाटिल उर्फ आबा ने ली। पाटिल एक ईमानदार छविवाले विनम्र व्यक्ति थे। उनके गृहमंत्री बनने से एन.सी.पी. की दागदार छवि के सुधरने की उम्मीद थी। पसरीचा को नवंबर 2003 में मुंबई का पुलिस कमिश्नर बनाया गया था। उन्होंने मुंबई पुलिस की शान को बहाल करने और भ्रष्टाचार पर नकेल कसने का वादा किया था। हालाँकि पाटिल की पृष्ठभूमि भ्रष्टाचार और विवादों से मुक्त थी, लेकिन वे अपने चहेतों को खास पोस्टिंग देकर पुलिस फोर्स में सुधार करना चाहते थे। इसलिए ढाई महीने बाद ही पसरीचा का प्रमोशन और तबादला हो गया।

यह सब बहुत अचानक और अपमानजनक था। पसरीचा इससे यकीनन निराश थे। यह उनके धैर्य की परीक्षा थी। तब उन्होंने कुछ ऐसा किया कि पुलिस और मीडिया में हर कोई हैरान रह गया। 3 फरवरी, 2004 को जब उनके स्थानांतरण की घोषणा की गई, तो पसरीचा ने कुरसी छोड़ने या आदेश का पालन करने से इनकार कर दिया। मामला तब बहुत नाटकीय हो गया, जब उनके उत्तराधिकारी अनामी रॉय उनके पद न छोड़ने के कारण काम नहीं सँभाल सके। तमाम आउटडोर ब्रॉडकास्टिंग (ओ.बी.) वैन पुलिस कमिश्नर के ऑफिस के सामने लाइन में खड़ी थीं और क्राइम रिपोर्टर साउंड बाइट लेने के लिए पसरीचा के केबिन के बाहर जमा हो गए थे, लेकिन उन्होंने किसी से भी मिलने से इनकार कर दिया। तब मैंने इंटरव्यू के लिए गुजारिश करते हुए उन्हें एक एस.एम.एस. भेजा था। मैंने उन्हें पुलिस कमिश्नर के रूप में उनकी शुरुआती महत्त्वाकांक्षाओं की याद दिलाते हुए उन्हें भरोसा दिलाया कि यह इंटरव्यू वास्तव में उनके लिए उनसे हुए अनुचित व्यवहार को बयान करने का जरिया बन सकता है। 10 मिनट बाद उन्होंने मुझे अपने कैमरे के साथ अंदर बुला लिया।

हमेशा खुश रहनेवाले पसरीचा उस दिन उदास बैठे थे। जैसे ही मैं इंटरव्यू के लिए तैयार हुआ, कमरे में एक भारी सन्नाटा छा गया। माइक सेट किए गए और कैमरा एंगल एडजस्ट किए गए। कैमरे के सामने फूट-फूट कर रोने से पहले वे अपने गले में एक अजीब से भारीपन से जूझ रहे थे।

"पुत्तर, जब हटाना ही था, तो पुलिस कमिश्नर बनाया क्यों? यह ठीक नहीं हुआ। मुझे समझ नहीं आता कि सरकार को मैं कहाँ गलत लगा? [शरद]

पवार साब, पाटिल साब, सी.एम. साब, सब मेरे काम से खुश थे। लेकिन अब ऐसा कर दिया!"[1]

एक ऐतिहासिक घटना में रोते हुए पुलिस कमिश्नर के सीन फौरन मेरे न्यूज चैनल पर दिखा दिए गए। इस बारे में अब बस यही कहा जा सकता है कि एक पुलिस कमिश्नर का पद से हटाए जाने पर सार्वजनिक रूप से अपनी भावनाओं को व्यक्त करना बेहद असामान्य था।

मुझे पसरीचा के लिए दुःख हुआ, लेकिन मेरी भूमिका सीमित थी, इसलिए मैं उनकी कोई मदद नहीं कर सकता था। महाराष्ट्र कैडर के ज्यादातर आई.पी.एस. अफसर अपने कॅरियर के चरम पर मुंबई के पुलिस कमिश्नर का प्रतिष्ठित पद पाने का सपना देखते हैं। जो इस पद पर पहुँचता है, उसे राज्य के सबसे ताकतवर और खास पुलिस अफसरों में से एक माना जाता है। जनता की नजर में उसकी प्रतिष्ठा राज्य के पुलिस चीफ से भी ज्यादा होती है, जो वास्तव में कमिश्नर से बड़ा पद है। पसरीचा का सपना कुछ समय के लिए साकार हुआ और फिर हमेशा के लिए टूट गया। स्टार न्यूज पर उनके रोने के सीन का बार-बार दिखाया जाना मार्मिक था।

पसरीचा ने बताया कि उन्होंने एक वकील के फोन के कारण अपने उत्तराधिकारी को कार्यभार नहीं सौंपा था। इस वकील ने उनके तबादले के खिलाफ हाई कोर्ट में जनहित याचिका दायर की थी। वकील ने पसरीचा को बताया था कि कोर्ट ने कोई बदलाव न करने का फैसला सुनाया है। अगर पसरीचा अपना पदभार छोड़ देते, तो यह अदालत की अवमानना होती। कई घंटों के बाद भी जब अदालत का आदेश उनके सामने पेश नहीं किया गया, तो पसरीचा ने पदभार छोड़ दिया।[2]

दया नायक की व्यथा

डेढ़ साल बाद मैं यहाँ एक और पुलिस अधिकारी के रोने को कवर कर रहा था। दया नायक पर आय से ज्यादा संपत्ति रखने का आरोप लगाया गया था। इतने बरसों में उन्होंने जो इज्जत कमाई थी, वह सामने दिख रही गिरफ्तारी के डर के आगे फीकी पड़ गई थी। दया तटीय कर्नाटक के एक गाँव के रहनेवाले

थे और कॉलेज की पढ़ाई के लिए अपने रिश्तेदारों के यहाँ बंबई आ गए थे। गुजारा करने के लिए उन्होंने छोटे-मोटे काम किए, जिसमें एक चाय की दुकान पर वेटर का काम भी शामिल था। महाराष्ट्र लोक सेवा परीक्षा पास करने के बाद उन्हें 1995 में बंबई पुलिस में सब-इंस्पेक्टर के रूप में भर्ती किया गया था। जुहू पुलिस स्टेशन में तैनात दया इंस्पेक्टर प्रदीप शर्मा से मिले, जो उनकी क्षमता से प्रभावित थे। जल्द ही शर्मा ने उन्हें अपनी टीम में शामिल कर लिया और दोनों ने एक साथ कई एनकाउंटर किए। दया की प्रसिद्धि जंगल की आग की तरह फैल गई और यह जोड़ी कई सीनियर अफसरों की पसंदीदा बन गई। दया के साथियों को इससे ईर्ष्या होती थी कि वे अपने सीनियर अफसरों की तरह एक अलग केबिनवाले सब-इंस्पेक्टर रैंक के एकमात्र अधिकारी थे।

दया की मुसीबतें 2006 के आरंभ में शुरू हुईं, जब एक मराठी अखबार ने एक हाईटेक स्कूल के बारे में खबर दी। यह स्कूल दया ने अपने पुश्तैनी गाँव येन्नेहोले में अपनी माँ राधा नायक के नाम पर खोला था। इसके उद्घाटन समारोह में अमिताभ बच्चन, सुनील शेट्टी और आफताब शिवदासानी जैसी हस्तियों ने भाग लिया। कहा जाता है कि इस प्रोजेक्ट पर करोड़ों रुपए खर्च किए गए थे, जो एक सब-इंस्पेक्टर की पहुँच से बाहर के लग रहे थे। यह अंदाज लगाया गया था कि दया ने अपने पद का दुरुपयोग करके कारोबारियों से पैसे वसूले थे। जल्द ही भ्रष्टाचार निरोधक ब्यूरो ने उनके खिलाफ आय के ज्ञात स्रोत से ज्यादा संपत्ति कमाने का मामला दर्ज कर लिया। तब दया ने अग्रिम जमानत के लिए आवेदन किया। जैसे ही जमानत अर्जी खारिज हुई और उनका जेल जाना तय लगने लगा, तो दया ने सरेंडर करने से पहले एक अज्ञात स्थान पर मुझे इंटरव्यू दिया।

वे दुःखी और परेशान थे। उन्होंने आरोप लगाया कि उनके ही पुराने साथियों ने ईर्ष्या से उनके खिलाफ साजिश रची थी, "मैं पुलिस फोर्स में अंदरूनी खींचतान का शिकार हुआ हूँ।"[3] इस मामले में उनकी पत्नी और दो दोस्तों पर भी मामला दर्ज किया गया था। भ्रष्टाचार निरोधक ब्यूरो के 60 दिन की निर्धारित समयावधि के भीतर उनके खिलाफ चार्जशीट दाखिल करने में नाकाम रहने पर दो महीने जेल में रहने के बाद उन्हें जमानत मिल गई। बाद की जाँच में उनके

खिलाफ कोई ठोस सबूत नहीं मिले और आखिरकार उन्हें छोड़ दिया गया। इसके बाद उन्हें पुलिस फोर्स में बहाल कर दिया गया।

मुंबई पुलिस में अंदरूनी लड़ाई

जब गैंगस्टर सड़कों पर एक-दूसरे के खून के प्यासे थे, तो उनका खात्मा करनेवालों के बीच एक समानांतर युद्ध चल रहा था। चूँकि मेरे कुछ साथी क्राइम रिपोर्टर और मैं अकसर पुलिस से बातचीत करते थे, इसलिए हमारे सामने यह एकदम साफ था। प्रदीप शर्मा और दया नायक ने मिलकर 80 से ज्यादा कथित गैंगस्टरों को मार डाला था और इसके लिए उनका बखान हीरो की तरह किया जाता था। हालाँकि इन दोनों ने कई बॉलीवुड फिल्मों को प्रेरित किया, लेकिन 21वीं सदी की शुरुआत में इनकी दोस्ती कई हिंदी फिल्मों की पटकथा की तरह प्रभावित हुई। शर्मा की टीम में और अफसर शामिल होने से उनके बीच असहमति और गलतफहमी पैदा हो गई। कहा जाता था कि दया की ख्याति अपने सीनियरों पर भारी पड़ रही थी और फुसफुसाहट थी कि उनके पंखों को काट दिया जाना चाहिए।

एक और दरार की अकसर चर्चा होती थी, जो प्रदीप शर्मा उर्फ बावा और विजय सालस्कर उर्फ महाराज के बीच थी। शर्मा और सालस्कर, दोनों 1983 बैच के थे। वे बंबई में एक साथ तैनात हुए थे और करीबी दोस्त बन गए थे। उन्होंने बंबई पुलिस के एंटी नारकोटिक्स सेल में भी कुछ वक्त तक काम किया था। हालाँकि बाद में अपने कॅरियर में वे आई.पी.एस. अफसरों के दो प्रतिद्वंद्वी गुटों का हिस्सा बन गए, जो एक-दूसरे से बेहतर प्रदर्शन करने की कोशिश कर रहे थे। इसका असर उनके रिश्तों पर हुआ। कुछ मुखबिर इन दोनों के लिए काम करते थे। उन्हें एक गुट ने दूसरे गुट के लिए काम करने से मना करना शुरू कर दिया। उन्होंने एक-दूसरे के मुखबिरों को गिरफ्तार करना भी शुरू कर दिया और उनके कामकाज को नाकाम करने की कोशिश की। उनके बीच की कड़वाहट ने पत्रकारों को भी विभाजित कर दिया। कुछ पत्रकार शर्मा के करीब आए, तो कुछ सालस्कर के। एक गुट के नजदीकी पत्रकारों को दूसरे गुट से खबरें नहीं मिलती थीं। मेरे दोस्त ए.सी.पी. अविनाश धर्माधिकारी के शर्मा और सालस्कर,

दोनों के साथ अच्छे रिश्ते थे। उन्होंने इन दोनों के बीच सुलह कराने की कोशिश की, लेकिन बात बनी नहीं।[4]

सीनियर आई.पी.एस. अफसरों के बीच भी इस तरह की कड़वाहट साफ नजर आती थी। 1990 के दशक के अंत में और इस सदी की शुरुआत में मुंबई पुलिस के भीतर गुटबाजी ऐसी थी कि ज्यादातर अफसर किसी-न-किसी के साथ माने जाते थे। दरअसल मुंबई पुलिस के पूर्व कमिश्नर राकेश मारिया ने अपनी आत्मकथा 'लेट मी से इट नाउ' में इस गुटबाजी को स्वीकार करके खुद को आंतरिक राजनीति का शिकार बताया। उन्होंने लिखा है कि झूठे आतंकी अलर्ट जारी करने के झूठे आरोपों पर उनसे पूछताछ की गई और उनकी पदोन्नति को रोकने की कोशिश की गई। उनका कहना है कि महत्त्वपूर्ण पदों के लिए उनके नाम पर विचार नहीं किया गया और जानबूझकर उनकी इमेज को खराब किया गया। हालाँकि अपने कॅरियर के कुछ आखिरी सालों के दौरान मारिया को विभिन्न महत्त्वपूर्ण पदों पर नियुक्त किया गया था। इनमें क्राइम ब्रांच के ज्वॉइंट कमिश्नर, ए.टी.एस. के चीफ और आखिर में मुंबई के पुलिस कमिश्नर शामिल थे।

उन इलाकों के मुताबिक हमेशा मौजूद लॉबी रही हैं, जहाँ से आई.पी.एस. और आई.ए.एस. अफसर आते थे, जैसे—'पंजाबी लॉबी', 'यूपी-बिहार लॉबी' और 'मराठी लॉबी'। हालाँकि शायद ही कभी इन समूहों के बीच संघर्ष की खबरें आई हों। इसके बजाय वे गुपचुप काम करते हैं और राज्य तथा केंद्र में मौजूदा नेताओं के साथ अच्छे रिश्ते बनाकर अपने और अपने साथियों के लिए अच्छी पोस्टिंग पाने की कोशिश करते हैं।

कुछ पुलिस अफसर कुछ खास नेताओं के खास माने जाते हैं और अपने कार्यकाल के दौरान महत्त्वपूर्ण पोस्टिंग पाते हैं। उदाहरण के लिए, महाराष्ट्र के मुख्यमंत्री के रूप में देवेंद्र फडणवीस का कार्यकाल मुट्ठी भर आई.पी.एस. अफसरों के लिए अच्छा साबित हुआ था। लेकिन उन तमाम अफसरों को 2019 में उद्धव ठाकरे के मुख्यमंत्री बनने पर दरकिनार कर दिया गया था। उनमें से कुछ पर आपराधिक आरोप भी लगे थे।

एनकाउंटर स्पेशलिस्टों का विरोधाभास

"मेरे पास पूरे भारत में एक हजार मुखबिरों का नेटवर्क है। डॉक्टर, इंजीनियर और जज मेरे मुखबिर नहीं हैं। कोई व्यक्ति जो दूर से 'जुड़ा हुआ' है और जिसके खिलाफ कुछ मामले हैं, वह मेरा मुखबिर हो सकता है। मुझे उनके साथ रोजमर्रा संपर्क में रहना होता है। उनसे मिली पक्की जानकारी की बदौलत ही हम लोगों की जान बचाने में सफल रहे हैं। ऐसा नेटवर्क मैंने पुलिस के काम के लिए बनाया है।"[5]

प्रदीप शर्मा ने मेरे कैमरे के सामने अपना बचाव करते हुए ये शब्द कहे थे। उन्हें अगस्त 2008 में संगठित अपराध सिंडिकेट के लिए काम करने के आरोप में मुंबई पुलिस से बरखास्त कर दिया गया था। अपने घर पर एक इंटरव्यू में शर्मा ने कुछ आरोपियों के साथ अपने संपर्कों को यह दावा करते हुए सही ठहराया कि वे उनके मुखबिर थे। 10 महीने बाद वे महाराष्ट्र प्रशासनिक ट्रिब्यूनल (एम.ए.टी.) में चुनौती देकर अपनी बरखास्तगी को रद्द कराने में कामयाब रहे। एम.ए.टी. ने उनके हक में फैसला सुनाया। ट्रिब्यूनल ने सरकार के खिलाफ कड़ी टिप्पणी करते हुए कहा कि शर्मा के खिलाफ आरोप बेबुनियाद थे।

हालाँकि दो साल बाद शर्मा को 2006 में वर्सोवा में छोटा राजन के गिरोह के कथित सदस्य रामनारायण गुप्ता उर्फ लखन भैया की हत्या करने के आरोप में गिरफ्तार किया गया था। लखन भैया के भाई ने आरोप लगाया था कि लखन भैया को सरेआम मार डाला गया था और इस गुनाह को रफा-दफा करने के लिए एनकाउंटर की कहानी गढ़ी गई थी। सलाखों के पीछे चार साल बिताने के बाद शर्मा को जुलाई 2013 में हत्या के आरोप से बरी कर दिया गया था। हालाँकि इस कथित फर्जी एनकाउंटर में शामिल 13 दूसरे पुलिसवालों को दोषी ठहराकर उन्हें जेल की सजा सुनाई गई थी।

शर्मा को पुलिस फोर्स में बहाल किया गया और ठाणे पुलिस के हफ्ता वसूली निरोधी सेल में तैनात किया गया। पुलिस में अपने दूसरे कार्यकाल के दौरान दाऊद इब्राहिम के छोटे भाई इकबाल की गिरफ्तारी उनकी बड़ी कामयाबियों में से एक थी। हालाँकि उन्होंने अपनी राजनीतिक महत्त्वाकांक्षाओं को पूरा करने के लिए जुलाई 2019 में पुलिस से इस्तीफा दे दिया। पहले उन्होंने

उस वर्ष अक्तूबर में विधानसभा चुनाव लड़ने के लिए बीजेपी से टिकट माँगा, लेकिन उनकी मनचाही सीट बीजेपी के साथ किए गए सीट-बँटवारे के मुताबिक शिवसेना के पास थी। इसलिए शर्मा शिवसेना में शामिल हो गए और क्षितिज ठाकुर के खिलाफ नालासोपारा सीट से चुनाव लड़ा। क्षितिज 'बहुजन विकास आघाडी' के उम्मीदवार थे और लोकल बाहुबली हितेंद्र ठाकुर के बेटे थे। शर्मा लगभग 43,000 मतों के अंतर से हार गए। उन्हें जून 2021 में एक और हत्या के आरोप में गिरफ्तार किया गया था।

रवींद्रनाथ आंग्रे, दत्ता घुले और सचिन वाझे जैसे बाकी एनकाउंटर स्पेशलिस्ट भी अलग-अलग विवादों में उलझे हुए हैं। अंडरवर्ल्ड के संकट के फौरी समाधान के रूप में उभरे एनकाउंटर स्पेशलिस्ट दोधारी तलवार निकले। वे शुरू में फले-फूले, लेकिन बाद में वे कई तरह के आरोपों के घेरे में आ गए। तब उन्होंने दावा किया कि सीनियर अफसरों और नेताओं ने उन्हें 'इस्तेमाल करके फेंक दिया'। हालाँकि उनकी खूबियाँ उनका अस्तित्व बचाने में कामयाब रही हैं। वे शायद सबसे काबिल हैं। अपने खिलाफ कई मामले दर्ज होने, सस्पेंड होने और जेल जाने के बावजूद वे हर बार ज्यादा हौसले और मजबूती के साथ वापसी करते हैं।

एक क्राइम रिपोर्टर के तौर पर मैंने देखा है कि अंडरवर्ल्ड से लड़ने के अपने खतरे हैं। गंदगी साफ करते समय हाथों को साफ रखना मुश्किल होता है। एक गिरोह को खत्म करने के लिए एक अफसर को उसके प्रतिद्वंद्वियों के संपर्क में रहना होता है और टारगेट वाले गिरोह के कुछ सदस्यों को मुखबिर बनाना पड़ता है। अकसर पुलिस अफसरों के लिए कायदों के मुताबिक काम करना कठिन हो जाता है और यही मुंबई में पुलिस के कामकाज का काला पहलू है।

तेलगी घोटाला

मैं 2002 के आखिर में मुंबई पुलिस मुख्यालय के अपने रोजाना के दौरे के दौरान अपने दोस्त और सीनियर क्राइम रिपोर्टर जे. डे से मिला। वे उन दिनों सुबह के एक अखबार के लिए काम करते थे। डे आमतौर पर अपनी भावनाओं को खुद तक ही सीमित रखना पसंद करते थे, लेकिन उस दिन जैसे ही हम चाय

पीने के लिए बैठे, उनकी भावनाएँ उन पर हावी हो गईं। जब मैंने उनसे पूछा कि मामला क्या है, तो उन्होंने अपनी जेब से कागज का एक टुकड़ा निकाला और कहा, 'यह एक बम है! अगर यह बात किसी अखबार में छपी, तो पूरी महाराष्ट्र पुलिस में खलबली मच जाएगी और कई अधिकारियों की बलि चढ़ जाएगी। लेकिन मेरे संपादक इसके महत्त्व को नहीं समझ पा रहे हैं। वे इसे एक मामूली खबर की तरह अंदर के किसी पन्ने पर छापने को कह रहे हैं। मैंने इसे रोक रखा है। मैं इतनी अच्छी खबर को खत्म नहीं करना चाहता।'[6]

उस कागज पर महाराष्ट्र पुलिस चीफ के नाम पुणे के एडिशनल पुलिस कमिश्नर एस.एम. मुश्रिफ के एक खत का ब्योरा था। इस खत में उन्होंने पुलिस में भ्रष्टाचार की शिकायत की थी। मुश्रिफ ने लिखा था कि करोड़ों रुपए के फर्जी स्टांप पेपर घोटाले में रहस्यमय तरीके से कुछ आरोपियों के नाम जोड़े गए थे और कुछ के नाम हटा दिए गए थे। उन्हें शक था कि घोटाले के सरगना अब्दुल करीम तेलगी से पैसे ऐंठने के लिए ये सब किया गया है। वे इस बात से नाराज थे कि मामले की जाँच तकनीकी रूप से तो उनकी देखरेख में की गई थी, लेकिन जाँच अधिकारी सीधे पुणे पुलिस कमिश्नर को रिपोर्ट करते थे।

अब्दुल करीम तेलगी कोई मामूली अपराधी नहीं था। वह कर्नाटक के बेलगाम के खानापुर का रहनेवाला था। उसके पिता लाडसाब कुली थे। तेलगी शहर के रेलवे स्टेशन पर ट्रेनों में खाने-पीने का सामान बेचता था। फिर वह बेहतर मौके की तलाश में बंबई आ गया। उसने एक ट्रैवल और प्लेसमेंट एजेंसी शुरू की, जिसके जरिए उसने विदेश में काम करने के इच्छुक लोगों को धोखा दिया और जल्द ही गिरफ्तार हो गया। जेल में उसकी मुलाकात एक स्टॉक ब्रोकर से हुई, जिसने उसे नकली दस्तावेज बनाना सिखाया। रिहा होने के बाद तेलगी ने करोड़पति बनने का अपना सपना पूरा करने के लिए इस नए हुनर का इस्तेमाल किया।

उसे पता चला कि इंडिया सिक्योरिटी प्रेस पुराने प्रिंटिंग ब्लॉक्स को कबाड़ के रूप में बेचने की योजना बना रहा है। कानूनी स्टांप पेपरों की छपाई के लिए ब्लॉकों का इस्तेमाल किया जाता था। नियमों के मुताबिक, ब्लॉकों को बेचने से पहले उन्हें तोड़ा जाना था, लेकिन तेलगी ने कुछ अफसरों के साथ मिलीभगत

कर ये ब्लॉक तोड़े जाने से बचा लिये। उन ब्लॉकों से तेलगी ने एक समानांतर प्रिंटिंग प्रेस चलाना शुरू किया। उसने नौजवान ग्रैजुएटों को काम पर रखा, जिन्होंने नकली स्टांप पेपर तमाम फर्मों को कम रेट पर बेचे। उसका यह धंधा भारत के आठ राज्यों में फला-फूला और उसने इससे करोड़ों रुपए की कमाई की। लेकिन उसका यह फलता-फूलता धंधा और शानदार लाइफस्टाइल नवंबर 2001 में रुक गया, जब उसे कर्नाटक पुलिस ने गिरफ्तार कर लिया। उसके खिलाफ दूसरे राज्यों में भी मामले दर्ज थे। फिर उसकी हिरासत पुणे पुलिस ने ली, जहाँ बंड गार्डन पुलिस स्टेशन में उसके खिलाफ केस दर्ज किया गया था। मुश्रिफ के पत्र में इसी मामले में भ्रष्टाचार का आरोप लगाया गया था।

निराश डे मेरे साथ उस खत का मजमून साझा करने को तैयार थे। उनका मानना था कि इस खबर को उठानेवाला एक राष्ट्रीय टेलीविजन न्यूज चैनल इससे इनसाफ करेगा और तब उनके संपादक को उनके स्कूप के लिए इतना ठंडा रुख दिखाने पर पछतावा होगा। मैं समझ नहीं पा रहा था कि डे इतनी बड़ी खबर का श्रेय मुझे क्यों देना चाहते हैं? भले ही खबर किसी अखबार के अंदर के पन्नों में कहीं छपे, लेकिन बाद में वे इसका श्रेय ले सकते थे। शायद इसमें उनके संपादक के रवैये से कहीं ज्यादा कुछ और भी था। शायद वे सीनियर पुलिस अफसरों की नाराजगी से बचना चाहते थे। लेकिन खबर में दम था और इसे न छपना गलत होता।

मैंने उस खत का ब्योरा नोट कर लिया और अपनी ओर से उसकी सच्चाई की जाँच की। अगली सुबह 'आज तक', जहाँ मैं 2002 तक काम करता था, की पहली हेडलाइन फ्लैश हुई—'पुणे पुलिस का घोटाला! करोड़ों रुपए के तेलगी घोटाले के आरोपियों की सूची में संदेहास्पद तरीके से कुछ नाम जोड़े और हटाए गए।' पहले बुलेटिन से सुबह 7 बजे से पूरे दिन यह खबर दोहराई जाती रही। जैसीकि डे की उम्मीद थी, इसने न केवल पुलिस फोर्स में, बल्कि सियासी गलियारों में भी हंगामा खड़ा कर दिया। इस खबर को सभी राष्ट्रीय टीवी न्यूज चैनलों और अखबारों ने उठाया था। विपक्षी दलों ने भी इसे हाथोहाथ लिया। शर्मिंदा राज्य सरकार ने इस मामले की जाँच पुणे पुलिस से लेकर डी.आई.जी. सुबोध जायसवाल की अध्यक्षता वाली एस.आई.टी. को सौंप दी।

डी.आई.जी. जायसवाल की जाँच में यह नतीजा निकला कि महाराष्ट्र पुलिस में उनके कुछ सहयोगियों ने वास्तव में तेलगी से पैसे वसूले थे। राज्य के पुलिस चीफ को सौंपी गई एक गोपनीय रिपोर्ट में जायसवाल ने उन लेन-देन का खुलासा किया, जहाँ तेलगी ने एक आरामदायक पुलिस हिरासत और अपने रिश्तेदारों को गिरफ्तारी से बचाने के लिए रिश्वत की पेशकश की थी।

एनडीटीवी के लिए काम करनेवाले क्राइम रिपोर्टर संजय सिंह ने इस धमाकेदार रिपोर्ट को लीक किया था। इससे राज्य में एक और हंगामे का दौर शुरू हो गया और मामला बॉम्बे हाई कोर्ट तक पहुँच गया। अदालत ने आदेश दिया कि जाँच की निगरानी वह खुद करेगी और उसने पूर्व पुलिस आई.जी. एस.एस. पुरी की अध्यक्षता में एक और एस.आई.टी. बना दी। सुबोध जायसवाल को इस एस.आई.टी. का भी सदस्य बनाया गया था। इस टीम को पुलिस अधिकार दिए गए थे, जिसका अर्थ था कि वह इस मामले में गिरफ्तारी भी कर सकती थी।

पुरी और उनके स्टाफ को वर्ली में पुलिस आवास विभाग की इमारत में रखा गया था। एस.आई.टी. की जाँच के साथ ही कई गिरफ्तारियाँ की गई थीं। मुंबई क्राइम ब्रांच के अफसरों पर तेलगी के साथ साँठ-गाँठ करने और पुलिस हिरासत में कफ परेड में अपने अपार्टमेंट में रहने और पार्टी करने देने का आरोप लगाया गया था। ज्वॉइंट पुलिस कमिश्नर, डी.सी.पी., ए.सी.पी. और क्राइम ब्रांच के इंस्पेक्टरों—सभी को फँसाया गया और सलाखों के पीछे डाल दिया गया।

मुंबई पुलिस की नामी और सबसे भरोसेमंद ब्रांच 2003-04 में अपने सबसे बुरे दौर से गुजर रही थी। इसकी शान मानी जानेवाली काले पत्थर की इमारत पर बदनामी का साया छाया था। हर दूसरे दिन आँसू भरी आँखोंवाले गिरफ्तार पुलिसकर्मियों के सीन शूट करना दिल दहला देनेवाला था। जब उन्हें अदालत में पेश करने के लिए एस.आई.टी. ऑफिस से बाहर ले जाया जाता था, तो यही नजारा होता था। कुछ अरसा पहले ही तो उन्हें हीरो करार दिया जाता था, जिन्होंने अंडरवर्ल्ड से मुंबईकरों की हिफाजत की थी। मीडया के कैमरों के सामने मुजरिमों की परेड कराने में कभी न झिझकनेवाले पुलिसवाले अब खुद मुजरिमों के रूप में टाटा सूमो में एस.आई.टी. अधिकारियों के बीच ठूँसे हुए नजर आते थे।

एस.आई.टी. के निशाने पर गृहमंत्री छगन भुजबल और उनके भतीजे समीर भुजबल भी थे। अफवाह थी कि उन दोनों को कभी भी गिरफ्तार किया जा सकता है। नवंबर 2003 में इस मामले की जाँच सी.बी.आई. को सौंप दी गई। आखिर छगन और समीर भुजबल को गिरफ्तार नहीं किया गया।

शिवसेना ने गिरफ्तार पुलिसवालों को अपने समर्थन की घोषणा की और 'सामना' ने उनके साथ सहानुभूति रखते हुए लेख छापे। गिरफ्तार पुलिसवालों के कई समर्थकों को लगा कि एस.आई.टी. की जाँच उन्हें चुप कराने के लिए अंडरवर्ल्ड की एक चाल थी। कुछ सीनियर आई.पी.एस. अफसर दोस्तों ने मुझे बताया कि डी.आई.जी. सुबोध जायसवाल को पुलिस बिरादरी से निंदा और बहिष्कार का सामना करना पड़ा और उन्होंने केंद्र सरकार में डेप्युटेशन पर जाने का विकल्प चुना। मई 2021 में उन्हें सी.बी.आई. चीफ बना दिया गया था।

तेलगी घोटाले को उस मामले के रूप में याद किया जाता है, जिसमें कांस्टेबलों से लेकर पुलिस कमिश्नरों तक सभी रैंक के पुलिसवालों को गिरफ्तार किया गया था। कई अफसरों को बाद में अदालतों ने बेकसूर करार दिया था। लेकिन वह वक्त मुंबई पुलिस के इतिहास का सबसे काला सफा है।

ख्वाजा यूनुस का गायब होना

मैं जनवरी 2003 की शुरुआत में जब वर्ल्ड ट्रेड सेंटर में स्टार न्यूज के प्री-लॉञ्च प्रशिक्षण के दौर से गुजर रहा था, तो मेरे एक सोर्स ने मुझे फोन किया— "ख्वाजा यूनुस भाग गया! वाझे उसे जाँच के लिए औरंगाबाद ले जा रहे थे, लेकिन परनेर के पास उनकी जिप्सी पलट गई। वाझे घायल हो गए, जबकि यूनुस भाग गया।" सचिन वाझे असिस्टेंट पुलिस इंस्पेक्टर थे और ख्वाजा यूनुस घाटकोपर बम धमाके के मामले में आरोपी था।

वाझे एक बहादुर, होशियार, टेक्नोलॉजी के जानकार, चालाक और अस्थिर मन के पुलिस अफसर थे। वे उन पहले पुलिस अफसरों में से एक थे, जिनसे मैं अपने कॅरियर में एक क्राइम रिपोर्टर के रूप में परिचित हुआ था। वाझे ने अपने सौम्य स्वभाव, सज्जनता और शर्ट और जींस की सादी औपचारिक पोशाक के साथ एक पुलिस अफसर की बनी-बनाई इमेज को तोड़ा था। वे एक पुलिस

अफसर के बजाय एक बैंकर या कॉरपोरेट अफसर ज्यादा लगते थे।

वाझे इंस्पेक्टर प्रदीप शर्मा की हाई–प्रोफाइल 'एनकाउंटर टीम' का हिस्सा थे। वाझे जैसे पुलिसवाले मुंबई में क्राइम रिपोर्टिंग में जोश भरवाते थे। वे हमें पुलिस एनकाउंटरों और खबरों के लायक तमाम जानकारियाँ देते थे। तब साल भर में कुल मिलाकर करीब 100 एनकाउंटर होते थे। किसी एनकाउंटर की खबर आपको कितनी जल्दी मिलती थी, यह उस दौर में क्राइम रिपोर्टरों की काबिलीयत का पता लगाने का एक पैमाना था।

1990 के बैच में कमीशन पानेवाले वाझे की शुरुआती पोस्टिंगों में से एक ठाणे पुलिस में थी। वे जल्द ही ठाणे पुलिस के तब के चीफ भुजंगराव मोहिते के पसंदीदा बन गए। मोहिते को 2001 में मुंबई क्राइम ब्रांच का चीफ बनाकर भेजा गया, तो उन्होंने इंस्पेक्टर प्रदीप शर्मा की अगुवाई वाली क्राइम इंटेलिजेंस यूनिट (सी.आई.यू.) के अँधेरी ऑफिस में वाझे को तैनात किया था।

2 दिसंबर, 2002 की शाम को घाटकोपर रेलवे स्टेशन के बाहर बेस्ट बस संख्या 416 में एक बम फटने से जोरदार धमाका हुआ था। इसमें दो लोगों की मौत हो गई और कई घायल हो गए थे। मुंबई पुलिस ने हरकत में आकर तेजी से नौ लोगों को गिरफ्तार किया, जो कथित तौर पर प्रतिबंधित संगठन; 'स्टूडेंट्स इसलामिक मूवमेंट ऑफ इंडिया' (सिमी) से जुड़े थे। उनमें से एक ख्वाजा यूनुस नाम का परभणी का 27 वर्ष का सॉफ्टवेयर इंजीनियर था। सी.आई.यू. अफसर होने के नाते सचिन वाझे भी जाँच टीम का हिस्सा थे।

जनवरी 2003 में वाझे ने बताया कि कैसे औरंगाबाद के रास्ते में उनकी जिप्सी दुर्घटनाग्रस्त हो गई और यूनुस ने बचने के लिए उसका फायदा उठाया। इस कहानी ने एक अलग रंग ले लिया, जब एक और आरोपी मतीन बासित ने आरोप लगाया कि यूनुस असल में हिरासत में भयानक यातना के कारण ही मर गया होगा और बाद में यह दिखाने के लिए एक कहानी गढ़ी गई कि वह भाग गया है। यूनुस के लापता होने पर जबरदस्त हंगामा हुआ और मामला बॉम्बे हाई कोर्ट तक पहुँच गया।

महाराष्ट्र सरकार ने मामले को राज्य के अपराध जाँच विभाग (सी.आई.डी.) को सौंप दिया। 2004 में वाझे और तीन और पुलिसकर्मियों को गिरफ्तार कर

लिया गया। उन्हें पुलिस से सस्पेंड कर दिया गया। सी.आई.डी. ने आरोप लगाया कि यूनुस को मौत के घाट उतार दिया गया था और हिरासत में हुई हत्या को छिपाने के लिए एक झूठी कहानी गढ़ी गई थी। असल में, आज तक यह पता नहीं चल पाया है कि यूनुस जिंदा है या मर गया? यूनुस के साथ गिरफ्तार किए गए बाकी आठ लोगों को बरी कर दिया गया। इससे लोगों ने अंदाज लगाया कि यूनुस शायद बेकसूर भी था।

जमानत पर छूटने के बाद वाझे ने पुलिस से इस्तीफा दे दिया, लेकिन उनका इस्तीफा मंजूर नहीं किया गया। वे 2008 के आसपास शिवसेना में शामिल हो गए और न्यूज चैनलों पर नेशनल डिबेट में शामिल होने लगे। उन्होंने कुछ समय के लिए टीवी9 में सलाहकार के तौर पर भी काम किया। वाझे पुस्तक-प्रेमी थे और जल्द ही पुस्तकें पढ़ने और लिखने में व्यस्त हो गए। उन्होंने 26/11 के मुंबई हमलों पर आधारित पुस्तक 'जिंकुन हरलेली लढाई' लिखी थी। उन्होंने व्हाट्सऐप की तर्ज पर 'लयभारी' नाम से एक मोबाइल ऐप्लिकेशन भी डेवलप किया। मुंबई प्रेस क्लब में उस ऐप के लॉन्च इवेंट में वाझे ने दावा किया था कि यह व्हाट्सऐप से ज्यादा सेफ है। वे लाइव चैट में हिस्सा लेते थे और टीवी चैनलों को आई.टी. एक्सपर्ट के तौर पर साउंड बाइट देते थे। वाझे ने हमेशा कहा कि ख्वाजा यूनुस जिंदा है और अंडर कवर है। मुंबई पुलिस के तमाम यश के बावजूद ख्वाजा यूनुस का गायब होना एक ऐसा मामला था, जिसने उसकी इमेज को बहुत धूमिल किया और उसकी साख पर सवाल उठाए।

एंटीलिया साजिश

तेलगी घोटाले और ख्वाजा यूनुस के लापता होने के मामले ने 2003-04 में मुंबई पुलिस को हिलाकर रख दिया था। उसके 17 साल बाद, 2021 में एंटीलिया साजिश के रूप में इतिहास ने खुद को फिर दोहराया। इस मामले ने महाराष्ट्र में पुलिस और सियासी गलियारों को हिलाकर रख दिया।

अरबपति उद्योगपति मुकेश अंबानी दक्षिण मुंबई के अल्टामाउंट रोड पर रहते हैं। उन्होंने अपने 27 मंजिला रिहाइशी टावर का नाम अटलांटिक महासागर में एक पौराणिक द्वीप के नाम पर 'एंटीलिया' रखा है। 2012 में बनकर तैयार होने

के बाद से ही यह इमारत सबको हैरान करती रही है। हालाँकि 2021 में जिस चीज ने जनता का ध्यान एंटीलिया की ओर खींचा, वह 25 फरवरी को इमारत के पास खड़ी 20 जिलेटिन की छड़ों से लदी महिंद्रा स्कॉर्पियो एस.यू.वी. थी।

सचिन वाझे घटनास्थल पर पहुँचनेवाले पहले अफसरों में से एक थे। वे 2004 से सस्पेंड थे और मई 2020 में उनकी बहाली हुई थी। उसके बाद वाझे एक बार फिर से असिस्टेंट पुलिस इंस्पेक्टर के तौर में मुंबई पुलिस की अपराध खुफिया इकाई (सी.आई.यू.) में तैनात थे। उनकी बहाली से कई लोगों की भौंहें तन गई थीं, लेकिन आगे और भी झटके आनेवाले थे। जूनियर रैंक का अफसर होने के बावजूद उन्हें ताकतवर सी.आई.यू. का इनचार्ज बनाया गया था। वे सभी सीनयरों को दरकिनार करके सीधे पुलिस कमिश्नर परमबीर सिंह को रिपोर्ट करते थे। उनके विवादास्पद अतीत और 16 साल के सस्पेंशन को भुलाकर तमाम हाई-प्रोफाइल जाँच उन्हें सौंप दी गई थीं।

महिंद्रा एस.यू.वी. में विस्फोटकों के साथ कोई डेटोनेटर नहीं मिला। इसके अंदर अंबानी को धमकी देनेवाला एक खत था—"यह तो सिर्फ एक ट्रेलर है प्यारी नीता भाभी, मुकेश भैया।" पुलिस को टेलीग्राम ऐप पर 'जैश-उल-हिंद' नाम के एक संगठन का एक और मेसेज भी मिला, जिसमें यही धमकी दोहराई गई थी। जब एस.यू.वी. के मालिक मनसुख हिरन को ठाणे में ढूँढ़ निकाला गया, तो उसने कहा कि उनकी कार ऐरोली जंक्शन के पास ईस्टर्न एक्सप्रेस हाईवे से चोरी हो गई थी।

सी.आई.यू. ने मामले की जाँच की। आतंकवाद विरोधी दस्ते (ए.टी.एस.) और राष्ट्रीय जाँच एजेंसी (एन.आई.ए.) ने भी समानांतर जाँच शुरू की, क्योंकि मामला विस्फोटकों और प्रधानमंत्री के उद्योगपति मित्र मुकेश अंबानी से संबंधित था।

विपक्ष के बीजेपी नेता देवेंद्र फड़णवीस ने राज्य का मुख्यमंत्री रहते हुए पुलिस अफसरों का एक ग्रुप खड़ा किया था। ऐसी धारणा थी कि उनमें से कुछ अफसर अब भी उनके वफादार थे और उन्हें पुलिस विभाग में होनेवाली घटनाओं की जानकारियाँ दिया करते थे। फड़णवीस ऐसे अफसरों के जरिए एंटीलिया मामले के घटनाक्रम पर भी नजर रख रहे थे।

5 मार्च, 2021 को विधानसभा सेशन में फड़णवीस ने यह आरोप लगाकर सबको चौंका दिया कि एस.यू.वी. के मालिक मनसुख हिरन असल में सचिन वाझे को जानते थे। उन्होंने यह भी खुलासा किया कि चोरी होने से पहले हिरन की कार का इस्तेमाल वाझे ने किया था। वाझे के खिलाफ फड़णवीस को मजबूत शक था। जैसे ही उन्होंने अपना भाषण खत्म किया, मनसुख हिरन की मौत की खबर सामने आई। यह चौंकानेवाली बात थी। उसका शव ठाणे क्रीक में पाया गया था और उसके मुँह में 10 नए रूमाल ठूँसे हुए थे। हिरन की पत्नी को उसकी हत्या के लिए सचिन वाझे पर शक था। काफी हंगामा होने पर एक हफ्ते बाद क्राइम ब्रांच से वाझे का तबादला कर दिया गया। फिर भी मुख्यमंत्री उद्धव ठाकरे ने सदन में उसका बचाव किया, "सचिन वाझे ओसामा बिन लादेन नहीं हैं। किसी आदमी को निशाना बनाना, उसे फाँसी देना और फिर जाँच करना सही नहीं है।"[7]

जब एन.आई.ए. ने आधिकारिक रूप से मामले को अपने हाथ में लिया तो बात पलट गई। 13 मार्च की सुबह वाझे ने अपने व्हाट्सऐप स्टेटस में कहा कि उन्हें 2004 में ख्वाजा यूनुस मामले में झूठा फँसाया गया था और वही इतिहास दोहराया जा रहा है। उन्होंने लिखा—"तब शायद मेरे पास 17 साल की आशा, धैर्य, जीवन और सेवा भी थी। अब मेरे पास न तो 17 साल और जीवन होगा, न सेवा, न जीने का धैर्य। मुझे लगता है कि दुनिया को अलविदा कहने का समय करीब आ रहा है।" इस मेसेज से लगा कि वाझे खुदकुशी करने के बारे में सोच रहा है। लेकिन इससे पहले कि वह ऐसा कुछ करने की कोशिश कर पाता, उसे एन.आई.ए. ने गिरफ्तार कर लिया।

एन.आई.ए. ने आरोप लगाया कि वाझे ने एंटीलिया के पास विस्फोटक से भरी एस.यू.वी. खड़ी की थी और हिरन की हत्या में भी उसका अहम रोल था। प्रदीप शर्मा सहित चार और मौजूदा और रिटायर्ड पुलिसवालों को गिरफ्तार किया गया। शर्मा ने शिवसेना के टिकट पर चुनाव लड़ने के लिए पुलिस से वी.आर.एस. लिया था। एन.आई.ए. ने अदालत में दाखिल चार्जशीट में कहा है—

"जैसाकि धमकी से साफ है, आरोपी सचिन वाझे के कार में विस्फोटक और धमकी का पत्र रखना आतंक की एक करतूत थी। साफ है कि उसका

इरादा नामी और अमीर लोगों को आतंकित करने और खतरनाक परिणामों का डर दिखाकर उनसे पैसे उगाहने का भी था। टेलीग्राम चैनल पर पोस्ट की गई 'जैश-उल-हिंद' की धमकी के जरिए इस करतूत को भरोसे लायक बनाने की कोशिश जानबूझकर की गई लगती है और मनसुख हिरन की हत्या आतंकवाद के इसी कदम का नतीजा थी।'[8] *वाझे ने अपने खिलाफ लगाए गए इन सभी आरोपों का खंडन किया है।*

इस घटनाक्रम से शर्मिंदा सरकार ने 18 मार्च को पुलिस आयुक्त परमबीर सिंह को हटा दिया और उनका तबादला कमतर होम गार्ड विभाग में कर दिया। इसके फौरन बाद महाराष्ट्र के गृहमंत्री अनिल देशमुख ने मराठी चैनल 'एबीपी माझा' को एक इंटरव्यू दिया और पूरी गड़बड़ी के लिए सिंह को दोषी ठहराया। सिंह ने 20 मार्च को राज्यपाल भगत सिंह कोश्यारी और मुख्यमंत्री उद्धव ठाकरे को एक लेटर लिखकर आरोप लगाया कि गृहमंत्री अनिल देशमुख अकसर वाझे को अपने बँगले पर बुलाते थे और उन्हें बार और रेस्त्राँ मालिकों से हर महीने 100 करोड़ रुपए उगाहने के लिए मजबूर करते थे।[9]

परमबीर सिंह की चिट्ठी ने समस्याओं का पिटारा खोल दिया। महाराष्ट्र के इतिहास में कभी भी किसी सीनियर आई.पी.एस. अफसर ने अपने राजनीतिक आका पर भ्रष्टाचार का इतना संगीन आरोप नहीं लगाया था। बीजेपी ने मौके का फायदा उठाया और देशमुख को बरखास्त करने के लिए सरकार पर दबाव डाला। ठीक उसी तरह 5 अप्रैल को देशमुख को इस्तीफा देने के लिए कहा गया, जैसे छगन भुजबल ने तेलगी घोटाले के बाद गृह मंत्रालय से इस्तीफा दे दिया था।

कुछ कार्यकर्ताओं ने बॉम्बे हाई कोर्ट का दरवाजा खटखटाया। उसके बाद सी.बी.आई. ने देशमुख के खिलाफ सिंह के आरोपों की शुरुआती जाँच की। मनी लॉन्ड्रिंग के आरोप में प्रवर्तन निदेशालय (ई.डी.) ने भी मामला दर्ज किया और देशमुख को गिरफ्तार कर लिया गया। राज्य के कई पुलिस थानों में परमबीर सिंह के खिलाफ जबरन वसूली से लेकर कुछ और ज्यादतियों तक के कई क्रिमिनल केस दर्ज किए गए। सिंह कुछ समय के लिए अंडरग्राउंड भी हो गए थे, लेकिन जब महाराष्ट्र पुलिस फोर्स उन्हें भगोड़ा घोषित करके उनकी संपत्ति को जब्त

करनेवाली थी, तो वे फिर से सामने आ गए। वे उन सभी पुलिस स्टेशनों में पेश हुए, जहाँ उनके खिलाफ मामले दर्ज किए गए थे। लेकिन उन्हें किसी भी मामले में गिरफ्तार नहीं किया जा सका, क्योंकि वे सुप्रीम कोर्ट से गिरफ्तारी से बचाव का आदेश लेकर आए थे। जबरन वसूली के मामलों में उनके साथ नामजद जूनियर रैंक के कुछ अफसरों को गिरफ्तार किया गया। बाद में सुप्रीम कोर्ट ने सिंह के खिलाफ दर्ज सभी मामले सी.बी.आई. को सौंप दिए। □

10

एक नई सियासत

महाराष्ट्र की सियासत में 1995 एक ऐतिहासिक साल था। कांग्रेस और उससे अलग हुई पार्टियों को पहली बार शिवसेना-बीजेपी गठबंधन के हाथों हार का सामना करना पड़ा था। 1992-93 की घटनाओं का असर अब राज्य की सियासत पर साफ नजर आ रहा था। भगवा गठबंधन सत्ता में आ गया था। अयोध्या मामले के बाद महाराष्ट्र में पहली बार 1995 में विधानसभा चुनाव हुए थे। सांप्रदायिक दंगों के कारण हुए ध्रुवीकरण का सीधा फायदा भगवा पार्टियों को हुआ था।

सांप्रदायिक ध्रुवीकरण

विश्व हिंदू परिषद् (वी.एच.पी.) ने 6 दिसंबर, 1992 को अयोध्या में विवादित स्थल पर 'कारसेवा दिवस' घोषित किया था। 'कारसेवा' शब्द का अर्थ है—किसी धार्मिक काम में अपनी इच्छा से सेवाएँ देना। इसे राम मंदिर बनाने के लिए एक सांकेतिक घटना माना जा रहा था। जल्द ही वीएचपी और उसके सहयोगी संगठनों के सदस्य अयोध्या में पहुँचने लगे। चूँकि शिवसेना ने राम मंदिर आंदोलन के लिए अपने समर्थन की घोषणा की थी, इसलिए पार्टी ने बंबई और बाकी जगहों से अपने शिवसैनिकों को भेजा।

जब बंबई के पूर्व महापौर नंदू साटम 6 दिसंबर, 1992 को 72 शिवसेना नगरसेवकों के साथ अयोध्या पहुँचे, तो दोपहर हो चुकी थी और बाबरी ढाँचे को करीब-करीब गिरा दिया गया था। साटम ने मुझे बताया कि जिस ट्रेन से वे बंबई से अयोध्या पहुँचे थे, उस पर झाँसी के पास ट्रैक के किनारे की झुग्गियों में

रहनेवालों ने हमला किया था और इसलिए वह ट्रेन लेट हो गई। मनोहर जोशी के नेतृत्व में शिवसेना नेताओं का एक और समूह अगले दिन तक पहुँच सका। यह साफ नहीं था कि क्या बंबई के शिवसैनिकों की बाबरी ढाँचे को गिराने में कोई भूमिका थी? हालाँकि इसके फौरन बाद बाल ठाकरे ने घोषणा की, "अगर मेरे शिवसैनिकों ने मसजिद को गिराया है तो मुझे उन पर गर्व है।"[1]

साटम ने मुझे बताया कि ठाकरे का बयान तब आया, जब बीजेपी नेता सुंदर सिंह भंडारी ने ढाँचा गिराने के लिए शिवसेना को जिम्मेदार ठहराया। "ढाँचा गिराए जाने के बाद बीजेपी के सभी आला नेता डर गए और उन्होंने अपनी पार्टी को इससे अलग कर लिया। केवल बालासाहेब में जिम्मेदारी लेने की हिम्मत थी", साटम ने कहा।[2] बाल ठाकरे ने एक क्रिमिनल केस का जोखिम लेते हुए ये बयान दिया था। भंडारी ने ठीक वही शब्द कहे थे, जो शिवसेना खुद को दिखाना चाहती थी—एक उग्रवादी हिंदू संगठन!

ठाकरे के इस बयान ने हिंदुत्व विचारधारा की खास पार्टी होने की शिवसेना की इमेज को मजबूत किया। 1984 में भिवंडी में सांप्रदायिक दंगों के बाद से पार्टी ने एक उग्रवादी हिंदू संगठन होने की प्रतिष्ठा प्राप्त की थी। 1987 में एक विधानसभा उप-चुनाव में शिवसेना ने पहली बार खुलकर हिंदुत्व को एक सियासी मुद्दे के तौर पर अपनाया था। ठाकरे ने मुसलमानों के खिलाफ भड़काऊ भाषण दिए और सांप्रदायिक आधार पर शिवसेना उम्मीदवारों के लिए वोट माँगे। शिवसेना ने नारा दिया—'गर्व से कहो, हम हिंदू हैं।'

6 दिसंबर के बाद की घटनाओं से न केवल बंबई, बल्कि पूरे देश में साफतौर पर सांप्रदायिक ध्रुवीकरण हो गया था। मैं खुद एक सियासी बदलाव को महसूस कर सकता था, जिसमें परिवार, दोस्त और पड़ोसी बँट गए थे। दंगों के दूसरे चरण के दौरान मेरे अंकल घर से चले गए थे। तब दो शिवसैनिकों ने मेरे परिवार को महफूज जगह पर पहुँचाया था। इसलिए मेरा परिवार खुद को शिवसेना का कर्जदार महसूस करता था। शहरी इलाकों के हिंदुओं में एक आम भावना यह थी कि हिंदुओं को अल्पसंख्यक समुदाय बनने से बचाने के लिए शिवसेना-बीजेपी गठबंधन को सत्ता में आना चाहिए।

बुलडोजर वाले का हथौड़ा

पकमोडिया स्ट्रीट में दाऊद इब्राहिम के बचपन के घर के ठीक सामने कभी एक शानदार इमारत हुआ करती थी, जो आसपास की खस्ताहाल इमारतों और मामूली चॉलों से मेल नहीं खाती थी।

मई 1992 तक इसे 'कादरी बिल्डिंग' के नाम से जाना जाता था। तब दाऊद के गुर्गों ने इसे खरीद लिया और किराएदारों को मामूली रकम देकर बेदखल कर दिया था। खरीद के समय इमारत बहुत खस्ताहाल थी और इसकी मरम्मत के लिए बी.एम.सी. से मंजूरी माँगी गई थी। वह मंजूरी मिलने के बाद इमारत को ढहाकर एक नई पाँच मंजिला इमारत खड़ी कर दी गई थी।

इस पूरी तरह से एयर कंडीशंड इमारत का अगला हिस्सा बेल्जियम से मँगाए गए ग्लास से बनाया गया था। बाथरूम में कीमती संगमरमर और सोने की परत वाले नल लगे थे। पहली मंजिल पर एक फैंसी स्विमिंग पुल था। घर में शानोशौकत का मंजर था। दाऊद इस ताजमहल का शाहजहाँ था और मेहजबीन उसकी मुमताज। कादरी बिल्डिंग को अब 'महजबीन टावर' कहा जाता था। दाऊद ने बंबई में अपने रिश्तेदारों के लिए उतने ही शानदार तरीके से रहने का इंतजाम किया था, जैसे कि वह दुबई में रह रहा था।

आर्किटेक्चर के इस नायाब नमूने की चर्चा पूरी बंबई में थी कि बीच के स्तर के बी.एम.सी. अफसर गोविंद राघो खैरनार 1993 में मजबूत हथौड़े, कुछ बुलडोजर और 100 से ज्यादा मजदूरों की पलटन के साथ पकमोडिया स्ट्रीट पहुँचे। वे हिंसक टकराव की आशंका से पुलिस को साथ लाए थे। पुलिस ने इमारत तोड़ना शुरू होने से पहले इलाके की घेराबंदी कर दी थी। 'महजबीन टावर' एक दिन के भीतर ही मलबे के ढेर में तब्दील हो गया।

खैरनार के हथौड़े ने दाऊद की दहशत पर बहुत बड़ी चोट की। किसी ने कभी सपने में भी नहीं सोचा था कि बी.एम.सी. का एक अफसर डॉन के घर को नेस्तनाबूद करने की हिम्मत करेगा! खैरनार के लिए मेहजबीन टावर दाऊद के कब्जे की महज एक और अवैध जगह थी और इसे तोड़ना उनका फर्ज था। वे एक ईमानदार, साहसी और सख्त अफसर थे, जो अवैध फेरीवालों के खिलाफ अभियानों और झुग्गी-झोंपड़ियों में चलाए जा रहे शराब और जुए के अड्डों

को नष्ट करने के लिए जाने जाते थे। खैरनार ने जवेरी बाजार में आरोपी टाइगर मेमन की इमारत और डोंगरी में दाऊद के गुर्गे सलीम तलवार की इमारत को भी तोड़ डाला था।

खैरनार एक राष्ट्रीय नायक के रूप में उभरे और उन्हें 'डिमोलिशन मैन ऑफ बॉम्बे' कहा जाने लगा। अपनी आत्मकथा 'एकांकी झुंज' (एकाकी संघर्ष) में खैरनार ने लिखा है कि 'मार्च 1993 में सुधाकरराव नाईक की जगह शरद पवार के महाराष्ट्र का मुख्यमंत्री बनने के बाद उन्हें अपने दाऊद विरोधी अभियान में बाधाओं का सामना करना पड़ा। तोड़क कारवाई के लिए पुलिस सुरक्षा पाना मुश्किल हो गया और सरकारी अधिकारियों का सहयोग धीरे-धीरे फीका पड़ने लगा। बी.एम.सी. में उनके वरिष्ठ अफसरों ने सुझाव दिया कि मुझे अपना अभियान धीमा कर देना चाहिए।' खैरनार पर केवल मुसलिम बहुल इलाकों में अवैध इमारतों को निशाना बनाने का आरोप लगाया गया था, जो सांप्रदायिक तनाव को फिर से भड़का सकता था। जब खैरनार दबाव के आगे नहीं झुके, तो अवैध इमारतों को तोड़ने को मंजूरी देने या न देने के लिए एक समिति बना दी गई।[3]

नाराज खैरनार ने खुले तौर पर दावा किया कि मुख्यमंत्री शरद पवार के इशारे पर उनके अधिकारों पर अंकुश लगाया जा रहा है। उन्होंने अपनी परेशानी के लिए पकमोडिया स्ट्रीट के लोगों पर आरोप लगाते हुए यहाँ तक कह दिया कि जिस मंच पर राजनेताओं ने दाऊद के इलाके में चुनावी सभाओं को संबोधित किया था, उसका खर्चा माफिया बॉस के गुर्गों ने उठाया था।[4] इस तरह के आक्रोश ने शरद पवार को दाऊद के हमदर्द के तौर पर पेश किया। पवार सरकार ने एक समय खैरनार के खिलाफ मानहानि का मुकदमा दायर करने पर विचार किया, लेकिन उस विचार पर अमल नहीं किया। सेवा नियमों का उल्लंघन करने और अनुशासनहीनता के काम के आरोप में खैरनार को आखिरकार 1994 में सस्पेंड कर दिया गया था।

अपने सस्पेंशन के बाद खैरनार ने भ्रष्टाचार विरोधी मुहिम शुरू की। देश भर के सामाजिक संगठन उन्हें भाषण देने के लिए बुलाने लगे। उन भाषणों में उन्होंने बताया कि कैसे उन्हें अपना फर्ज निभाने और दाऊद इब्राहिम के सामने

अड़ने के लिए दंडित किया गया था! 1993 के धमाकों के बाद दाऊद बंबई का 'दुश्मन नंबर 1' और खैरनार शहर में उसके वर्चस्व से भिड़ने के मिशन में लगे हीरो के तौर पर उभरे थे। खैरनार के खिलाफ काररवाई को दाऊद के पक्ष में माना गया। कई नामी नागरिकों ने खैरनार के समर्थन में रैली निकाली और बी.एम.सी. में उनकी बहाली की माँग की।

शिवसेना-बीजेपी गठबंधन ने खैरनार के सत्ता-विरोधी अभियान का फायदा उठाया, लेकिन शरद पवार पर कभी मुकदमा नहीं चलाया गया। पवार के खिलाफ ट्रक भरकर सबूत लाने का जो दावा खैरनार ने एक बार किया था, उसे उन्होंने कभी पूरा नहीं किया।[5] खैरनार को सन् 2000 में सेवा में बहाल किया गया। विडंबना यह है कि उन्हें सस्पेंड करने में कांग्रेस का हाथ था और बाद में उसी ने उनकी बहाली का समर्थन भी किया। शिवसेना के चुनाव जीतने में खैरनार के भ्रष्टाचार विरोधी अभियान की भी भूमिका थी, फिर भी वह उन्हें बहाल करने के खिलाफ थी।[6]

दाऊद के हितों की रक्षा करने के अलावा शरद पवार पर तमाम अपराधियों को सियासत में आने का मौका देने का भी आरोप लगाया गया था। अगस्त 1994 में एक पुलिस अफसर उल्हास जोशी ने बॉम्बे हाई कोर्ट में एक हलफनामा दायर किया, जिसमें आरोप लगाया गया कि मुख्यमंत्री वसई, विरार और उल्हासनगर जैसे बंबई के पड़ोसी इलाकों के कुछ गैंग लॉर्ड्स के हितों की रक्षा कर रहे थे।[7]

30 अप्रैल, 1991 की रात को चाँदी की सिल्लियों से लदा एक ट्रॉलर बंबई से लगभग 100 किलोमीटर दूर वडराई के तटीय गाँव के पास पलट गया। हादसे की भनक लगते ही आदिवासी ग्रामीण बड़ी संख्या में मौके पर पहुँच गए और उस ट्रॉलर से प्रतिबंधित सामान को उठा ले गए। उन दिनों दाऊद का गिरोह चाँदी की सिल्लियों की तस्करी करके वहाँ भेजता था, जहाँ से उन्हें बंबई ले जाया जाता था। इस घटना की जानकारी जब दाऊद को हुई, तो उसने अपने लोकल एजेंट जयेंद्र उर्फ भाई ठाकुर को फोन कर चाँदी बरामद करने के लिए कहा। ठाकुर बंबई से सटे वसई-विरार क्षेत्र में एक खूँखार गैंगस्टर था।

दाऊद के निर्देश पर भाई ठाकुर और उसके बाइकरों की टीम ने वडराई पर छापा मारा और ग्रामीणों को बेरहमी से तंग किया। चाँदी की सभी सिल्लियाँ

बरामद कर ली गईं, लेकिन तीन ग्रामीणों को उस बेरहमी के कारण अपनी जान गँवानी पड़ी। यह मामला आठ महीने बाद ही सामने आ सका, क्योंकि किसी ने भी ठाकुर के खिलाफ शिकायत दर्ज करने की हिम्मत नहीं की थी। मामला दर्ज होने के बाद वह दुबई भाग गया था। उसे 23 जुलाई, 1993 को काठमांडू के रास्ते दिल्ली आने पर गिरफ्तार किया गया।

इससे पहले शरद पवार के मुख्यमंत्री काल में 1990 में भाई ठाकुर के भाई हितेंद्र को वाडराई नरसंहार से एक साल पहले विधानसभा चुनाव में कांग्रेस ने उम्मीदवारी की पेशकश की थी। बाद में हितेंद्र ठाकुर को टाडा के तहत एक बिल्डर की हत्या की साजिश रचने और अवैध हथियार रखने के आरोप में गिरफ्तार किया गया था। "मैं जनता के लिए काम करता हूँ और इसलिए मैं बार-बार चुना जाता हूँ। मुझे क्रिमिनल केसों में झूठा फँसाया गया था", ठाकुर ने मुझे 2004 में एक इंटरव्यू में बताया था।[8]

जिस तरह ठाकुर बंधुओं का वसई-विरार के तटीय इलाके पर दबदबा था, उसी तरह सुरेश उर्फ पप्पू कालानी बंबई से कुछ दूर एक शहर उल्हासनगर में अपने बाहुबल के बूते राज करता था। यह उपनगर पाकिस्तान से आए सिंधी प्रवासियों की घनी आबादी वाला था। कालानी का गिरोह उल्हासनगर में मौजूद कई गिरोहों में सबसे ताकतवर था। वह हफ्ता वसूली और कई अवैध कारोबारों से फलता-फूलता था। पप्पू कालानी 1986 की शुरुआत में कांग्रेस में शामिल होकर सियासत में दाखिल हुआ था। लेकिन वह विधायक 1990 में पवार के कार्यकाल के दौरान बना।

विधानसभा में ठाकुर और कालानी का चुना जाना एक चुनावी मुद्दा बन गया और पवार के विरोधियों ने उन पर सियासत में अपराधियों को लाने का आरोप लगाया। चुनाव-प्रचार के दौरान पवार ने उनके चुनाव क्षेत्रों का दौरा किया और उनके समर्थन में रैलियों को संबोधित किया। अपनी आत्मकथा 'ऑन माई टर्म्स' में पवार ने इन आरोपों को खारिज कर दिया और दावा किया कि उनके नाम की सिफारिश पार्टी की लोकल इकाइयों ने की थी। वे तो महज पार्टी के कहने पर राज्य भर में अपने चुनावी दौरे के एक हिस्से के रूप में उनके लिए प्रचार करने गए थे।[9]

पवार को आरोपों की एक और आँधी का सामना करना पड़ा, जब अनुभवी वकील राम जेठमलानी ने भगोड़े दाऊद इब्राहिम का एक फोन कॉल आने का खुलासा किया। उन्होंने कहा कि उस कॉल में दाऊद ने सरेंडर करने की इच्छा जाहिर की थी। जेठमलानी ने आरोप लगाया कि उन्होंने इस पेशकश के बारे में पवार को बताया था, लेकिन पवार ने इसे खारिज कर दिया। सवाल उठे थे कि शरद पवार क्यों नहीं चाहते थे कि दाऊद भारत लौट आए?

पवार ने बताया कि दाऊद ने जो शर्तें रखी थीं, उन्हें पूरा नहीं किया जा सकता था। दाऊद ने माँग की थी कि उसे केवल घर में ही नजरबंद रखा जाए और वह बंबई सीरियल धमाकों की सुनवाई से राहत चाहता है। सीनियर पुलिस अफसरों और केंद्र सरकार ने पवार को बताया कि दाऊद जैसा अपराधी सरकार पर शर्तें नहीं थोप सकता और इसलिए उसकी पेशकश ठुकरा दी गई। पवार ने जेठमलानी के खुलासे को भी महज पब्लिसिटी स्टंट बताते हुए खारिज कर दिया।[10]

कांग्रेस पर आरोप-प्रत्यारोप का दौर जारी रहा। 12 सितंबर, 1992 को दाऊद के शूटरों ने जे.जे. अस्पताल पर हमला किया, जहाँ गवली गैंग के शूटर शैलेश हल्दणकर को भीड़ द्वारा पीटे जाने के बाद भरती कराया गया था। उसने 26 जुलाई, 1992 को दाऊद के बहनोई इब्राहिम पारकर की हत्या कर दी थी और दाऊद ने इस हत्या का बदला लेने की कसम खाई थी। यह बंबई के अंडरवर्ल्ड से जुड़े अहम शूटआउटों में से एक था। इसमें शैलेश हलदणकर और दो पुलिसकर्मी मारे गए थे।

जाँच से पता चला कि आरोपियों ने भागने के लिए भिवंडी-निजामपुर नगर निगम के अध्यक्ष जयवंत सूर्यराव की सरकारी कार का इस्तेमाल किया था। सूर्यराव के कांग्रेस का सदस्य होने के कारण शिवसेना-बीजेपी गठबंधन को कांग्रेस पर हमला करने का एक और मौका मिल गया। जब यह शूटआउट हुआ, तब सुधाकरराव नाईक सी.एम. थे। नाईक ने अपराधियों के खिलाफ काररवाई शुरू कर दी थी। उन्होंने अपनी ही पार्टी के सदस्यों को भी नहीं बख्शा। कांग्रेस विधायक होने के बावजूद हितेंद्र ठाकुर और पप्पू कालानी, दोनों पर नाईक के कार्यकाल के दौरान टाडा के तहत मामला दर्ज किया गया था।

कांग्रेस के भीतर ही पवार की छवि खराब करने की कोशिश भी हुई। पार्टी की राज्य इकाई दो गुटों में बँट गई। एक गुट पवार की प्रधानमंत्री बनने की ख्वाहिश से परेशान था। उसने पवार के खिलाफ इन आरोपों को हवा दी।[11] यह सच्चाई, अर्धसत्य, अफवाहों और झूठ का मेल-जोल था।

'शिवशाही'

30 सितंबर, 1993 को रिक्टर पैमाने पर 6.4 की तीव्रता के साथ महाराष्ट्र के इतिहास में सबसे घातक भूकंप आया था। भूकंप का केंद्र बंबई से 500 किलोमीटर दूर लातूर जिले का किल्लारी गाँव था। आपदा में 10,000 से ज्यादा लोग मारे गए और दर्जनों गाँव तबाह हो गए। राज्य में बेमौसम बारिश भी हुई। इस बारिश ने फसलों को नुकसान पहुँचाया और किसानों को बरबाद कर दिया। यह सब विपक्ष के लिए सरकार को घेरने का एक और मौका बन गया। बाल ठाकरे ने अपनी चुनावी रैलियों में अकसर कहा कि मुख्यमंत्री के रूप में शरद पवार ऐसी आपदाओं के असर को कम करने में नाकाम साबित हुए हैं।

23 नवंबर, 1994 को गोवारी समुदाय के करीब 5,000 सदस्यों ने अनुसूचित जनजाति का दर्जा देने की माँग को लेकर नागपुर से विधान भवन तक मार्च किया। वे नौकरियों और शिक्षा में आरक्षण का लाभ चाहते थे। प्रदर्शनकारियों पर लाठीचार्ज के कारण भगदड़ मच गई। इससे 114 मौतें हुईं और 500 से ज्यादा घायल हुए। पीड़ितों में ज्यादातर महिलाएँ और बच्चे थे। यह घटना विधानसभा चुनाव से चार महीने पहले हुई और पवार सरकार के खिलाफ सत्ता-विरोधी लहर में शामिल हो गई। भगवा गठबंधन के नेताओं ने इस मुद्दे को खूब उठाया।

इन सबके अलावा शिवसेना सुप्रीमो बाल ठाकरे के पर्सनल करिश्मे ने भी शरद पवार के नेतृत्व वाली कांग्रेस सरकार की हार में योगदान दिया। उन्होंने मिमिक्री और अपशब्दों से भरे भाषणों के साथ राज्य भर में जोरदार प्रचार किया। वे हर जगह पवार सरकार की 'नाकामियों' और 'गलत कामों' को उठाते थे।

11 मार्च, 1995 को शिवसेना-बीजेपी गठबंधन के चुनाव जीतने के बाद ठाकरे ने घोषणा की कि वे कोई सरकारी पद नहीं सँभालेंगे। उन्होंने जो प्रतिज्ञाएँ

की थीं, उनमें से यह भी एक थी। मुख्यमंत्री पद के लिए मनोहर जोशी को अपनी पसंद बताते हुए ठाकरे ने कहा, "सरकार का रिमोट कंट्रोल मेरे हाथ में होगा।"[12]

महाराष्ट्र विधानसभा की कुल 288 सीटों में से भगवा गठबंधन ने 138 पर जीत हासिल की थी। 10 निर्दलीय विधायकों ने गठबंधन को अपना समर्थन दिया। इस तरह उन्होंने 145 सीटों का जादुई आँकड़ा हासिल कर लिया। अपनी जीत से पहले शिवसेना ने महाराष्ट्र में 'शिवशाही' यानी छत्रपति शिवाजी के प्रशासन जैसा सुशासन शुरू करने का वादा किया था। हालाँकि गठबंधन के सत्ता में रहने के पाँच साल भ्रष्टाचार के आरोपों, विकास योजनाओं की नाकामी, क्रिमिनल केसों, शिवसेना के भीतर आपसी कलह, गठबंधन में सहयोगियों के बीच झगड़े और कई विवादों से भरे रहे।

गांधीवादी सामाजिक कार्यकर्ता अन्ना हजारे ने मंत्रियों—शशिकांत सुतार, महादेव शिवणकर और बबनराव घोलप पर भ्रष्टाचार के आरोप लगाए। हालाँकि बाद में उन सभी को आरोपों से बरी कर दिया गया, लेकिन हजारे के आरोपों ने सरकार को शर्मिंदा कर दिया। मनोहर जोशी पुणे में एक भूमि आवंटन घोटाले में अपने दामाद गिरीश व्यास के कथित रूप से शामिल होने को लेकर निशाने पर आ गए। आरोप यह था कि पुणे के एक खास इलाके में एक स्कूल के लिए रिजर्व 30,000 वर्ग फीट का एक प्लॉट रिहाइशी प्रोजेक्ट के लिए व्यास की एक कंपनी के हक में अन-रिजर्व कर दिया गया था।[13]

बाल ठाकरे के भतीजे राज ठाकरे भी रमेश किणी की हत्या के मामले में फँस गए। किणी को पुणे के एक सिनेमा हॉल में मरा हुआ पाया गया था। इस मामले में राज ठाकरे के एक नजदीकी को गिरफ्तार किया गया था। किणी की पत्नी के आरोपों के आधार पर कांग्रेस ने आरोप लगाया कि साजिश में राज ठाकरे ने खुद भूमिका निभाई थी। किणी की पत्नी ने खुलासा किया कि उनके मकान-मालिक चाहते थे कि हम उनसे कुछ पैसे लेकर फ्लैट खाली कर दें। किणी के मना करने पर फ्लैट मालिक ने राज ठाकरे के साथ अपनी नजदीकी का इस्तेमाल उन्हें परेशान करने के लिए किया। सी.बी.आई. ने राज ठाकरे से गहरी पूछताछ की, लेकिन आखिर उन्हें क्लीन चिट दे दी गई।

जुलाई 1997 में डॉ. बाबासाहेब आंबेडकर की प्रतिमा के अपमान के बाद

पूर्वी उपनगर घाटकोपर में एक झुग्गी-बस्ती रमाबाई नगर में दंगे भड़क उठे। पुलिस फायरिंग में 10 लोग मारे गए और 26 घायल हो गए। इस घटना के बाद विपक्षी दलों ने भगवा सरकार को दलित विरोधी करार दिया।

बीजेपी-शिवसेना सरकार के खिलाफ सत्ता-विरोधी भावनाओं ने रफ्तार पकड़नी शुरू कर दी। इसका असर 1998 के लोकसभा चुनावों में दिखा, जब कांग्रेस ने ज्यादातर सीटों पर जीत हासिल की। राज्य में अगले चुनाव में भगवा गठबंधन की सत्ता में वापसी के आसार कमजोर होते दिख रहे थे। शिवसेना और बीजेपी के बीच कई मतभेद भी सामने आए। उनके बीच कड़वाहट इतनी बढ़ गई कि गोपीनाथ मुंडे ने एक बार कैबिनेट की बैठक में भाग लेने से भी इनकार कर दिया।

मनोहर जोशी से बाल ठाकरे की निराशा भी समय के साथ बढ़ती गई। जोशी इस तरह काम करते थे कि उनका जोर अपनी बात को मनवाने और एक समानांतर सत्ता केंद्र बनाने की इच्छा का मुजाहिरा करता लगता था। यह सब ठाकरे को अच्छा नहीं लगा। जब एनरॉन पावर प्रोजेक्ट की एक अफसर रेबेका मार्क बातचीत के लिए मुख्यमंत्री जोशी से मिलने से पहले बाल ठाकरे से मिलने गईं, तो गुस्से में जोशी ने उनसे मिलने से इनकार कर दिया। इससे ठाकरे और नाराज हो गए। 'सामना' ने जोशी सरकार के खिलाफ लेख छापने शुरू कर दिए। शरद पवार की तारीफ करनेवाली जोशी की अचानक की गई कुछ टिप्पणियों ने घाव पर नमक छिड़क दिया। ठाकरे ने राजनीति से संन्यास की घोषणा की। जल्द ही शिवसेना के नेताओं, मंत्रियों और शिवसैनिकों ने बांद्रा में उनके निवास 'मातोश्री' में पहुँचकर उन्हें मना लिया। आखिर ठाकरे ने अपने फैसले को पलट दिया।

इसके बाद ठाकरे ने मनोहर जोशी से पद छोड़ने को कहा। कोकण के कद्दावर नेता नारायण राणे को नया मुख्यमंत्री बनाया गया। इस पर कई लोगों को अचरज हुआ, क्योंकि सुधीर जोशी, प्रमोद नवलकर और सुभाष देसाई जैसे कुछ और सीनियर नेताओं को इस प्रतिष्ठित पद के दावेदार के रूप में देखा जा रहा था।

सीनियर जर्नलिस्ट वागीश सारस्वत ने मुझे बताया कि बाल ठाकरे के अलग हो चुके बेटे जयदेव की पत्नी स्मिता ठाकरे ने नारायण राणे के नाम पर

जोर दिया था। वे शिवसेना में बहुत ताकतवर हो गई थीं। उन्होंने बाल ठाकरे पर दबाव बनाने के लिए राज ठाकरे के साथ हाथ मिला लिया था। राणे ने मुख्यमंत्री के तौर पर स्मिता के एन.जी.ओ. 'मुक्ति फाउंडेशन' के लिए एक अहम जगह पर 17,000 वर्ग मीटर का प्लॉट अलॉट करके उनका अहसान चुका दिया। राणे की एक और खूबी थी, पार्टी की तिजोरी भरने की उनकी काबिलीयत। सारस्वत याद करते हैं कि राणे ने उद्धव और राज को लैंड क्रूजर कार तोहफे में दी थी।[14]

भगवा सरकार 1996 में बंबई का नाम बदलकर 'मुंबई' करने में सफल रही, लेकिन झुग्गीवालों के लिए घर की योजनाओं और मराठी नौजवानों को रोजगार देने के चुनाव से पहले किए गए बाकी वादों को पूरा करने में वह नाकाम रही। गरीबों को किफायती भोजन मुहैया कराने के लिए प्राइवेट लोगों को अलॉट झुणका भाखर केंद्र 'फास्ट-फूड ज्वॉइंट्स' में बदल दिए गए। गठबंधन की चंद उपलब्धियों में मुंबई में 55 फ्लाईओवर बनाना, मुंबई-पुणे एक्सप्रेसवे पर काम शुरू करना और मुंबई अंडरवर्ल्ड को खामोश करना शामिल हैं।

सरकार का कार्यकाल पूरा होने से छह महीने पहले ही, 1999 में अगला राज्य विधानसभा चुनाव हुआ। शरद पवार ने कांग्रेस से नाता तोड़ लिया था और अपनी खुद की पार्टी 'राष्ट्रवादी कांग्रेस पार्टी' (एन.सी.पी.) की बना ली थी। कांग्रेस और एन.सी.पी. ने अलग-अलग चुनाव लड़ा। कांग्रेस 75 सीटों के साथ सबसे बड़ी पार्टी के रूप में उभरी। एन.सी.पी. ने 48 सीटें जीतीं।

शिवसेना और बीजेपी के बीच चुनाव से पहले से ही गठबंधन था और उन्हें कुल 125 सीटें मिलीं। यह एक खंडित जनादेश था, लेकिन चुनाव से पहले गठबंधन होने के कारण उनके पास सरकार बनाने का दावा पेश करने का मौका था। नारायण राणे को 145 सीटों के बहुमत के आँकड़े को पार करने के लिए निर्दलीय विधायकों और छोटे दलों से समर्थन मिलने का भरोसा था। लेकिन उन्होंने आरोप लगाया कि बीजेपी जरूरी समर्थन पत्र जारी करने में देरी कर रही है। राणे को शक था कि गोपीनाथ मुंडे शिवसेना से बेवफाई कर रहे हैं और मुख्यमंत्री बनने की अपनी महत्त्वाकांक्षा को पूरा करने के लिए एन.सी.पी. से समर्थन माँग रहे हैं। आखिरकार एन.सी.पी. ने कांग्रेस के साथ गठबंधन किया और कांग्रेस के विलासराव देशमुख को मुख्यमंत्री बनाते हुए नई सरकार बनी।

जब गुरु के खिलाफ हुआ शागिर्द

2000 में जुलाई की एक दोपहर बाल ठाकरे ने मुंबई के तत्कालीन पुलिस कमिश्नर एम.एन. सिंह को फोन किया।

"एम.एन., क्या तुम मुझे गिरफ्तार करोगे?" उन्होंने पूछा।

"हाँ, बालासाहेब। मुझे आपको गिरफ्तार करना होगा।"

"मुंबई ही नहीं, पूरा भारत जल उठेगा। क्या तुम यह जानते हो?" ठाकरे ने धमकी दी।

"बालासाहेब, भारत आपका है और मुंबई आपकी है। अगर आप चाहते हैं कि यह जले, तो इसे जलने दें। कृपया मुझे बताएँ कि आपने फोन क्यों किया है?"

"क्या मुझे गिरफ्तार करना जरूरी है? क्या तुम सीधे चार्जशीट दाखिल नहीं कर सकते?"

"नहीं साहेब। हमें आपको गिरफ्तार करना ही होगा।"

"ठीक है, तो क्या मुझे हथकड़ी लगाकर सड़कों पर घुमाओगे?" ठाकरे ने हलके-फुलके अंदाज में पूछा।

"नहीं, बालासाहेब। आप एक सम्मानित नेता और एक बुजुर्ग हैं। हम आपको उचित सम्मान देंगे।"

"मुझे तुम पर भरोसा है एम.एन., लेकिन उस लखोबा पर नहीं।" ठाकरे ने छगन भुजबल को 'लखोबा' कहा, जो एक मराठी नाटक का विरोधी पात्र था।

"नहीं। भुजबल साहब ने मुझे ऐसा कोई आदेश नहीं दिया है और अगर दिया भी, तो मैं उसे नहीं मानूँगा।"

"तो क्या मैं तुम्हारे पास आऊँ या तुम मेरे पास आओगे?" ठाकरे ने पूछा।

"आप क्यों नहीं आ जाते, बालासाहेब? पुलिस कमिश्नर ऑफिस की यह आलीशान ब्रिटिशकालीन इमारत आपको दिखाने में मुझे खुशी होगी।" बातचीत समाप्त होने पर सिंह मुसकराए।[15]

25 जुलाई, 2000 को मुंबई पुलिस के बाल ठाकरे को गिरफ्तार किए जाने से कुछ दिन पहले बाल ठाकरे और पुलिस कमिश्नर सिंह के बीच टेलीफोन पर यह बातचीत हुई थी। इस बातचीत में ठाकरे की चिंता और छगन भुजबल के

प्रति उनका अविश्वास झलक रहा था। हालाँकि भुजबल को उन्होंने ही सियासत सिखाई थी। ठाकरे को गिरफ्तार होने का डर नहीं था, लेकिन वे इससे बचना चाहते थे, क्योंकि इसे एक ऐसे शख्स की प्रतीकात्मक जीत के रूप में माना जाता, जिसका वे मजाक उड़ाया करते थे।

महाराष्ट्र के सियासी हलकों में बाल ठाकरे की गिरफ्तारी को एक ऐसे मामले के रूप में याद किया जाता है, जहाँ एक शागिर्द ने अपने गुरु से बदला लिया। भायखला बाजार में सब्जी बेचनेवाले छगन भुजबल 1960 के दशक के आखिर में नई पार्टी शिवसेना के नेता बाल ठाकरे के उग्र भाषणों से जोश से भर जाते थे। स्थानीय मराठी आबादी के गौरव के लिए लड़ने के ठाकरे के अभियान ने भुजबल को आकर्षित किया और वे शिवसेना में शामिल हो गए। भुजबल एक तेज-तर्रार नेता के रूप में उभरे। उन्होंने पार्टी को आगे बढ़ाने के लिए कड़ी मेहनत की। वे खुद भी पार्टी में तेजी से आगे बढ़े और जल्द ही ठाकरे के खास लोगों में शामिल हो गए।

1985 के विधानसभा चुनाव में जीतनेवाले शिवसेना के एकमात्र उम्मीदवार भुजबल ही थे। 1990 के चुनावों में भुजबल ने अपनी जीत दोहराई। इस बार शिवसेना 52 सीटें जीतकर सबसे बड़ी विपक्षी पार्टी के रूप में उभरी। उन्हें उम्मीद थी कि विपक्ष के नेता का प्रतिष्ठित पद उन्हें ही मिलेगा, लेकिन जब ठाकरे ने उनके बजाय मनोहर जोशी को चुना, तो वे निराश हो गए। उन्हें बंबई का मेयर बनने के लिए कहा गया, जिसे उन्होंने राज्य की राजनीति से शहर की राजनीति में डिमोशन के रूप में देखा। भुजबल नाराज थे। उन्हें चिढ़ानेवाला एक और मुद्दा था—बाल ठाकरे का मंडल आयोग की सिफारिशों का विरोध करना। भुजबल को ओ.बी.सी. (अन्य पिछड़ा वर्ग) के नेता के रूप में देखा जाता था, और ठाकरे के रुख ने उन्हें दुविधा में डाल दिया था।[16]

कांग्रेस नेता शरद पवार ने भुजबल की नाराजगी पर ध्यान दिया और इसे भुनाने की रणनीति बनाई। उन्होंने भुजबल को 18 अन्य शिवसेना विधायकों के साथ पार्टी से दलबदल करने के लिए राजी कर लिया। उनमें से ज्यादातर बाद में कांग्रेस में शामिल हो गए। ठाकरे के लिए यह एक बड़ा झटका था। शिवसेना बनने के बाद से यह पहला बड़ा विद्रोह था। दलबदल के कारण विधानसभा

में शिवसेना के विधायकों की संख्या अब कम हो गई थी, इसलिए बीजेपी के गोपीनाथ मुंडे ने विपक्ष के नेता पद के लिए दावा पेश कर दिया।

ठाकरे ने भुजबल को गद्दार घोषित कर करते हुए उन्हें सजा देने का फैसला किया। उन्होंने 1997 में एक ऐसे मौके का फायदा उठाया, जब शिवसेना-बीजेपी गठबंधन सत्ता में था। भुजबल की सरकारी सुरक्षा वापस ले ली गई। 13 जुलाई, 1997 को कई शिवसैनिक दक्षिण मुंबई में भुजबल के सरकारी बँगले में घुस गए और भुजबल को तलाशने लगे। यह देखकर भुजबल ने खुद को एक कमरे के अंदर बंद कर लिया। उन्हें न पाकर निराश शिवसैनिकों ने बँगले के अंदरूनी हिस्से में तोड़-फोड़ की और कुछ दस्तावेजों को जला दिया। भुजबल को बचाने के लिए पुलिस की एक टीम पहुँची। ठाकरे ने यह कहते हुए इस हमले का समर्थन किया कि उनके शिवसैनिक केवल भुजबल के भड़काऊ भाषणों पर प्रतिक्रिया कर रहे थे। इस हमले ने भुजबल को सबक सिखाने की ठाकरे की जिद पूरी की, लेकिन भुजबल के मन में बदला लेने की इच्छा भी भर दी।

शिवसेना-बीजेपी सरकार की जगह कांग्रेस-एन.सी.पी. गठबंधन की सरकार आने के बाद भुजबल को तब मौका मिला, जब वे गृहमंत्री बने। उन्हें बाल ठाकरे के खिलाफ एक पुराने मामले के बारे में पता चला, जिसमें उन पर 'सामना' में भड़काऊ लेख लिखने का आरोप लगाया गया था। भुजबल ने मुंबई पुलिस से इस मामले की फाइल फिर से खोलने को कहा और ठाकरे की गिरफ्तारी को मंजूरी दे दी।

पहले तो ठाकरे ने कमिश्नर सिंह की सलाह के मुताबिक खुद को पुलिस के सामने पेश करने पर विचार किया, लेकिन बीजेपी के प्रमोद महाजन ने उन्हें ऐसा न करने की चेतावनी दी।[17] 25 जुलाई, 2000 की सुबह एक पुलिस टीम ठाकरे के आवास 'मातोश्री' पहुँची और उन्हें गिरफ्तार कर लिया। उन्हें भोईवाड़ा अदालत में एक मेट्रोपॉलिटन मजिस्ट्रेट के सामने पेश किया गया और करीब 45 मिनट की सुनवाई के बाद मामला बंद कर दिया गया और ठाकरे को छोड़ दिया गया। हालाँकि शहर में जबरदस्त तनाव था और डर के मारे दुकानें बंद थीं, फिर भी भारी पुलिस तैनाती की वजह से शिवसैनिक कोई उपद्रव नहीं कर सके।

ठाकरे की गिरफ्तारी प्रतीकात्मक थी, लेकिन भुजबल ने अपने ऊपर करवाए गए हमले का बदला ले लिया था। कई साल बाद एन.सी.पी. में भुजबल के सहयोगी अजित पवार ने खुलासा किया कि वे ठाकरे को गिरफ्तार करने के खिलाफ थे। भुजबल का नाम लिये बिना पवार ने कहा, "कुछ लोगों की जिद के कारण वह गिरफ्तारी की गई थी।"[18]

किडनैप ड्रामा : सरकार गिराने की कोशिश नाकाम

हालाँकि नारायण राणे केवल नौ महीने के लिए मुख्यमंत्री बने थे, लेकिन उन्होंने किसी-न-किसी तरह इस प्रतिष्ठित कुरसी पर वापस आने का लक्ष्य रखा था। 1999 के विधानसभा चुनाव के परिणाम आने के बाद उनके सत्ता में लौटने का एक मौका था, लेकिन गोपीनाथ मुंडे के असहयोग के कारण उन्हें वह मौका नहीं मिल सका।

जून 2002 में राणे को विलासराव देशमुख के नेतृत्व वाली कांग्रेस-एन.सी.पी. सरकार को गिराने का मौका मिला। 1999 के चुनाव में खंडित जनादेश था, जहाँ किसी भी पार्टी या गठबंधन को साफ बहुमत नहीं मिला था। इसीलिए देशमुख की सरकार कई छोटी पार्टियों और निर्दलीय विधायकों को मिलाकर बनी थी। कुछ असहमतियों के कारण 'शेतकारी कामगार पक्ष' (शेकाप) ने अपने पाँच विधायकों को गठबंधन से वापस ले लिया और देशमुख की सरकार अल्पमत में चली गई। सदन में विश्वास प्रस्ताव पारित करने के लिए राज्यपाल ने सी.एम. को 10 दिन की मोहलत दी। राणे ने इस मौके का फायदा उठाने के लिए कुछ और विधायकों को प्रस्ताव के खिलाफ वोट देने की रणनीति बनाई।

राणे योजना के अनुसार 5 जून, 2002 को कांग्रेस-एन.सी.पी. के कुछ विधायकों को जोगेश्वरी के 'मातोश्री क्लब' में ले गए। क्लब को सैकड़ों शिवसैनिकों, खासकर राणे के वफादारों ने घेर रखा था। कांग्रेस और एन.सी.पी. ने आरोप लगाया कि उनके विधायकों का राणे ने अपहरण कर लिया है और उन्हें दबाव में देशमुख की सरकार से अपना समर्थन वापस लेने के हलफनामे पर दस्तखत करने के लिए मजबूर किया जा रहा है।

विधायकों में से एक पद्माकर वाल्वी ने कड़ी सुरक्षा वाले क्लब से भागने

की कोशिश की, लेकिन राणे के लोगों ने उन्हें पकड़ लिया और वापस क्लब में भेज दिया। सरकार के निर्देश पर मुंबई पुलिस ने विधायकों को छुड़ाने के लिए आधी रात को मुहिम चलाई। क्लब में करीब 100 पुलिसकर्मी, एनकाउंटर स्पेशलिस्ट अफसर और एन.सी.पी. के दो विधायक पहुँचे। बनियान पहने हुए राणे बाहर आए और पुलिस टीम पर गालियों और धमकियों की बौछार कर दी। उन्होंने कुछ अफसरों को उन अहसानों की याद दिलाकर शर्मिंदा किया, जो उन्होंने मुख्यमंत्री रहते हुए उन पर किए थे। राणे की आक्रामकता को देखकर अफसरों ने नतीजा निकाला कि किसी भी पुलिस कारवाई से शहर में कानून-व्यवस्था की स्थिति पैदा हो सकती है। इसलिए वे लौट गए।

अगले दिन राणे ने मुझे और कुछ दूसरे पत्रकारों को बंदी विधायकों का इंटरव्यू करने के लिए बुलाया। राणे के लोगों की मौजूदगी में सभी विधायकों ने रिकॉर्ड पर स्वीकार किया कि उनका अपहरण नहीं किया गया था और वे अपनी मर्जी से क्लब में रह रहे थे।

विश्वास प्रस्ताव पर मतदान के लिए निर्धारित दिन 13 जून, 2002 को राणे सभी विधायकों को एक बस में विधान भवन ले गए। विधानसभा शुरू होने से पहले पद्माकर वाल्वी बाथरूम जाने के बहाने भाग गए और विधानसभा अध्यक्ष अरुण गुजराती से मिले। वाल्वी की इस शिकायत के बाद कि उनकी जान को खतरा है, गुजराती ने सदन के मार्शलों को उनकी सुरक्षा करने का आदेश दिया। गुजराती ने एन.सी.पी. और जनता दल (सेक्युलर) यानी जेडीएस पार्टियों के सात विधायकों को विश्वास प्रस्ताव के दौरान वोट देने के लिए अयोग्य घोषित किया। शेकाप के पाँच सदस्य मतदान से अनुपस्थित रहे। इससे बहुमत का आँकड़ा 145 से घटकर 138 रह गया। विलासराव देशमुख ने 143 वोट पाकर विश्वास प्रस्ताव जीत लिया, जबकि 133 विधायकों ने उनके खिलाफ मतदान किया। इस तरह देशमुख सरकार को गिराने की राणे की योजना नाकाम हो गई।

देशमुख के विश्वास प्रस्ताव जीतने से खुश होकर एन.सी.पी. और कांग्रेस कार्यकर्ताओं ने विधान भवन के बाहर जश्न मनाना शुरू कर दिया। इससे राणे और भी नाराज हो गए। बाहर जश्न मना रहे कार्यकर्ताओं और उनके लोगों के बीच हिंसक झड़प हो गई। नाराज मुख्यमंत्री देशमुख ने पुलिस कमिश्नर एम.एन.

सिंह को फोन किया और उन पर गरजे, "सिंह, हम सरकार में हैं, लेकिन हमारे आदमी पिट रहे हैं! तुम क्या कर रहे हो?"[19]

देशमुख की फटकार के बाद सिंह मंत्रालय के बाहर सड़क पर पहुँचे, जो तब तक मैदान-ए-जंग में तब्दील हो चुकी थी। उन्होंने देखा कि ज्यादातर दंगाई सड़क के किनारे नारायण राणे के बँगले के अंदर छिपे हुए थे। गुस्साए हुए सिंह उस बँगले में घुस गए। उन्होंने चेतावनी दी, "मिस्टर राणे, मैं आपको यह हंगामा रोकने के लिए पाँच मिनट का समय दे रहा हूँ। उसके बाद मेरी फोर्स बँगले में आ जाएगी।"

"आवाज ऊँची मत करो, सिंह। क्या तुम नहीं जानते कि मैं महाराष्ट्र का पूर्व मुख्यमंत्री हूँ?" राणे ने आक्रामक तरीके से जवाब दिया।

"मिस्टर राणे, मैं यहाँ शिष्टाचार मुलाकात पर नहीं हूँ। अपने लोगों को जाने के लिए कहो। यह मेरा आदेश है।" सिंह दृढ़ थे।[20]

उनकी चेतावनी काम कर गई और दंगे खत्म हो गए।

नारायण राणे का 'सरकार गिराने का ऑपरेशन' नाकाम रहा। अपनी आत्मकथा 'नो होल्ड्स बार्ड' में राणे ने अपनी उस नाकामी के लिए उद्धव ठाकरे और गोपीनाथ मुंडे को जिम्मेदार ठहराया। उनके मुताबिक, ठाकरे ने ऑपरेशन में ज्यादा दिलचस्पी नहीं ली, जबकि भगवा गठबंधन का हिस्सा होने के बावजूद मुंडे ने विरोधियों के लिए काम किया।[21]

शिवसेना में और बगावत

छगन भुजबल का कांग्रेस में दलबदल करना शिवसेना में पहली बगावत थी। उसके करीब 15 साल बाद पार्टी ने नारायण राणे के नेतृत्व में एक और बड़ी बगावत देखी।

जब उद्धव ठाकरे ने पार्टी के मामलों में शामिल होना शुरू किया, तो राणे ने पार्टी पर अपनी पकड़ खोनी शुरू कर दी। उद्धव और राणे के बीच दुश्मनी की पहली चिनगारी 1999 में देखी जा सकती है, जब उद्धव ने विधानसभा चुनाव के लिए राणे की सिफारिश के 15 उम्मीदवारों को बदल दिया। 2003 में जब

उद्धव को शिवसेना का कार्यकारी अध्यक्ष बनाया गया, तो उनके रिश्ते में और खटास आ गई।

राणे ने महसूस किया कि पार्टी की महत्त्वपूर्ण बैठकों और फैसले करने की प्रक्रियाओं से उन्हें दरकिनार कर दिया गया है। विलासराव देशमुख के नेतृत्व वाली कांग्रेस-एन.सी.पी. सरकार को गिराने के अपने अभियान में उन्हें उद्धव से जरूरी समर्थन नहीं मिला था। 2004 के विधानसभा चुनावों के लिए पार्टी के टिकट बाँटने के दौरान राणे को अनदेखा किया गया। उनके वफादारों को उम्मीदवारी से वंचित कर दिया गया। राणे को मनोहर जोशी और सुभाष देसाई पर अपने खिलाफ साजिश रचने का शक था। इससे उद्धव से उनकी ठन गई। वे उद्धव के पर्सनल असिस्टेंट मिलिंद नार्वेकर को पार्टी में मिल रही तवज्जो से भी खफा थे। राणे ने अपनी बेइज्जती का मामला बाल ठाकरे के सामने रखा। जैसाकि राणे ने बताया, 'बाल ठाकरे और उनके बेटे उद्धव के बीच गरमागरम बहस भी हुई। गुस्से में आकर उद्धव ने अपनी पत्नी के साथ मातोश्री छोड़ने की धमकी दे डाली।'[22]

राणे अब अपने दुःख को काबू नहीं कर सके। 2005 में पार्टी की एक मीटिंग में उन्होंने उद्धव और उनके वफादारों के खिलाफ बोलने में कोई कसर नहीं छोड़ी। उन्होंने आरोप लगाया कि नार्वेकर की देखरेख में पार्टी के टिकट बेचे गए। इसके बाद शिवसेना ने राणे को निष्कासित कर दिया। वे कांग्रेस में शामिल हो गए और उन्हें मंत्री बनाया गया। राणे के मुताबिक, उन्हें यह भी आश्वासन दिया गया था कि पार्टी उन्हें मुख्यमंत्री बनाने पर विचार करेगी।

नारायण राणे की बगावत के कुछ महीने बाद राज ठाकरे ने भी बगावत कर दी। बाल ठाकरे के भतीजे राज 1980 के दशक के आखिर से पार्टी की छात्र शाखा 'भारतीय विद्यार्थी सेना' के इनचार्ज के तौर पर सक्रिय रूप से सियासत में थे। उनकी आक्रामकता उनके चाचा जैसी ही थी और उनका भाषण देने का तरीका भी वैसा ही उग्र था। वे खुद को बाल ठाकरे का उत्तराधिकारी बनाने के लिए तैयार कर रहे थे। हालाँकि ठाकरे के तीन बेटों में सबसे छोटे उद्धव ने भी 1990 के दशक की शुरुआत में पार्टी के मामलों में सक्रिय रुचि लेना शुरू कर दिया था। राज के विपरीत उद्धव मीठा बोलनेवाले और शरमीले थे। उनके विचार

और काम करने की शैली अलग थी। शिवसेना जल्द ही दो खेमों में बँट गई।

1996 का रमेश किणी मामला राज के कॅरियर में एक महत्त्वपूर्ण मोड़ था। हालाँकि इस मामले में उन्हें क्लीन चिट मिल गई थी, लेकिन पार्टी में उनका दबदबा कम हो गया था। उनके कुछ विरोधियों ने उनके शान वाले लाइफस्टाइल और उनकी संगत की आलोचना की। उसी दौरान उद्धव ने पार्टी के फैसले करने में ज्यादा मुखरता से काम करना शुरू कर दिया। नारायण राणे की तरह राज भी खुद को दरकिनार महसूस करने लगे। उनके वफादारों को तमाम चुनावों में टिकट नहीं मिले। उन्हें पार्टी में कोई महत्त्वपूर्ण पद नहीं दिया गया। जब भगवा सरकार सत्ता में थी, तब राज्य के कॉरपोरेशनों के चीफ बनाने में उद्धव के लोगों को तरजीह दी गई थी। 2002 के बी.एम.सी. चुनावों में राज के वफादारों को एक बार फिर से नजरअंदाज कर दिया गया और उन्हें पार्टी का कोई टिकट नहीं मिला।

राज के लिए हालात तब और खराब हो गए, जब उद्धव को उग्रदराज बाल ठाकरे का उत्तराधिकारी घोषित किया गया। राज ने उद्धव की नीतियों और कार्यक्रमों का खुलकर विरोध किया। ऐसा ही एक कार्यक्रम था—'मी मुंबईकर'। उसमें उद्धव ने मुंबई के सभी नागरिकों को उनकी क्षेत्रीय और भाषायी पृष्ठभूमि के बावजूद शिवसेना के करीब लाने की माँग की। उद्धव ने उत्तर भारतीय समुदाय के साथ पुल बनाने के लिए 'सामना' का हिंदी संस्करण भी शुरू किया। इसके विपरीत, राज के छोकरों ने उद्धव के सबको साथ लेकर चलने के विचार को धता बताते हुए रेलवे परीक्षा के लिए आए उत्तर भारतीय उम्मीदवारों पर कल्याण रेलवे स्टेशन पर हमला किया।

उद्धव की छाया में घुटन महसूस करते हुए राज ने नवंबर 2005 में शिवसेना से अपने इस्तीफे की घोषणा की। चार महीने बाद मार्च 2006 में उन्होंने अपनी खुद की राजनीतिक पार्टी 'महाराष्ट्र नवनिर्माण सेना' (मनसे) बना ली। पार्टी ने अपने एजेंडे के रूप में 'माटी माणूपों' को अपनाया और उत्तर प्रदेश और बिहार के लोगों पर हिंसक हमले किए। हालाँकि मनसे ने 2009 के विधानसभा चुनावों में केवल 13 सीटों पर जीत हासिल की, लेकिन पारंपरिक मराठी वोट बँटने के कारण शिवसेना के कई उम्मीदवार हार गए। बाद के चुनावों में क्षेत्रीय राजनीति मनसे की मदद नहीं कर सकी और पार्टी 2014

और 2019 के चुनावों में एक सीट से ज्यादा नहीं जीत सकी। राज ठाकरे ने इसके संभावित कारणों पर विचार करके 2020 में हिंदुत्व को अपनी पार्टी की विचारधारा के रूप में अपनाया।

सबसे बड़ी बगावत

शिवसेना को जून 2022 में अपने सबसे बड़े तख्तापलट का सामना करना पड़ा, जब उसके दिग्गज नेता एकनाथ शिंदे ने पार्टी के 40 विधायकों के साथ बगावत कर दी। यह नाटक 11 दिन तक चला। इस दौरान शिंदे और सभी बागी विधायक बीजेपी की सरकार वाले राज्यों—गुजरात, असम और गोवा में रहे। राज्यपाल भगत सिंह कोश्यारी ने मुख्यमंत्री उद्धव ठाकरे को विधानसभा में विश्वास मत के लिए जाने का आदेश दिया, जिसे सुप्रीम कोर्ट में चुनौती दी गई। हालाँकि अदालत से कोई राहत नहीं मिलने के बाद ठाकरे ने इस्तीफा दे दिया। 30 जून को जल्दबाजी में आयोजित शपथ ग्रहण समारोह में शिंदे ने महाराष्ट्र के मुख्यमंत्री के तौर पर शपथ ली। बीजेपी नेता देवेंद्र फड़णवीस उप-मुख्यमंत्री बने। शिंदे की बगावत शिवसेना की पिछली तमाम बगावतों से अलग थी। यह उद्धव की पार्टी के लिए सबसे बड़ा झटका था और इसने शिवसेना पर ठाकरे परिवार का कंट्रोल छीनने की धमकी दी।

शिंदे की बगावत के कई कारण थे। ज्यादातर बागी नवंबर 2019 में बनी महा विकास अघाड़ी सरकार से नाखुश थे। तब भी सरकार एक महीने से ज्यादा वक्त तक जारी असमंजस के बाद बनी थी। ठाकरे ने बहुत अजीब सा गठबंधन किया था। बागियों ने महसूस किया कि सरकार पर एन.सी.पी. हावी हो रही थी और शिवसेना को खत्म करने और सरकार में वित्त, गृह, आवास जैसे महत्त्वपूर्ण विभागों को हासिल करने के लिए गुपचुप काम कर रही थी। बगावत में शिंदे की मुख्यमंत्री बनने की महत्त्वाकांक्षा की भी भूमिका थी। वे बाहुबल और धन बल दोनों के साथ पार्टी के सबसे सोर्स वाले नेताओं में से एक थे और पूरे महाराष्ट्र में उनका दबदबा था। पार्टी और सरकार में उद्धव के बेटे आदित्य का दबदबा बढ़ने से भी शिंदे नाराज थे। ठाकरे के मंत्रिमंडल में आदित्य भी मंत्री थे। उद्धव ठाकरे तक पहुँच न होने को भी बगावत की

अहम वजहों में से एक बताया गया। यह आरोप लगाया गया था कि पार्टी के नेताओं के साथ उद्धव का कोई संपर्क नहीं रहा था और वे महज अपनी सलाहकार मंडली तक ही सीमित रह गए थे। उद्धव के खेमे ने लोगों के साथ उनकी सीमित बातचीत के लिए उनकी खराब सेहत को जिम्मेदार ठहराते हुए उनका बचाव किया। 2019 में खुद को उद्धव ठाकरे से ठगा हुआ महसूस कर रही बीजेपी भी सत्ता हथियाने के मौके का इंतजार कर रही थी। जब शिंदे ने उद्धव से अलग होने के अपने फैसले के बारे में बीजेपी को बताया, तो गृहमंत्री अमित शाह के मार्गदर्शन में पार्टी के केंद्रीय नेतृत्व ने काररवाई की और तख्तापलट करा दिया।

यह केवल 40 (55 में से) शिवसेना विधायकों का एक समूह ही नहीं था, जिसने शिंदे के प्रति निष्ठा की घोषणा की थी। तख्तापलट तो संसद् तक फैल गया। 19 जुलाई, 2022 को लोकसभा में शिवसेना के 12 सदस्यों ने शिंदे के समर्थन की घोषणा की। ठाणे, नवी मुंबई, कल्याण-डोंबिवली, मीरा-भायंदर और औरंगाबाद जैसी महा नगरपालिकाओं के कई पूर्व नगरसेवक और मुंबई के कुछ दूसरे नेता भी शिंदे शिविर में आ गए। शिवसेना के विभिन्न स्तर के कई पदाधिकारी भी उद्धव को छोड़कर बागियों में शामिल हो गए। शिंदे ने घोषणा की कि बाल ठाकरे की हिंदुत्व विचारधारा को माननेवाली 'असली शिवसेना' उनके साथ थी और इसके बारे में चुनाव आयोग को सूचित कर दिया गया।

इस पूरे राजनीतिक उथल-पुथल के दौरान दो चीजों ने राजनीतिक पंडितों को परेशान किया—एकनाथ शिंदे को बीजेपी का समर्थन, जबकि उनके पास मुख्यमंत्री के रूप में बीजेपी की तुलना में कम विधायक थे और देवेंद्र फड़णवीस जैसे दिग्गज का कद छोटा करके उप-मुख्यमंत्री बनाना, जिनके पास दो बार मुख्यमंत्री के रूप में काम करने का अनुभव था। पार्टी के अंदरूनी सूत्रों ने मुझे समझाया कि ये दोनों फैसले बीजेपी की लंबे वक्त की रणनीति, खासकर 2024 के लोकसभा चुनावों को देखते हुए किए गए थे। बीजेपी के पास एक मजबूत मराठा चेहरा नहीं था, जो महाराष्ट्र में सियासी रूप से असरदार प्रभावी समुदाय है। शिंदे मराठा हैं और उन्हें मुख्यमंत्री बनाकर बीजेपी ने इस समुदाय का मन जीतने की रणनीति बनाई। फड़णवीस को उप-

मुख्यमंत्री के रूप में शपथ लेने के लिए कहा गया, क्योंकि पार्टी सरकार पर अपना कंट्रोल रखना चाहती थी। इसके लिए बीजेपी को फड़णवीस से बेहतर कोई और नजर नहीं आया। फड़णवीस के पास अच्छी प्रशासनिक काबिलीयत है और वे नौकरशाही को काबू करना जानते हैं।

□

11

प्रमोद महाजन : शख्सियत, कत्ल और उनकी सियासत

22 अप्रैल, 2006 को सुबह करीब 9:15 बजे का वक्त था, जब मुंबई एयरपोर्ट पर हवाई जहाज के नीचे उतरने की गड़गड़ाहट और झटके ने मेरी नींद उड़ा दी। पिछली रात मैं मुश्किल से सो पाया था। दिल्ली में मेरे क्राइम शो 'रेड अलर्ट' के लिए एंकर शूट सुबह 5 बजे तक चला था। उसके बाद मैं फौरन मुंबई लौटने के लिए अपनी फ्लाइट पकड़ने के लिए रवाना हो गया था। हवाई जहाज में कुछ रोते हुए बच्चों, कुछ यात्रियों के खर्राटों और परेशान करनेवाले माइग्रेन के बीच मैं झपकी लेने के लिए जूझता रहा था।

हवाई जहाज उतरते ही मैंने अपना फोन चालू किया, तो मुझे बीजेपी के एक सोर्स का घबराहट भरा फोन आया—"सर, प्रमो···प्रमोद महाजन का मर्डर कर दिया···गोली मारके!"

मेरी थकान छू-मंतर हो गई। मैंने जो कुछ अभी-अभी सुना था, उसकी सच्चाई की जाँच करने के लिए मैंने फौरन लोकल डी.सी.पी. को फोन किया। उस सुबह उनका फोन लगातार बिजी था।

मैं सोच ही रहा था कि अब किससे बात कर सकता हूँ···कि तभी विनोद तावड़े का नाम मेरे जेहन में आया। तावड़े एक बीजेपी नेता हैं और अकसर विधानमंडल में मुद्दे उठाने के लिए संगठित अपराध के मामलों पर मुझसे सलाह लेते थे। उन्होंने मुझे बताया, "प्रमोद महाजन को गोली मारने की बात सच है। उन्हें अस्पताल ले जाया गया है। वे जिंदा हैं।" महाजन का घर वर्ली पुलिस

स्टेशन की जद में आता है। वहाँ के एक सोर्स ने भी इस खबर को सही बताया। उसने कुछ और जानकारी दी। प्रमोद महाजन को उनके छोटे भाई प्रवीण ने गोली मारी थी। मैं सीधे वर्ली की पूर्णा बिल्डिंग गया, जहाँ 14वीं मंजिल पर प्रमोद महाजन रहते थे।

सुबह करीब 10 बजे मेरे चैनल ने देश को चौंकानेवाली खबर दी। इस घटना के बारे में अब तक जो कुछ भी मुझे पता चला था, मैंने अपने चैनल को फोन पर बताया। जल्द ही पूर्णा बिल्डिंग के बाहर वाली गली में सड़क पर मीडियाकर्मियों और ओ.बी. वैन की लाइन लग गई।

उस दिन सुबह करीब 7:30 बजे प्रवीण महाजन प्रमोद के लिविंग रूम में पहुँचे थे, तो प्रमोद अखबार पढ़ने में मग्न थे। प्रमोद की पत्नी रेखा और एक सहायक हरीश, जो उस समय तक कमरे में मौजूद थे, चाय बनाने के लिए रसोई में चले गए। प्रवीण प्रमोद से बात करना चाहते थे, लेकिन जब वे बोल रहे थे, तो प्रमोद ने उन्हें अनदेखा करके अखबार पढ़ना जारी रखा। प्रवीण ने गुस्से में आकर अपने लाइसेंसी एफ.एन. ब्राउनिंग 0.32 बोर पिस्टल से प्रमोद के पेट में तीन गोलियाँ दाग दीं।

इसके बाद प्रवीण सीधे पास के वर्ली पुलिस स्टेशन गए और सरेंडर कर दिया। उनके कबूलनामे से पुलिस अफसर सन्न रह गए और उन्हें आगे की काररवाई करने में थोड़ा वक्त लगा।

इस बीच उसी बिल्डिंग में रहनेवाले प्रमोद महाजन के बहनोई और बीजेपी में सहयोगी गोपीनाथ मुंडे उन्हें पी.एन. हिंदुजा अस्पताल में ले गए।

अस्पताल जाते समय महाजन होश में थे। उन्होंने मुंडे से पूछा, "मेरी क्या गलती थी कि प्रवीण ने मुझे गोली मार दी?"[1]

जल्द ही वे अचेत हो गए। गोलियों ने उनके लीवर और पैंक्रियाज को नुकसान पहुँचाया था। प्रमोद का बयान दर्ज करने के लिए पुलिस की एक टीम अस्पताल पहुँची, लेकिन डॉक्टरों ने उन्हें महाजन की नाजुक हालत के बारे में बताया। महाजन को बचाने की भरसक कोशिश की गई। कई दिन तक अपने जिंदगी के लिए संघर्ष करने के बाद महाजन ने आखिरकार 3 मई को शाम 4:10 बजे दम तोड़ दिया। राज्य बीजेपी के ऑफिस से झंडा उतार लिया गया। मुंडे से

कहे गए उनके आखिरी शब्दों को उनके मरने से पहले दिए गए बयान के रूप में दर्ज किया गया। उनके निधन से बीजेपी के इतिहास में एक युग का अंत हो गया।

'पी.एम.' बनना चाहते थे पी.एम.

राजनीतिक गलियारों में पी.एम. के नाम से पुकारे जानेवाले प्रमोद महाजन 1990 के दशक के दौरान भारतीय राजनीति के सबसे खास चेहरों में से एक थे। अगर वे जिंदा होते, तो बहुत आगे होते। वे बहुत कम उम्र में आर.एस.एस. में शामिल हो गए थे और बीजेपी के कार्यकर्ता बन गए थे। शानदार भाषण देने, संगठन में माहिर होने और सबसे अच्छे रिश्ते बनाने के हुनर के साथ वे पार्टी में तेजी से ऊपर उठे। उन्होंने ही 1990 में लालकृष्ण आडवाणी की रथयात्रा की योजना बनाई और उसका समन्वय किया। बाद के बरसों में वे अटल बिहारी वाजपेयी के भी करीब आ गए। प्रधानमंत्री के तौर पर वाजपेयी के कार्यकाल के दौरान महाजन उनके सिंगल कॉन्टैक्ट बन गए थे। लालकृष्ण आडवाणी, अटल बिहारी वाजपेयी और मुरली मनोहर जोशी के बाद अरुण जेटली, सुषमा स्वराज, राजनाथ सिंह और बाकी नेताओं के साथ महाजन बीजेपी नेताओं की दूसरी पीढ़ी के थे।

'नवभारत टाइम्स' के राजनीतिक संपादक अभिमन्यु शितोले ने कहा, "महाजन ने पश्चिम बंगाल में ममता बनर्जी, तमिलनाडु में जयललिता और आंध्र प्रदेश में चंद्रबाबू नायडू से बात की। वे उन सभी पार्टियों को एनडीए के पाले में ले आए, जो बीजेपी के हिंदुत्व के रुख के कारण उसे अछूत मानते थे।"[2]

महाजन ने देश के कुछ बड़े उद्योगपतियों के साथ नेटवर्क बनाया। उन्हें बीजेपी में 'फाइव स्टार कल्चर' शुरू करने का क्रेडिट दिया जाता है। हालाँकि इसने आर.एस.एस. को नाराज कर दिया, क्योंकि वह महाजन की चमक-दमक वाले लाइफस्टाइल का विरोध करता था। बदले में महाजन ने आर.एस.एस. की कई विचारधाराएँ नहीं मानीं। वे अकसर हलके-फुलके अंदाज में आर.एस.एस. के दिग्गजों का मजाक यह कहकर उड़ाते थे, "इन बूढ़े और बिन ब्याहे लोगों के पास जिंदगी में करने के लिए और कुछ नहीं है। इसलिए वे बस मीटिंग करते रहते हैं।"[3]

1998 में जब वाजपेयी दूसरी बार प्रधानमंत्री बने तो महाजन को उनका सलाहकार बनाया गया। इसी दौरान महाजन ने खुद पी.एम. बनने की ख्वाहिश पालनी शुरू कर दी। सीनियर जर्नलिस्ट वागीश सारावत एक ऑफ-द-रिकॉर्ड बातचीत को याद करते हैं, जिसमें कुछ पत्रकारों ने महाजन से सवाल किया था कि बीजेपी से अगला पी.एम. कौन हो सकता है? इस पर महाजन मुसकराए और जवाब दिया, "और कौन विकल्प है?" अपनी आत्मकथा 'माझा एल्बम' में प्रवीण महाजन ने भी अपने बड़े भाई की पी.एम. बनने की महत्त्वाकांक्षा के बारे में विस्तार से बताया।

महाजन की ख्वाहिशों को 2003 में झटका लगा, जब उन्हें वाजपेयी के मंत्रिमंडल से संचार और सूचना प्रौद्योगिकी मंत्री के पद से हटाकर बीजेपी संगठन के मामलों को देखने की जिम्मेदारी सौंपी गई। उनका नाम तब तक कई विवादों में आ चुका था, जैसे पत्रकार शिवानी भटनागर की हत्या और टेलीकॉम मंत्री होने के दौरान एक बड़ी टेलीकॉम कंपनी के साथ विवादित सौदा।[4] इन विवादों के अलावा महाजन के हटाए जाने को आडवाणी और वाजपेयी खेमे के बीच पार्टी के भीतर टकराव का नतीजा भी माना गया। नरेंद्र मोदी, जो उस समय गुजरात के मुख्यमंत्री थे, आडवाणी के करीबी थे। 2002 के गुजरात दंगों के दौरान पी.एम. वाजपेयी ने सार्वजनिक रूप से मोदी को राजधर्म का पालन करने के लिए ताना मारा था।[5] मोदी के समर्थकों का मानना था कि महाजन ने वाजपेयी को ऐसी टिप्पणी करने के लिए उकसाया था।

2004 में महाजन को बीजेपी के लोकसभा चुनाव अभियान 'इंडिया शाइनिंग' का इनचार्ज बनाया गया था। यह मुहिम बीजेपी को तीसरी बार सत्ता में लाने में नाकाम रही। हालाँकि प्रमोद महाजन को जाननेवालों का मानना है कि उनके पास एक लचीला जज्बा था और वे जल्द ही वापसी कर लेते। अगर वे जिंदा होते, तो आज भारत की सियासत कुछ और ही दिखाई देती। शितोले कहते हैं, "मुझे नहीं लगता कि अरुण जेटली, सुषमा स्वराज, राजनाथ सिंह और बाकी की तरह महाजन ने मोदी के आधीनता स्वीकार की होती है।"[6]

शिवसेना से रिश्ते

महाजन महाराष्ट्र में शिवसेना और बीजेपी को एक साथ लाए थे और उन्हें भगवा गठबंधन का शिल्पी माना जाता था। जब भी दोनों पार्टियों के बीच कोई मुद्दा उठता था और बाल ठाकरे नाराजगी जाहिर करते थे, तो महाजन उन्हें मनाने की रणनीति जानते थे। प्रमोद महाजन के सुझाव पर अटल बिहारी वाजपेयी या लालकृष्ण आडवाणी जैसे बीजेपी के सीनियर नेता ठाकरे के बँगले मातोश्री जाते, जिसके बाद ठाकरे का गुस्सा फौरन शांत हो जाता। हालाँकि हालात तब बदल गए, जब उद्धव शिवसेना में शक्तिशाली होने लगे और उन्हें अहसास हुआ कि महाजन खुद पर ठाकरे के भरोसे का बेजा फायदा उठा रहे हैं।[7]

राम मंदिर अभियान के दौरान एक तेज-तर्रार हिंदू नेता के रूप में बाल ठाकरे की लोकप्रियता महाराष्ट्र के बाहर भी फैल गई थी। मुंबई के पूर्व मेयर नंदू साटम, जो 6 दिसंबर, 1992 को शिवसेना नगरसेवकों के एक ग्रुप के साथ अयोध्या गए थे, याद करते हैं कि उत्तर भारतीय तो ठाकरे के दीवाने थे। जब भी कोई हेलिकॉप्टर अयोध्या के ऊपर से गुजरता, तो लोग यह मानकर 'बालासाहेब! बालासाहेब!' चिल्लाते कि ठाकरे ढाँचे को तोड़ने की निगरानी के लिए अयोध्या आएँगे।[8]

शिवसेना का नेतृत्व महाराष्ट्र से बाहर पार्टी का विस्तार करना चाहता था। यहाँ तक कि शिवसेना महाराष्ट्र के बाहर—उत्तर प्रदेश में अपनी पहली विधानसभा सीट जीतने में भी सफल रही। लेकिन वहाँ पार्टी की स्थापना के लिए ठाकरे को उत्तर प्रदेश का दौरा करने और रैलियों और जनसभाओं में भाग लेने की जरूरत थी। केंद्र में एनडीए शासन के दौरान जब भी ठाकरे ने महाराष्ट्र से बाहर जाने पर विचार किया, तो महाजन ने खुफिया ब्यूरो के इनपुट का हवाला देते हुए उन्हें यह कहकर मना कर दिया कि उनकी जान को खतरा है। इसलिए दौरा तुरंत रद्द कर दिया गया।[9]

क्या ठाकरे को मना करना शिवसेना के विस्तार को सीमित करने की चाल थी? क्या यह पार्टी को राष्ट्रीय स्तर पर बीजेपी का प्रतिद्वंद्वी बनने से रोकने की चाल थी? सच्चाई जो भी हो, उद्धव ठाकरे ने महाजन को नापसंद करना शुरू कर दिया था और महाजन यह बात जानते थे। 'सामना' के हिंदी संस्करण

के कार्यकारी संपादक प्रेम शुक्ला, जो बाद में बीजेपी के प्रवक्ता बने, कहते हैं—"एक बार जब मैंने महाजन का इंटरव्यू करना चाहा, तो उन्होंने मुझसे पूछा कि मैं इंटरव्यू कहाँ छपवाऊँगा? मैंने कहा कि 'सामना' में। इस पर उन्होंने कहा कि आपके उद्धव मेरा इंटरव्यू अपने अखबार में नहीं छापने देंगे।" महाजन ने मुझे बताया था कि 2004 के लोकसभा चुनाव के बाद से उद्धव और उनके बीच बातचीत नहीं हो रही थी और उद्धव ने उनके फोन कॉल रिसीव करना बंद कर दिया था।[10]

शुक्ला से पहले संजय निरुपम हिंदी 'सामना' के कार्यकारी संपादक थे। उन्होंने महाजन के खिलाफ लेखों की एक सीरीज लिखी थी—कैसे उन्होंने जेट एयरवेज के हितों को बचाने के लिए संसद् में टाटा-सिंगापुर एयरलाइंस के संयुक्त उद्यम के प्रस्ताव का विरोध किया। एक सुबह बाल ठाकरे ने हिंदी 'सामना' के ऑफिस में फोन लगाया। फोन सीनियर सब एडिटर अभिमन्यु शितोले ने उठाया।

"निरुपम कहाँ है?" ठाकरे ने गुस्से में पूछा।

"सर, वो अभी आए नहीं हैं।"

"वह प्रमोद महाजन के खिलाफ क्यों लिख रहा है? क्या वह जानता नहीं कि महाजन की पार्टी हमारी गठबंधन सहयोगी है? उससे कहना कि वह महाजन के खिलाफ कुछ न लिखे।" फोन काटने से पहले ठाकरे ने गरजते हुए कहा।

दस मिनट बाद ठाकरे ने फिर फोन किया। इस बार भी शितोले ने फोन रिसीव किया। ठाकरे धीरे से बोले, "मैंने अपने पिछले कॉल में जो कहा था, उस पर ध्यान मत देना। महाजन मेरे घर आया था और रोकर शिकायत कर रहा था। तो उसे बहलाने के लिए मैंने पिछले कॉल में वह बात कही थी। निरुपम से कहना कि वह जो कुछ भी लिखना चाहता है, लिखे। मुझे कोई ऐतराज नहीं है।"[11]

निरुपम ने एक बार मुझसे कहा था, "बालासाहेब ने कभी भी मुझे बीजेपी के खिलाफ लिखी किसी भी बात के लिए फटकार नहीं लगाई।"[12]

"प्रमोद महाजन आज जिंदा होते, अगर उन्होंने उस सुबह अपने भाई की पीठ पर प्यार से हाथ फेरा होता। इससे प्रवीण का गुस्सा शांत हो जाता और

वह प्रमोद को गोली नहीं मारता।"[13] यह राय उस अफसर की है, जिसने भारत में सबसे सनसनीखेज हत्या के मामलों में से एक की जाँच की थी। इंस्पेक्टर अनिल मेकवान ने 2006 में प्रमोद महाजन हत्याकांड की चार्जशीट पूरी करते ही मुंबई पुलिस से रहस्यमय तरीके से इस्तीफा दे दिया था। मैंने हाथ न आनेवाले इस इंस्पेक्टर का 15 साल बाद पता लगाया। इस्तीफा देने के बाद मेकवान स्टार इंडिया में वाइस प्रेजिडेंट (इंटरनल अफेयर्स) बन गए थे। वे पत्रकारों से कभी नहीं मिलते थे, लेकिन उसी ग्रुप का उनका पुराना साथी होने के नाते उन्होंने मेरी गुजारिश मान ली। वे कुछ बातें साझा करने के लिए तैयार हो गए। हम जनवरी 2022 में एक दोपहर सेंट कार्मेल चर्च, बांद्रा के पास एक कॉफी शॉप में मिले। मेकवान ने कहा कि वे लॉ ग्रेजुएट थे और उन्होंने बतौर कानूनी सलाहकार कॉरपोरेट में काम करके आर्थिक रूप से बेहतर बनने के लिए पुलिस से इस्तीफा दे दिया था।

"पुलिस हिरासत में रहने के दौरान प्रवीण महाजन से रोज दो घंटे पूछताछ की जाती थी। उनके साथ मेरा व्यवहार आम पुलिस अफसर जैसा नहीं था। मैंने उनसे कभी सख्ती नहीं बरती और असल में दोस्ताना बरताव करके और उनकी पसंद का नाश्ता कराकर उन्हें सहज बनाने की कोशिश करता रहा था। मैं मामले को उनके नजरिए से समझना चाहता था।" मेकवान ने कहा।[14]

प्रवीण इस तरह मेकवान के साथ दोस्ताना हो गया और उनसे अपने दिल की बात कह दी। इससे पुलिस को इन भाइयों के बीच रिश्तों के बारे में पता चला।

"प्रमोद महाजन की हत्या के बाद कितनी अटकलें लगाई गईं, कितने ही अजीबोगरीब कयास लगे, लेकिन वह सब बकवास है। प्रवीण के साथ अपनी बातचीत के जरिए मैं समझता हूँ कि उन्होंने प्रमोद की हत्या इसलिए की, क्योंकि उन्हें लगा कि उन्हें उनके हक से महरूम कर दिया गया है।" मेकवान ने कहा।[15]

प्रवीण ने पुलिस को बताया, "पिता के गुजरने के बाद परिवार मुश्किल दौर से गुजरा और हमने बहुत-कुछ सहा। प्रमोद के चार भाई-बहन थे—दो बहनें और दो भाई। भाइयों में सबसे बड़े होने के कारण प्रमोद बहुत कम उम्र में ही परिवार के मुखिया बन गए थे। प्रमोद के राजनीति में फलने-फूलने से

परिवार खुशहाल हुआ। शुरू में प्रवीण ने प्रमोद के फाइनेंस को सँभाला, लेकिन उनके बड़े भाई की बेटी पूनम ने आनंद राव से शादी करने के बाद प्रवीण को दरकिनार कर दिया। तब प्रमोद के सचिव विवेक मोइत्रा जैसे उनके करीबियों ने मुझे परेशान करना शुरू कर दिया।"

प्रवीण ने मेकवान से कहा, "अगर हमने एक साथ गरीबी झेली है तो हमें खुशहाली का मजा भी एक साथ लेना चाहिए।"[16]

प्रवीण ने मेकवान से स्वीकार किया कि प्रमोद ने उनके लिए तय आमदनी का जो इंतजाम किया था, उसी से उनका गुजारा होता था। हालाँकि उन्हें यह भी लगा कि प्रमोद ने उन्हें अपमानित किया है।

"प्रमोद ने उन्हें न तो सम्मान दिया और न ही भाई जैसा का स्नेह। इसलिए एक दिन प्रवीण ने प्रमोद को सबक सिखाने का फैसला किया", मेकवान ने कहा, "और प्रवीण ने प्रमोद पर गोलियाँ चला दीं।"[17]

मेकवान याद करते हैं कि महाजन का परिवार पुलिस हिरासत में प्रवीण की कही गई हर बात के बारे में जानना चाहता था और जाँच पर नजर रखता था। उन्हें अंदाजा नहीं था कि प्रवीण इस हद तक जा सकते हैं। सुनवाई के दौरान प्रवीण ने कई सनसनीखेज खुलासे किए, जिसके बाद अदालत को उनका बयान बंद कमरे में रिकॉर्ड करना पड़ा। चूँकि ट्रायल कोर्ट ने मीडिया को उन्हें सार्वजनिक करने से रोक दिया था, इसलिए मामले से जुड़ी कई बातें सामने नहीं आ पाईं।

प्रवीण को 2007 में प्रमोद की हत्या के लिए दोषी ठहराकर उम्र कैद की सजा सुनाई गई थी। दो साल बाद उन्होंने अपनी आत्मकथा 'माझा एल्बम' छपवाई। इसमें प्रमोद के लिए उनकी नफरत और गोपीनाथ मुंडे जैसे रिश्तेदारों के लिए दुश्मन जैसे खयाल हैं।

बुरी खबरों का सिलसिला

प्रमोद महाजन की हत्या के बाद परिवार में बदनसीबी का सिलसिला शुरू हो गया। उनकी मौत के ठीक एक महीने बाद 2 जून, 2006 को उनके सचिव विवेक मोइत्रा, उनके बेटे राहुल और तीन लोग नई दिल्ली में 7 सफदरजंग

रोड स्थित महाजन के बँगले पर जमा हुए थे। दिल्ली पुलिस ने वहाँ से शैंपेन की एक बोतल और कुछ सफेद पाउडर बरामद किया। मोइत्रा की मौत हो गई थी, जबकि राहुल महाजन बेहोश पाए गए थे। उन्हें अस्पताल में भरती कराया गया था।[18]

चार साल बाद 3 मार्च, 2010 को प्रवीण की ब्रेन हेमरेज से ठाणे के एक अस्पताल में मौत हो गई। वे पैरोल पर जेल से बाहर आए थे। उनके अंतिम संस्कार में उनके बड़े भाई प्रकाश के अलावा मुंडे-महाजन परिवार से कोई भी शामिल नहीं हुआ।

3 जून, 2014 को, केंद्रीय ग्रामीण कल्याण मंत्री के रूप में शपथ लेने के तुरंत बाद गोपीनाथ मुंडे की मारुति SX4 को एक टैक्सी ने सिगनल तोड़कर टक्कर मार दी थी। इस हादसे में मुंडे का लीवर फट गया और सदमे की वजह से उन्हें दिल का जबरदस्त दौरा पड़ा।

जब उन्हें उनके ड्राइवर और सहायक एम्स ले गए, तो उन्हें मृत घोषित कर दिया गया। अगले दिन उनके शरीर को अंतिम संस्कार के लिए महाराष्ट्र के बीड जिले के परली ले जाया गया। श्मशान घाट पर दंगा भड़क गया और मुंडे के समर्थकों ने यह संदेह करते हुए कुछ पुलिस वाहनों को आग लगा दी कि उनकी हत्या कर दी गई है। आखिरकार यह मामला सी.बी.आई. के पास गया। उसने मुंडे की कार को टक्कर मारनेवाले टैक्सी के ड्राइवर के खिलाफ चार्जशीट में किसी भी तरह की गड़बड़ी से इनकार किया।

महाजन के बाद महाराष्ट्र की राजनीति

प्रमोद महाजन को महाराष्ट्र के राजनीतिक गलियारों में तब याद किया गया, जब 2019 के विधानसभा चुनाव के बाद राज्य में उथल-पुथल मची थी। शिवसेना और बीजेपी ने साथ मिलकर चुनाव लड़ा था और सरकार बनाने लायक सीटें भी जीती थीं। लेकिन मुख्यमंत्री की कुरसी को लेकर दोनों के बीच विवाद छिड़ गया। शिवसेना अध्यक्ष उद्धव ठाकरे ने दावा किया कि बीजेपी ने उन्हें आधे कार्यकाल के लिए मुख्यमंत्री पद देने का वादा किया था, लेकिन बीजेपी के देवेंद्र फड़णवीस ने इससे इनकार किया। अक्तूबर में चुनाव-परिणाम

घोषित होने के 35 दिन बाद तक राज्य में सियासी नाटक जारी रहा। यह तब खत्म हुआ, जब शिवसेना ने अपने राजनीतिक विरोधियों एन.सी.पी. और कांग्रेस के साथ हाथ मिलाकर तीन पार्टियों की सरकार बनाई। उद्धव ठाकरे मुख्यमंत्री बने और गठबंधन का नाम 'महा विकास अघाड़ी' रखा गया।

मुख्यमंत्री की कुरसी पर विवाद शिवसेना और बीजेपी के अलगाव का तात्कालिक कारण था। कई और मुद्दे भी इतने बरसों में जमा हो गए थे। प्रमोद महाजन की मौजूदगी यकीनन महाराष्ट्र की सियासत को एक अलग दिशा में ले जाती। कई बदनसीब हालात को टाला जा सकता था। शायद भगवा गठबंधन भी खत्म नहीं होता, क्योंकि महाजन दोनों पार्टियों के बीच कोई ठीक-ठाक समझौता करा देते। प्रमोद महाजन की हत्या के साथ बीजेपी ने राष्ट्रीय और राज्य दोनों जगह पर एक संकटमोचक खो दिया।

□

12

फिर लौटा आतंक

मुंबई अकसर दुनिया भर में होनेवाली घटनाओं का असर महसूस करती है। अयातुल्ला खुमैनी ने तेहरान में सलमान रुश्दी के खिलाफ फतवा जारी किया तो बंबई में दंगा हुआ। अयोध्या में बाबरी ढाँचा तोड़ा जाता है तो बंबई जलती है। म्यांमार में रोहिंग्याओं पर अत्याचार होते हैं तो मुंबई की सड़कों पर हिंसा होती है। मुंबई पर 26/11 के हमले के दौरान जब आतंकवादियों ने मुंबई में एक यहूदी केंद्र पर हमला किया, तो इस आतंकवादी हमले का एक पहलू इजराइल-फिलिस्तीन संघर्ष से जुड़ गया। इसी तरह जब सांप्रदायिक दंगों ने गुजरात को जलाया, तो मुंबई को इसका खामियाजा भुगतना पड़ा।

गुजरात में दंगे, मुंबई में विस्फोट

27 फरवरी, 2002 को गुजरात के गोधरा रेलवे स्टेशन के पास साबरमती एक्सप्रेस के एक डिब्बे में आग लग गई। इस घटना में अयोध्या से लौट रहे कुछ कारसेवकों और तीर्थयात्रियों सहित 69 लोगों की मौत हो गई। हर जाँच में आग लगने की एक अलग वजह सामने आई—राज्य सरकार ने नतीजा निकाला कि वह आगजनी की वारदात थी, जबकि केंद्र ने इसे एक हादसा बताया। इस मामले ने उस दिन से पूरे गुजरात में खौफनाक दंगों और हिंसा की शुरुआत कर दी। यह सब करीब एक साल तक जारी रहा। इससे 1,000 से ज्यादा लोग मारे गए। अहमदाबाद, वडोदरा और सूरत जैसे शहरों पर सबसे ज्यादा असर हुआ।

उसी साल 2 दिसंबर को शाम करीब 6:45 बजे घाटकोपर रेलवे स्टेशन के बाहर एक डिपो में जब यात्रियों ने बेस्ट की बस खाली की, तो एक जोरदार

धमाके से बस का पिछला हिस्सा उड़ गया। दो लोगों की मौत हो गई और 50 से ज्यादा घायल हो गए। उसी शाम अँधेरी में एक और बस में बिना फटा एक बम मिला।

चार दिन बाद, 6 दिसंबर, 2002 को मुंबई सेंट्रल रेलवे स्टेशन के मैकडॉनल्ड्स आउटलेट में एक और धमाका हुआ। इसमें 27 लोग घायल हो गए। यह धमाका बाबरी ढाँचा ढहाए जाने की 10वीं बरसी पर हुआ था।

इसके कुछ दिन बाद नया साल मुंबई पुलिस के लिए कोई राहत लेकर नहीं आया। 27 जनवरी, 2003 को विले पार्ले रेलवे स्टेशन के बाहर एक भीड़ भरे बाजार में एक और धमाका हुआ। इसमें एक शख्स की मौत हो गई और 28 लोग घायल हो गए। अगले दिन प्रधानमंत्री वाजपेयी की यात्रा को देखते हुए पूरी मुंबई में सुरक्षा के भारी इंतजाम होने के बावजूद यह धमाका हुआ।

13 मार्च, 2003 को मुलुंड रेलवे स्टेशन पर एक लोकल ट्रेन के फर्स्ट क्लास लेडीज डिब्बे में एक और बम धमाका हुआ। इसमें 12 महिलाओं की मौत हो गई और 71 यात्री घायल हो गए। पुलिस को इस बार कुछ सुराग मिले। ठाणे के कथित आतंकवादियों के एक गिरोह का भंडाफोड़ हुआ। इसके संदिग्ध 'स्टूडेंट्स इसलामिक मूवमेंट ऑफ इंडिया' (सिमी) से जोड़े गए। सिमी पर भारत सरकार ने पाबंदी लगा रखी थी। इन गिरफ्तारियों के बाद कुछ महीनों के लिए मुंबई ने राहत की साँस ली, लेकिन यह राहत थोड़े वक्त के लिए ही थी। 28 जुलाई को घाटकोपर में एक बेस्ट बस में बम धमाके में दो लोगों की मौत हो गई और 60 घायल हो गए।

आठ महीने में पाँच बम विस्फोट! साजिश रचनेवालों ने शाम के भीड़ वाले समय के दौरान पब्लिक ट्रांसपोर्ट को निशाना बनाया था। इन सभी जगहों पर अच्छी-खासी संख्या में गुजराती मौजूद थे। घाटकोपर धमाके से एक दिन पहले एक संगठन 'गुजरात मुसलिम रिवेंज फोर्स' (जी.एम.आर.एफ.) नाम से एक लोकल केबल न्यूज चैनल को मिले धमकी भरे इ-मेल से भी साफ हुआ था कि गुजरातियों को निशाना बनाया गया था। मीडिया ठाणे से की गई गिरफ्तारियों पर यह सवाल करते हुए शक जता रहा था कि क्या पुलिस ने असली अपराधियों को पकड़ लिया है या शहर अब भी खतरे में है?

दोहरे विस्फोट

25 अगस्त, 2003 को हमारे घर पर एक आम दिन था। मेरी दादी दोपहर का भोजन तैयार कर रही थीं और मैं अपने 12 साल के चचेरे भाई अजय को अंडरवर्ल्ड के कुछ किस्से सुना रहा था। अचानक दोपहर 12:40 बजे बहुत तेज आवाज आई—भारी गड़गड़ाहट की तरह। वह एक और बम धमाका था!

फिर काले धुएँ का एक बादल दिखा और भागते हुए लोग नजर आए। ऐसा लगता था कि विस्फोट मुंबादेवी मंदिर के आसपास कहीं हुआ था, जहाँ से अजय अभी-अभी लौटा था। वह कुछ मिनट के अंतर से बाल-बाल बचा था। जल्द ही हमें पता चला कि एक टैक्सी में रखा एक ताकतवर बम मंदिर के पास फटा था। चूँकि पुलिस ने पूरे इलाके में बैरिकेडिंग कर रखी थी, इसलिए केवल एंबुलेंस और दमकल की गाड़ियों को ही वहाँ जाने दिया जा रहा था। मुंबादेवी की ओर जानेवाली सड़क तक पहुँचने के लिए मैं करीब आधा किलोमीटर पैदल चलकर गया।

मंदिर के बाहर लगातार व्यस्त रहनेवाला जंक्शन तबाह हो गया था। लोगों के शरीरों के जले हुए हिस्से चारों ओर बिखरे हुए थे। चंद लम्हों में अनगिनत लोगों की हत्या कर दी गई थी और कई घायल हो गए थे। लाशों के ढेर के बीच एक आदमी बेबसी से रो रहा था। वह वहाँ मौजूद लोगों को अपनी पत्नी और बच्चे की तसवीर दिखा रहा था। अस्पतालों और मुर्दाघरों में उन्हें न पाकर वह उनकी लाशों की तलाश में धमाके की जगह पर लौट आया था। उसका उदास चेहरा अब भी मेरे देखे गए सबसे दर्दनाक मंजरों में से है।

खबर फैलते ही शहर में दहशत नुमाया हो गई। मोबाइल फोन के नेटवर्क जाम हो गए थे, क्योंकि हर कोई यह बताने के लिए अपने प्रियजनों को फोन कर रहा था कि वह सुरक्षित है। इस घटना ने 10 साल पहले हुए सीरियल धमाकों की यादें ताजा कर दीं।

अफवाहें थीं कि शहर में चार बम धमाके हुए थे। हालाँकि सच यह है कि पहले धमाके के आधे घंटे बाद दोपहर 1:07 बजे सिर्फ एक और बम फटा था। गेटवे ऑफ इंडिया की पार्किंग में। वह बम एक टैक्सी में लगाया गया था। उस धमाके में 16 लोग मारे गए और 46 घायल हुए थी। टैक्सी के परखच्चे उड़

गए। उसके टुकड़े कई मीटर दूर तक जाकर गिरे। गेटवे ऑफ इंडिया के सामने ताजमहल होटल के शीशे टूट गए। पास के कबूतरखाने की जगह मानव शरीर के अंगों और कबूतरों की लाशों से अटी हुई थी।

इस बार बड़े पैमाने पर ट्रांसपोर्ट की जगहों के बजाय शहर के खास ठिकानों—मुंबई की अधिष्ठात्री देवी के पवित्र स्थान मुंबादेवी मंदिर और ऐतिहासिक महत्त्व के एक स्मारक गेटवे ऑफ इंडिया को निशाना बनाया गया था। जी.एम.आर.एफ. ने एक बार फिर धमाकों से पहले एक टीवी चैनल को इ-मेल किया था।

गेटवे ऑफ इंडिया पर जिस टैक्सी में बम रखा गया था, उसका ड्राइवर शिवनारायण पांडे इस धमाके में बाल-बाल बच गया। टैक्सी में रखे बम के फटने से ठीक पहले वह बाथरूम जाने के लिए निकला था। उसने पुलिस को एक जोड़े के बारे में बताया, जिसने उस दिन टूर के लिए अँधेरी से उसकी टैक्सी लेकर गेटवे ऑफ इंडिया चलने के लिए कहा था। एक कड़ी से दूसरी जुड़ती गई···आखिरकार और भी नाम सामने आए। मुंबादेवी मंदिर के लिए टैक्सी किराए पर लेनेवाला शख्स अशरत था। गेटवे के लिए टैक्सी लेनेवाले जिस जोड़े का जिक्र टैक्सी ड्राइवर ने किया था, वे हनीफ और फहमीदा थे। सभी संदिग्धों को गिरफ्तार कर लिया गया। दोहरे धमाकों का मास्टरमाइंड नासिर कुछ दिन बाद दादर में पुलिस एनकाउंटर में मारा गया।

संदिग्धों से पूछताछ में पता चला कि जी.एम.आर.एफ. पाकिस्तान के आतंकवादी संगठन लश्कर-ए-तैयबा (एलईटी) के दिमाग की उपज था। लश्कर के गुर्गों ने उन माहिर और नए भारतीय कामगारों को चुना, जो रोजगार के लिए संयुक्त अरब अमीरात और दूसरे खाड़ी देशों में गए थे। उन भोले-भाले लोगों को गुजरात दंगों और बाबरी ढाँचा तोड़े जाने की खौफनाक तसवीरों से बरगलाया गया। उनसे कहा गया कि उन्हें भारी रकम दी जाएगी और लश्कर के स्लीपर सेल के तौर पर वापस भारत भेजा जाएगा। जाँच से पता चला कि जी.एम.आर.एफ. ने मुंबई एयरपोर्ट, मुंबई पुलिस हेडक्वार्टर, भाभा एटोमिक रिसर्च सेंटर और नवरात्रि के दौरान कई जगहों पर धमाके करने की साजिश बनाई थी। मैं कुछ देर के लिए पुलिस कमिश्नर के केबिन के बाहर उस टैक्सी

ड्राइवर शिवनारायण पांडे से मिला, जिसके इनपुट से मामला आखिर सुलझा था। लेकिन उसका इंटरव्यू नहीं कर सका, क्योंकि मुझे उससे बातचीत करते देख पुलिस उसे वहाँ से दूर ले गई। मैंने उसे कुछ साल बाद फिर देखा, जब वह अदालत में गवाही देने आया। उसे इतने बरसों में पुलिस ने एक नायाब तरीके से अंडरकवर रखा था। इस तरह के मामलों में जाँच एजेंसी इसी तरह से गवाह की सुरक्षा करती है। पांडे ने निडर होकर अपना बयान दिया। अदालत ने 2009 में अशरत, हामिद और फहमीदा को मौत की सजा सुनाई थी।

नई सदी की सुबह मुंबई पुलिस के लिए एक नई चुनौती लेकर आई थी। शहर पर अंडरवर्ल्ड की पकड़ ढीली हो गई थी। लेकिन उसकी जगह आतंकवाद ने ले ली थी, जिससे निपटना ज्यादा मुश्किल था। गैंगस्टर पैसे के लिए काम करते थे और उनका क्रिमिनल बैकग्राउंड होता था। इससे उन पर हाथ डालना आसान था, लेकिन आतंकवादी कम-से-कम या बिना किसी क्रिमिनल बैकग्राउंड के रिकॉर्डवाले कट्टरपंथी नौजवान थे। उनमें से कई तो खूब पढ़-लिखे थे। मुंबई में आतंकवादी हमले तकरीबन हर महीने होनेवाली घटना बन गए थे। हालाँकि आतंकवाद के खिलाफ एक दस्ता बनाया गया था, फिर भी राज्य की बाकी और केंद्रीय एजेंसियों के साथ प्रशिक्षण और समन्वय के लिए अभी बहुत-कुछ किया जाना बाकी था।

लाइफलाइन में धमाके

मंगलवार, 11 जुलाई, 2006 को मैंने काम से एक दिन की एवजी छुट्टी ली थी, क्योंकि मैं पिछले रविवार और सोमवार को ड्यूटी पर था। शिवाजी पार्क में कुछ असामाजिक तत्त्वों ने बाल ठाकरे की पत्नी मीनाताई की प्रतिमा को खंडित कर दिया था। इससे शिवसैनिक भड़क गए और उन्होंने हंगामा शुरू कर दिया। सोमवार को मैं हिंसा पर फॉलोअप स्टोरी कर रहा था। मंगलवार को ही मुझे आखिरकार एक दिन की छुट्टी मिली। मैंने दक्षिण मुंबई के न्यू एक्सेलसियर सिनेमा में एक सुकून भरी शाम बिताने का फैसला किया, जहाँ ऋतिक रोशन की नई फिल्म 'कृष' दिखाई जा रही थी।

जैसे ही फिल्म शुरू हुई, मेरा मोबाइल फोन बज उठा—

"जीतू भाई! मेरी बिल्डिंग के बाहर ट्रेन में बम धमाका हुआ है! चारों ओर अफरा-तफरी का माहौल है! बहुत से लोग मारे गए हैं। एक कैमरा यूनिट तेजी से भेजें।" स्टार न्यूज के ऑपरेशंस मैनेजर ओडिस्टीवन गोम्स फोन पर चिल्लाए।

गोम्स रेलवे ट्रैक के बगल में खार में रहते थे। एक न्यूज चैनल का कर्मचारी होने के नाते घटना के प्रति उनकी यह तत्काल प्रतिक्रिया मुझे चौकस करने के लिए थी। उस समय सभी मोबाइल फोनों में कैमरे नहीं होते थे और घटना को कवर करने के लिए एक कैमरा टीम को उस जगह पर भेजा जाना था। मैं जल्दबाजी में सिनेमा हॉल से निकल गया और ज्यादा जानकारी लेने के लिए पुलिस को फोन किया। अलग-अलग लोकल ट्रेनों के फर्स्ट क्लास के डिब्बों में छह और बम धमाके हुए थे। अपने दफ्तर को बताने और कैमरा टीमों को मौके पर पहुँचने का निर्देश देने के बाद मैं माटुंगा रोड पहुँचा। यही धमाके की सबसे नजदीकी जगह थी।

बीच रास्ते में बारिश शुरू हो गई और मैं पूरी तरह भीगते हुए स्टेशन पहुँचा। मेरा कैमरामैन पहले से ही वहाँ मौजूद था। ट्रेन की मेटल बॉडी के परखच्चे उड़ गए थे¨ यात्रियों के हड्डी, खून और मांस के साथ ट्रेन के टुकड़े दूर तक बिखर गए थे। आसपास के लोग मदद के लिए इकट्ठा हुए, लेकिन तेज बारिश ने बचाव के काम में बाधा डाली।

चूँकि सभी प्रभावित ट्रेनें वेस्टर्न लाइन पर चलती थीं, इसलिए मैं आशंका जता सकता था कि यह साजिश गुजरात दंगों का बदला लेने के लिए किसी आतंकवादी संगठन की एक और कोशिश थी। वेस्टर्न लाइन खार, सांताक्रुज, विले पार्ले, गोरेगाँव, मालाड, कांदिवली, बोरीवली, मीरा रोड और भायंदर जैसे उपनगरों को जोड़ती है। ये गुजरातियों की घनी आबादी वाले इलाके हैं। बम शाम 6 बजे के बाद फटे, जब बॉम्बे स्टॉक एक्सचेंज बंद हो गया और शेयर दलाल, जिनमें ज्यादातर गुजराती होते हैं, इस लाइन की ट्रेनों में अपने घरों की ओर चल पड़े। धमाकों के घटनाक्रम से पता चलता है कि सबकुछ 11 मिनट के भीतर हुआ। पहला धमाका बोरीवली की ओर जा रही ट्रेन में खार स्टेशन के पास शाम 6:24 बजे हुआ। इसी धमाके को ओडिस्टीवन गोम्स ने देखा था।

इसके बाद माटुंगा रोड, माहिम, बांद्रा, जोगेश्वरी और खार स्टेशनों के परिसर के भीतर या नजदीक ट्रेनों में छह और धमाके हुए। आखिरी बम बोरीवली के पास विरार जानेवाली लोकल ट्रेन में शाम 6:35 बजे फटा। इन धमाकों में मरनेवालों की कुल संख्या का पता चलने में एक हफ्ता लगा। इनमें 209 लोगों की जान गई थी और 700 से ज्यादा यात्री घायल हुए थे। मरनेवालों में मेरे पसंदीदा हिंदी कवि श्याम ज्वालामुखी भी थे, जो अपनी हास्य और व्यंग्य रचनाओं के लिए मशहूर थे। ज्वालामुखी कोई नियमित लोकल ट्रेन यात्री नहीं थे, लेकिन उस शाम किसी काम के बाद घर लौटने के लिए ठाणे से ट्रेन में सवार हुए थे।

इसके बाद रेलवे की वेस्टर्न लाइन पूरी तरह से बंद हो गई। इससे यातायात प्रभावित हुआ। दक्षिण मुंबई से उत्तर-पश्चिमी उपनगरों तक की सभी मुख्य सड़कें भीड़ से अट गईं। लोग घर पहुँचने के लिए खचाखच भरी बेस्ट बसों और टैक्सियों में घुस गए। कुछ लोग तो ट्रकों और पिकअप वैन पर सवार हो गए। उस रात कई लोग दक्षिण मुंबई में अपने दफ्तरों में रुके रहे।

इसके बाद की जाँचों ने एक विवाद पैदा कर दिया। अलग-अलग जाँच एजेंसियों ने अलग-अलग संदिग्ध बताए। बम धमाकों के एक हफ्ते बाद एक हिंदी टीवी चैनल को एक नए संगठन लश्कर-ए-कहर से एक इ-मेल मिला। उसने धमाकों में अपना हाथ होने का दावा किया और भविष्य में और धमाके करने की धमकी दी।

मुंबई ट्रेन धमाके 2004 में मैड्रिड और 2005 में लंदन में हुए धमाकों जैसे ही थे। 11 मार्च, 2004 को मैड्रिड में 10 मिनट के भीतर लोकल ट्रेनों में चार बम धमाके हुए। उनमें 191 लोग मारे गए और 1,800 घायल हुए। स्पेन की राजधानी के पब्लिक ट्रांसपोर्ट पर सुबह भीड़ के वक्त हमला किया गया था, जब लोग अपने दफ्तर जाने के लिए घर से निकले थे। अगले साल, 7 जुलाई, 2005 को लंदन की अंडरग्राउंड ट्रेनों में तीन बम धमाके हुए और एक डबल डेकर बस में चौथा धमाका हुआ। मैड्रिड की तरह लंदन में भी पब्लिक ट्रांसपोर्ट सिस्टम पर सुबह की भीड़ के दौरान बम धमाके किए गए। इन धमाकों में 52 लोगों की जान गई।

महाराष्ट्र ए.टी.एस. ने कुछ हफ्ते बाद 12 लोगों पर आरोप लगाया। इसमें कहा गया है कि पाकिस्तानी एजेंसी आई.एस.आई. के इशारे पर साजिश रची गई थी और सिमी की मदद से लश्कर ने इसे अंजाम दिया था। गोवंडी की झुग्गियों में प्रेशर कुकर में बम रखे गए और फिर ट्रेनों में रख दिए गए। हालाँकि इस कहानी में एक मोड़ तब आया, जब 2008 में मुंबई क्राइम ब्रांच ने इंडियन मुजाहिदीन के एक कथित सदस्य सादिक शेख को गिरफ्तार किया। क्राइम ब्रांच ने दावा किया कि इसी आतंकवादी संगठन ने साजिश को अंजाम दिया और सादिक ने दूसरे लोगों के साथ बम लगाए थे।

ए.टी.एस. के दावे के विपरीत क्राइम ब्रांच ने दावा किया कि बम शिवड़ी के एक फ्लैट में इकट्ठे किए गए थे। इससे संदेह पैदा हुआ—क्या ए.टी.एस. ने जाँच का नतीजा दिखाने के लिए राजनीतिक दबाव में गलत लोगों को गिरफ्तार किया था? मगर ए.टी.एस. अपने दावे पर कायम रही। 2015 में ए.टी.एस. द्वारा गिरफ्तार किए गए बम रखनेवाले पाँच कथित आरोपियों को मौत की सजा दी गई, सात को उम्रकैद दी गई और एक आरोपी अब्दुल वाहिद को बरी कर दिया गया।

राज से नाराज, बस की हाईजैक

2008 को देश में सबसे ज्यादा खून-खराबे वाले साल के रूप में देखा जा सकता है। जयपुर, बेंगलुरु, अहमदाबाद, नई दिल्ली और गुवाहाटी जैसे शहर सीरियल बम धमाकों से दहल गए थे। इन धमाकों में सैकड़ों लोग मारे गए और हजारों घायल हुए। हालाँकि मुंबई शांत रही। जुलाई 2006 के ट्रेन धमाकों के बाद से आतंकवाद से जुड़ी कोई घटना यहाँ दर्ज नहीं की गई। हालाँकि देश भर में कई धमाकों की जिम्मेदारी लेनेवाले इंडियन मुजाहिदीन के तार मुंबई से जुड़े थे, लेकिन यह शहर सुरक्षित रहा।

मशहूर बॉलीवुड गीत 'ये बंबई शहर हादसों का शहर है' में मुंबई को हादसों का शहर कहा गया है। मुंबई ज्यादा दिन तक शांत नहीं रह सकी और यहाँ हादसा हुआ। लेकिन इस बार अलग किस्म का। कुछ महीनों की खामोशी के बावजूद मुंबईकरों में दहशत और फिक्र की लहर बरकरार थी।

27 अक्तूबर, 2008 को करीब 10:30 बजे खबर आई कि कुर्ला में बेस्ट की एक डबल डेकर बस संख्या 332 को हाईजैक कर लिया गया है। 12 यात्रियों को कथित तौर पर बंधक बना लिया गया और एक को गोली मार दी गई। मेरा फौरी शक यह था कि इंडियन मुजाहिदीन मुंबई में वापस आ गया है। मुझे लोकल पुलिस के एक सोर्स का फोन आया कि हाईजैकर मीडिया से बात करना चाहता है। मैं जल्दी से उस जगह के लिए निकल गया, जो महालक्ष्मी में मेरे ऑफिस से 14 किलोमीटर दूर थी। मेरे सहयोगी उमेश कुमावत भी वारदात की जगह की ओर दौड़ पड़े।

मैं बंधकों को छुड़ाने के लिए बातचीत करने के खयाल से ही रोमांचित था। मैंने अपने दिमाग में हाईजैकर को बंधकों को रिहा करने और सरेंडर करने को समझाने के लिए दलीलें सोचनी शुरू कर दी थीं। हालाँकि ट्रैफिक जाम से निकलकर जब तक मैं किसी तरह कुर्ला पहुँचा, तो मामला खत्म हो चुका था। बंधकों को बचा लिया गया था, बस के आसपास के इलाके को घेर लिया गया था, हाईजैकर मारा गया था और उसकी लाश को अस्पताल ले जाया जा रहा था। ए.सी.पी. मोहम्मद जावेद खाली सर्विस रिवॉल्वर हाथ में लिये बस के पास खड़े थे। उन्होंने ही हाईजैकर पर फायरिंग की थी और पुलिस टीम को बस के अंदर ले गए थे।

"जब मैं बस में घुसा, तो मैंने हाईजैकर को एक यात्री को पकड़कर उस पर बंदूक ताने हुए देखा। मैंने उसे सरेंडर करने के लिए कहा, लेकिन उसने सरेंडर नहीं किया। मुझे उस यात्री की जान बचाने के लिए क्या करना चाहिए था? मुझे गोली चलानी पड़ी।" जावेद ने मुझे समझाया।[1] जावेद और उनकी टीम ने हाईजैकर पर एक दर्जन से ज्यादा गोलियाँ चलाईं। उनमें से तीन उसके सिर में लगीं और एक ने उसका दिल चीर दिया।

हाईजैकर बिहार के पटना का रहनेवाला कुंदन सिंह उर्फ राहुल राज नाम का 25 साल का नौजवान निकला। उस साल मनसे प्रमुख राज ठाकरे को उत्तर भारतीयों के खिलाफ भड़काऊ भाषण देने के आरोप में गिरफ्तार किए जाने के बाद उनकी पार्टी के कार्यकर्ताओं ने उत्तर भारत के कई लोगों पर हमले किए थे। हिंसक भीड़ ने कुछ लोगों की पीट-पीटकर हत्या कर दी थी। रेलवे भरती

एग्जाम में शामिल होने मुंबई आए उत्तर भारतीय नौजवानों की पिटाई की गई थी।

इस सबसे गुस्साया हुआ राहुल राज देसी पिस्तौल लेकर मुंबई पहुँचा और साकीनाका में बेस्ट की बस में सवार हो गया। जब बस कुर्ला पहुँची, तो उसने पिस्तौल तानकर बस पर काबू कर लिया और ऊपरी डेक पर कई यात्रियों को बंधक बना लिया। पुलिस को आता देख उसने ताबड़तोड़ फायरिंग शुरू कर दी। इस दौरान उसकी एक गोली एक यात्री को लग गई। आसपास के लोगों ने उसे खिड़की से चिल्लाते हुए सुना कि वह यात्रियों को नुकसान नहीं पहुँचाना चाहता, बल्कि राज ठाकरे को मारना चाहता है।

इस घटना से बिहार और महाराष्ट्र के नेताओं के बीच 'तू-तू, मैं-मैं' छिड़ गई। बिहार की सभी पार्टियों के नेताओं ने इस एनकाउंटर की निंदा की। उन्होंने आरोप लगाया कि राहुल राज को जिंदा पकड़ने के लिए मुंबई पुलिस ने कोई कोशिश नहीं की। महाराष्ट्र सरकार ने पलटवार करते हुए कहा कि पुलिस ने हालात के मुताबिक कदम उठाया। महाराष्ट्र सरकार ने मुख्य सचिव स्तर की जाँच की घोषणा की। कुछ याचिकाकर्ताओं ने सुप्रीम कोर्ट और पटना हाई कोर्ट का दरवाजा खटखटाया।

बस हाईजैक की इस घटना ने मुंबई के नागरिकों, खासकर पब्लिक ट्रांसपोर्ट का इस्तेमाल करनेवालों में दहशत पैदा कर दी थी। लेकिन इस शहर ने अतीत में जो भुगता था, उसकी तुलना में तो यह एक मामूली घटना थी। वैसे उस वक्त मुंबईकरों को इस बात का अंदाज नहीं था कि ठीक एक महीने बाद उनके शहर की एक घटना पूरी दुनिया को हिलाकर रख देगी।

□

13

26/11 : नहीं सीखा सबक

करीब 10:30 बजे थे। 14 सितंबर, 1946 को दक्षिण बंबई के कालबादेवी रोड पर सुबह की हलचल अभी शुरू ही हुई थी कि सेना की वरदी में दो आदमी तनमन कैप शॉप के पास एक टैक्सी से उतरे और अंधाधुंध फायरिंग शुरू कर दी। सात लोग मारे गए और 20 से ज्यादा घायल हो गए। वे सभी बेकसूर राहगीर और दुकानदार थे।

चूँकि कालबादेवी बंबई में एक अहम कारोबारी इलाका था, इसलिए इस वारदात ने पूरे शहर में दहशत फैला दी।

अगले दो महीनों के भीतर संदिग्धों—मिर्जा अब्दुल माजिद और गुलाम अहमद को गिरफ्तार कर लिया गया। वे ब्रिटिश भारतीय सेना के फौजी थे और कलकत्ता में तैनात थे। पूछताछ से पता चला कि मजीद और अहमद वारदात से एक हफ्ते पहले अपनी पोस्ट छोड़कर हथियार और गोला-बारूद चुराकर बंबई भाग आए थे। बंबई पहुँचने के बाद उन्होंने भायखला स्टेशन से कालबादेवी के लिए एक टैक्सी किराए पर ली और रास्ते में एक चॉल से एक कार्टन उठाया। फिर उन्होंने भीड़ पर गोलीबारी कर दी। उस समय उस इलाके में आवाजाही के लिए एक खास जरिया विक्टोरिया में जुते कुछ घोड़ों की भी गोली लगने से मौत हो गई थी। इस नरसंहार के बाद उन्होंने टैक्सी चालक को बाहर निकाला और उसकी टैक्सी लेकर फरार हो गए।

इस घटना को सांप्रदायिक नफरत का नतीजा माना गया। नरसंहार से एक पखवाड़े पहले मुंबई में एक खौफनाक दंगा भड़का था। हिंदू और मुसलिम, दोनों समुदायों के दंगाइयों ने कत्ल किए थे। ठीक एक महीने पहले, 16 अगस्त,

1946 को मोहम्मद अली जिन्ना ने मुसलमानों के लिए एक अलग मादरे वतन की अपनी माँग को पूरा कराने के लिए 'डायरेक्ट ऐक्शन डे' घोषित किया था। भारत के कई हिस्सों में हिंसक दंगे शुरू हो गए थे। बंबई भी इससे अछूती नहीं रही थी।

घटना के नौ महीने बाद एक स्पेशल जज की अदालत में मुकदमा शुरू हुआ। माजिद और अहमद पर कत्ल और कत्ल की कोशिश के आरोप लगाए गए। जज ने कहा कि उनके लिए सजा-ए-मौत के अलावा और कोई सजा नहीं हो सकती।[1]

बंबई में यह शायद पहला आतंकवादी हमला था, जिसमें बंदूकों का इस्तेमाल किया गया था। बंबई ने उस दिन जो देखा, वह 62 साल बाद बहुत बड़े पैमाने पर दोहराया गया।

उसे मत मारो, वो सबूत है

इंस्पेक्टर हेमंत बावधनकर ने इस्माइल खान के माथे पर गोली मार दी। खान स्कोडा की ड्राइवर सीट पर था और अजमल कसाब उसके बगल में बैठा था। जैसे ही बावधनकर ने अपनी रिवॉल्वर कसाब की ओर तानी, बावधनकर के सहयोगी संजय गोविलकर चिल्लाए, "रुको, बावध्या! उसे मत मारो, वो सबूत है! हमें उसे जिंदा पकड़ना है!"[2] गोविलकर कुछ सेकंड पहले खुद कसाब की गोली से घायल हुए थे, लेकिन ऐसे संवेदनशील पल में उनकी सूझ-बूझ मुंबई पुलिस के लिए वरदान साबित हुई।

वह 26 नवंबर, 2008 की रात थी। डी.बी. पुलिस स्टेशन को कंट्रोल रूम से गिरगाँव चौपाटी पर फौरन नाकाबंदी (सड़क के जंक्शन पर बैरिकेडिंग करके सुरक्षा जाँच) करने का निर्देश मिला। दक्षिण मुंबई में कई जगह पर आतंकवादियों की गोलीबारी की खबर मिली थी। कथित अपराधियों में से दो को विधान भवन के पास एक होटल कारोबारी से छीनी गई स्कोडा कार में गिरगाँव की ओर जाते हुए देखा गया था। निर्देश मिलते ही मरीन ड्राइव पर गिरगाँव चौपाटी जंक्शन पर बैरिकेड्स लगा दिए गए। पुलिस ने कार को जंक्शन पर रुकने का इशारा किया। हालाँकि कार में सवार लोगों, जिनकी पहचान बाद में

इस्माइल खान और अजमल कसाब के रूप में हुई, ने पुलिस की चेतावनी सुनते ही फायरिंग कर दी।

इस एनकाउंटर में एक पुलिस अधिकारी तुकाराम ओंबले की मौत हो गई और इंस्पेक्टर गोविलकर कमर में गोली लगने से घायल हो गए। हालाँकि यह एनकाउंटर इस हमले में एक अहम मोड़ साबित हुआ। आतंकवादी अजमल कसाब को गिरफ्तार कर लिया गया। उसी ने बाद में पूरी साजिश के बारे में खुलासा किया। इस आतंकी हमले ने मुंबई को हिलाकर रख दिया था। 10 हथियारबंद पाकिस्तानी आतंकवादियों ने शहर के अलग-अलग हिस्सों में भारी नुकसान को अंजाम दिया था। बावधनकर की गोली से मारा गया इस्माइल खान इस आतंकी दस्ते का चीफ था।

उसी रात करीब 9:40 बजे मुझे बताया गया कि कुछ लोगों ने कोलाबा के लियोपोल्ड कैफे में 50 राउंड गोलियाँ चलाई हैं। मैंने मान लिया कि यह एक और गैंगवॉर था। लेकिन 50 राउंड बहुत ज्यादा थे, क्योंकि गैंगस्टर आमतौर पर अपने निशाने पर चार या पाँच से ज्यादा गोलियाँ नहीं मारते। यह वारदात कुछ अलग सी लग रही थी। जब मैं मौके पर पहुँचा, तो साफ हो गया कि यह आतंकी हमला है। चश्मदीदों ने मुझे बताया कि बंदूकधारियों ने कैफे में बैठे ग्राहकों पर अंधाधुंध फायरिंग की थी। चारों ओर फैली खाली गोलियों से अंदाज हुआ कि कलाश्निकोव का इस्तेमाल किया गया था। मुझे पता चला कि दो बंदूकधारी पास के ताजमहल होटल की ओर बढ़ गए थे, इसलिए मैं उस ओर भागा।

गेटवे ऑफ इंडिया के सामनेवाले होटल के मुख्य गेट पर एक खौफनाक सन्नाटा था। वहाँ हमेशा नजर आनेवाले सिख दरबान दिखाई नहीं दे रहे थे। मैं काँच के दरवाजे में से होकर अंदर की ओर भागा और वहाँ का मंजर देखकर दंग रह गया। रिसेप्शन के बगल के गलियारे में कई लाशें पड़ी थीं। इस प्रसिद्ध होटल में अकसर भारत और दुनिया भर की मशहूर हस्तियाँ आती हैं। अब यह एक मुर्दाघर जैसा दिख रहा था। अचानक मैंने ऊपरी मंजिल से कुछ गोलियाँ चलने की आवाज सुनी और महसूस किया कि गलियारे में और आगे जाना महफूज नहीं होगा। पुलिस की एक टीम होटल के अंदर पहुँची। उन्होंने मुझे वहाँ से फौरन चले जाने के लिए कहा।

जल्द ही कई जगह से इस तरह की गोलीबारी की खबरें आने लगीं। ओबेरॉय-ट्राइडेंट होटल, छत्रपति शिवाजी टर्मिनस (सी.एस.टी.), नरीमन हाउस और कामा अस्पताल पर हमला किया गया था और लोगों पर अंधाधुंध गोलियाँ चलाई गई थीं। साफ था कि आतंकियों के निशाने पर मुंबई के मशहूर लैंडमार्क थे। उनमें से कुछ में खास लोगों की आवाजाही होती है और कुछ में आम लोगों की। जहाँ-जहाँ हमले हुए, वहाँ अपने सभी पत्रकारों को तैनात करने के बाद मैं खुद ताजमहल होटल के बाहर जाकर खड़ा हो गया। कुछ देर बाद छठी मंजिल से आग की लपटें और धुआँ नजर आया। मैंने एक युवा महिला और बच्चों को मदद के लिए रोते हुए सुना। मेरे पत्रकारों और पुलिस के सोर्सों के लगातार फोन कॉल से मुझे पूरी मुंबई के ताजा हालात के बारे में पता चलता रहा।

ताजमहल होटल में आतंकवादी एक बंधक के मोबाइल फोन का इस्तेमाल करके पाकिस्तान में अपने आकाओं से बात कर रहे थे। जल्द ही खुफिया एजेंसियों ने इन कॉल्स को पकड़ लिया। ये आतंकवादी महज रोबोट थे। ये कराची के एक कंट्रोल रूम में बैठे अपने आकाओं से कमांड ले रहे थे। मुठभेड़ की जगह से अजमल कसाब की गिरफ्तारी और उससे आनन-फानन में की गई पूछताछ से सुरक्षा एजेंसियों को बिंदुओं को जोड़ने और साजिश को समझने में मदद मिली।

कसाब ने खुलासा किया कि मुंबई पर इस हमले की साजिश लश्कर और जमात-उद-दावा ने पाकिस्तान में बनाई थी। 10 पाकिस्तानी नौजवानों को खास ट्रेनिंग देकर कराची के बाहरी इलाके से एक नाव में भारत-पाकिस्तान समुद्री सीमा पर भेजा गया था। वहाँ उन्होंने मछली पकड़नेवाले एक भारतीय ट्रॉलर कुबेर को हाईजैक कर लिया। मुंबई पहुँचने तक उन्होंने ट्रॉलर के कैप्टन सहित सभी पाँच मछुआरों को मार डाला। नौजवानों ने अपने सफर का आखिरी हिस्सा एक डोंगी पर तय किया और कफ परेड के पास मछुआरों की कॉलोनी में उतरे। वे जोड़ों में बँटकर टैक्सियों में अलग-अलग जगहों पर पहुँचे। दो टैक्सियों में बम लगाए गए थे, जिनमें आतंकवादियों के उतरने के कुछ मिनट बाद ही धमाका हो गया।

मुंबई पुलिस इन हालात के मुकाबले के लिए सबसे पहले सामने आई,

लेकिन वो इसके लिए अच्छी तरह से लैस नहीं थी, कंफ्यूज थी और असमंजस में भी थी। हालात इतने बेकाबू थे कि पुलिस कोई रणनीति नहीं बना सकी। पुलिस कमिश्नर हसन गफूर को कमांड सेंटर में होना चाहिए था, लेकिन वे मैदान में पहुँच गए, जबकि उनके जूनियर ज्वॉइंट कमिश्नर राकेश मारिया ने कंट्रोल रूम की कमान सँभाली। ऐसे में एडिशनल कमिश्नर अशोक कामटे और इंस्पेक्टर विजय सालस्कर के साथ ए.टी.एस. चीफ हेमंत करकरे क्वालिस कार में आतंकवादियों का सामना करने के लिए मैदान में उतरे। कामा अस्पताल के पास उनकी कार पर घात लगाकर हमला किया गया, जिसमें तीनों की मौत हो गई।

तभी मेरे रिपोर्टर मयंक भागवत ने मुझे फोन किया। "मैं दूसरे मीडियावालों और पुलिसवालों के साथ मेट्रो सिनेमा जंक्शन पर खड़ा था। तभी एक पुलिस क्वालिस आई और उसमें से हम पर गोलियाँ चलाई गईं। इस फायरिंग में कांस्टेबल अरुण चित्ते की मौत हो गई। वह मेरे पास ही खड़ा था। गोली लगने के बाद ईटीवी के कैमरामैन अनिल निर्मल की एक उँगली उड़ गई।" मयंक ने घबराते हुए कहा। यह तो बाद में पता चला कि जिस क्वालिस कार में करकरे, काम्टे और सालस्कर पर घात लगाकर हमला किया गया था, उस पर अब इस्माइल और कसाब का कब्जा था। मेट्रो सिनेमा जंक्शन से गुजरते समय इस्माइल ने भीड़ पर गोलियाँ चलाई थीं। मेट्रो जंक्शन से दोनों विधान भवन की ओर बढ़े, जहाँ क्वालिस का एक टायर पंचर हो गया। उन्होंने क्वालिस छोड़ दी और बंदूक दिखाकर एक शख्स से उसकी स्कोडा कार छीन ली। उसी स्कोडा में सवार होकर वे दोनों गिरगाँव चौपाटी जंक्शन की ओर गए। वहाँ डी.बी. मार्ग पुलिस स्टेशन की एक टीम ने उन्हें रोक लिया।

पुलिस के बिना सोचे-समझे काम करने का एक और उदाहरण कमांडो की 'क्विक रिएक्शन टीम' (क्यू.आर.टी.) को तैनात करने के तरीके में नजर आया। क्यू.आर.टी. को एक टीम के रूप में हालात का मुकाबला करने और एक खास मिशन को अंजाम देने के लिए ट्रेनिंग दी गई थी। लेकिन उस रात क्यू.आर.टी. को एक साथ तैनात न करके हमले की जगहों के बाहर आम पुलिसवालों की तरह दो या तीन की संख्या में उसके कमांडो तैनात किए गए थे।

ताजमहल होटल के बाहर मैंने मरीन कमांडो (मारकोस) की एक टीम

को तेजी से आते हुए देखा। कुछ घंटे बाद उनकी जगह राष्ट्रीय सुरक्षा गार्ड (एन.एस.जी.) ने ले ली। एन.एस.जी. कमांडो सुबह दिल्ली के पास मानेसर से आए थे। नरीमन हाउस में यहूदी सांस्कृतिक केंद्र के अंदर बंधकों को छुड़ाने के लिए कमांडो की एक टीम को हेलिकॉप्टर से छत पर उतारा गया। आतंकवादियों के साथ मुठभेड़ 59 घंटे तक जारी रही और ऑपरेशन आखिरकार 29 नवंबर को सुबह 8 बजे ताज होटल में आखिरी आतंकवादी के मारे जाने पर खत्म हुआ। बाकी जगहों पर एक दिन पहले ही उनका सफाया कर दिया गया था।

इस आतंकी हमले में पुलिसवालों और दो एन.एस.जी. कमांडो समेत 166 लोगों की मौत हुई थी। 200 से ज्यादा लोग घायल हुए थे। हमले का शिकार हुए लोग कई देशों और धर्मों के थे। करीब 60 घंटे के लगातार कवरेज का मुझ पर मनोवैज्ञानिक असर हुआ। इसके अलावा मुझे पता चला कि मैंने होटल की छठी मंजिल से जिस महिला और बच्चों के रोने की आवाज सुनी थी, वे होटल के जनरल मैनेजर करमबीर कांग की पत्नी नीति और उनके दो बेटे 12 साल का उदय और 5 साल का समर थे। वे होटल की छठी मंजिल पर फँस गए थे और दम घुटने से उनकी मौत हो गई थी। अगले कुछ दिन तक जब भी मैं सोने की कोशिश करता, उनकी चीखें और गोलियों की आवाजें मेरे सिर में गूँजतीं।

जब मुख्यमंत्री विलासराव देशमुख ने नुकसान का अंदाज लगाने के लिए ताजमहल होटल का दौरा किया, तो उनके साथ फिल्म-निर्माता रामगोपाल वर्मा भी थे। इससे जनता बहुत नाराज हो गई। एक हफ्ते बाद देशमुख को हटा दिया गया और उनकी जगह अशोक चव्हाण मुख्यमंत्री बने। मीडिया को संबोधित करते हुए उप-मुख्यमंत्री आर.आर. पाटिल ने एक बॉलीवुड फिल्म का एक डायलॉग बोल दिया था, "बड़े-बड़े शहरों में छोटी-छोटी बातें होती रहती हैं।" उनके इन शब्दों से भी विवाद पैदा हो गया और आखिर उन्हें भी हटना पड़ा। केंद्र सरकार में शिवराज पाटिल की जगह पी. चिदंबरम को गृहमंत्री बनाया गया।

डेविड हेडली और उसकी प्रेमिका

26/11 के हमले के एक दिन बाद 'टाइम्स ऑफ इंडिया' ने हमला करते हुए अजमल कसाब की तसवीरें छापीं। कसाब की कलाई पर हिंदुओं का पवित्र

धागा रक्षा सूत्र बँधा देखकर सबको अचरज हुआ।

अक्तूबर 2009 में, 26/11 के हमलों के एक साल बाद पाकिस्तानी मूल के अमेरिकी डेविड हेडली को दो महीने से ज्यादा वक्त तक संघीय जाँच ब्यूरो (एफ.बी.आई.) ने ट्रैक करके शिकागो एयरपोर्ट से गिरफ्तार किया था। पूछताछ में उसके लश्कर से रिश्ते और 26/11 के हमलों में भूमिका का खुलासा हुआ।

लश्कर ने हेडली को टारगेट चुनने और उनका वीडियो बनाने का जिम्मा सौंपा था। उसने इस काम के लिए 2007 से 2008 तक मुंबई की सात यात्राएँ की थीं। अपनी यात्राओं के दौरान हेडली ने फिल्म प्रोड्यूसर महेश भट्ट के बेटे राहुल और एक जिम ट्रेनर विलास वरक से दोस्ती गाँठ ली। वह उनके साथ पूरे शहर में घूमा और कई जगहों पर गया। सिद्धिविनायक मंदिर की ऐसी ही एक यात्रा के दौरान हेडली ने कुछ रक्षा सूत्र धागे खरीदे और उन्हें अपने साथ पाकिस्तान ले गया। अजमल कसाब और उसके साथी यही धागे अपनी कलाई पर बाँधकर मुंबई आए थे। उनका मकसद जाँचकर्ताओं को कंफ्यूज करना था। कलाई पर बँधे धागे देखकर उन्हें हिंदू और हिंदुस्तानी समझा जाता। किसी को भी उनके पाकिस्तानी होने का शक नहीं होता।

खुफिया एजेंसियों ने यह भी पाया कि हेडली ने 20 साल की एक लड़की से दोस्ती कर ली थी। वह साउथ मुंबई में होटल ऑट्रम के पास मिठाई की दुकान चलाती थी। हेडली वहीं ठहरता था। एक दिन वह पेस्ट्री खरीदने गया, तो उससे मिला। वह मासूम लड़की हैंडसम, भले दिखनेवाले और चिकनी-चुपड़ी बात करनेवाले हेडली के प्यार में पड़ गई। उसके बाद दोनों अकसर मिलने लगे। लड़की इससे बेखबर थी कि हैडली अपने शैतानी मंसूबों के लिए उसका इस्तेमाल कर रहा है। जब भी वह किसी टारगेट की रेकी करने जाता, तो उसे साथ ले जाता। एक जोड़े की तरह घूमने से उस पर किसी को भी कोई शक नहीं हुआ। इस तरह हेडली आसानी से तमाम टारगेट्स के शॉट्स ले सकता था और उनके जी.पी.एस. नंबर नोट कर सकता था।

शिकागो में हेडली की गिरफ्तारी के बाद जाँच करनेवालों ने मुंबई में उस लड़की से पूछताछ की। हालाँकि उसे अदालत के सामने पेश होने की जरूरत नहीं पड़ी। हेडली इस मामले में एक वादा माफ गवाह बनने के लिए तैयार हो

गया। उसने अपनी इच्छा से 26/11 के हमलों में अपने रोल और इस बारे में पहले से जानकारी होने की बात मान ली। उसका बयान मुंबई की एक स्पेशल कोर्ट ने उस अमेरिकी जेल से वीडियो-कॉन्फ्रेंसिंग सुविधा के जरिए रिकॉर्ड किया, जहाँ हेडली को रखा गया था।

अजमल कसाब की फाँसी

जिंदा पकड़ा जानेवाला एकमात्र आतंकवादी 21 वर्षीय अजमल कसाब उस नरसंहार का चेहरा बन गया था। वह पाकिस्तान के फरीदकोट में पैदा हुआ था और लश्कर के संपर्क में उसकी राजनीतिक शाखा जमात-उद-दावा के जरिए आया था। भर्ती किए गए सैकड़ों छोकरों में से वह मुंबई हमलों को अंजाम देने के लिए चुने गए 10 नौजवानों में शामिल था। क्राइम ब्रांच की दो महीने की हिरासत के दौरान कसाब की उसके अफसरों से दोस्ती हो गई। मामले के जाँच अधिकारी इंस्पेक्टर रमेश महाले उसके लिए नए कपड़े तक लाए थे। कहा जाता है कि जब महाले ने उसे बताया कि उसकी हरकत के लिए उसे मौत की सजा दी जा सकती है, तो कसाब हँस पड़ा। उसने कहा, "आपकी अदालतें पिछले आठ साल से अफजल गुरु को फाँसी नहीं दे पाईं, वे मुझे कैसे फंदे से लटकाएँगी ?"[3]

उसके बाद कसाब को आर्थर रोड जेल में भेज दिया गया। उसकी सुनवाई जेल में ही में बने कोर्ट रूम में हुई। उस समय जेल सुपरिंटेंडेंट रहीं स्वाति साठे याद करती हैं कि कसाब मराठी समझता था—"एक बार, जब मैंने उसके सेल के बाहर अपने एक मातहत से बात करते हुए उसे 'गाढवा' कहा, तो कसाब ने इसे सुन लिया और मेरे उस मातहत से पूछा कि मैं उसे गधा क्यों कह रही हूँ।"[4] उसके मराठी जानने के बारे में तब भी पता चला, जब मुकदमे के दौरान उसने मराठी में जवाब देना चुना। जज एम.एल. तहलियानी के पूछे गए ज्यादातर सवालों का जवाब उसने मराठी में दिया—"माला माहित नाही (मुझे नहीं पता)", और "मी बघितला नाही (मैंने नहीं देखा)।" महाराष्ट्र के बीड जिले के रहनेवाले जबीउद्दीन अंसारी उर्फ अबु जिंदाल नाम के एक हैंडलर ने उसे मराठी सिखाई थी।

मुकदमे को कवर करते समय मैंने हमेशा कसाब को मुसकराते हुए और अदालती काररवाई का मजा लेते हुए देखा। वह अकसर कुछ-न-कुछ मनोरंजक बात कह देता था। उसकी बात सुनकर कोर्ट रूम में हर कोई हँस पड़ता था। यह कल्पना करना मुश्किल था कि इसी लड़के ने अपने साथी इस्माइल खान के साथ सी.एस.टी. में बच्चों, महिलाओं और बुजुर्गों सहित 60 से ज्यादा लोगों को बेरहमी से मार डाला था। उसे कालकोठरी में रखा गया। वह अदालत की सुनवाई का इंतजार करता था। कसाब इस मामले में पाकिस्तान में मौजूद साजिश रचनेवालों के खिलाफ एक अहम गवाह भी था। इसलिए उसकी जान पर खतरे के मद्देनजर आर्थर रोड जेल की सुरक्षा भारत-तिब्बत सीमा पुलिस (आई.टी.बी.पी.) को सौंपी गई थी।

कसाब को मौत की सजा सुनाए जाने और उसकी दया याचिका खारिज होने के बाद 21 नवंबर, 2012 को उसकी फाँसी की तारीख तय की गई थी। इसे जनता के सामने जाहिर नहीं किया गया था। चूँकि आर्थर रोड जेल में फाँसी नहीं दी जाती, इसलिए उसे पुणे की यरवदा जेल ले जाया गया। इंस्पेक्टर रमेश महाले जब उसे आर्थर रोड जेल से लेने गए, तो उन्होंने कसाब से कहा, "तुमने सोचा था कि तुम्हें कभी फाँसी नहीं दी जाएगी। देखो, तुम्हारा वक्त आ गया है।"

"आप ठीक कह रहे थे महाले साब", कसाब ने उनसे कहा। ...फिर उसे फाँसी दे दी गई।[5]

समुद्री किनारों की हिफाजत

हमलों ने मुंबई की सुरक्षा प्रणाली और आतंकवाद से मुकाबला करने के सिस्टम में कई खामियों को उजागर किया। सबसे बड़ा सवाल तटीय सुरक्षा से जुड़ा था, जो घुसपैठियों को रोकने में नाकाम रही।

महाराष्ट्र में 720 किलोमीटर का समुद्र तट है। इसमें से 114 किलोमीटर का समुद्र तट मुंबई को घेरे हुए है। मौत दूसरी बार समंदर के रास्ते इस शहर में आई थी। 12 मार्च, 1993 के सीरियल धमाकों के लिए आर.डी.एक्स. को भी सीजन बोट्स में तस्करी करके लाया गया था। महाराष्ट्र सरकार ने 26/11 के हमलों के दौरान सुरक्षा एजेंसियों की मुस्तैदी में चूक की जाँच करने के लिए

राम प्रधान समिति बनाई थी। इस समिति ने तमाम खुफिया अलर्ट के बाद भी सरकार के रवैये की बहुत खिंचाई की थी। समिति ने जो नतीजे निकाले, उनमें कहा कि खुफिया ब्यूरो ने अगस्त 2006 और अप्रैल 2008 के बीच समुद्री रास्ते से आतंकवादी हमले के बारे में छह अलर्ट जारी किए थे। इसके बावजूद इस खतरे से मुकाबले के लिए कुछ भी खास नहीं किया गया था। मुंबई पुलिस और कोस्ट गार्ड के बीच तालमेल की कमी थी।

हमलों के एक साल बाद मुंबई के तत्कालीन पुलिस कमिश्नर डी. शिवानंदन ने मुझे गेटवे ऑफ इंडिया पर नई खरीदी गई स्पीडबोटों में से एक पर सवारी के लिए बुलाया। उन्होंने आगे किसी भी हमले को टालने के लिए पुलिस के इन कदमों को बहुत नाज से दिखाया। 20-20 लाख रुपए की 20 सीलेग बोट और 40-40 लाख रुपए के सड़क और पानी पर चलनेवाली बोट तैनात की गई थीं। इन बोट से घुसपैठियों का पीछा करने और उन्हें रोकने और समुद्र तट पर गश्त करने का काम किया जाना था। तटीय सुरक्षा के लिए 450 पुलिसकर्मियों को तैनात किया गया था और चार समुद्री पुलिस स्टेशन बनाए गए थे।

मैंने 2015 में शिवनंदन के कार्यकाल के दौरान की गई पहलों की काबिलीयत की जाँच करने के लिए एक फॉलोअप स्टोरी की। मैं यह देखकर चौंक गया कि उनमें से बहुत सी बोट पर धूल जम गई थी और वे बेकार हो गई थीं। कुछ को बड़ी मरम्मत की जरूरत थी, जबकि कुछ बोट के पुरजे गायब थे। कंपनी के साथ सीलेग बोटों के रखरखाव का करार खत्म हो गया था। अगस्त 2010 में एक गश्ती बोट पर तैनात एक कांस्टेबल रमेश मोरे डूब गया था। नियंत्रक और महालेखा परीक्षक (कैग) की एक ऑडिट रिपोर्ट से पता चला कि तटीय सुरक्षा के लिए तैनात कर्मचारियों में से 57 प्रतिशत को तैरना नहीं आता था। उस समय मुंबई पुलिस के प्रवक्ता धनंजय कुलकर्णी ने मेरी रिपोर्ट पर अपनी बात रखते हुए कहा कि पुलिस को ट्रेनिंग देने की कोशिश की जा रही है।[6]

कैग की रिपोर्ट ने मुंबई में तटीय सुरक्षा के लिए तैनात किए गए कर्मचारियों की संख्या में 63.97 प्रतिशत की कमी को भी उजागर किया।[7] तटीय सुरक्षा की तीन परतें होती हैं। पहली परत मुंबई पुलिस की होती है, जबकि अगली दो परतें कोस्ट गार्ड और नेवी को सौंपी गई हैं।

जब मैंने पूर्व ए.टी.एस. चीफ के.पी. रघुवंशी के साथ ये सब साझा किया, तो वे चिढ़े हुए थे। "26/11 के हमलों के बाद ये तमाम कदम बिना सोचे-समझे उठाए गए थे। सिर्फ बोट खरीदना ही काफी नहीं है। उन्हें काम के लायक बनाए रखने के लिए एक सपोर्ट सिस्टम का भी इंतजाम जरूरी है। क्या बोट को डीजल की सप्लाई के लिए पूरे इंतजाम किए गए थे? क्या बोट की मरम्मत के लिए वर्कशॉप बनाई गई थीं? मरम्मत न होने के कारण ये धूल फाँक रही हैं। कई पुलिसवालों को समुद्र में परेशानी होती है। बहुतों को तैरना नहीं आता। अगर वे अपनी जान नहीं बचा सकते, तो दूसरों को कैसे बचाएँगे?" रघुवंशी ने पूछा।[8]

हालाँकि एक सकारात्मक काम यह हुआ कि भविष्य में इस तरह के हमलों को नाकाम करने के लिए जमीनी तैयारी मजबूत कर दी गई। मुंबई अब तीन तरह के कमांडो फोर्स से लैस थी। मुंबई पुलिस के पाँच रीजनल एडिशनल कमिश्नरों में से हरेक के तहत क्यू.आर.टी. बनाई गई है। 'फोर्स वन' नाम की एक अन्य कमांडो यूनिट राज्य पुलिस को रिपोर्ट करती है। जरूरत पड़ने पर तुरंत काम आने के लिए एन.एस.जी. ने मुंबई में अपना पश्चिम भारत सेंटर भी शुरू कर दिया। 26/11 जैसे हालात में क्यू.आर.टी. सबसे पहले सामने आएगी। उसके बाद बाकी दो फोर्स उतरेंगी।

ऐसी ही एक एजेंसी के लिए काम करनेवाले एक दोस्त ने मुझे बताया कि 26/11 के बाद तमाम एजेंसियों में तालमेल बढ़ गया है। हालाँकि खुफिया जानकारी मिलने के बाद तेजी से काररवाई करने की उनकी काबिलीयत के बारे में चिंता अब भी बनी हुई है।

बुलेट रोकने में नाकाम बुलेटप्रूफ जैकेट

जरूरी नहीं है कि बुलेटप्रूफ जैकेट पहनने से बुलेट को शरीर को छेदने से रोका जा सके। इसकी वजह यह है कि अलग-अलग बुलेटप्रूफ जैकेट अलग-अलग तरह की गोलियों का सामना करने के लिए होती हैं। कोई जैकेट रिवॉल्वर या पिस्टल की गोलियों के सामने कारगर हो सकती है, लेकिन ऑटोमैटिक राइफल के सामने नहीं। ए.टी.एस. चीफ हेमंत करकरे की हत्या से कुछ मिनट पहले उन्हें बुलेटप्रूफ जैकेट पहने टीवी पर दिखाया गया था। एक रिपोर्ट से पता

चला कि उस रात उन्होंने और अन्य पुलिसकर्मियों ने जो जैकेट पहनी थीं, वे ए.के.-47 राइफल से दागी गई गोलियों से बचाने के लायक नहीं थीं। वे केवल पिस्टल या रिवॉल्वर की गोलियों से बचा सकती थीं। वे भी 30 फीट की दूरी से चली गोलियों से। ये जैकेट 2004 से इस्तेमाल की जा रही थीं।[9]

कई साल बाद एक आर.टी.आई. एप्लिकेशन से पता चला कि करकरे की जैकेट सर जे.जे. अस्पताल में एक वॉर्ड बॉय ने फेंक दी थी। आर.टी.आई. दाखिल करनेवाले एक्टिविस्ट अनिल गलगली का मानना है कि अगर करकरे की जैकेट की जाँच की गई होती, तो जैकेट खरीदने में हुए घोटाले का पर्दाफाश हो जाता।[10]

दस साल बाद, 2018 में महाराष्ट्र पुलिस को 17 करोड़ रुपए की 4,600 बुलेटप्रूफ जैकेट मिलीं। हालाँकि उनमें से 1,432 जैकेट ए.के.-47 राइफल से दागी गई टेस्ट बुलेट से बचाव करने में नाकाम रहीं। टेस्ट के बाद वे जैकेट निर्माताओं को लौटा दी गईं।[11]

आजकल खास लोकल रेलवे स्टेशनों पर डोर-फ्रेम मेटल डिटेक्टर और बाहर जानेवाली ट्रेनों के स्टेशनों पर बैगेज-स्क्रीनिंग मशीन देखी जा सकती है। मगर ये दोनों उपाय सुरक्षा के नाम पर एक मजाक से ज्यादा कुछ नहीं लगते। रेलवे स्टेशनों में आनेवाले यात्रियों की जाँच के लिए मेटल डिटेक्टरों का इस्तेमाल शायद ही कभी किया जाता है और सभी यात्रियों के सामान की जाँच के लिए बैगेज स्क्रीनर्स का इस्तेमाल भी नहीं किया जाता। क्या यही वे उपाय हैं, जिन पर हम भविष्य में किसी बड़े हमले को टालने के लिए भरोसा करते हैं?

राहत की एक बात यह है कि अब ज्यादातर मुंबई सीसीटीवी की निगरानी में है, जो अपराध का पता लगाने, सबूत इकट्ठा करने और कुछ मामलों में नुकसान को रोकने में भी मदद कर सकता है।

नई चुनौतियाँ : इंडियन मुजाहिदीन और आई.एस.आई.एस.

मुंबई ने 26/11 के हमलों के दौरान सबसे खौफनाक आतंकवादी हिंसा देखी थी। इसके बाद की काररवाइयों और सरकारी घोषणाओं ने शहर में सुरक्षा का अहसास पैदा किया। आतंकवाद का मुकाबला केंद्र और राज्य सरकारों की

पहली प्राथमिकता बन गया। हालाँकि तीन साल बाद शहर के सुरक्षा तंत्र में मुंबईकरों के भरोसे पर फिर से सवाल उठे।

13 जुलाई, 2011 को शाम के करीब 7 बजे भीड़भाड़ वाले बाजार के तीन इलाकों—ओपेरा हाउस, जवेरी बाजार और दादर में तीन बम धमाके हुए। इनमें 27 लोग मारे गए और 100 से ज्यादा घायल हो गए। जाँच से पता चला कि इन तिहरे धमाकों की साजिश इंडियन मुजाहिदीन (आई.एम.) ने रची थी। उस पर भारत के कई शहरों में सीरियल धमाके करने का आरोप था, लेकिन यह मुंबई में उसका पहला हमला था।

मुंबई पुलिस, ए.टी.एस., दिल्ली पुलिस और दूसरी सुरक्षा एजेंसियाँ आई.एम. के विभिन्न मॉड्यूल का भंडाफोड़ और संगठन को निष्क्रिय कर पातीं कि उससे पहले एक और चुनौती सामने आई—इसलामिक स्टेट ऑफ इराक ऐंड सीरिया (आई.एस.आई.एस.), जिसे 'दाएश' भी कहा जाता है। मुंबई आई.एस.आई.एस. का भर्ती केंद्र बन गई थी। इसलामिक खिलाफत बनाने के लिए इस समूह के दुनिया भर में जिहाद में शामिल होने के लिए मुसलिम नौजवानों को इंटरनेट के जरिए कट्टरपंथी बनाया गया और उनका ब्रेनवॉश किया गया। उन्हें इराक में लड़ाई में शामिल होने के लिए कहा गया और जो नौजवान देश से बाहर नहीं जा सकते थे, उन्हें यहीं हथियार उठाने के लिए उकसाया गया।

कट्टरपंथी नौजवानों के भारत छोड़ने की पहली खबर मई 2014 में मुंबई के नजदीकी शहर कल्याण से आई थी। शमीम टंकी, फहद शेख, अमन टंडेल और आरिब माजिद कथित तौर पर आई.एस.आई.एस. में शामिल हो गए। वे जियारत के लिए जानेवाले एक ग्रुप के साथ अबू धाबी चले गए। वहाँ से वे बगदाद गए। सिविल इंजीनियरिंग का छात्र माजिद कुछ महीने बाद लौटा और उसे गिरफ्तार कर लिया गया, बाकी तीन के बारे में कोई भरोसेमंद खबर नहीं है।

2015 में ए.टी.एस. ने दो नौजवानों—मोहसिन सैयद और रिजवान अहमद पर नौजवानों को कट्टरपंथी बनाने और उन्हें फिदायीन के रूप में इराक भेजने का केस किया। जनवरी 2022 में दोनों ने अपना गुनाह कबूल करके सभी को चौंका दिया, जबकि उनके खिलाफ मुकदमा चल ही रहा था। उन्होंने वीडियो

और आई.एस.आई.एस. के ऑनलाइन प्रचार के असर में आने की बात कबूल की और अपनी उस हरकत पर पछतावा भी जाहिर किया। अदालत ने उनकी दलीलों को मान लिया और उन्हें आठ साल की कैद की सजा सुनाई।

2017 में राज्य पुलिस ने ज्यादा नौजवानों को आतंकी संगठनों में शामिल होने से रोकने के लिए एक 'डीरैडिकलाइजेशन' प्रोग्राम शुरू किया। इस पहल में संदिग्धों को दोस्ताना, लेकिन मजबूत मनोवैज्ञानिक सलाह शामिल थी। एक रिपोर्ट के मुताबिक, 2021 तक छह लड़कियों सहित करीब 120 नौजवानों को कट्टरपंथी बनने से रोका गया है। इस पहल के तहत इस तरह के हर नौजवान को एक 'दोस्त अफसर' के हवाले किया जाता है। वह अफसर उसे ट्रैक करता है और उसके संपर्क में रहता है। इस पहल में काफी गुंजाइश है और दूसरे राज्य भी इसे लागू करने के बारे में सोच रहे हैं।[12]

□

14

कुदरत का बदला

मुंबई के लिए '26 जुलाई की तरह बारिश' होना वैसा ही है, जैसा दुनिया के लिए 'बिल्लियों और कुत्तों की बारिश' है। मूसलाधार और मुसीबतों वाली बारिश! हर मुंबईकर को याद होगा कि वह 26 जुलाई, 2005 को कहाँ था? उस दिन आई बाढ़ और उसके बाद के हालात पूरे शहर की यादों में आज भी गहराई से दर्ज हैं। तब कुदरत ने कहर बरपाया था और शहर का बुनियादी ढाँचा टूट गया। सैकड़ों मुंबईकरों की जान चली गई और हजारों फँस गए थे।

26 जुलाई, 2005

मैं एक मुकदमे की सुनवाई कवर करने के लिए साउथ मुंबई के फोर्ट इलाके में बॉम्बे सेशन कोर्ट में था। दोपहर बाद करीब तीन बजे तक आसमान बिल्कुल साफ था—सूरज तेजी से चमक रहा था और सड़कों पर शहर की रोजमर्रा की हलचल थी।

कोर्ट रूम से बाहर आते ही मुझे अपने ऑफिस से हड़बड़ाहट भरा एक फोन आया—"बाकी सभी कवरेज रोक दी जाएँ! हर रिपोर्टर तुरंत बारिश की कवरेज पर पहुँच जाए!"

"बारिश? बारिश कहाँ हो रही है? यहाँ तो बारिश नहीं हो रही है।" मैंने डेस्क इंचार्ज से कहा।

"बांद्रा और सायन से आगे के सभी इलाकों में पानी भर गया है। फोन लाइनें काम नहीं कर रही हैं। माहिम से महालक्ष्मी तक दस किलोमीटर लंबा जाम है। गाड़ियाँ नहीं चल पा रही हैं। हालात बिगड़ रहे हैं। सबकुछ छोड़कर

बारिश के कवरेज पर ध्यान दो।" उन्होंने ताकीद की।

मुझे फौरन यह लगा कि अगर उत्तरी उपनगरों में हालात इतने खराब हैं, तो इसका असर लोकल ट्रेन सेवाओं पर पड़ेगा। वही तो साउथ मुंबई और उत्तरी उपनगरों के बीच आने-जाने की एक अहम कड़ी हैं। मैं सीधे सी.एस.टी. पहुँचा। स्टेशन लोगों से भरा हुआ था, भले ही शाम की भीड़ का वक्त अभी शुरू नहीं हुआ था। पटरियों पर पानी भर जाने के कारण सभी ट्रेनें कैंसल कर दी गई थीं। उपनगरों में रहनेवाले लोग आजिज आकर घर लौटना चाहते थे, क्योंकि वे अपने परिवारों से संपर्क नहीं कर पा रहे थे। घंटे बीतते गए और स्टेशन पर भीड़ बढ़ती गई। लोकल ट्रेन चलने के कोई आसार नजर नहीं आ रहे थे। कुछ सामाजिक संगठनों ने फँसे यात्रियों के लिए पास के कुछ स्कूलों और कम्युनिटी हॉल में इंतजाम किया।

मेरे रिपोर्टरों की एक टीम देखते-ही-देखते उपनगरों में फैल गई और दिमाग को झकझोर देनेवाली खबरें देने लगीं। इतनी बड़ी आफत को देखते हुए शहर के बाकी पत्रकारों के साथ फिल्म पत्रकारों को भी रिपोर्टिंग के लिए लगा दिया गया। साउथ मुंबई में होने के कारण महालक्ष्मी में हमारे स्टूडियो पर अभी तक बारिश का असर नहीं था। लेकिन डूबती मुंबई के परेशान करनेवाले विज़ुअल्स स्टूडियो में आने शुरू हो गए थे।

बांद्रा के कलानगर जंक्शन पर एक डबल डेकर बस की ऊपरी मंजिल तक पानी पहुँच गया। परेशान यात्री अब बस की छत पर चढ़ने की कोशिश कर रहे थे। कई बच्चे स्कूल में अटके हुए थे। उनसे कोई संपर्क न हो पाने से उनके माता-पिता की चिंता और बढ़ गई थी। बाल ठाकरे, जिनका बँगला कलानगर में था, को लोकल शिवसैनिकों ने बचाया। उन्हें पास के एक होटल में ले जाया गया। बाढ़ वाले इलाकों में मोबाइल फोन सेवाएँ ठप हो गईं। मेरे सहयोगी उमेश कुमावत ने अपनी कार खेरवाड़ी में अपने घर के पास पार्क की थी। वह पानी में बह गई और कई दिन बाद एक किलोमीटर दूर मिली। कई लोग अपनी कारों के अंदर फँसकर मर गए, क्योंकि पानी का लेवल इतनी तेजी से बढ़ा कि वे बाहर नहीं निकल सके। विले पार्ले इलाके में इरला नाले में कई डूबी हुई कारें मिलीं। कुर्ला में लाशें तैरती नजर आईं। कालीना में एयर इंडिया कॉलोनी में जलस्तर

20 फीट से भी ऊपर तक चला गया। कुछ इमारतों की दूसरी मंजिल तक पानी में डूब गई थीं। उनमें रहनेवाले इस डर से छतों पर चढ़ गए कि उनकी इमारतें जल्द ही पूरी डूब जाएँगी। खार, सांताक्रुज, गोरेगाँव और मालाड जैसे इलाकों में तबेले पूरी तरह डूब गए। अंदर बँधी 2,500 से अधिक भैंसें भी डूब गईं।[1] अगर उन्हें वक्त रहते खोल दिया जाता, तो शायद वे बच जातीं। लेकिन घबराहट में उनके मालिक उन्हें बँधी छोड़कर ही अपनी जान बचाने के लिए भाग गए। मुंबई के आइलैंड सिटी को पश्चिमी उपनगरों और आगे गुजरात से जोड़नेवाला वेस्टर्न एक्सप्रेस हाईवे एक नदी जैसा दिखने लगा। गोरेगाँव में एक टीवी चैनल का बेसमेंट स्टूडियो पानी की अंडरग्राउंड टंकी की तरह लग रहा था।

मुंबई डूब गई थी। छत्रपति शिवाजी इंटरनेशनल एयरपोर्ट में पानी भर गया था। टरमैक पर खड़े हवाई जहाजों के इंजनों तक पानी पहुँच गया था। एयरपोर्ट के दो रनवे भी डूब गए थे। भारत का सबसे व्यस्त एयरपोर्ट अब पूरी तरह से बंद हो चुका था। 700 से ज्यादा उड़ानें कैंसल कर दी गईं और मुंबई आनेवालों को दूसरे शहरों में भेज दिया गया। मुंबई देखते-ही-देखते दुनिया से कट गई। जो यात्री अभी-अभी मुंबई उतरे थे, वे एयरपोर्ट पर फँसे हुए थे। एयरपोर्ट्स अथॉरिटी ऑफ इंडिया के कर्मचारियों की अँधेरी एयरपोर्ट कॉलोनी में भी पानी भर गया।

उस दिन मुंबई में रिकॉर्ड बारिश हुई थी। भारत मौसम विज्ञान विभाग (आई.एम.डी.) के सांताक्रुज सेंटर ने 24 घंटे में 944 मिलीमीटर और केवल 12 घंटे (सुबह 8 बजे से रात 8 बजे तक) में 644 मिलीमीटर बारिश दर्ज की। यह भारत में 24 घंटे में दर्ज की गई अब तक की सबसे ज्यादा बारिश थी। इसने मेघालय के चेरापूंजी का 1910 का पिछला रिकॉर्ड तोड़ दिया।[2] तबाही का मंजर अगले दिन साफ हुआ, हालाँकि अब भी रुक-रुककर बारिश हो रही थी।

27 जुलाई को सुबह मैं दक्षिण मुंबई के बी.एम.सी. हेडक्वार्टर के बेसमेंट में बने डिजास्टर मैनेजमेंट कंट्रोल रूम में गया। बी.एम.सी. कमिश्नर जॉनी जोसेफ और पुलिस कमिश्नर अनामी रॉय हालात का जायजा ले रहे थे। जोसेफ ने मुझे बताया कि मीठी नदी में आई बाढ़ ने तबाही को और बढ़ा दिया है।

2005 के उस खौफनाक दिन मेरे समेत कई मुंबईकरों को अहसास हुआ

कि एक नदी मुंबई के बीच से होकर बहती है। धारावी से बांद्रा के रास्ते में पानी की जिस काली धारा को लोग खुला सीवर समझने की भूल करते हैं, वह दरअसल एक नदी है। अपने सोर्स विहार झील के करीब मीठी नदी में मछली, मगरमच्छ और जमीन और पानी में रहनेवाले जीव मिलते हैं, लेकिन आगे जाकर यह नदी एक बदबूदार नाले जैसी हो जाती है। 18 किलोमीटर लंबी मीठी नदी माहिम खाड़ी में अरब सागर में मिलने से पहले पवई, कालीना, साकीनाका, कुर्ला और धारावी जैसे इलाकों से गुजरती है। मीठी नदी का कुदरती बहाव इसके किनारों पर बड़े पैमाने पर अतिक्रमण के साथ-साथ मलबा और औद्योगिक कचरा फेंकने के कारण बंद हो गया था। 26 जुलाई की खौफनाक बाढ़ तूफानी बारिश का पानी समुद्र में न जा पाने के कारण आई और मुंबई में बड़ी तबाही की वजह बनी। उस दिन ज्यादातर असर मीठी नदी के आसपास के इलाकों में ही हुआ था। 'मीठी' नदी ने उस दिन मुंबई को बहुत कड़वाहट दी थी।

जोसेफ ने रॉय को उन इलाकों के बारे में जानकारी दी, जहाँ बचाव और राहत के काम की जरूरत थी। पुलिस पर काम का बेतहाशा बोझ था। पुलिसवालों को आने-जाने और आपस में जुड़े रहने में मुश्किलें आ रही थीं। इसलिए रॉय ने नेवी से मदद माँगी। खराब मौसम के कारण हवाई बचाव नहीं किया जा सकता था। आखिर फँसे हुए लोगों तक पहुँचने के लिए मोटरबोट तैनात की गईं।

मेरे दोस्त राजीव सोमानी का गिरगाँव चौपाटी पर एक वॉटर स्पोर्ट्स कॉम्प्लेक्स है। उन्होंने मुझे एक मोटरबोट किराए पर दे दी। मैं उस पर सवार होकर कुर्ला और कालीना जैसे इलाकों तक पहुँचा। वहाँ पानी अभी तक कम नहीं हुआ था। मैंने कुछ लोगों का इंटरव्यू किया। इससे उनकी परेशानियाँ और मदद के लिए उनकी जरूरत समझ में आईं। कई लोग तो अपनी आपबीती सुनाते हुए फूट-फूटकर रो पड़े। उनमें से ज्यादातर परिवार लोअर और मिडिल क्लास के थे। बाढ़ में उनका सारा सामान बह गया था। टीवी, रेफ्रिजरेटर, ए.सी., छत के पंखे जैसा बिजली का सामान, एल.पी.जी. गैस सिलेंडर और सारा राशन भी बह गया था। कई विद्यार्थियों ने अपनी पुस्तकें और दस्तावेज गँवा दिए। जैसे ही मौसम साफ हुआ, शहर का हवाई सर्वे शुरू हो गया। हेलिकॉप्टरों पर सवार नेता आसमान में मँडरा रहे थे। मेरे न्यूज चैनल ने भी उस आपदा के हवाई कवरेज

के लिए एक निजी हेलिकॉप्टर किराए पर लिया। आसमान से ऐसा लग रहा था, जैसे अरब सागर इस तटीय शहर में घुस आया हो।

पानी पूरी तरह उतरने में करीब एक हफ्ता लगा। कई इलाकों में बिजली बहाल होने में चार-पाँच दिन और लग गए। कई मोबाइल टावर खराब हो गए थे। इसलिए मोबाइल फोन सेवाएँ दुरुस्त होने में भी वक्त लगा। मरे हुए जानवरों को हटाने में भी काफी वक्त लगा। मुंबई में जगह-जगह उनके सड़ते हुए शरीर की बदबू फैल गई थी। करीब 300 लोगों की मौत डूबने, बिजली के झटके या जमीन धँसने से हुई। मुंबई से सटे महाराष्ट्र के बाकी इलाकों में मरनेवालों की तादाद 1,000 से ज्यादा हो गई।[3] आनेवाले दिनों में पानी से होनेवाली बीमारियों और लेप्टोस्पायरोसिस से कई और लोगों की जान गई। अस्पताल तेज बुखार के मरीजों से भर गए थे। फेडरेशन ऑफ इंडियन चैंबर्स ऑफ कॉमर्स ऐंड इंडस्ट्री (फिक्की) के मुताबिक, औद्योगिक इकाइयों के बंद होने के कारण कारोबारों को 1,700 करोड़ रुपए का नुकसान हुआ था। इसके अलावा 500 करोड़ रुपए की संपत्ति का भी नुकसान हुआ।[4] एटीएम में पानी भर जाने और मशीनें खराब हो जाने से लोगों को कैश के लिए जद्दोजहद करनी पड़ी।

29 जुलाई को जुहू की नेहरू नगर झुग्गी बस्ती में ये अफवाह फैल गई कि शहर में सूनामी की लहरें आ गई हैं। इससे भगदड़ मच गई, जिसमें सात बच्चों समेत 18 लोगों की मौत हो गई। 40 लोग घायल हो गए। जब मैं मौके पर पहुँचा, तो खून से लथपथ जूते इधर-उधर बिखरे पड़े थे। स्लम के ज्यादातर रहिवासी तटीय तमिलनाडु के मूल निवासी थे। उन्होंने सात महीने पहले ही हिंद महासागर की सूनामी के कारण भारी तबाही देखी थी।

कुदरत का कोप

मुंबई का जन्म समुद्री किनारे की कुदरती भौगोलिक स्थिति को बदलकर और पर्यावरण को नष्ट करके हुआ था। पुर्तगालियों ने बंबई के द्वीपों में बसने के बाद इन द्वीपों को अपने लिए महज एक बढ़िया नेवी बेस माना था। लेकिन जब 17वीं शताब्दी में अंग्रेजों ने यहाँ की सत्ता सँभाली, तो उन्होंने इस शहर में बड़े बदलाव शुरू कर दिए।

अंग्रेजों ने सात द्वीपों को जोड़कर एक बड़ा भूभाग बनाया और बंबई को एक विशाल शहरी केंद्र बना दिया। द्वीपों को एक करने की यह कवायद 18वीं सदी में शुरू हुई और 19वीं सदी में पूरी हुई। समुद्र में से जमीन का एक बड़ा हिस्सा निकालकर जमीन में तब्दील कर दिया गया। जैसे-जैसे शहर बढ़ा, मैंग्रोव खत्म हो गए और बहुत सारे पेड़ काट दिए गए। हाई-प्रोफाइल कारोबारी इलाका बांद्रा-कुर्ला कॉम्प्लेक्स दलदली जमीन पर बनाया गया था। यह दलदली जगह पहले जमीन और समुद्र के बीच एक बफर की तरह काम करती थी।

शहर का आकार और आबादी तो बढ़ी, लेकिन सीवेज और बारिश के पानी को निकालने के अंग्रेजों के बनाए गए सिस्टम अपग्रेड नहीं किए गए। स्लम माफिया आरे जंगल और संजय गांधी नेशनल पार्क में मुंबई की हरियाली को बरबाद करते रहे। अवैध झोंपड़े बनाने के लिए पेड़ों को जलाकर खत्म करना जारी है। आरे जंगल में मेट्रो रेल लाइन का कार शेड बनाने के लिए बहुत पेड़ काटे गए।

मुंबई चारों तरफ से समुद्र और खाड़ियों से घिरी हुई है। साल्ट पैन जमीन और समुद्र के पानी के बीच ढाल का काम करते हैं। लेकिन ये भी खतरे में हैं, क्योंकि मुंबई डेवलपमेंट प्लान 2034 ने इन्हीं जमीनों पर किफायती रिहाइश बनाने के प्रोजेक्टों को मंजूरी दी है।

मुंबई भौगोलिक रूप से कोकण क्षेत्र का हिस्सा है। महाराष्ट्र में सबसे ज्यादा बारिश इसी इलाके में होती है। यह पश्चिम में अरब सागर और पूर्व में पश्चिमी घाट कही जानेवाली सह्याद्री पर्वत-श्रृंखला से घिरी है। दक्षिण-पश्चिम मानसून के बादलों के रास्ते में सह्याद्री पर्वत-श्रृंखला के अड़ने से कोकण क्षेत्र में भारी बारिश होती है। मुंबई हर साल मानसून के दौरान कुदरत के रहम पर होती है। अरब सागर में 4.5 मीटर से अधिक ऊँचे ज्वार के वक्त अगर ज्यादा बारिश हो जाए, तो शहर पर कहर बरस जाता है। हर साल तीन-चार मौके तो ऐसे आते ही हैं, जब सड़कों और रेलवे की पटरियों पर पानी भर जाने से मुंबई थम जाती है। शहर का तूफानी पानी समुद्र में नहीं जा पाता, बल्कि समुद्र उसे वापस शहर में धकेल देता है।

आखिर बदला क्या ?

इस त्रासदी ने मानसून के दौरान मुंबई की कमजोरियों और खामियों को उजागर कर दिया। मुंबई के रहनुमाओं ने इससे कई सबक सीखे। 2005 के बाद ऐसी आपदाओं को होने से रोकने के लिए कई कदम उठाने का ऐलान किया गया।

मौसम विशेषज्ञों ने सुझाव दिया कि नुकसान को कम करने के लिए बाढ़ की चेतावनी देने का एक बेहतर सिस्टम होना चाहिए। इसलिए आई.एम.डी. को शहर में तीन डॉपलर राडार लगाने की सलाह दी गई। ये राडार लंबी रेंज और मौसम की सटीक भविष्यवाणी के लिए जाने जाते हैं। 2022 तक दो डॉपलर राडार लगाए जा चुके थे। हालाँकि ये अकसर खराब भी होते रहते हैं। इससे कई बार ये भरोसेमंद नहीं लगते।

बारिश के पानी को निकालने के मुंबई के पुराने पड़ गए सिस्टम को सुधारने की भी कोशिश की जाती रही है। 1985 में बृहन्मुंबई स्टोर्म वॉटर डिसपोजल सिस्टम (ब्रिम्सटोवाड) प्रोजेक्ट के बारे में सोचा गया। इस प्रोजेक्ट का मकसद नए पंपिंग स्टेशन बनाना, नालियों से कीचड़ निकालना, बारिश के पानी को निकालने की क्षमता को 25 मिलीमीटर प्रति घंटे से बढ़ाकर 50 मिलीमीटर प्रति घंटा करना और झुग्गी-झोंपड़ियों में रहनेवालों का पुनर्वास करना शामिल है। 1993 में एक योजना तैयार की गई थी, लेकिन इसे 2005 की ख़तरनाक बाढ़ के बाद ही अमल में लाया गया। केंद्र सरकार ने इसे लागू करने के लिए 2007 में 1,200 करोड़ रुपए के अनुदान को मंजूरी दी।[5] हालाँकि यह प्रोजेक्ट कछुए की रफ्तार से आगे बढ़ रहा है। ब्रिमस्टोवाड को 48 फेज में पूरा किया जाना था, लेकिन 2019 तक केवल 28 प्रोजेक्ट ही पूरे हो पाए।[6] इस देरी की वजह अतिक्रमण और मुकदमेबाजी बताई गई।

2005 की भारी बारिश से हुए नुकसान में मीठी नदी की भूमिका को देखते हुए महाराष्ट्र सरकार और बी.एम.सी. ने इसकी सफाई पर ध्यान दिया। नवंबर 2020 में बी.एम.सी. ने मीठी नदी का कायाकल्प करने के प्रोजेक्ट के लिए 569 करोड़ रुपए अलॉट किए। इसके तहत नदी चौड़ा करना, नालियों का रास्ता बदलना, रिटेनिंग वॉल बनाना और किनारों पर से अतिक्रमण हटाने

का काम किया जाना है।[7] नदी को साफ करने के लिए मुंबई मेट्रोपॉलिटन रीजन डेवलपमेंट अथॉरिटी (एम.एम.आर.डी.ए.) ने अगस्त 2021 में एक पायलट प्रोजेक्ट शुरू किया। इसमें फिनलैंड की एक मशीन नदी से तैरते प्लास्टिक कचरे को इकट्ठा करेगी और उसे रिसाइकिल करेगी।[8] फरवरी, 2022 में बी.एम.सी. के कमिश्नर इकबाल सिंह चहल ने ऐलान किया कि नदी को चौड़ा और गहरा करने का करीब 95 फीसदी काम पूरा हो चुका है। रिटेनिंग वॉल भी कमोबेश तैयार हो चुकी है। उम्मीद है कि इन सभी कदमों से नदी में ज्यादा पानी आ सकेगा।[9]

भारी बाढ़ ने पब्लिक ट्रांसपोर्ट सिस्टम पर भी असर डाला। मुंबई में नया मेट्रो रेल नेटवर्क इस समस्या को दूर करेगा। तीसरी लाइन को छोड़कर मेट्रो की बाकी सभी लाइनें अब एलिवेटेड हैं, इसलिए सड़कों पर पानी भरने का इन पर कोई असर नहीं होगा।

2050 तक डूब जाएगी मुंबई?

मुंबई का बारिश के साथ विरोधाभासी लाइन रिश्ता है। शहर के लोगों के लिए मानसून प्यारा भी है और डरावना भी। मुंबई में पानी की सप्लाई पूरी तरह से मौसमी बारिश पर टिकी होती है। बारिश का पानी उन सात झीलों को भरता है, जो मुंबई के लिए पूरे साल का पानी जमा करती हैं। मानसून आने में 15 दिन की भी देरी मुंबई में परेशानी का सबब बन जाती है। ऐसा होने पर बी.एम.सी. पानी की कटौती करती है। बारिश के देवता को खुश करने के लिए मंदिरों में प्रार्थना की जाती है।

लेकिन मानसून अपने साथ कई मुसीबतें भी लाता है। 2005 की बाढ़ इसका सबसे बड़ा उदाहरण थी। दिल्ली और उत्तर भारत के शहरों के विपरीत मुंबई में गरमियाँ और सर्दियाँ मामूली होती हैं। सर्दियों के दौरान शायद ही किसी को स्वेटर या जैकेट पहनने की जरूरत पड़ती है। इसी तरह गरमी भी बहुत ज्यादा नहीं होती है। कुदरत का सारा कोप मानसून से ही बरसता है और तमाम परेशानियाँ लेकर आता है।

29 अगस्त, 2017 को नामी गैस्ट्रोएंटेरोलॉजिस्ट डॉ. दीपक अमरापुरकर

भारी बारिश का एक और शिकार बने। उस दिन मुंबई में 26 जुलाई, 2005 के बाद दूसरी सबसे ज्यादा बारिश हुई थी। तब 12 घंटे के भीतर 468 मिलीमीटर पानी बरसा था। पूरा शहर ठप हो गया। ट्रेन सेवाएँ बंद हो गईं और सड़कों पर ट्रैफिक जहाँ का तहाँ थम गया। बॉम्बे हॉस्पिटल से लौट रहे डॉ. अमरापुरकर लोअर परेल में कई घंटे तक अपनी कार में फँसे रहे। आखिर उन्होंने कार से उतरकर पैदल ही अपने घर जाने का फैसला किया। उनका घर वहाँ से सिर्फ दो किलोमीटर दूर था। वे अपने घर के पास पहुँचकर एक खुले सीवर में गिर गए। उनका शव दो दिन बाद वर्ली में समुद्र तट पर मिला था।

एक नौजवान वकील प्रियेन मैथिया की भी इसी तरह, लेकिन एक और वजह से जान चली गई। वे किंग्स सर्कल में फँसे अपने दोस्त की मदद करने गए थे। पूरा इलाका पानी में डूबा हुआ था। वहाँ पहुँचने पर उनकी कार भी बोनट तक डूब गई। सेंट्रल लॉकिंग सिस्टम फेल हो गया और प्रियेन दरवाजा नहीं खोल पाए। नतीजतन दम घुटने से उनकी मौत हो गई। बारिश ने उस दिन मुंबई में 14 लोगों की जान ली। ठीक एक महीने बाद, 29 सितंबर, 2017 को बाढ़ और एक पैदल यात्री पुल के ढहने की अफवाह से एलफिंस्टन रोड रेलवे स्टेशन के बाहर भगदड़ मच गई, जिसमें 23 लोग मारे गए।

ग्लोबल वार्मिंग और जलवायु परिवर्तन दुनिया भर में मौसम की मार की वजह बन रहे हैं। इसका सबसे बुरा असर मुंबई पर पड़ रहा है। जून 2020 में मुंबई के करीब रायगढ़ जिले में निसर्ग तूफान आया। इससे समुद्र किनारे की बस्तियों को भारी नुकसान हुआ। मई 2021 में टौकटे तूफान से गुजरात में जमीन धँस गई। इसका असर मुंबई पर भी हुआ। बारिश ने समुद्र की लहरों को ऐसा मथ डाला कि इतिहास में पहली बार गेटवे ऑफ इंडिया के आसपास की सुरक्षा दीवार टूट गई। लहरें सड़क पार करके ताजमहल होटल को छूने लगीं। बदलते मौसमों की तरह धीरे-धीरे तूफान भी मुंबई में हर साल आने लगे हैं।

ऐसी तमाम घटनाएँ मुंबई के लिए एक अंधकार वाले भविष्य की ओर इशारा करती हैं। कुछ स्टडीज पर भरोसा करते हुए इकबाल सिंह चहल का मानना है कि 2050 तक दक्षिण मुंबई का लगभग 70 फीसदी हिस्सा समुद्र के बढ़े हुए स्तर के कारण पानी में डूब जाएगा।[10] वानखेड़े स्टेडियम, नेशनल सेंटर

फॉर परफॉर्मिंग आर्ट्स और मरीन ड्राइव जैसे मुंबई के कई लैंडमार्क में पानी भर जाएगा। मैकिन्से इंडिया ने फरवरी 2020 में जारी एक रिपोर्ट में अंदाज लगाया है कि अचानक आनेवाली बाढ़ में 25 फीसदी की बढ़ोतरी होगी और 2050 तक समुद्र का लेवल आधा मीटर बढ़ जाएगा।[11] इससे समुद्र किनारों से एक किलोमीटर के दायरे में रहनेवाले करोड़ों लोग प्रभावित होंगे। ऐसा लगता है कि बंबई का विस्तार होने के दौरान अपनी छीनी गई तमाम जमीन वापस लेने पर समुद्र आमादा है।

भले ही देर से जागे, लेकिन अफसरों ने आखिर सामने दिख रहे इस कुदरती कहर से निपटने की तैयारी शुरू कर दी है। मुंबई मार्च 2022 में 'क्लाइमेट एक्शन प्लान' की घोषणा करनेवाला भारत का पहला शहर बन गई। इसके मुताबिक, बी.एम.सी. और दूसरी सरकारी एजेंसियाँ कम-कार्बन की बिजली, कार्बन के लिए लचीले बुनियादी ढाँचे, कार्बन न फेंकनेवाले पब्लिक ट्रांसपोर्ट, शहर के ग्रीन कवर का फैलाव और शहर की बाढ़ और कचरे के बेहतर मैनेजमेंट पर नए सिरे से ध्यान देंगी।[12]

क्या समुद्र का पानी पिएगी मुंबई?

जलवायु परिवर्तन का एक नतीजा पीने योग्य पानी की कमी होगा। पानी की जरूरत पूरी करने के लिए बारिश के आसरे रहनेवाले इलाकों को कुछ साल तक सूखे का सामना करना पड़ेगा। कई शहरों में पीने लायक पानी खत्म हो सकता है। हमने 2019 में इस तरह के हालात देखे, जब दक्षिण अफ्रीकी शहर केपटाउन पानी की बेइंतहा कमी से जूझ रहा था। भारत का बेंगलुरु दुनिया के उन 11 शहरों में शामिल है, जहाँ पानी बिल्कुल खत्म हो सकता है।[13] दरअसल 2018-19 में बेंगलुरु ने इस बढ़ते खतरे की एक झलक देखी, जब उसके जल संकट को देश भर में सुर्खियाँ मिलीं। शहर में 'जीरो डे' आने ही वाला था, जब तमाम पानी खत्म हो जाता है। मुंबई में शहर को पानी की सप्लाई करनेवाली झीलों के ऊपर कम बारिश हो सकती है। हालाँकि कम-से-कम सरकार ने इस समस्या को कम करने के तरीकों के लिए रणनीति बनाना शुरू कर दिया है।

जनवरी 2022 में बी.एम.सी. ने मुंबई के पहले डिसैलिनेशन प्लांट का

खाका तैयार करने के लिए सलाहकार रखे। यह प्लांट उत्तर-पश्चिमी मुंबई के मनोरी द्वीप में लगाया जाएगा। इससे खारे समुद्री जल को पीने लायक पानी में बदला जाएगा। इस प्लांट के 2027 तक चालू हो जाने की उम्मीद है। इसमें रोज 1,800 मिलियन लीटर पानी साफ करने की गुंजाइश होगी। मुंबई को फिलहाल रोज 3,800 मिलियन लीटर पानी की जरूरत है। बढ़ती आबादी के साथ यह जरूरत और बढ़ेगी। पानी की सप्लाई और बढ़ाने के लिए बी.एम.सी. सीवेज ट्रीटमेंट प्लांट लगाने के बारे में सोच रही है। यह प्लांट सीवेज को पीने लायक पानी में बदल देगा।[14] भारत में चेन्नई के नजदीक मुंजुर और गुजरात में जामनगर में डिसैलिनेशन प्लांट पहले से ही काम कर रहे हैं। मुंबई को भी इसी राह पर चलने की जरूरत है। हालाँकि जून 2022 में राज्य सरकार में बदलाव के बाद मनोरी में बननेवाला डिसैलिनेशन प्लांट जाँच के दायरे में आ गया है। नई सरकार की मंशा इस प्रोजेक्ट को पूरा करने की नहीं दिख रही है।

□

15
बॉलीवुड का बदरंग चेहरा

मार्च 1995 में जैसे ही 10वीं क्लास के बोर्ड परीक्षाएँ खत्म होने के बाद टेंशन दूर हुई, तो मेरा इरादा सबसे पहले 'बॉम्बे' फिल्म देखने का था। दिग्गज फिल्मकार मणिरत्नम के डायरेक्शन वाली यह फिल्म बाबरी ढाँचा ढहाए जाने के बाद मुंबई में हुए दंगों पर बनी थी। मैं उस तबाही को सिनेमा के परदे पर देखने के लिए उतावला था, जिसे मैंने अपनी आँखों से देखा और खुद भुगता था। इस फिल्म ने शिवसेना में हलचल पैदा कर दी थी, लेकिन फिल्म देखकर पार्टी सुप्रीमो बाल ठाकरे ने इसे सिनेमा हॉल में रिलीज करने की मंजूरी दे दी। फिल्म-निर्माता उन दिनों शिवसेना को नाराज नहीं कर सकते थे। हालाँकि मणिरत्नम ने फिल्म में कहानी कहने में खूब रचनात्मक आजादी ली, लेकिन वे अयोध्या और उसके बाद मुंबई की घटनाओं को जोड़ने में कामयाब रहे। दक्षिण भारत से ताल्लुक रखनेवाले इस डायरेक्टर का मुंबई की फिल्म इंडस्ट्री पर दबदबा रखनेवाले नेताओं से थोड़ा टकराव रहा है। मगर इस दौरान बॉलीवुड पर कई ऐसी चीजों का बहुत असर हुआ, जिन्होंने इसे बदरंग कर दिया। मैं एक पत्रकार के रूप में उनमें से कुछ का गवाह रहा हूँ।

मुंबई को भारतीय फिल्म इंडस्ट्री का जन्मस्थान और इसका घर माना जाता है। अपने एक सदी से भी ज्यादा लंबे इतिहास में इसने ऐसी हजारों कहानियाँ पेश की हैं, जो लोगों के अनगिनत सपनों को परदे पर दिखाती हैं। इसने कई हस्तियाँ बनाई हैं, जिनका नाम दुनिया भर में घर-घर में फैल गया। खास बात यह है कि जब 1992-93 के दंगों के बाद सांप्रदायिक ध्रुवीकरण का असर शहर के कई इलाकों पर हुआ था, तब बॉलीवुड उससे अछूता रहा था। इसमें सभी धर्मों और

हैसियत के लोगों का आना जारी रहा। हालाँकि 1990 के दशक और उसके बाद का बॉलीवुड अकसर गलत वजहों से सुर्खियों में रहा है। यह दशक भारत की मायानगरी के लिए उथल-पुथल का दौर रहा है। इस दौरान ऐसे कई मामले सामने आए, जिनकी वजह से जनता की नजर बॉलीवुड पर लगी रही।

ग्लैमर और बंदूकें

लोगों ने टीवी न्यूज चैनलों पर कई वीडियो चलते देखे होंगे, जिनमें 1980 और 1990 के दशक के मेगास्टार दुबई में कई मौकों पर दाऊद इब्राहिम के लिए नाचते और उसकी तारीफें करते नजर आते हैं। दाऊद भारत में रहते हुए भी यह सब करवाता था। मुंबई के अंडरवर्ल्ड के किस्सों का पीछा करते हुए मैंने पकमोडिया स्ट्रीट के कई बाशिंदों से बात की। दाऊद 1986 में दुबई भागने से पहले यहीं रहता था। वे याद करते हैं कि बॉलीवुड सितारे रविवार की शाम को वहाँ गली के नुक्कड़ पर बनाए जानेवाले एक अस्थायी स्टेज पर परफॉर्म किया करते थे। ये सितारे दाऊद के परिवार के हर जश्न में भी परफॉर्म करते थे। वे दाऊद के गुलाम लगते थे, हालाँकि वह खुद उनसे बहुत इज्जत से पेश आता था। उन्हें सभी परफॉर्मेंस के लिए अच्छी-खासी रकम दी जाती थी। हालाँकि वह रकम दाऊद तय करता था, स्टार नहीं। उनसे उम्मीद की जाती थी कि अगर उन्हें शॉर्ट नोटिस पर भी पकमोडिया स्ट्रीट बुलाया जाता है, तो वे अपने तमाम प्रोग्राम कैंसल करके वहाँ पहुँचें। कुछ स्टार तो दाऊद की दहशत के कारण उसकी बात मानते थे, जबकि कुछ ऐसे ताकतवर शख्स से नजदीकी बनाकर ही खुश थे।

माफिया डॉन हमेशा फिल्मी सितारों से दोस्ती करना चाहते थे। दाऊद से पहले के डॉन करीम लाला, हाजी मस्तान और यूसुफ पटेल भी अकसर बॉलीवुड की हस्तियों को अपने प्रोग्राम में बुलाते थे और उनके साथ फोटो खिंचवाकर खुश होते थे।

अंडरवर्ल्ड के बॉलीवुड से रिश्ते के कई पहलू थे। एक रिश्ता शिकारी और शिकार का था, जबकि दूसरा रिश्ता कलाकार और संरक्षक का था; तीसरा रिश्ता फाइनेंसर और कर्जदार का था। जब इन रिश्तों को मीडिया ने उजागर

किया, तो फिल्मी हस्तियों की बदनामी हुई। हालाँकि ज्यादातर मामलों में उनका कसूर नहीं था।

अंडरवर्ल्ड के लिए बॉलीवुड हमेशा कमाई का एक बड़ा जरिया रहा है। 1990 के दशक में लगभग हर बड़े फिल्म प्रोड्यूसर को माफिया हफ्ता वसूली के लिए फोन किया करता था। जिन्होंने रकम देने से इनकार किया, उन्हें गोली मार दी गई। बॉक्स ऑफिस पर अंडरवर्ल्ड की पैनी नजर रहती थी। पिछले अध्याय में इसकी चर्चा की गई है।

कलाकार और संरक्षक के रिश्ते तब पनपे, जब फिल्मी सितारों ने डॉन के कार्यक्रमों में शामिल होना शुरू किया। दुबई में जाने के बाद दाऊद ने देखा कि वहाँ के अफसरों को बॉलीवुड फिल्में अच्छी लगती थीं। उनके साथ अच्छे रिश्ते बनाने और उनसे काम निकालने के लिए दाऊद ने मशहूर बॉलीवुड सितारों को दुबई और शारजाह बुलाना शुरू किया। वह अपने अरब दोस्तों के लिए म्यूजिकल नाइट्स का इंतजाम करने लगा। 1980 के दशक की एक कामयाब अदाकारा को अकसर दुबई में दाऊद के साथ देखा जाता था। शारजाह के स्टेडियम में भारत-पाकिस्तान क्रिकेट मैच देखने के लिए वह अदाकारा अकसर उसके साथ जाती थी। 1990 के दशक की एक और अदाकारा, जो बाद में राजनीति में आई, कथित तौर पर दाऊद के छोटे भाई अनीस इब्राहिम की करीबी थी। अबू सलेम और मोनिका बेदी को जब लिस्बन में गिरफ्तार किया गया, तो उनकी प्रेम-कहानी पूरे मीडिया में आई।

फिल्मी दुनिया और माफिया के बीच इस नजदीकी का अंदाजा छोटा शकील और संजय दत्त लगनेवाले शख्स के बीच रिकॉर्ड की गई बातचीत से लगाया जा सकता है। मेरे एक सूत्र ने उस कथित बातचीत के ऑडियोटेप मुझे दिए थे, जो मैंने 2002 में 'आज तक' न्यूज चैनल पर चलाए थे। उस क्लिप में वे दोनों दुबई या कराची से मोबाइल फोन चिप्स का इंतजाम करने की गुजारिश करने से लेकर अदाकर गोविंदा के सेट पर देर से आने की शिकायत करने जैसे तमाम मामलों पर चर्चा कर रहे थे। फिर उन्होंने अदाकारा प्रीति जिंटा को धमकी भरे कॉल पर भी चर्चा की।[1]

दोनों शख्स आपस में काफी दोस्ताना नजर आ रहे थे। छोटा शकील जिस

तरह से बातचीत में फिल्म के सीन के बारे में चर्चा कर रहा था, उससे पता चलता है कि उसे फिल्म बनाने के बारे में खासी जानकारी थी। टीवी पर ऑडियो क्लिप चलने से कुछ घंटे पहले मुझे पुलिस के एक एनकाउंटर-स्पेशलिस्ट का फोन आया। उसने मुझसे गुजारिश की कि उसके 'फिल्मी' दोस्त मुश्किल में पड़ जाएँगे। मैंने उनसे कहा कि यह मामला मेरे हाथ में नहीं है और टेप चलाने का फैसला मेरे संपादकों ने किया है। संजय दत्त को इस बातचीत के लिए स्पेशल मकोका कोर्ट के सामने पेश होना पड़ा, जहाँ उसने शकील से बात करने से इनकार कर दिया।[2] दाऊद का छोटा भाई नूर कासकर खुद को शायर मानता था। बॉलीवुड में दाऊद के दबदबे की बदौलत उसे बॉलीवुड की फिल्मों में गीत लिखने का मौका मिला। 'पत्थर के फूल' का उसका एक गीत फिल्म के रिलीज होने पर हिट हो गया। इस गीत में मुंबई की सड़कों के नाम थे—'कभी लिंकिंग रोड...कभी वार्डन रोड...कभी कैडल रोड...'

फाइनेंसर और कर्जदार का रिश्ता 2000 में सामने आया, जब मुंबई पुलिस ने सलमान खान, रानी मुखर्जी और प्रीति जिंटा की फिल्म 'चोरी चोरी चुपके चुपके' के बारे में एक क्रिमिनल केस दर्ज किया। यह फिल्म एक नाजुक मुद्‌दे सरोगेसी पर थी, मगर इसने अंडरवर्ल्ड के साथ बॉलीवुड की साँठ-गाँठ के बारे में चर्चा की आग में घी का काम किया। मुंबई पुलिस की जाँच के बाद फिल्म के प्रोड्यूसर नाजिम रिजवी और बॉलीवुड के सबसे बड़े फाइनेंसर कहे जानेवाले भरत शाह को कड़े कानून मकोका के तहत गिरफ्तार किया गया। टेलीफोन पर हुई कुछ बातचीत के आधार पर मुंबई पुलिस का मानना था कि भरत शाह ने छोटा शकील के इशारे पर रिजवी को फाइनेंस किया था। आरोप लगाया गया कि शाह ने फिल्म बनाने में मदद करके दाऊद के जुर्म के सिंडिकेट की मदद की थी।

सरकार ने मुकदमे के दौरान सलमान खान, संजय दत्त, महेश माँजरेकर, राकेश रोशन, प्रीति जिंटा सहित कुछ और फिल्मी हस्तियों को गवाह के रूप में बुलाया। मुकदमा तीन साल में पूरा हुआ। भरत शाह और नाजिम रिजवी को दोषी ठहराया गया। रिजवी को मकोका के तहत छह साल की बामशक्कत कैद की सजा सुनाई गई और शाह को एक साल की सजा मिली। शाह को बॉलीवुड-माफिया गठजोड़ की जानकारी पुलिस से छिपाने का दोषी पाया गया था।

इस फिल्म के विवाद ने फिल्म इंडस्ट्री और क्राइम सिंडिकेट की मिलीभगत का भी खुलासा किया। गिरोहों के लिए ब्लैक मनी को व्हाइट करने के लिए बॉलीवुड एक आरामदायक जरिए के रूप में उभरा। फिल्म प्रोड्यूसर भी इसके लिए तैयार थे, क्योंकि उनके लिए फाइनेंस का कोई कारगर जरिया मौजूद नहीं था। अंडरवर्ल्ड ने अपनी काली कमाई की पेशकश करके फाइनेंस के लिए बॉलीवुड की जरूरत का फायदा उठाया।

मुंबई के तब के पुलिस कमिश्नर एम.एन. सिंह के कार्यकाल में इस मामले की जाँच हुई थी। उन्होंने मुझे बताया, "हाजी मस्तान के जमाने से ही फिल्म इंडस्ट्री में अंडरवर्ल्ड की फंडिंग हो रही थी। फिर एक वक्त आया, जब गैंगस्टर खुद फिल्म प्रोड्यूसर बनने के बारे में सोचने लगे। इसलिए बॉलीवुड में अंडरवर्ल्ड का पैसा हावी था। उनका असर इतना ज्यादा था कि वे फिल्मों की रिलीज की तारीख तक तय करते थे। कुछ प्रोड्यूसरों ने मदद लेने के लिए गैंगस्टर्स से खुद संपर्क किया।" उन्होंने आगे कहा, "मैंने भारत सरकार को फिल्म इंडस्ट्री को बैंक फाइनेंस मुहैया कराने की सलाह दी थी। सूचना और प्रसारण मंत्री सुषमा स्वराज को यह विचार पसंद आया था। उनके कहने पर आई.डी.बी.आई. बैंक ने फिल्मों को फाइनेंस करना शुरू किया। जब बॉलीवुड को खरा पैसा मिलना शुरू हुआ, तो अंडरवर्ल्ड का पैसा बंद हो गया।"[3] फिल्म फाइनेंस में मल्टीनेशनल कॉरपोरेशनों की आमद ने भी आखिरकार अंडरवर्ल्ड से फंडिंग को बंद करने में भूमिका निभाई।

सलाखों के पीछे सितारे

मैंने एक क्राइम जर्नलिस्ट के तौर पर 1990 के दशक के आखिर में और 2000 के दशक की शुरुआत में जो बड़ी खबरें कवर कीं, उनमें से कुछ फिल्मी सितारों के क्रिमिनल केसों में फँसने व उनके गिरफ्तार होने की थीं। मैं टाडा कोर्ट में 1993 के विस्फोटों का मुकदमा लगातार कवर कर रहा था। उसमें संजय दत्त भी आरोपी थे। मुझे कुछ और हस्तियों के बारे में भी पता चला, जिन्होंने कानून के खिलाफ काम किया था।

मई 2001 में एक सुबह नारकोटिक्स कंट्रोल ब्यूरो (एन.सी.बी.) के एक

मुखबिर टीपू ने मुझे फौरन बैलार्ड एस्टेट में एन.सी.बी. के दफ्तर में पहुँचने के लिए कहा। उसने बताया कि बॉलीवुड की एक बड़ी मछली जाल में आ गई है। ये बड़ी मछली एक्टर फरदीन खान थे, जिन्होंने 'जंगल' और 'प्यार तूने क्या किया' जैसी कुछ हिट फिल्मों में काम किया था। फरदीन खान कोकीन खरीदने की कोशिश में पकड़ा गया था। ड्रग पेडलर को भुगतान करने के लिए खान ने जुहू के एक एटीएम से 3,500 रुपए निकालने की कोशिश की, लेकिन उसका कार्ड मशीन में फँस गया। एन.सी.बी. ने आरोप लगाया कि खान काफी समय से ड्रग का इस्तेमाल कर रहा था। हालाँकि उसे तीन दिन के भीतर जमानत मिल गई थी। दस साल बाद मुकदमा पूरा होने पर उसे नशा छुड़ाने के प्रोग्राम से गुजरने की शर्त पर छोड़ दिया गया।

फरदीन खान की गिरफ्तारी के एक साल बाद मैं बॉलीवुड के दूसरे खान का पीछा कर रहा था। 28 सितंबर, 2002 को मेरे फिल्म रिपोर्टर मनीष दुबे ने सुबह करीब 6 बजे फोन करके मुझे बताया कि सुपरस्टार सलमान खान का बांद्रा में उनके घर के पास एक्सीडेंट हो गया है। मैंने तुरंत जोनल डी.सी.पी. बिपिन कुमार सिंह को फोन किया। उन्होंने घटना की तस्दीक की। मैंने अपने कैमरामैन को मौके पर पहुँचने को कहा और अपनी मोटरसाइकिल से शीघ्रता से वहाँ पहुँचा।

सलमान खान की टूटी-फूटी लैंड क्रूजर बांद्रा पुलिस स्टेशन के बाहर खड़ी थी। कार के शॉट लेने और डी.सी.पी. बिपिन कुमार का इंटरव्यू करने के बाद मैं एक्सीडेंट की जगह पर पहुँचा। पुलिस की शुरुआती ब्रीफिंग के मुताबिक, सलमान खान बहुत तेज़ स्पीड से कार चला रहे थे और अमेरिकन एक्सप्रेस बेकरी जंक्शन के नजदीक वे पूरी तरह से काबू खो बैठे। उन्होंने फुटपाथ पर सो रहे बेकरी के मजदूरों को कुचल दिया। घायल मजदूरों को फौरन पास के भाभा अस्पताल ले जाया गया। उनमें से एक नुरुल्ला की मौके पर ही मौत हो गई। कहा गया कि सलमान खान वहाँ से भाग गए। मैंने एक्सीडेंट की जगह और सलमान की टूटी-फूटी लैंड क्रूजर दिखाते हुए सुबह करीब 8 बजे टीवी पर खबर दी।

सलमान खान के खिलाफ हिट ऐंड रन का केस दर्ज किया गया था। मैंने सलमान का पहलू पेश करने के लिए उनसे बात करने की कोशिश की, लेकिन उनका कुछ पता नहीं चल सका। दोपहर में वे एक वकील के साथ बांद्रा पुलिस स्टेशन पहुँचे। 950 रुपए का जुर्माना भरने के बाद उन्हें एक घंटे में छोड़ दिया गया। कैमरों ने ए.सी.पी. रैंक के एक अफसर को सलमान खान के साथ दोस्ताना बरताव करते और उन्हें दिलासा देने की कोशिश करते हुए कैद कर लिया था। वह अफसर इस एक्टर के करिश्मे से प्रभावित लग रहा था। इस घटना के बाद इस बात पर हंगामा मच गया कि सलमान खान के साथ इसलिए नरमी बरती जा रही है, क्योंकि वह एक स्टार है, जबकि कानून तो सबके लिए एक जैसा होना चाहिए। इस नाराजगी के कारण आखिरकार सलमान के खिलाफ 'कत्ल नहीं, बल्कि गैर-इरादतन कत्ल' के एक सख्त आरोप के तहत केस दर्ज किया गया। सलमान खान को एक हफ्ते के भीतर फिर से गिरफ्तार कर लिया गया। पुलिस का आरोप है कि वह शराब के नशे में कार चला रहा था। पुलिस हिरासत खत्म होने के बाद उसे जेल भेज दिया गया।

वह मुकदमा 12 साल तक चला। पुलिस ने सलमान खान के बॉडीगार्ड रवींद्र पाटिल और गायक कमाल खान के बयान दर्ज किए, जो एक्सीडेंट के वक्त कार में उनके साथ थे। दोनों ने कहा कि सलमान खान ही कार चला रहे थे, हालाँकि कमाल खान कभी भी कोर्ट के सामने पेश नहीं हुए। मुकदमे की सुनवाई जब खत्म होनेवाली थी, तो कहानी में एक मोड़ आया। सलमान का ड्राइवर अदालत के सामने पेश हुआ। उसने यह कहकर सबको चौंका दिया कि एक्सीडेंट के वक्त कार वह चला रहा था।

फैसले के लिए 7 मई, 2015 की तारीख तय की गई थी। मैं जज डी.डब्ल्यू. देशपांडे के सेशन कोर्ट में जगह पाने के लिए मशक्कत कर रहा था। अदालत पत्रकारों, वकीलों और दूसरी अदालतों के कर्मचारियों से खचाखच भरी हुई थी। सफेद शर्ट और नीली जींस पहने फिल्म स्टार लकड़ी के बॉक्स में खड़ा था। उसके चेहरे पर टेंशन थी। जज देशपांडे ने उसे तमाम आरोपों के लिए दोषी ठहराया और कहा कि वह बिना लाइसेंस के और शराब के नशे में गाड़ी चला रहा था। अदालत ने यह बात नहीं मानी कि कार उसका ड्राइवर चला रहा था।

इस केस में सलमान को पाँच साल कैद की सजा सुनाई गई थी।

सलमान खान ने अपनी शर्ट की आस्तीन से अपने आँसू पोंछे और अपनी दोनों बहनों की ओर देखा। वे फैसला सुनकर रो पड़ीं। हालाँकि सलमान और उनके शुभचिंतकों का दुःख थोड़े ही समय के लिए था, क्योंकि उन्हें छह महीने के भीतर रिहा कर दिया गया था। इस आदेश को बॉम्बे हाई कोर्ट में चुनौती दी गई। हाई कोर्ट ने सेशन कोर्ट के फैसले को पलट दिया और कहा कि पुलिस सलमान खान के खिलाफ अपने आरोपों को साबित करने में नाकाम रही है।

कानून के शिकंजे में आया एक और एक्टर था शाइनी आहूजा। शाइनी अपनी पहली फिल्म 'हजारों ख्वाहिशें ऐसी' से ही मशहूर हो गए थे। उन्होंने 'गैंगस्टर', 'लाइफ इन ए मेट्रो' और 'भूल-भुलैया' जैसी कुछ और हिट फिल्मों में एक्टिंग की। मगर उनका फलता-फूलता कॅरियर 2009 में थम गया, जब उन्हें अपनी नौकरानी से रेप करने के आरोप में गिरफ्तार किया गया। हालाँकि शिकायत करनेवाली नौकरानी ने मुकदमे के दौरान अपने आरोप वापस ले लिये, लेकिन जज ने उसके पहले के बयानों और पुलिस के सबूतों पर यकीन करते हुए मार्च 2011 में शाइनी को सात साल कैद की सजा सुनाई।

बिंदू सिंह बदनामी का सामना करनेवाला बॉलीवुड का एक और नाम था। पहलवान से अभिनेता बने दारा सिंह के बेटे बिंदू ने कुछ टेलीविजन सीरियलों में एक्टिंग की थी। उन्होंने रियलिटी शो 'बिग बॉस' भी जीता था। उन्हें 2013 में क्रिकेट स्पॉट फिक्सिंग रैकेट में शामिल होने के आरोप में जेल भेजा गया था। बिंदू के जमानत पर रिहा होने के कुछ समय बाद मैं उनसे मुंबई एयरपोर्ट पर मिला था। तब उन्होंने कहा था कि क्राइम ब्रांच के एक सीनियर अफसर के कहने पर उन्हें इस मामले में फँसाया गया था।

ऐसे तमाम मामलों में गिरफ्तार किए गए ज्यादातर फिल्मी सितारे मध्य मुंबई की आर्थर रोड जेल में बंद थे। तब जेल सुपरिंटेंडेंट स्वाति साठे थीं, इसीलिए वे 'फिल्मी सितारों के जमाने की जेलर' के नाम से मशहूर हुईं। वे एक सख्त और ईमानदार अफसर के रूप में जानी जाती थीं। अपने स्टार कैदियों को वे अलग से कोई सहूलियत नहीं देती थीं।

सुशांत सिंह राजपूत केस

मॉडल से एक्टर बने सुशांत सिंह राजपूत ने 14 जून, 2020 को खुदकुशी की, तो फिल्म इंडस्ट्री सन्न हो गई। उनकी मौत ने न केवल बॉलीवुड के बदनाम पहलू को उजागर किया, बल्कि मीडिया, जाँच एजेंसियों और राजनीति के घिनौने चेहरे को भी बेनकाब कर दिया। आम चलन के मुताबिक मुंबई पुलिस ने एक्सीडेंटल डेथ रिपोर्ट (ए.डी.आर.) दर्ज की। उसे पहली नजर में इस मामले में कोई गड़बड़ी नहीं दिखी। हालाँकि सोशल मीडिया पर बढ़-चढ़कर दावे किए जाने लगे कि सुशांत ने बॉलीवुड में मौजूद भाई-भतीजावाद के कारण अपनी जान दे दी। देखते-ही-देखते यह माना जाने लगा कि सुशांत को काम न मिलने के कारण डिप्रेशन हो गया था।

जनता के गुस्से को देखते हुए महाराष्ट्र के गृहमंत्री अनिल देशमुख ने मुंबई पुलिस से इस मामले में भाई-भतीजावाद के पहलू की भी जाँच करने को कहा। इस जाँच के लिए एक महीने में दर्जनों फिल्मी हस्तियों को बुलाया गया। पुलिस ने कभी यह खुलासा नहीं किया कि इन आरोपों का कोई आधार था या नहीं?

इस बीच, मुंबई के एक पश्चिमी उपनगर में रहनेवाले एक मामूली एक्टर ने सुशांत की मौत को एक हफ्ता पहले उनकी मैनेजर दिशा सालियान की खुदकुशी से जोड़ते हुए फेसबुक पर एक पोस्ट लिखी। सालियान एक फ्लैट की बालकनी से कूद गई थीं। वे वहाँ अपने दोस्तों के साथ पार्टी कर रही थीं। पोस्ट में आरोप लगाया गया कि सालियान की तरह सुशांत की भी हत्या हुई थी, क्योंकि वे कथित तौर पर सालियान के हत्यारों को जानते थे। उसने आगे लिखा कि महाराष्ट्र के कुछ नेता भी इस साजिश में शामिल थे। इस पोस्ट को लेकर किस्से गढ़े जाने लगे। महाराष्ट्र के एक मंत्री पर इस जुर्म का आरोप लगाया गया। बताया गया कि इस मंत्री को बचाने के लिए मामले को रफा-दफा किया जा रहा है।

बीजेपी भी मैदान में कूद गई, क्योंकि इस मामले ने पार्टी को उद्धव ठाकरे के नेतृत्व वाली महाराष्ट्र की तीन पार्टियों की सरकार को निशाना बनाने का मौका दे दिया। सुशांत बिहार के थे। वहाँ विधानसभा चुनाव होनेवाले थे, इसलिए बीजेपी ने सोशल मीडिया पर चल रहे अभियान 'सुशांत के लिए इनसाफ' का समर्थन करके राज्य के वोटबैंक में भावनात्मक रूप से सेंध लगाने की कोशिश

की। बीजेपी नेता नारायण राणे ने एक प्रेस कॉन्फ्रेंस में सरकार के खिलाफ खुलेआम वही आरोप लगाए, जो सोशल मीडिया पर अभी तक महज साजिश करार दिए जा रहे थे। चूँकि राणे राज्य के मुख्यमंत्री रहे हैं, इसलिए उनके बयानों ने इन किस्सों को हवा दी।

25 जुलाई को मामले ने एक नया मोड़ ले लिया। सुशांत के पिता ने पटना पुलिस स्टेशन में शिकायत दर्ज कराई कि सुशांत की प्रेमिका रिया चक्रवर्ती और उसके परिवार के सदस्यों ने उसे खुदकुशी के लिए उकसाया। उनका आरोप था कि रिया ने कथित तौर पर सुशांत को अपने परिवार से दूर रखा और उनका सारा हिसाब–किताब भी अपने हाथ में ले लिया। आमतौर पर जहाँ कोई जुर्म हुआ हो, उसके दायरे के बाहर किसी पुलिस स्टेशन में शिकायत दर्ज कराने पर पुलिस जीरो नंबर एफ.आई.आर. दर्ज करती है। फिर मामले को उस थाने के हवाले कर दिया जाता है, जहाँ जुर्म हुआ हो। हालाँकि इस मामले को मुंबई पुलिस को भेजने के बजाय पटना पुलिस ने खुद जाँच करने का फैसला किया। जब पटना पुलिस के एस.पी. विनय तिवारी मुंबई में पहुँचे, तो खूब ड्रामा हुआ। बी.एम.सी. ने कोविड–19 प्रोटोकॉल का हवाला देते हुए उन्हें फौरन एक गेस्ट हाउस में क्वारंटाइन कर दिया। इससे यह शक और बढ़ गया कि महाराष्ट्र सरकार कुछ छिपा रही है।

बिहार और महाराष्ट्र के नेताओं के बीच 'तू–तू मैं–मैं' चल ही रही थी कि अपने जोरदार और उन्मादी अंदाज के लिए मशहूर और बहुत शोर–शराबा करनेवाले एक टीवी एंकर ने इस मामले की सी.बी.आई. जाँच की आवाज उठाते हुए एक मुहिम शुरू कर दी। उन्होंने पुरजोर तरीके से कहा कि सुशांत ने खुदकुशी नहीं की, बल्कि उनका कत्ल किया गया। उनके चैनल ने यह खबरें 'सुशांत सिंह मर्डर केस' के नाम से चलाईं। यहाँ यह ध्यान रखना जरूरी है कि सुशांत के पिता ने भी हत्या का नहीं, बल्कि खुदकुशी के लिए उकसाने का आरोप लगाया था। कुछ महीने पहले ही मुंबई पुलिस ने सोनिया गांधी के खिलाफ ऐतराज वाली टिप्पणियों के लिए इस एंकर के खिलाफ एक क्रिमिनल केस दर्ज किया था। इसके सिलसिले में पूछताछ के दौरान उन्हें घंटों थाने में बैठाकर रखा गया था। सुशांत के मामले से उन्हें बदला लेने का मौका मिल

गया। एंकर ने आरोप लगाया कि मुंबई पुलिस महाराष्ट्र सरकार में कुछ अहम लोगों को बचाने की कोशिश कर रही है।

बिहार सरकार ने अगस्त में मामले की जाँच सी.बी.आई. से करने की सिफारिश की थी। जाँच का तबादला करने का विरोध करनेवाली दलीलों को सुप्रीम कोर्ट ने खारिज कर दिया। उसके बाद सी.बी.आई. की एक टीम ने मुंबई पहुँचकर मामले की जाँच शुरू की। इस बीच प्रवर्तन निदेशालय (ई.डी.) ने भी मामले के फाइनेंशल पहलुओं की जाँच शुरू कर दी। ई.डी. ने रिया चक्रवर्ती का फोन जब्त कर लिया। उसके फोन में कुछ व्हाट्सऐप चैट पाए, जो ड्रग्स खरीदने में कथित रूप से उसके शामिल होने का इशारा कर रहे थे। इसके साथ ही कहानी में एक और मोड़ आ गया। एन.सी.बी. ने ड्रग्स के एंगल की जाँच शुरू कर दी। रिया और उनके भाई शौविक को ड्रग्स खरीदने के आरोप में गिरफ्तार किया गया। पर्सनल मोबाइल चैट मीडिया में लीक होने पर कई फिल्मी सितारों को भी तलब किया गया। इससे ये पता चलता है कि भारत की मायानगरी में ड्रग्स के इस्तेमाल का चलन था।

बॉलीवुड के शोबिजनेस और ग्लैमर पर फिर से ड्रग्स का गुबार छा गया। ग्लैमर की दुनिया के नशे के कारोबार की चपेट में होना टीवी डिबेट का हॉट टॉपिक बन गया।

फिल्में बनाने के लिए पैसा चाहिए

जुलाई 2021 में बॉलीवुड के एक आर्ट डायरेक्टर राजेश साप्टे ने पुणे में अपने घर पर खुदकुशी कर ली। साप्टे ने सोशल मीडिया पर एक वीडियो पोस्ट किया और मीडिया के लिए एक नोट छोड़ा। उसमें उन्होंने अपनी खुदकुशी के लिए एक यूनियन नेता को जिम्मेदार ठहराया, जो उन्हें परेशान कर रहा था। साप्टे ने कहा कि वह नेता झूठी तोहमत लगाकर उन्हें उनके प्रोजेक्टों पर काम शुरू नहीं करने दे रहा था कि उनके कामगारों को उनका बकाया नहीं दिया जा रहा है। इसी तरह का एक और वाकया सुर्खियों में रहा था। 2009 में एक पूर्व आई.पी.एस. अफसर वाई.पी. सिंह जुहू के जे-49 नाइट क्लब में 'कार्नेज बाइ एंजेल्स' पुस्तक पर बन रही अपनी फिल्म के एक सीन की शूटिंग कर रहे थे।

अचानक कुछ लोग जूनियर आर्टिस्ट्स एसोसिएशन के सदस्य होने का दावा करते हुए वहाँ घुस आए और शूटिंग रुकवा दी। उन्होंने सिंह से कहा कि शूटिंग नहीं करने दी जाएगी, क्योंकि शूटिंग कर रहे जूनियर आर्टिस्ट उनकी यूनियन के सदस्य नहीं हैं। इस पर उनमें बहस होने लगी। सिंह के ऊँची आवाज में यह कहने पर वे चले गए कि जूनियर आर्टिस्ट किसी भी यूनियन के सदस्य बनने के लिए कानूनन मजबूर नहीं हैं। सिंह ने उनके खिलाफ क्रिमिनल केस दर्ज करा दिया।

राजेश साप्टे और वाई.पी. सिंह, दोनों के मामले बॉलीवुड की चमक के बदरंग पहलू को सामने लाते हैं। यह इंडस्ट्री यकीनन यूनियनों के शिकंजे में है। न तो प्रोड्यूसर और न ही जूनियर आर्टिस्ट इन यूनियनों के साथ टकराव का जोखिम उठा सकते हैं। जूनियर आर्टिस्ट यूनियनें बॉलीवुड में जूनियर आर्टिस्टों के हक में आवाज उठाने और शोषण के खिलाफ ढाल बन जाने के तौर पर उभरी थीं, लेकिन बाद में वे दोधारी तलवार बन गईं।

वेब सीरीज 'रक्तांचल' लिखनेवाले स्क्रीनराइटर सर्वेश उपाध्याय ने मुझे बताया कि यूनियनें किस तरह बॉलीवुड में अपनी मौजूदगी दर्ज कराती हैं। "यूनियनों के सामने आनेवाले ज्यादातर मामले भुगतान न करने के बारे में होते हैं। जब भी कोई पीड़ित लेखक, डायरेक्टर, कलाकार, सिनेमाटोग्राफर या कोई जूनियर आर्टिस्ट अपना बकाया वसूलने के लिए यूनियन के पास आता है, तो यूनियन उसके सामने एक शर्त रखती है—उसका पैसा दिलवा दिया जाएगा, लेकिन उसे उस रकम का 5 से 10 फीसदी यूनियन को डोनेट करना होगा। यह शर्त इसके बावजूद लगाई जाती है कि शिकायत करनेवाला मोटी मेंबरशिप फीस का भुगतान करके बरसों से यूनियन का सदस्य होता है। यूनियन की मेंबरशिप फीस सालाना 3,500 रुपए से लेकर ताउम्र 35,000 रुपए तक होती है।"[4]

यूनियन शिकायत मिलने के बाद प्रोड्यूसर को नोटिस भेजती है। अगर प्रोड्यूसर नहीं मानता, तो यूनियन के नेता सेट पर पहुँचकर ऐलान करते हैं कि उनकी यूनियन से जुड़े कलाकारों को तुरंत काम बंद करना होगा। शूटिंग रुक जाती है। प्रोड्यूसर को फिल्म को फिर से शुरू करने के लिए और पैसे खर्च करने पर मजबूर होना पड़ता है। किसी यूनियन की ताकत उसके सदस्यों की

संख्या पर टिकी होती है। बॉलीवुड में बिना लिखा हुआ एक नियम यह है कि प्रोड्यूसर केवल यूनियन सदस्यों को ही अपनी फिल्मों में काम दे सकते हैं। वाई. पी. सिंह की फिल्म की शूटिंग के दौरान यही 'नियम' टूटा था।

फिल्मों के प्रोडक्शन में तरह-तरह से दखल देनेवाली 2022 तक 40 से ज्यादा यूनियनें थीं। हर यूनियन अपनी मेंबरशिप फीस बढ़ाने के लिए दूसरों के साथ मुकाबला करती है। उनमें से लगभग 31 यूनियनें तो 'फेडरेशन ऑफ वेस्टर्न इंडिया सिने एम्प्लॉइज' का हिस्सा हैं, जो इन तमाम यूनियनों की सरताज है।

इस कहानी का दूसरा पहलू जानने के लिए मैंने 'ऑल इंडिया फिल्म एम्प्लॉइज कन्फेडरेशन' के अध्यक्ष अशोक दुबे से बात की। "सिनेमा में काम करनेवालों का सबसे ज्यादा शोषण होता है। वे प्रोड्यूसरों की मर्जी और सनक के गुलाम होते हैं। बकाया रकम का भुगतान न किए जाने पर कोई कलाकार अदालतों के चक्कर नहीं लगा सकता। ऐसे में यूनियन बीच में आती है। पहले अगर किसी कलाकार की काम के दौरान मौत हो जाती थी, तो उसके परिवार को महज 4 या 5 लाख रुपए का मुआवजा दिया जाता था। हमने जोर देकर कहा कि मुआवजा मरनेवाले की उम्र के मुताबिक दिया जाना चाहिए। उसकी उम्र जितनी कम होगी, मुआवजे का भुगतान उतना ही ज्यादा होना चाहिए। हाल ही में हमने एक हादसे में मारे गए एक नौजवान के परिवार को प्रोड्यूसर से 30 लाख रुपए से ज्यादा का मुआवजा दिलवाया।" दुबे ने कहा।

दुबे ने आगे कहा, "कुछ प्रोड्यूसर सिने कर्मचारियों के साथ जानवरों जैसा बरताव करते हैं। 300 लोगों की यूनिट के लिए कभी-कभी केवल दो या तीन टॉयलेट होते हैं। कपड़े बदलने और खाने का सही इंतजाम नहीं किया जाता। अकसर खाना भी खाने लायक नहीं होता। अगर हम इस तरह के जुल्म के खिलाफ आवाज उठाते हैं तो वे इसे दादागीरी कहते हैं।"[5] दुबे ने मुझे बताया कि यूनियनें राजू साप्टे की खुदकुशी के बाद कलाकारों की शिकायतों को उठाने से डरने लगीं।

तमाम राजनीतिक पार्टियों के भी बॉलीवुड में विंग हैं। उनमें सबसे ताकतवर और सबसे पुरानी है—शिवसेना की 'भारतीय चित्रपट सेना' (बी.

सी.एस.)। यह फिल्म कामगारों की यूनियन है। बी.सी.एस. अकसर इंडस्ट्री के लिए फरमान जारी करती है। मसलन गायिका लता मंगेशकर की मिमिक्री नहीं होनी चाहिए, किसी को भी बाल ठाकरे की अनधिकृत बायोपिक नहीं बनानी चाहिए और किसी भी पाकिस्तानी कलाकार को किसी भी फिल्म में काम नहीं दिया जाना चाहिए।

बाल ठाकरे का बॉलीवुड से गहरा नाता था। 1980 के दशक के दौरान उन्होंने अकसर देव आनंद और दिलीप कुमार जैसे अभिनेताओं के साथ जुहू में होटल सन ऐंड सैंड में पुल के किनारे बीयर की चुस्कियाँ लेते हुए अपनी शामें बिताईं। वे अकसर कर्जत में अपने फार्महाउस पर मटन पार्टियों के लिए अमिताभ बच्चन और मिथुन चक्रवर्ती को बुलाते थे। ठाकरे हमेशा नामी फिल्म पुरस्कार समारोहों में जाते थे। उनके बेटे बिंदुमाधव ने 1996 में नाना पाटेकर और मनीषा कोइराला को लेकर 'अग्नि साक्षी' फिल्म बनाई थी। वह एक हिट फिल्म थी। उनके दूसरे बेटे जयदेव ने उसी साल 'सपूत' फिल्म बनाई। उसमें अक्षय कुमार और सुनील शेट्टी ने एक्टिंग की थी। इसने बॉक्स ऑफिस पर औसत कारोबार किया। एक फिल्म प्रोड्यूसर के रूप में बाल ठाकरे की बहू और जयदेव की पत्नी रही स्मिता ठाकरे की भी 1990 के दशक के अंत में बॉलीवुड में तूती बोलती थी। उन्होंने 1999 में एक हिट कॉमेडी फिल्म 'हसीना मान जाएगी' बनाई। केवल एक फिल्म बनाने के बाद उन्हें 2001 में 'इंडियन मोशन पिक्चर्स प्रोड्यूसर्स एसोसिएशन' (आई.एम.पी.पी.ए.) का अध्यक्ष चुन लिया गया था।

बॉलीवुड में क्या बदलाव आया?

यह अगस्त 1997 की बात है। रामगोपाल वर्मा ने अपनी फिल्म 'सत्या' की शूटिंग शुरू ही की थी। शूटिंग शुरू हुए कुछ ही दिन हुए थे। वे एक सीन का डायरेक्शन कर रहे थे, तो खबर आई कि संगीत कारोबारी गुलशन कुमार को गैंगस्टरों ने गोली मार दी है। शूटिंग रोक दी गई और फिल्म में इस घटना को शामिल करने के लिए स्क्रिप्ट को फिर से लिखा गया। एक साल बाद फिल्म रिलीज हुई और इसने अंडरवर्ल्ड की फिल्मों में एक मुकाम हासिल किया।[6]

नामी फिल्म पत्रकार और लेखक मयंक शेखर मानते हैं कि बॉलीवुड में शुरू से ही मुंबई की कहानियाँ आई हैं। उन्होंने मुझे बताया कि 'सत्या' इसका एक बेहतरीन उदाहरण है। 'ब्लैक फ्राइडे' फिल्म में 1993 के धमाकों के बाद की कहानी पेश की गई है। 'कंपनी' जैसी फिल्में मुंबई के अंडरवर्ल्ड को दिखाती हैं। हालाँकि मुंबई में अंडरवर्ल्ड के खात्मे के बाद फिल्म प्रोड्यूसरों ने दूसरी जगहों के अंडरवर्ल्ड की कहानियों को पेश करना शुरू कर दिया है। 'गैंग्स ऑफ वासेपुर', 'सहर' और 'मिर्जापुर' जैसी फिल्में और कई वेब सीरीज इस तरह के बदलते चलन के उदाहरण हैं।

मयंक की राय में मुंबई अब फिल्म प्रोड्यूसरों के लिए प्रेरणा नहीं रही है। वे कहते हैं—"लोग अब असली कहानियों और असली लोकेशनों पर ध्यान देते हैं। पहले ज्यादातर शूटिंग स्टूडियो के भीतर होती थी। लेकिन फिल्मों को ज्यादा भरोसे के लायक बनाने के लिए अब उन्हें स्टूडियो के बाहर असली लोकेशनों पर शूट किया जाता है। हालाँकि मुंबई में शूटिंग करना बेहद महँगा है। इंतजाम करने के तमाम मुद्दों और हफ्ता वसूली के कारण यहाँ शूटिंग करना सिरदर्द बन जाता है। मुंबई के बाहर कहीं और शूटिंग करना आसान होता है। ऐसी भी फिल्में हैं, जिनमें विदेश में शूटिंग करके मुंबई को दिखाया गया। 'बॉम्बे वेलवेट' फिल्म के लिए साउथ मुंबई को श्रीलंका में क्रिएट किया गया था।"[7]

स्क्रीनराइटर सर्वेश उपाध्याय भी मयंक की राय से इत्तेफाक रखते हैं। 'जब भी मड आईलैंड या मीरा रोड जैसी आउटडोर लोकेशनों पर शूटिंग होती है, लोकल नेता और गुंडे हंगामा करते हैं। आप तब तक शूटिंग नहीं कर सकते, जब तक उनकी मुट्ठी गरम न कर दी जाए। तमाम सरकारी दफ्तरों से मंजूरी लेने में भी बहुत वक्त लगता है। कभी-कभी इस तरह के झंझटों से बचने के लिए प्रोड्यूसर लोकल बाहुबलियों या नगरसेवकों की मुट्ठी गरम करके अपनी शूटिंग करवाता है", वे कहते हैं।[8]

यह सवाल बाकी रह जाता है—क्या मुंबई हिंदी फिल्म इंडस्ट्री के लिए एक महफूज जगह रह गई है या यह खतरे में है? पिछले कुछ बरसों की घटनाओं से पता चलता है कि आनेवाले वक्त में सिनेमा पर इस शहर की मोनोपली कम हो सकती है। दिसंबर 2020 में जब उत्तर प्रदेश के मुख्यमंत्री योगी आदित्यनाथ ने

मुंबई का दौरा किया, तो उन्होंने होटल ओबेरॉय में बॉलीवुड की नामी हस्तियों के साथ एक मीटिंग की। इस मीटिंग में एक्टर अक्षय कुमार और प्रोड्यूसर बोनी कपूर, सुभाष घई और मनमोहन शेट्टी भी मौजूद थे। योगी ने फिल्म इंडस्ट्री से उत्तर प्रदेश को एंटरटेनमेंट इंडस्ट्री का हब बनाने की अपील की। उन्होंने ऐलान किया कि नोएडा में आधुनिक सुविधाओं वाली एक शानदार फिल्म सिटी बनाई जाएगी। यूपी की फिल्म पॉलिसी 2018 के मुताबिक सरकार फिल्म प्रोड्यूसरों को तमाम जरूरी मदद मुहैया कराएगी। फिल्म बनाने के नए सेंटर के रूप में उत्तर प्रदेश के उभरने की संभावना के अलावा हैदराबाद की फिल्म सिटी में भी काफी फिल्मों की शूटिंग की जा रही है।

बॉलीवुड को कहीं और ले जाने के बारे में चेतानेवाली इन घटनाओं से महाराष्ट्र सरकार बेखबर नहीं है। जून 2019 में ठाणे में लोकल गुंडों ने वेब सीरीज 'फिक्सर' की टीम पर बेरहमी से हमला किया था, तब मुख्यमंत्री देवेंद्र फडणवीस ने ऐलान किया था कि सरकार फिल्म इंडस्ट्री के लिए सिंगल विंडो सिस्टम लाएगी। आउटडोर शूटिंग के लिए तमाम दफ्तरों से जरूरी मंजूरी तुरंत दी जाएँगी। राजू साप्टे की खुदकुशी के बाद उद्धव ठाकरे की सरकार भी हरकत में आई। जुलाई 2021 में लेबर कमिश्नर के ऑफिस ने ताकीद की कि यूनियनें प्रोड्यूसरों को शूटिंग के लिए केवल अपने सदस्यों को काम देने के लिए मजबूर नहीं कर सकतीं। फिल्म शूटिंग में दखल भी नहीं दिया जाना चाहिए। अगर कोई इसे न माने, तो प्रोड्यूसर को पुलिस में शिकायत करनी चाहिए। मुंबई पुलिस के सीनियर अफसरों ने प्रोड्यूसरों से मुलाकात की और उन्हें भरोसा दिलाया कि जो भी हफ्ता वसूली की कोशिश करेगा, उसके खिलाफ सख्त काररवाई की जाएगी। एक फिल्म प्रोड्यूसर ने मुझसे कहा कि इस तरह की कोशिशें जमीन पर असरदार साबित हो रही हैं, लेकिन डर यह है कि ये महज बुलबुले बनकर न रह जाएँ!

□

16

लालबागचा राजा

मैं बचपन में हर साल गणेश उत्सव का बेसब्री से इंतजार करता था। इसलिए नहीं कि मैं बहुत धार्मिक था, बल्कि उस मस्ती और उल्लास के लिए, जो इस उत्सव की खासियत थी। हिंदू आबादी के इलाकों में तकरीबन हर गली में एक पंडाल होता था। उस पंडाल में भगवान् गणेश की मूर्ति स्थापित की जाती थी। इस त्योहार के 10 दिनों के दौरान स्कूल के बाद का मेरा ज्यादातर वक्त पड़ोस की गली के गणपति पंडाल में ही बीतता था। शाम को मैं अपने दोस्तों के साथ उन मशहूर पंडालों में जाता था, जो सजावट, झाँकी और कलात्मक मूर्तियों के लिए जाने जाते हैं। गिरगाँव में केशवजी नाईक चॉल में एक पंडाल था। उसे देखने से मैं कभी नहीं चूकता था।

गणेश उत्सव के दौरान इस चॉल में जाना एक तरह से टाइम मशीन में जाकर सीधे 19वीं सदी के भारत में पहुँचने जैसा होता है। गणेश की मूर्ति का आकार और शरीर, मूर्ति को लानेवाली पारंपरिक पालकी, पंडाल के आसपास के घर और यहाँ तक कि वहाँ होनेवाले प्रोग्राम आज भी वैसे ही हैं, जैसे 1893 में हुआ करते थे। इन चॉलों के 150 से ज्यादा छोटे घरों में रहनेवाले महाराष्ट्रीयनों ने इस त्योहार की पुरानी चमक-दमक और छटा को बरकरार रखा है।

यहाँ शुरू हुआ था बॉम्बे का गणेश महोत्सव

1893 तक गणेशोत्सव को ज्यादातर घर में ही मनाया जाता था। 19वीं शताब्दी के बीच तक पेशवा और उनके सरदार अपने शासनकाल के दौरान यह उत्सव शानदार तरीके से मनाते रहे। लेकिन भारत की आजादी की लड़ाई के एक

नेता बाल गंगाधर तिलक ने इसे एक नई शक्ल दी। उन्होंने धर्म के जरिए एकता कायम करने की ताकत को समझा और गणेशोत्सव के जरिए लोगों को एकजुट करने के बारे में सोचा। गणेशोत्सव धीरे-धीरे उनके राष्ट्रवादी और सुधारवादी विचारों को फैलाने का जरिया बन गया। तिलक की अपील को मानकर बंबई के साधारण कामकाजी लोगों के इस इलाके में रहनेवाले उनके कुछ अनुयायियों ने शहर का पहला सार्वजनिक गणेशोत्सव आयोजित किया।

यहाँ ये त्योहार सादे और मामूली तरीके से शुरू हुआ था। एक छोटे से तंबू में ढाई फीट की गणेश प्रतिमा स्थापित की गई थी। वहाँ रहनेवालों ने पूजा-पाठ और पंडाल की मामूली सजावट के लिए चंदा इकट्ठा किया था। यह उत्सव तिलक के विचार के मुताबिक ही आगे बढ़ा। 1901 में तिलक खुद केशवजी नाईक चॉल आए और इस उत्सव में शामिल हुए। बाद में चॉल की आयोजन समिति ने एल.के. आडवाणी, बाल ठाकरे, सुनील गावस्कर, सचिन तेंदुलकर, गोविंदा और अमित शाह सहित सोसाइटी के तमाम तबकों की नामी हस्तियों को इसमें बुलाना शुरू कर दिया।

गणेश उत्सव जल्द ही लोकप्रिय हो गया। एक सदी के भीतर महाराष्ट्र की हिंदू आबादी के इलाकों में हजारों गणपति पंडाल फैल गए। त्योहार वैसे भी मुंबई को खुशियों से सराबोर कर देते हैं। वे शहर की तेज रफ्तार और तनाव भरी जिंदगी से राहत देते हैं। शायद यही वजह है कि मुंबई में तमाम त्योहारों में बड़े पैमाने पर जनता शामिल होती है—चाहे जन्माष्टमी हो, नवरात्र हो, क्रिसमस के दौरान माउंट मैरी का मेला हो या पैगंबर के जन्मदिन ईद-ए-मिलद उन-नबी पर जुलूस हो। इन सबके बीच गणेशोत्सव मुंबई के सबसे बड़े पब्लिक फेस्टिवल के रूप में उभरा है।

केशवजी नाईक चॉल में होनेवाले गणेशोत्सव के विपरीत मुंबई में हर जगह गणेशोत्सव में एक बड़ा बदलाव आया है। अब यह चमक-दमक और ग्लैमर का त्योहार बन गया है। इसके आयोजन पर करोड़ों रुपए खर्च किए जाते हैं। यह रकम कई जरियों से आती है। आसपास के परिवारों के साथ-साथ बिजनेस फर्मों से भी चंदा लिया जाता है। उत्सव का जोश पहले दिन गणेश चतुर्थी और आखिरी दिन अनंत चतुर्दशी पर देखते ही बनता है। मूर्तियों को

लोग ढोल की थाप पर नाचते हुए जुलूस में ले जाते हैं। पहले दिन मूर्ति लाकर स्थापित की जाती है और आखिरी दिन उसके विसर्जन से यह उत्सव पूरा होता है। 1990 के दशक में लोगों को फिल्मी धुन बजानेवाले बैंजो पर नाचते देखना दिलचस्प था, जैसे 'भोली सूरत दिल के खोटे'—जिस पर एक्टर भगवान दादा के डांस मूव मशहूर थे—और पाकिस्तानी गाना 'जीये भुट्टो बेनजीर', जिसका इस्तेमाल पूर्व पाकिस्तानी पी.एम. के चुनाव-प्रचार के लिए किया गया था। मौज-मस्ती में कुछ लोग शिवसेना के नारे 'गर्व से कहो हम हिंदू हैं' के साथ अपने माथे पर भगवा पट्टी बाँध लेते थे। किसी भी पाकिस्तानी चीज के लिए पार्टी की नफरत का वे कोई खयाल नहीं करते थे। इस त्योहार ने एक माइक्रो-इकोनॉमी भी पैदा की। इसमें मूर्ति बनानेवालों से लेकर ढोल बजानेवाले और सजावट करनेवाले तक शामिल हैं। कई पंडालों में तो 30 फीट तक ऊँची प्रतिमाएँ स्थापित की जाने लगीं।

हालाँकि मुंबई में सैकड़ों पंडालों में से एक पंडाल सबसे अलग है। यह हर साल दुनिया भर से बड़ी संख्या में लोगों को आकर्षित करता है। इस पंडाल में स्थापित गणेश को 'लालबागचा राजा' या 'लालबाग के राजा' के रूप में जाना जाता है।

जबरदस्त लोकप्रियता

लालबागचा राजा में गणेश पंडाल केशवजी नाईक चॉल से बिल्कुल अलग तरह का होता है। वहाँ का उत्सव बहुत शानदार और आलीशान होता है। दिलचस्प बात यह है कि गिरगाँव और लालबाग दोनों को लोअर और मिडिल क्लास के इलाकों के रूप में जाना जाता है। इन दोनों ही इलाकों में कुछ दशक पहले तक ज्यादातर मिल मजदूर रहा करते थे। यहाँ भारतीय मसालों का एक बड़ा बाजार है। इसलिए जिस गली में पंडाल बनाया जाता है, वह आमतौर पर साल भर मसालों की तेज महक से भरी रहती है। त्योहार के करीब आते ही यहाँ का माहौल बदल जाता है। किसी राजा के महल जैसा दिखने के लिए पूरे इलाके को रोशनी और कलाकृतियों से सजाया जाता है।

इसे आधिकारिक तौर पर 'लालबागचा राजा सार्वजनिक गणेशोत्सव' कहा

जाता है। यहाँ देश भर से नामी हस्तियाँ आती हैं। अमिताभ बच्चन और सलमान खान जैसे फिल्मी सितारों से लेकर बाल ठाकरे और अमित शाह जैसे नेताओं और मुकेश अंबानी जैसे उद्योगपतियों तक, आमजन की तरह पंडाल में खड़े होकर भगवान् गणेश को हाथ जोड़कर प्रणाम करते हैं। 10 दिन के उत्सव के दौरान पंडाल में 1.25 करोड़ से ज्यादा लोग आते हैं। कभी-कभी गणपति की एक झलक पाने के लिए भक्तों की लाइन पंडाल से चार या पाँच किलोमीटर तक फैल जाती है। तब लोगों को दर्शन करने में दस घंटे तक इंतजार करना पड़ता है।

लालबागचा राजा की महिमा वक्त के साथ कैसे बढ़ी कि वे मुंबई में सबसे ज्यादा दर्शन किए जानेवाले गणेश बन गए? इसका जवाब यह है कि लोग उन्हें 'इच्छा-पूरी करनेवाला भगवान्' मानते हैं। लालबागचा राजा को नवस के देवता के रूप में जाना जाता है—यानी अगर कोई मन्नत माँगता है या कुछ इच्छा करता है, तो लालबागचा राजा उसे जरूर पूरी करते हैं। पंडाल के अध्यक्ष सुधीर साल्वी के मुताबिक, एक जमाने में लालबाग के लोकल दुकानदारों के पास अपना माल बेचने के लिए माकूल बाजार नहीं था। इसलिए 1932 में उन्होंने भगवान् गणेश से मन्नत माँगी कि अगर उनकी इच्छा पूरी हुई, तो वे हर साल बाजार में उनकी मूर्ति स्थापित करेंगे। उनकी इच्छा दो साल के भीतर पूरी हो गई। हुआ यह कि रजब अली तैयब अली नाम के एक जमींदार ने बाजार बनाने के लिए अपना प्लॉट दे दिया। इसके बाद 1934 में लोगों ने यहाँ गणेश प्रतिमा स्थापित करना शुरू कर दिया। शुरुआती बरसों में मूर्ति को 'बाजार का राजा' के रूप में जाना जाता था।

1990 के दशक के अंत तक यहाँ की मूर्ति की इच्छा-पूर्ति की महिमा के बारे में मुंबईकर और पड़ोसी शहरों के कुछ लोग ही जानते थे। हालाँकि सैटेलाइट टीवी चैनलों के आने से इसकी महिमा की शोहरत देश भर में हो गई। तब लाखों लोग यहाँ आने लगे और दर्शन के लिए कभी खत्म न होनेवाली लाइन लगने लगी। भारत के तमाम हिस्सों से लोग और विदेश से एन.आर.आई. हर साल अपनी इच्छा पूरी करने राजा के पंडाल में आने लगे। मैंने 2003 में 'स्टार न्यूज' के लिए स्टोरी कवर की थी। इसके लिए भगवान् के प्रसाद के लिए लंबी

कतार में इंतजार कर रहे कुछ लोगों का इंटरव्यू किया। उन्होंने विस्तार से बताया कि कैसे उनकी इच्छाएँ पूरी हुईं और उनका विश्वास वक्त के साथ मजबूत होता गया। यह रिपोर्ट उत्सव के पहले दिन टीवी पर आई। उसके बाद से भक्तों की संख्या और बढ़ने लगी। जल्द ही सभी न्यूज चैनलों ने वहाँ के समारोह का सीधा प्रसारण करना शुरू कर दिया।

सुबह 4:30 बजे होती है मीटिंग

भीड़ को काबू में करने और आनेवाले वी.आई.पी. की सुरक्षा और सुविधा के इंतजाम के लिए आयोजकों के साथ पुलिस और बी.एम.सी. के अफसर महीनों पहले से कवायद शुरू कर देते हैं। लालबाग आनेवाले श्रद्धालुओं की भीड़ पर नजर रखने के लिए चारों तरफ सीसीटीवी कैमरे लगे होते हैं। मुंबई पुलिस हर साल इस जगह की सुरक्षा के लिए 1,500 पुलिसवालों को तैनात करती है। श्रद्धालुओं की लाइन को ठीक से आगे बढ़ाने से लेकर मशहूर हस्तियों का स्वागत करने तक तमाम जिम्मेदारियाँ 3,500 वालंटियरों को सौंपी जाती हैं।

आयोजन समिति और सभी एजेंसियों के बीच कई बार लंबी मीटिंग होती हैं। यहाँ आनेवालों के आने-जाने के रास्ते, ट्रैफिक मैनेजमेंट, वालंटियरों के लिए भोजन और टॉयलेट का इंतजाम, बिजली की सप्लाई, फायर सेफ्टी और बाकी तमाम चीजों के बारे में हर मुद्दे पर चर्चा करके योजना बनाई जीती है।

सुधीर साल्वी ने एक बार मुझे बताया था कि मोबाइल से पहले के दौर में तैयारियों पर चर्चा करने के लिए मीटिंग सुबह करीब 10 या 11 बजे बुलाई जाती थी, लेकिन 1990 के दशक के आखिर तक इसका वक्त बदलकर सुबह 4:30 कर दिया गया। "जब भी हम ठेकेदारों या बी.एम.सी. के अफसरों के साथ चर्चा करने बैठते, तो किसी-न-किसी का मोबाइल फोन बज उठता। बहुत से लोगों को जरूरी फोन उठाने पड़ते हैं। मोबाइल फोन हमारे लिए परेशानी बन गया था। इसलिए हमने फैसला किया कि मीटिंग सुबह 4:30 से 7:30 बजे के बीच बुलाई जाएँगी, क्योंकि तब कोई भी कॉल रिसीव नहीं करेगा", साल्वी ने कहा।[1]

तनाव ने शुरू की परंपरा

लालबागचा राजा की लोकप्रियता उत्सव के आखिरी दिन तब चरम पर पहुँचती है, जब 15 फीट ऊँची मूर्ति को गिरगाँव चौपाटी पर विसर्जन के लिए पंडाल से बाहर ले जाया जाता है। सात किलोमीटर लंबे इस जुलूस में लाखों श्रद्धालु शामिल होते हैं। पूरे रास्ते में इतनी भीड़ होती है कि इस विसर्जन यात्रा में करीब 20 घंटे लग जाते हैं। जुलूस साउथ और सेंट्रल मुंबई के सबसे भीड़भाड़ वाले इलाकों से होकर गुजरता है। इस रास्ते में सांप्रदायिक रूप से संवेदनशील कुछ हिस्से भी शामिल हैं। जब जुलूस भायखला, नागपाड़ा और दो टाकी जैसे मुसलिम आबादी के इलाकों से होकर गुजरता है तो वहाँ बड़ी संख्या में पुलिस तैनात रहती है।

1946 में त्योहार से पहले हुए सांप्रदायिक दंगों को ध्यान में रखते हुए बॉम्बे पुलिस ने जुलूस के रास्ते को बदलने का हुकुम दिया था। हालाँकि आयोजकों ने हर बारवाले रास्ते से ही जाने पर जोर दिया। आखिर आयोजकों की ही चली। साल्वी ने बताया, "जुलूस का पारंपरिक रास्ता पवित्र है, क्योंकि इससे लोगों की भावनाएँ जुड़ी हुई हैं।"[2]

इस जुलूस की परंपरा 1965 और 1971 में पाकिस्तान के साथ युद्ध और 1984 में भिवंडी में खौफनाक हिंदू-मुसलिम दंगे जैसे सबसे संवेदनशील वक्त में भी जारी रही। 1993 का साल शायद सबसे पेचीदा था। उस साल बंबई के सबसे खतरनाक सांप्रदायिक दंगों और देश को हिला देनेवाले बम धमाकों के बाद गणेशोत्सव मनाया गया था।

"हालात बहुत तनाव के थे। हम इसे लेकर परेशान थे कि जब जुलूस मुसलिम इलाकों से होकर गुजरेगा, तो क्या होगा? तभी एक सामाजिक कार्यकर्ता जामदार जरीवाला अपनी कौम के लोगों के साथ हमसे मिलने आए। उन्होंने कहा, 'जो कुछ हुआ, सो हुआ। हम लालबागचा राजा का इस्तकबाल करना चाहते हैं। जब जुलूस नागपाड़ा जंक्शन पहुँचेगा, तो हम आपके तमाम पदाधिकारियों को अपने मंच पर बुलाएँगे। हम आपको शाही शरबत पेश करेंगे। इस तरह बंबई से पूरी दुनिया को हिंदू-मुसलिम एकता का पैगाम जाएगा।' उस साल शुरू हुआ यह सिलसिला अब एक परंपरा बन गया है।" साल्वी ने याद

किया। उन्होंने आगे बताया, "उस इलाके में मुसलिम लोग लालबागचा राजा का स्वागत करते हैं और जुलूस में शामिल भक्तों को शाही शरबत पेश करते हैं। जामदार चाचा कुछ साल पहले गुजर गए, लेकिन उनके बेटे ने इस परंपरा को जारी रखा है। जुलूस मुसलिम इलाकों से बिना किसी परेशानी के गुजरता है।"[3]

लालबागचा राजा का जुलूस मुंबई के उन दो धार्मिक आयोजनों में से भी एक है, जिनमें सरकारी एजेंसियाँ भी अलग तरीके से हिस्सा लेती हैं। जब जुलूस भायखला में मुंबई फायर ब्रिगेड के हेड ऑफिस को पार करता है, तो दमकल की सभी गाड़ियाँ एक साथ सायरन बजाती हैं और मूर्ति को सलामी देने के लिए अपने बीकन चालू करती हैं। दूसरी परंपरा माहिम में 15वीं सदी के सूफी संत मखदूम अली माहिमी की दरगाह की है। हर साल दिसंबर में होनेवाले सालाना उर्स या मेले के दौरान मुंबई पुलिस के पुलिसकर्मी जुलूस में गाते और नाचते हुए जाते हैं और दरगाह पर सबसे पहले चादर चढ़ाते हैं। मखदूम अली बाबा 'पुलिस के सूफी' के तौर पर मशहूर हैं। माना जाता है कि पुलिसवाले उनकी दुआ से कई पेचीदा मामलों को सुलझाने में कामयाब रहे हैं।[4]

लालबागचा राजा का जुलूस जब तक गिरगाँव चौपाटी पहुँचता है, तब तक अगले दिन सुबह के 6 या 7 बज जाते हैं। विसर्जन के लिए मूर्ति को समुद्र में ले जाया जाता है, तो वहाँ मछुआरों की रंग-बिरंगी नावें मूर्ति को घेर लेती हैं और भगवान् को अंतिम अर्पण करती हैं। फिर मूर्ति को धीरे से अरब सागर के गहरे पानी में विसर्जित कर दिया जाता है।

मुसलिम आबादी चौपाटी के रास्ते में एक और जगह पर भी लालबागचा राजा का स्वागत करती है। जब जुलूस भायखला में हिंदुस्तानी मसजिद पहुँचता है तो राजा को माला पहनाई जाती है और मुसलिम बाशिंदे जुलूस में शामिल भक्तों को मिठाई बाँटते हैं।

कैश, चैरिटी और विवाद

लालबागचा राजा हर साल मिलनेवाले प्रसाद को देखते हुए मुंबई के सबसे अमीर गणेश भी हैं। जिन लोगों को लगता है कि उनकी मनोकामना पूरी हो गई है, वे पंडाल में रखी दान पेटी में गहने और बेशुमार कैश चढ़ाते हैं। त्योहार

के कुछ दिन बाद गहनों और बाकी चीजों की नीलामी की जाती है। आयोजन समिति ने इस नीलामी से 2008 में 11.5 करोड़ रुपए की रिकॉर्ड कमाई दर्ज की थी। 2018 में 6.5 करोड़ रुपए कैश चढ़ावा आया, जबकि सोने और चाँदी की नीलामी से 1.09 करोड़ रुपए और मिले। चढ़ावे की कुल रकम में साल-दर-साल उतार-चढ़ाव होता रहता है।

इस पैसे का इस्तेमाल चैरिटी और समाज के कामों के लिए किया जाता है, जैसे—डायलिसिस सेंटर चलाना, गंभीर बीमारियों के रोगियों को आर्थिक मदद, गरीब बच्चों के लिए कंप्यूटर ट्रेनिंग और योग सेंटर, पुस्तकालयों, स्टडी सेंटर आदि को दान दिया जाता है। पंडाल ने देश भर में कुदरत के कहर के पीड़ितों को राहत के लिए सरकार के राष्ट्रीय आपदा कोष में भी दिल खोलकर दान दिया है।

2008 में एक विवाद खड़ा हो गया, जब मीडिया ने वालंटियरों से झगड़े के बाद पंडाल के कवरेज का बहिष्कार किया। कुछ चैनलों ने भक्तों के साथ दुर्व्यवहार करनेवाले वालंटियरों के विजुअल्स दिखाए थे। मगर बाद में वह बहिष्कार धीरे-धीरे फीका पड़ गया, क्योंकि गलाकाट मुकाबले के दौर में लालबागचा राजा के कवरेज को मिलनेवाले दर्शकों की भारी संख्या मीडिया के लिए बेशकीमती होती है।

पुलिस और कुछ वालंटियरों के बीच भी तब झड़पें हुईं, जब पुलिस ने वालंटियरों के कुछ खास भक्तों को तरजीह देने पर ऐतराज किया। दूसरी ओर, वालंटियरों ने आरोप लगाया कि पुलिसवालों ने अपने दोस्तों और रिश्तेदारों को लाइन में लगने में मदद करने के लिए अपने अधिकार का गलत इस्तेमाल किया। इस तरह के टकराव अब हर साल होने लगे हैं। इसे मानते हुए सुधीर साल्वी ने कहा, "इतने बड़े पैमाने पर आयोजन में कुछ छोटी-मोटी समस्याएँ होनी लाजिमी है, लेकिन उन्हें फौरन हल कर लिया जाता है।"[5]

गोविंदा का नया अवतार

गणेशोत्सव मुंबई का सबसे भव्य त्योहार बन चुका है। उसके बाद जन्माष्टमी दूसरे नंबर पर आती है। जन्माष्टमी भगवान् कृष्ण के जन्म का उत्सव है। दुनिया भर के हिंदू उपवास करके और मंदिरों में जाकर ये उत्सव मनाते हैं,

लेकिन मुंबई की अपनी अलग परंपरा है। यहाँ 'दही हांडी' के नाम से जाना जानेवाला यह त्योहार संस्कृति और रोमांच का मेल है। 21वीं सदी की शुरुआत होते-होते 'दही हांडी' बहुत मशहूर त्योहार हो चुका था।

'दही हांडी' को भगवान् कृष्ण के मिट्टी की मटकी से मक्खन चुराने के रूप में मनाया जाता है। कई पौराणिक ग्रंथों की कथाओं के मुताबिक, गोकुल गाँव में कृष्ण और उनके साथी अपनी पहुँच से ज्यादा ऊँचाई पर लटकी मटकी से मक्खन चुराने के लिए एक-दूसरे के कंधों पर चढ़कर वहाँ तक पहुँचते थे। गोविंदा पथक या गोविंदा ब्रिगेड के सदस्य उनकी उसी शरारत को दोहराते हुए सड़कों पर हल्दी के पानी और दही से भरी 20 से 30 फीट ऊँचाई पर लटकाई गई इन हांडियों को फोड़ने के लिए पूरी मुंबई में घूमते रहते हैं। पथक सदस्य इन हांडियों तक पहुँचकर फोड़ने के लिए एक मानव पिरामिड बनाते हैं। कामयाब पथकों को कैश इनाम दिए जाते हैं। वे मानव पिरामिड बनाने की प्रैक्टिस करने में कई हफ्ते लगाते हैं। फिल्म 'ब्लफ मास्टर' (1963) के लिए मोहम्मद रफी का गाया गया 'गोविंदा आला रे आला' (गोविंदा आ गया है) इस उत्सव की एंथेम बन गया है।

2001 में ठाणे जिले के एन.सी.पी. विधायक जितेंद्र आव्हाड ने इस उत्सव को एक अनोखा रंग दिया। उन्होंने मटकी को 50 फीट की नामुमकिन ऊँचाई पर लटका दिया और उस तक पहुँचने की कोशिश में सबसे ऊँचा मानव पिरामिड बनानेवाले पथक को 1.11 करोड़ रुपए की इनामी रकम देने का ऐलान किया। आसमान में लटकी इस मटकी के नीचे गली के एक कोने पर रैंप वॉक के लिए एक स्टेज बनाया गया था। एक डीजे को डांस के लिए म्यूजिक बजाने का काम सौंपा गया। एक टैंकर के जरिए लोगों पर पानी बरसाकर रेन डांस का माहौल बनाया गया। स्टेज पर हिंदी और मराठी फिल्म इंडस्ट्री की कई हस्तियों को भी बुलाया गया था। इस खास उत्सव की चमक साल-दर-साल बढ़ती रही। इसमें नई खूबियाँ जोड़ी जाती रहीं। स्पेन से कास्टेलर्स की एक टीम को बुलाया गया, जो मानव पिरामिड बनाने का इसी तरह का करतब करती है।

त्योहार को 'आधुनिक रूप' देने का आव्हाड का विचार सबको बहुत भाया। दूसरों ने भी इसे अपनाया। हालाँकि इससे इत्तेफाक न रखनेवाले कुछ

लोगों ने संस्कृति को कमजोर करने का आरोप भी लगाया। अलग-अलग पार्टियों से जुड़े सचिन अहीर, संजय निरुपम, प्रताप सरनाईक और राजन विचारे जैसे नेताओं ने इसी तरह से 'दही हांडी उत्सव' का आयोजन शुरू किया। इन नेताओं के लिए यह त्योहार सुर्खियों में छाने और अपने समर्थन के आधार को मजबूत करने का एक जरिया बन गया।

इसका एक और उदाहरण राम कदम का है, जो एक रियल एस्टेट डेवलपर हैं। वे 2009 तक कोई जाना-पहचाना चेहरा नहीं थे। उस साल जन्माष्टमी से कुछ दिन पहले उनकी तसवीर शहर भर के बैनरों और पोस्टरों पर नजर आई थी। इन बैनरों और पोस्टरों में सबसे ऊँचा मानव पिरामिड बनानेवाले गोविंदा पथक के लिए भारी कैश इनाम का ऐलान किया गया था। कदम को तब सियासी हलकों में कोई नहीं जानता था। जल्द ही पूरी मुंबई में उनके नाम की चर्चा होने लगी। उन्हें अगले विधानसभा चुनाव में राज ठाकरे की पार्टी मनसे से टिकट मिल गया। अब सियासी हलकों में यह कहा जाता है कि दही हांडी ने इस रियल एस्टेट डेवलपर के लिए राजनीति में लॉन्च पैड का काम किया। 2009 में वे मनसे के विधायक चुने गए, लेकिन 2014 में बीजेपी में चले गए। बीजेपी ने उन्हें पार्टी का प्रवक्ता बना दिया।

वक्त के साथ नेताओं ने मोटी रकम देकर त्योहार में जो ग्लैमर जोड़ा था, वह अब फीका पड़ने लगा है। जनहित याचिकाओं पर कारवाई करनेवाली अदालतें आयोजकों पर भारी पड़ गईं। उन्होंने सुरक्षा के लिए कई कदम उठाने का आदेश दिया और 14 साल से कम उम्र के बच्चों को इस खेल में भाग लेने से रोक दिया। अदालत ने त्योहार के दौरान साउंड लेवल के बारे में भी नियम बनाए हैं। इन पाबंदियों के बाद कई राजनीतिक आयोजकों ने समारोह को बंद कर दिया है।

त्योहार मुंबई को रफ्तार देते हैं। वक्त बीतने पर उनका बाहरी रूप बदल सकता है, लेकिन वे हमेशा शहर की संस्कृति का एक अहम हिस्सा बने रहेंगे। अदालती दखल, सरकारी कायदों, एक्टिविस्टों के विरोध और समारोहों की बढ़ती लागत के बावजूद मुंबई हमेशा त्योहारों का शहर बनी रहेगी।

□

17

डांस बार :
कानून के साथ लुका-छिपी का खेल

शाम ढलते ही जिगोलो अपनी पहचान लाल रूमाल के साथ गेटवे ऑफ इंडिया के आसपास रात बिताने के लिए अमीर महिला ग्राहकों की तलाश शुरू कर देते थे। कोलाबा में स्ट्रिपटीज अड्डों पर दुनिया भर के नाविक मनोरंजन के लिए आते थे। नागपाड़ा के मुजरा कोठों पर सुबह तक नाच-गाना चलता था। बड़े घरों के लोग दक्षिण बंबई और पश्चिमी उपनगरों में फैले नाइट क्लबों में जाते थे। ग्रांट रोड के जुए के अड्डों में बेशुमार दौलत दाँव पर लगाई जाती थी।

1970 के दशक के आखिरी बरसों तक यह थी बंबई की नाइटलाइफ। बाद में एक नई तरह की मौज-मस्ती 'डांस बार' के तौर पर सामने आई और देखते-ही-देखते छा गई। ये डांस बार बंबई के लिए वैसे ही थे, जैसे—लास वेगास के लिए जुए के क्लब, काठमांडू के लिए कसीनो, एम्स्टर्डम के लिए 'विंडो शॉपिंग' और बैंकॉक के लिए मसाज पार्लर।

बंबई के 1993 के दंगों के बाद जिन धंधों पर सबसे बुरा असर हुआ, उनमें से एक डांस बार का धंधा भी था। शहर में तनाव के कारण इन नाइट स्पॉट्स को कई हफ्तों के लिए बंद कर दिया गया था। इससे वहाँ काम करनेवाले लोग भुखमरी के कगार पर पहुँच गए थे। इस धंधे का सांप्रदायिक संघर्ष से कोई लेना-देना नहीं था। खास बात यह थी कि इनके कर्मचारी और आका दोनों समुदायों के थे। लेकिन शहर को बाँटकर रख देनेवाले सांप्रदायिक तनाव का इस धंधे पर बहुत असर हुआ।

जब मैं पहली बार डांस बार गया

1999 में मुझे 'आज तक' में एक नौसिखिया रिपोर्टर के रूप में क्राइम बीट सौंपी गई थी। तब मेरे ब्यूरो चीफ मिलिंद खांडेकर ने मुझे मुंबई के क्राइम सीन को बेहतर ढंग से समझने के लिए शहर की नाइटलाइफ के बारे में जानने की सलाह दी थी। उनकी सलाह को गंभीरता से लेते हुए मैंने नजदीक से यह देखने का फैसला किया कि रात की बाँहों में मुंबई में कहाँ-कहाँ पर क्या-क्या होता है? सीखने का यह सिलसिला सेंट्रल मुंबई में परेल के 'तितली' डांस बार से शुरू हुआ।

जब मैं पहली दफा एक बार में जा रहा था, तो शर्म से लाल हुआ जा रहा था। मैं यह सोचकर काँप सा रहा था कि इस 'गलत' जगह पर किसी ने मुझे देख लिया, तो क्या होगा? मुझे वहाँ 'पकड़े' जाने का डर था। शुक्र है, मेरी अंतरात्मा ने मेरी इस झिझक को दूर कर दिया। मैंने सोचा कि मैं यहाँ मौज-मस्ती के लिए नहीं, बल्कि रिसर्च के लिए आया हूँ।

जैसे ही दरबान ने मुझे अंदर जाने देने के लिए दरवाजा खोला, कानफोड़ू म्यूजिक मेरे कानों में पड़ा। 1980 की हिंदी फिल्म 'लूटमार' का एक गाना 'जब छाए मेरा जादू कोई बच न पाए' फुल वॉल्यूम में बज रहा था। हॉल रंग-बिरंगी डिस्को लाइट से झिलमिला रहा था। स्टेज पर कुछ लड़कियाँ डांस कर रही थीं। वे चमकदार घाघरा-चोली, साड़ी और सलवार-कमीज पहने हुए थीं, उनके बाल खुले हुए थे और उन्होंने खूब मेकअप कर रखा था। डांस फ्लोर के चारों ओर दर्जनों आयताकार टेबल्स पर अधेड़ उम्र के लोग ड्रिंक्स लिये बैठे थे। कई कस्टमर फॉर्मल कपड़ों में थे। जाहिर है कि वे प्राइवेट फर्मों में काम करते थे और ऑफिस से सीधे बार में आए थे। कोने की एक टेबल पर बैठकर मैंने बीयर का ऑर्डर दिया, जो वहाँ तीन गुना महँगी थी। यह तो मुझे बहुत बाद में पता चला कि किसी डांस बार का स्टैंडर्ड उसमें मिलनेवाली बीयर की कीमत से तय होता है—बीयर जितनी महँगी होगी, कस्टमर उतने ही रईस होंगे। यहाँ बीयर के साथ मूँगफली के दानों, सलाद और वेफर्स का चखना मुफ्त मिलता है।

बार में बैठे लोग दो उँगलियों के बीच नोटों को लहराकर नाचनेवाली लड़कियों को बुला रहे थे। लड़कियाँ उनके पास आकर वे नोट लेने के बाद और

ज्यादा जोश से नाचने लगतीं। वे उन लोगों की ओर मादक निगाहों से देखकर उन्हें और रुपए लुटाने को मजबूर करतीं। कुछ लोग जोश में अपनी सीटों से उठकर अपनी पसंद की डांसर पर पैसे बरसा रहे थे। उस दिन एक डांसर को उसके खास चाहनेवाले ने करंसी नोटों की माला पहनाई और कैशियर से उसके लिए बर्थडे का गाना बजाने को कहा। बाद में मुझे पता चला कि एक बार डांसर साल में कई बार 'बर्थडे' मनाती है। कोने में बैठा कैशियर ग्राहकों की माँग पर उन्हें नोटों की गड्डी देता है। दक्षिण मुंबई के कालबादेवी में कुछ मारवाड़ी भारतीय रिजर्व बैंक से नए नोटों की अलग-अलग कीमत की गड्डी लाने और उन्हें कमीशन पर अपने ग्राहकों को बेचने का धंधा करते थे। डांस बार भी उनके कस्टमर थे।

मैंने कुछ लड़कियों से उनकी जिंदगी और पेशे को समझने के लिए बात करने के बारे में सोचा। लेकिन डांस के दौरान उनसे बात करना मुमकिन नहीं था। उन दिनों डांस बार मालिकों को मीडियावालों से नफरत थी। उन्हें बार में आने तक नहीं दिया जाता था। उन्हें शक था कि मीडियावाले बार के अंदर की शूटिंग करके अपने न्यूज चैनल पर नेगेटिव रिपोर्ट चला सकते हैं। हालाँकि बाद के बरसों में यह रवैया बदल गया। तब अगर बारवालों को पता चल जाता कि मैं एक टीवी रिपोर्टर हूँ, तो मुझे यकीन था कि वे मुझे निकाल देते। मैंने अपनी जेब से दस रुपए का नोट निकाला और अपना विजिटिंग कार्ड नोट की तह में छिपा दिया। इसे दो उँगलियों के बीच पकड़कर मैंने एक ऐसी डांसर की आँखों में देखा, जिस पर अभी तक दूसरों ने जरा भी ध्यान नहीं दिया था। नजरें मिलते ही वह तपाक से मेरी टेबल पर आई। मैंने उससे उसका नाम पूछा। "वेरोनिका," वह मुसकराते हुए फुसफुसाई। मैंने उसकी मुट्ठी में धीरे से नोट रखा और फुसफुसाकर कहा, "मैं एक रिपोर्टर हूँ। मुझे तुमसे बात करनी है। मेरा विजिटिंग कार्ड इस नोट के भीतर है। प्लीज, जब फ्री हो तो मुझे कॉल करना।" मुझे यकीन नहीं था कि तेज म्यूजिक के कारण वह मेरी बात ठीक से सुन पाई या नहीं, लेकिन वह मुसकराई। डांस फ्लोर पर लौटकर वह मुझे देखती रही। तब बार मैनेजर ने मुझे शक की निगाह से देखा।

जैसे ही मैं वहाँ से निकलने वाला था, भारी गोल्ड नेकलेस पहने एक

मोटा आदमी पास की टेबल पर बैठे एक शख्स के पास गया और उसे जोर से थप्पड़ जड़ दिया। उस शख्स को उसका कॉलर पकड़कर खींचते हुए वह चिल्लाया, "जास्मीन कू देखने का नई!" म्यूजिक और डिस्को लाइट बंद हो गए। डांस करती लड़कियाँ सहमकर तेजी से स्टेज से गायब हो गईं। उस शख्स ने मोटे आदमी की पकड़ से अपना कॉलर छुड़ाया और उसे यह कहते हुए दूर धकेल दिया, "तेरी बीवी है क्या वो?" इससे पहले कि बात बढ़ती, बार मैनेजर उर्फ अन्ना ने बीच में दखल दिया। उसने उस आदमी को एक तरफ ले जाकर समझाया, "तेरे कू मालूम नई क्या? गुरु का आदमी है वो। उसके साथ लफड़ा करने का नई।" उस इलाके में छोटा राजन के गिरोह के एक भगोड़े गुरु साटम की दहशत थी। यह सुनते ही वह आदमी चुप हो और समझदारी दिखाते हुए वहाँ से चला गया। कस्टमरों के बीच नशे में होनेवाली इस तरह की मचमच को सुलटाने में अन्ना माहिर था।

मुझे 'तितली बार' में गए हुए 10 दिन बीत चुके थे। मैं वेरोनिका का फोन आने की उम्मीद खोने लगा था। एक दिन मेरे न्यूज चैनल पर पुलिस एनकाउंटर की एक रिपोर्ट आने के बाद अचानक मेरा फोन बजा। "सर, मैंने अब्बी आपको टीवी पर देखा। मैं आपका कार्ड रखकर भूल गई थी, लेकिन आपको टीवी पर देखने के बाद मैंने कार्ड को तलाशा। मेरा गुड लक था कि वो मिल गया।" यह वेरोनिका बोल रही थी।

उसके उस पहले फोन कॉल के बाद हमने कई बार बात की और उसने अपनी कहानी मेरे साथ साझा की। उसका असली नाम शिप्रा था। वह उत्तर प्रदेश के मेरठ की रहनेवाली थी। टीबी से उसके पिता की मौत हो गई थी। अपने परिवार में केवल वही कमानेवाली थी। वह अपनी माँ और दो छोटे भाइयों का खर्चा उठाती थी। हालाँकि शिप्रा ने छठी क्लास तक पढ़ने के बाद स्कूल छोड़ दिया था, लेकिन वह चाहती थी कि उसके भाई अपनी पढ़ाई पूरी करें। उत्तर प्रदेश, हरियाणा, पश्चिम बंगाल, महाराष्ट्र, मध्य प्रदेश और कर्नाटक से शिप्रा जैसी हजारों लड़कियाँ गरीबी की मार से परेशान होकर बेहतर जिंदगी की उम्मीद में इस पेशे में आने को मजबूर होती थीं। उनमें से कुछ नेपाल और बांग्लादेश की भी थीं। शिप्रा बार में हमेशा डांस करती नहीं रह सकती थी। वह जानती थी कि

उसकी जवानी ही उसकी दौलत है, जो वक्त के साथ ढलती जाएगी। ये महिलाएँ ज्यादा-से-ज्यादा करीब 40 साल की उम्र तक ही डांस कर सकती हैं। उसके बाद उनमें से कुछ को वेटर्स का काम करना पड़ता है या रोजी-रोटी के लिए कोई और काम तलाशना होता है।

शिप्रा मीरा रोड में तीन और लड़कियों के साथ वन रूम किचन के फ्लैट में रहती थी। कई और बार डांसरों ने भी उसी बिल्डिंग में किराए पर फ्लैट लिये थे। रोज शाम को पहले से तय टैक्सीवाले उन्हें लेने आते और सुबह को वापस छोड़ जाते। शिप्रा की कुछ सहेलियों की शादी हो चुकी थी और वे अपने पतियों की सहमति से डांस बार में काम करती थीं।

डांस बार भारत में तवायफों का ही नया कल्चर है। पहले कोठों पर तवायफें इंडियन क्लासिकल म्यूजिक पर मुजरा करती थीं। साउथ बंबई में बच्चूभाई वाडी ऐसे कोठों के लिए खासतौर पर मशहूर थी। मुगल काल से ही कुछ परिवार पीढ़ी-दर-पीढ़ी इस पेशे का हिस्सा थे। कोठे और तवायफें लंबे अरसे से बॉलीवुड की फिल्मों में दिखाई जाती रही हैं। देवदास (1955 और 2002), प्यासा (1957), गजल (1964), शराफत (1970), पाकीजा (1972), मुकद्दर का सिकंदर (1978) और उमराव जान (1981) जैसी कई फिल्मों की कहानी का वे अहम हिस्सा थे।

1960 के दशक के आखिर और 1970 के दशक की शुरुआत में कई बार मालिकों ने कस्टमर बढ़ाने के लिए नई पेशकश कीं। कुछ ने लाइव म्यूजिक शुरू किया, जबकि कुछ ने स्टैंडअप कॉमेडियन का परफॉर्मेंस भी शुरू किया। कुछ ने एक कदम आगे बढ़कर और अपने ग्राहकों का मनोरंजन करने के लिए महिला डांसरों का इंतजाम किया। धंधे को चमकाने के लिए उठाए गए इस कदम ने डांस बार को एक अलग इंडस्ट्री में ही तब्दील कर दिया।

इन बारों का इतिहास 1972 में शुरू होता है। तब एक बूढ़े सिंधी ने साउथ बॉम्बे के नरीमन प्वाइंट में 'सोनिया महल' नाम से एक डांस बार शुरू किया था।[1] उस बार में न केवल बंबई के रईस लोग आते थे, बल्कि गैंगस्टर भी पहुँचते थे। पठान गैंग के एक गुर्गे को यहाँ की एक डांसर से प्यार हो गया और उसने उससे शादी की पेशकश की। डांसर ने इनकार किया तो उसने उसका

कत्ल कर दिया। उस बार में दाऊद गिरोह और पठान गिरोह के लोगों के बीच झगड़े भी देखे गए। यह बार अकसर गलत वजहों से चर्चा में रहता था। 1970 के दशक के आखिर में इसे बंद कर दिया गया।

लेकिन तब तक बंबई में डांस बार का चलन बढ़ चुका था। बंबई की रेस्त्राँ इंडस्ट्री को चलानेवाले कोस्टल कर्नाटक के लोगों को डांस बार का आइडिया पैसे बरसाने वाला लगा। वे यहाँ उडुपी रेस्त्राँ चलाते थे। इन रेस्त्राँ में इडली, डोसा, उत्तपम और दक्षिण भारत के बहुत से व्यंजन परोसे जाते थे। जल्द ही उनमें से कई ने अपने रेस्त्राँ को डांस बार में बदल दिया। अमीर पंजाबियों और पारसियों ने भी इस इंडस्ट्री में खूब पैसा लगाया।

ऐसा ही एक नाम है मनजीत सिंह सेठी का। वे इस इंडस्ट्री के शुरुआती दिनों में ही इसमें आ गए थे। सेठी 1959 में अमृतसर से बंबई आए थे। तब वे सिर्फ 12 साल के थे। गुजारा करने के लिए उनके पिता एक बिल्डर के फील्ड सुपरवाइजर बन गए। सेठी बड़े हुए तो बंबई के कल्चर में हो रहे बदलाव को समझने लगे। जब वे करीब 30 साल के थे, तब तक उन्होंने डांस बार की बढ़ती कामयाबी पर ध्यान दिया। उन्होंने पैसा जुटाकर 1980 के दशक की शुरुआत में खार उपनगर में 'नीलम' नाम से एक बार शुरू किया। शुरुआत में उन्होंने बहुत मशक्कत की, क्योंकि पुलिस और बी.एम.सी. के अफसरों ने कई बार उनके धंधे में रोड़े अटकाए। लेकिन उन्होंने जल्द ही गंदे पानी में तैरना सीख लिया। उन्होंने 1988 में दादर में 'करिश्मा' नामक एक और बार शुरू किया। उसमें उन्होंने 35 डांसर, 10 स्टीवर्ड और 12 वेटर रखे।

अपने खरे बोल और अच्छी लीडरशिप से सेठी जल्द ही बंबई की डांस बार इंडस्ट्री में सबसे मशहूर लोगों में शामिल हो गए। उनका मानना है कि इस बिरादरी से जुड़े सभी लोगों को सम्मान के साथ कारोबार करना चाहिए, न कि अपराधियों की तरह बरताव करना चाहिए। जब मैंने सेठी से पूछा कि वे इन बारों से जुड़े कलंक के बारे में क्या सोचते हैं, तो उन्होंने कहा, "मुझे इस पेशे में कभी दिक्कत महसूस नहीं हुई। मेरे दोनों बेटे मेरे साथ काम करते हैं। आप इससे अंदाजा लगा सकते हैं कि मैं इस इंडस्ट्री के बारे में क्या सोचता हूँ! कोई भी बाप अपने बेटों को किसी खराब पेशे में नहीं लाएगा।"[2] सेठी ने डांस बार मालिकों

की यूनियन 'फाइट फॉर राइट्स ऑफ बार ओनर्स एसोसिएशन' बनाई। वे उन डांस बार मालिकों के लिए एक मसीहा बन गए, जिन्हें सरकारी अफसर अकसर परेशान करते थे। सेठी की यूनियन ने इस डराने-धमकाने के खिलाफ बार-बार प्रदर्शन और 'बंद' किए।

मुंबई में 1985 में 24 डांस बार थे। इनकी संख्या 1990 के दशक के अंत तक बढ़कर 600 हो गई। यह कल्चर नवी मुंबई, ठाणे और मीरा रोड जैसे पड़ोसी शहरों तक भी फैल गया। 2004 तक पूरे महाराष्ट्र में 1,250 डांस बार हो गए थे। इनमें 75,000 से ज्यादा बार गर्ल्स और 50,000 वेटर, स्टीवर्ड, कुक और सिक्योरिटी गार्ड काम कर रहे थे। इन बारों में लोकल लोग तो आते ही थे, देश भर से भी लोग आते थे। उनमें से कई लोग तो शाम को मुंबई आते, रात भर डांस बार में पैसे उड़ाते और अगली सुबह लौट जाते। उनमें से कुछ ने तो डांस बार में पैसे लगाना भी शुरू कर दिया।

ब्लैक और वाइट मनी

कुछ डांस बारों में कस्टमर बेतहाशा रुपए लुटाते थे। ग्रांट रोड पर पुखराज बार की डांसर 'बहुत खूबसूरत' और नामी अदाकाराओं की हमशक्ल लड़कियाँ होती थीं। उस बार में बेसिक से लेकर वी.आई.पी. और वी.वी.आई.पी. तक अलग-अलग सेक्शन थे। जवान और बहुत 'खूबसूरत' डांसर वी.आई.पी. और वी.वी.आई.पी. सेक्शन में नजर आती थीं। वहाँ शराब की कीमत ज्यादा होती थी और कस्टमर गिने-चुने होते थे। एक रात स्टांप पेपर घोटाले का मास्टरमाइंड अब्दुल करीम तेलगी पुखराज बार के वी.आई.पी. सेक्शन में आया। उसने जमकर शराब पी और जल्द ही वह एक डांसर पर फिदा हो गया। फिर क्या था! तेलगी ने उस पर 90 लाख रुपए के नोट बरसा दिए।

डांस बार के मालिक बहुत कमाई करते थे। इस कमाई का बड़ा हिस्सा उन भ्रष्ट सरकारी अफसरों तक भी पहुँचता, जो इन बारों को पैसा बनाने का बिजनेस मानते थे। एक डांस बार के मालिक को अपना धंधा चलाने के लिए कई मुट्ठियाँ गरम करनी पड़ती थीं। पुलिस से लेकर स्थानीय नेता और बी.एम.सी. अफसर तक सभी हर महीने उनसे तय हफ्ता वसूल करते थे। कानूनन बारों को

रात 12:30 बजे तक ही चलने की मंजूरी थी, लेकिन ज्यादातर बार रिश्वत की बदौलत सुबह 4 बजे तक चलते थे।

एक डांस बार को पुलिस, आबकारी, बी.एम.सी. और फायर ब्रिगेड जैसे विभागों से करीब 18 तरह के लाइसेंस और परमिट भी लेने पड़ते थे। बार मालिक को इन लाइसेंसों के लिए तय रकम से बहुत ज्यादा खर्च करना पड़ता था। डांस बार सरकार और भ्रष्ट अफसरों, दोनों के लिए कमाई का एक जरिया थे।

गैंगस्टरों ने भी पैसे के इस बहते फव्वारे पर नजरें गड़ा दीं और कमाई में से अपना हिस्सा माँगना शुरू कर दिया। इनकार करनेवालों को गोली मार दी गई और रास्ते से हटा दिया गया। 1990 के दशक में गवली और नाईक गिरोहों ने करीब 10 बार मालिकों की हत्या कर दी थी। सेठी छोटा शकील के शूटरों के दो हमलों में बच चुके हैं। अब सुरक्षा के लिए उनके पास दो लाइसेंसी रिवॉल्वर हैं। 1990 के दशक के दौरान गैंगस्टर अकसर डांस बारों में जाते थे और अपनी काली कमाई डांसरों पर खर्च करते थे। उनकी यह हरकत पुलिस के लिए काम की साबित होती थी। चुनिंदा डांसरों को पुलिस ने मुखबिर बना लिया। जब कोई वांटेड क्रिमिनल बार में आता, तो वे डांसर पुलिस को बता देतीं। अमर नाईक को पुलिस ने 1996 में तब मार गिराया था, जब एक बार डांसर ने उसके ठिकाने का खुलासा किया था।

कुछ डांस बारों में नेता और भ्रष्ट पुलिसवाले स्लीपिंग पार्टनर बन जाते थे। वे अपनी अवैध कमाई को यहाँ लगाकर अपनी ब्लैक मनी को वाइट बना लेते थे। नेताओं और पुलिसवालों के साथ पार्टनरशिप बार मालिकों के लिए मुफीद थी। इससे सरकारी विभागों से उनके टंटे दूर हो जाते थे।

लाइसेंस, रिश्वत और हफ्ते के लिए यह सारा पैसा डांसरों से ही आता था। हर रात उनकी कमाई का करीब 40 फीसदी हिस्सा बार मालिक ले लेते थे। इस कमाई के सामने खाने और शराब की बिक्री से होनेवाली आमदनी बहुत मामूली होती थी।

सबसे खूबसूरत बार डांसर

उसे एक बार एक टैब्लॉयड ने 'सबसे खूबसूरत' बार डांसर करार दिया

था। फिर तो सभी ऐसा ही मानने लगे। तरन्नुम खान की कहानी हमें बताती है कि कैसे डांस बार किसी को रंक से राजा बना सकते हैं और फटाफट मिली तमाम दौलत और शोहरत कैसे पलक झपकते ही गायब भी हो सकती है!

तरन्नुम खान की पैदाइश और परवरिश मुंबई में हुई। उसके पिता पश्चिमी उपनगर अँधेरी में एक छोटी सी दुकान चलाते थे। 1992 के सांप्रदायिक दंगों के समय तरन्नुम कंप्यूटर एजुकेशन में डिप्लोमा कर रही थी। दंगाइयों ने तरन्नुम के घर पर हमला किया। उसके परिवार को वहाँ से भागना पड़ा। उन्होंने कुछ दिन के लिए एक रिलीफ कैंप में पनाह ली। वहाँ उसके पिता को दिल का दौरा पड़ा। उसके बाद वे रोजी-रोटी कमाने लायक नहीं रहे। तरन्नुम के परिवार के लिए गुजारा करना मुश्किल हो गया। उसने 18 साल की उम्र में पढ़ाई छोड़ दी। घर चलाने के लिए अपने परिवार की मर्जी के खिलाफ उसने एक डांस बार में काम शुरू कर दिया। उसे दुबई में फाइव स्टार होटलों में होनेवाले डांस शो के लिए कुछ असाइनमेंट मिले। कुछ दिन एक छोटे बार में काम करने के बाद उसे विले पार्ले के दीपा बार में काम मिल गया। यह मुंबई के पश्चिमी उपनगरों में सबसे मशहूर डांस बार था। जल्द ही तरन्नुम की किस्मत चमक गई। उसने वर्सोवा में एक डुप्लेक्स बँगला 'तनिष्क' खरीदा। सेडान कार भी ले ली।

तरन्नुम खान को 2005 में एक और झटका लगा, जब उसके बँगले पर इनकम टैक्स की रेड हुई। उसका घर एक आलीशान इलाके में था। वहाँ एंटरटेनमेंट इंडस्ट्री की कई बड़ी हस्तियाँ रहती थीं। छापे के दौरान अफसरों ने 22 लाख रुपए कैश, 9 लाख रुपए के गहने और उसकी कुछ प्रॉपर्टी के दस्तावेज बरामद किए।

हर रात बार में डांस करके उसने जो प्रॉपर्टी जमा की थी, उसे देखकर आई.टी. के अफसर हक्के-बक्के रह गए। जाँच में पता चला कि वह 'डिगजैम' नाम के एक सट्टेबाज के जरिए क्रिकेट मैचों में सट्टा लगाती थी। उन अफसरों ने यह जानकारी मुंबई पुलिस को दे दी। पुलिस ने मामला दर्ज करके जाँच शुरू कर दी।

कहानी में एक मोड़ तब आया, जब इस मामले में श्रीलंका के क्रिकेटर मुथैया मुरलीधरन का नाम सामने आया। मीडिया में खबरें आईं कि मुरलीधरन

एक्टर आदित्य पंचोली के साथ दीपा बार में तरन्नुम से मिले थे। तो अब कहानी में एक बुकी, एक क्रिकेटर, एक एक्टर और एक बार गर्ल थी! यह मीडिया के लिए एकदम मुफीद कॉकटेल था। पुलिस ने आदित्य पंचोली से पूछताछ की। उन्होंने मुरलीधरन के साथ दीपा बार में जाने की बात तो मानी, लेकिन तरन्नुम से कोई पहचान होने से इनकार कर दिया।[3]

सभी न्यूज चैनलों ने सच जानने के लिए तरन्नुम का इंटरव्यू करने की कोशिश की, लेकिन वह किसी के हाथ नहीं आई। एक पुलिस अफसर दोस्त की काफी कोशिश और मदद से मैं उससे मिलने में कामयाब रहा। बुर्का पहनकर उसने अपने बँगले में मुझसे बात की।

"मैंने दाऊद और छोटा राजन जैसे अंडरवर्ल्ड डॉन के बारे में टीवी पर आपकी रिपोर्ट देखी है। आप मुझ जैसी गरीब लड़की के पीछे क्यों पड़े हो, जो एक बार में डांस करके अपने परिवार का पेट भरती है ? क्या यह करके मैं उनके जैसी क्रिमिनल बन गई ?" उसने मुझसे पूछा। उसकी आँखों में आँसू भरे थे।[4] मैंने उसे भरोसा दिलाया कि मुझे एक इंटरव्यू देने से मीडिया में उसके बारे में चल रही तमाम अटकलें बंद हो जाएँगी।

"हाँ, मैंने सट्टा लगाया था। लेकिन मुझे पता नहीं था कि यह गैर-कानूनी है। यह तो मेरा खाली वक्त का एक शौक था। मुंबई में बहुत सारे लोग ऐसा करते हैं। मैं कोई पेशेवर जुआरी नहीं हूँ। मैं किसी क्रिकेटर को नहीं जानती। बार में बहुत आते हैं। उन सबको तो मैं नहीं जानती।" तरन्नुम ने कहा।[5] उसने मुझे बताया कि उसके चार्टर्ड अकाउंटेंट ने उसे आई.टी. रिटर्न दाखिल करने के बारे में ठीक सलाह नहीं दी और इस वजह से वह आई.टी. के निशाने पर आ गई।

आखिरकार एक हफ्ते की गहरी जाँच के बाद तरन्नुम खान को सट्टेबाजी के आरोप में गिरफ्तार कर लिया गया। उसे भायखला जेल में लगभग दो महीने बिताने पड़े। दीपा बार बंद हो गया। उसकी तमाम बचत और गहने आई.टी. विभाग ने जब्त कर लिये। इस तरह बुलंदी पर पहुँचने के बाद वह फिर गुमनामी में डूब गई।

बैंकॉक बनती मुंबई!

1990 के दशक के आखिर तक कुछ ऐसे डांस बार थे, जो डांस और शराब से भी आगे थे। उन्होंने जिस्मफरोशी को बढ़ावा दिया। ऐसे बार को 'पिकअप प्वाइंट' के रूप में जाना जाता था। ये बार थाईलैंड के 'गो-गो बारों' की तर्ज पर धंधा करते थे। कोई कस्टमर बार मालिक को एक तय रकम का भुगतान करने के बाद किसी डांसर के साथ रंगरेलियाँ मना सकता था। कुछ बारों में इसके लिए छोटे केबिन होते थे। डांस बारों का विरोध करनेवालों को डर था कि यह चलन मुंबई को बैंकॉक, पटाया और फुकेट की तरह सेक्स टूरिज्म की जगह बना देगा।

कोलाबा में 'ब्लू नाइल' बार दूसरी बारों से अलग था। साउथ मुंबई में कैबरे-स्ट्रिपटीज अड्डे जैसा केवल यही एक ठिकाना था। स्टेट इंटेलिजेंस डिपार्टमेंट (एस.आई.डी.) के एक अफसर मेरे दोस्त थे। उन्होंने 2001 में मुझे इस बार के बारे में बताया और मेरे साथ वहाँ गए। अंदर मद्धिम रोशनी थी। एक छोटे से डांस फ्लोर के पास सेमी सर्किल में करीब 50 लोगों के बैठने का इंतजाम था। जब हम पहुँचे, तो रात के करीब 11 बज रहे थे और शो शुरू होनेवाला था। डांस देखने आए ज्यादातर अधेड़ थे। उनमें कुछ विदेशी भी थे। उनके क्रू-कट बाल देखकर लग रहा था कि वे नाविक थे। हम सबसे पिछली सीट पर बैठ गए।

शो की शुरुआत मादक वेस्टर्न म्यूजिक से हुई। एक के बाद एक करीब पाँच-छह लड़कियाँ डांस फ्लोर पर आईं। उन्होंने डांस करते हुए धीरे-धीरे अपने कपड़े उतार दिए। नशे में धुत दर्शकों की सीटियों और शोरगुल में म्यूजिक डूब गया। डांस के बाद वे डांसर हर दर्शक के पास गईं और उनसे हाथ मिलाया। उनमें से कुछ को बख्शीश मिली। शो दो डांसरों की सेक्सुअल हरकत के साथ पूरा हुआ।

अगर मुंबई पैसे कमाने के मौके देती है तो नैतिकता और कानूनी पहलू को अनदेखा करके खर्च करने के तरीके भी पेश करती है। हालाँकि यह देखना बहुत अजीब था कि जब भारत का सबसे आधुनिक शहर 21वीं सदी में कदम रख रहा था, तो नैतिक पुलिसिंग की वकालत करनेवाली आवाजें इस तरह के शो के खिलाफ तेज हो गईं।

मोरल पुलिसिंग बनाम कमाने-नाचने का हक

2003 और 2004 के दौरान शरद पवार की एन.सी.पी. की इमेज खराब हो गई थी। तब वो महाराष्ट्र में कांग्रेस के साथ सत्ता में थी। सत्ता साझा करने के समझौते के मुताबिक गृह मंत्रालय एन.सी.पी. को मिला और छगन भुजबल गृहमंत्री बने। भुजबल का कार्यकाल कई विवादों से भरा रहा। इनमें सबसे बड़ा था करोड़ों रुपए का 'तेलगी घोटाला'। इस घोटाले में एक पूर्व पुलिस कमिश्नर सहित कई पुलिस अफसरों को गिरफ्तार किया गया था। कयास लगाए जा रहे थे कि छगन भुजबल और उनके भतीजे समीर भुजबल इसमें फँसनेवाले हैं।

पार्टी की इमेज को और नुकसान होने से रोकने के लिए पवार ने भुजबल को पद से हटा दिया और उनकी जगह आर.आर. पाटिल को दे दी। भुजबल के मुकाबले पाटिल की इमेज साफ-सुथरी थी। लेकिन जनता तक यह बात पहुँचाने के लिए कुछ और भी करना था कि एन.सी.पी. जनता की भलाई के लिए काम करनेवाली पार्टी है। डांस बारों की बढ़ती बदनामी ने एन.सी.पी. को एक सही मुद्दा दे दिया और आर.आर. पाटिल ने उनके खिलाफ मुहिम शुरू कर दी।

अगस्त 2005 में सरकार ने इस आधार पर डांस बारों पर पाबंदी लगाने का ऐलान किया कि वे अश्लीलता, अपराध और लत को बढ़ावा दे रहे हैं। कई मीडिया रिपोर्ट्स में बताया गया कि कैसे कुछ शादीशुदा मर्द बार गर्ल्स के 'जाल' में फँसकर अपनी पत्नियों को छोड़ देते हैं और कैसे कुछ लोग डांसरों पर लुटाने के लिए अपने परिवार की जमीन और जेवरात तक बेच देते हैं। ऐसे लोग अब अपनी सारी दौलत गँवाकर कंगाली में जी रहे हैं। एक नौजवान ने अपनी माँ की हत्या इसलिए कर दी, क्योंकि उन्होंने उसे डांस बार जाने के लिए पैसे देने से मना कर दिया था। कुछ ने बार गर्ल्स पर खर्च करने के लिए पैसे उधार लिये, फिर उधार नहीं चुका सके, तो उन्होंने खुदकुशी कर ली। बार डांसरों को 'पैसे झटकने वाली डायन' तक कहा जाने लगा था। कुछ ने यह रोना रोया कि डांस बार की लत एक महामारी की तरह फैल रही है।

मुंबई में एच.आई.वी. के बढ़ते मामलों के लिए इन डांस बारों को भी जिम्मेदार ठहराया गया था। इनकी वजह से शराब पीकर गाड़ी चलाने और सड़क हादसे बढ़ने का भी आरोप लगाया गया था। औरतों के हक के लिए

आवाज उठानेवाला एक ग्रुप भी डांस बारों के खिलाफ आवाज उठाने लगा। उसने यह कहकर इन पर पाबंदी लगाने की माँग की कि इन्होंने जवान डांसरों को 'माल' बना दिया था, यहाँ उनका शोषण किया जाता था। यह आरोप भी लगाया गया कि देर रात डांस बार से शराब के नशे में निकलने वाले लोग सरेआम हंगामा करते हैं और शहर में लॉ ऐंड ऑर्डर को खतरे में डालते हैं।

बॉम्बे पुलिस ऐक्ट में संशोधन करके डांस बारों पर पाबंदी की पेशकश की गई। डांस बार चलाने को तीन साल की कैद और दो लाख रुपए तक के जुरमाने के साथ सजा दिए जा सकनेवाला जुर्म बनाया गया। विधानमंडल में जब इन संशोधनों पर चर्चा हुई, तो सभी पार्टियों ने एकराय से पाबंदी का समर्थन किया। आखिर जनता को डांस बारों के खिलाफ देखकर कोई भी बिल का विरोध करके अपने वोटों से हाथ धोना नहीं चाहता था। पाबंदी मंजूर करानेवाले आर.आर. पाटिल ने एक फरमान जारी किया, जिस डी.सी.पी. के इलाके में कोई डांस बार पाया गया, उसका फौरन तबादला कर दिया जाएगा।

पाबंदी ने संविधान से मिले रोजी-रोटी के हक और डांस बार की कल्चर के बीच बहस शुरू कर दी। यह सारा मामला मोरल पुलिसिंग की कोशिश जैसा नजर आ रहा था। भेदभाव का भी आरोप लगाया गया, क्योंकि थ्री और फाइव स्टार होटलों में डांस परफॉर्मेंस को नए कायदों के दायरे से बाहर रखा गया था। कई डांसरों और बार मालिकों ने टीवी डिबेट में शामिल होकर पाबंदी का पुरजोर विरोध किया। आजाद मैदान में प्रदर्शन भी हुए। डांस बार इंडस्ट्री से जुड़े तमाम ग्रुप्स ने पाबंदी के खिलाफ बॉम्बे हाई कोर्ट का दरवाजा खटखटाया।

अप्रैल 2006 में कोर्ट ने यह कहकर पाबंदी हटा दी कि लड़कियों को कमाने और डांस करने का हक संविधान ने दिया है। हालाँकि महाराष्ट्र सरकार ने इस आदेश को सुप्रीम कोर्ट में चुनौती दी। सुप्रीम कोर्ट ने 2013 को आदेश देते हुए बॉम्बे हाई कोर्ट के फैसले को बरकरार रखा। उसने माना कि पाबंदी भेदभाव वाली हैं, क्योंकि कुछ बड़ी जगहों पर डांस को मंजूरी दी गई है। हालाँकि देवेंद्र फड़णवीस की अगुवाई वाली नई बीजेपी सरकार आसानी से हार मानने को तैयार नहीं थी। उसने 2016 में महाराष्ट्र के होटल, रेस्त्राँ और बार रूम में अश्लील डांस पाबंदी कानून निषेध और महिलाओं की इज्जत की हिफाजत का कानून बनाया।

उसने डांस बार चलाना नामुमकिन बना दिया। इन कानूनों ने बार में शराब परोसने और डांस करने की जगहों को अलग-अलग करना, बार रूम में सीसीटीवी कैमरे लगाना जरूरी कर दिया। तमाम पाबंदियों के साथ रात 11:30 बजे बार बंद करने का भी फरमान था। डांस बार स्कूल-कॉलेजों और धार्मिक स्थलों से एक किलोमीटर दूर होना चाहिए। केवल 'अच्छे कैरेक्टर' वाले को ही बार चलाने का लाइसेंस मिल सकता है। इन कानूनों को फिर सुप्रीम कोर्ट में चुनौती दी गई। सुप्रीम कोर्ट ने जनवरी 2019 में कानूनों की ज्यादातर पाबंदियों को हटा दिया। हालाँकि अदालत ने शाम 6:30 बजे से रात 11:30 बजे तक ही बार खोलने का कायदा बरकरार रखा। डांसरों को टिप देने की इजाजत दी गई, लेकिन उन पर नोट बरसाने की मंजूरी नहीं थी।

लुका-छिपी का सिलसिला जारी

इस कानूनी जीत के बावजूद कई बार मालिक लगातार कानूनी लड़ाइयों से थक चुके थे। अदालती आदेशों को दरकिनार करने के लिए सरकार हमेशा कोई-न-कोई नियम-कायदा ले आती थी। तमाम लाइसेंस फीस कई बार बढ़ाई गईं। डांस बार चलाना अब मुनाफे का धंधा नहीं रह गया था। डांस बार मालिकों में सबसे तेवरवाले मनजीत सिंह सेठी ने अपना 'करिश्मा बार' बंद कर दिया और उसे एक फैमिली रेस्त्राँ में बदल दिया। कई और लोगों ने भी यह धंधा छोड़ दिया या अपने बार को रेस्त्राँ में बदल दिया। एक नामी बार के मालिक ने रियल एस्टेट का बिजनेस शुरू किया। जिस दीपा बार में तरन्नुम खान डांस करती थी, उसके मालिक सुधाकर शेट्टी ने एक मराठी न्यूज चैनल शुरू कर दिया।[6] पूरी मुंबई में पनपे डांस बार अब तेजी से गायब होने लगे।

कुछ बार डांसर अपने पुराने कस्टमरों से जुड़ी रहीं। उन कस्टमरों ने उनके लिए घर और पैसों का इंतजाम किया। उनमें से कुछ को दुबई, बैंकॉक और फुकेट जैसी जगहों पर नाइट क्लबों में काम मिल गया। कई डांसर अपने कस्टमरों के लिए उनकी जगह पर जाकर डांस करने लगीं। लेकिन सबका नसीब इतना अच्छा नहीं था। कई बार डांसरों को पेट भरने के लिए जिस्मफरोशी का सहारा लेना पड़ा।

'बार में डांस करके हर रात 30,000 से 40,000 रुपए कमानेवाली लड़की अब सिर्फ 2,000 रुपए में किसी के साथ सोने को तैयार थी। डांस बार पर पाबंदी के बाद जिस्मफरोशी बढ़ गई, इसलिए भी इन लड़कियों को इतने कम पैसे मिलने लगे।' बार डांसरों के बीच अच्छे नेटवर्कवाले एक पुलिस मुखबिर ने मुझे बताया।[7] बड़ी संख्या में बार गर्ल्स को कंगाली में रहना पड़ रहा है। डांस बार पर पाबंदी लगाने का कानून बनने के एक महीने के भीतर दो बार डांसरों बिलकिस साहू और मीना राममूर्ति ने खुदकुशी कर ली थी। दोनों के छोटे बच्चे थे। बाद में ऐसे कई दर्दनाक वाकये हुए।

कुछ डांसरों ने क्राइम की राह पकड़ ली, क्योंकि वे डांस बार के सुनहरे दिनों में ऐशो-आराम से रहने की आदी हो गई थीं। मुझे 2009 में ऐसे ही एक मामले को कवर करना याद है। एक डांसर ने अपने अमीर कस्टमर का कत्ल कर दिया और उसके शरीर को मुंबई-पुणे एक्सप्रेस हाईवे पर खंडाला में ठिकाने लगा दिया। उसका क्रेडिट कार्ड लेकर महज कुछ घंटों में उसने एक लाख रुपए से ज्यादा की खरीदारी कर डाली।

हालाँकि 1980 और 1990 के दशक के डांस बार गायब हो चुके हैं, लेकिन वे छोटे पैमाने पर फिर से उभर आए हैं। बार मालिक अब इन्हें 'ऑर्केस्ट्रा बार' या 'सर्विस बार' के नाम से चलाते हैं और लड़कियों को बतौर वेटर्स या सिंगर रखते हैं। वे कस्टमरों के सामने उनसे छिपे तौर पर डांस कराते हैं। पुलिस का छापा पड़ने पर लड़कियों को छुपाने के लिए कुछ बारों ने अपनी दीवारों में छिपे चैंबर या खोखली जगह बना दी हैं। हालाँकि पुलिस को अकसर अपने मुखबिरों से इसका पता चल जाता है, तब पुलिस बार पर छापा मारती है। 2018 से 2022 तक अलग-अलग बारों में छापे मारकर पुलिस ने ऐसे चार छिपे चैंबरों का पता लगाया। कानून के साथ डांस बारों की लुका-छिपी का सिलसिला जारी है।

□

18

फाइनेंशियल मार्केट के हीरो और विलेन

"आपको इस टैम परेशान करने के वास्ते सॉरी बोलता है अपुन, पण इस टैम की अक्खी मुंबई क्या, अक्खी इंडिया की सबसे बड़ी बातमी बोले तो सबसे बड़ी ब्रेकिंग न्यूज है मेरे पास! हर्षद मेहता ऑफ हो गया! उसका बॉडी ठाणे सिविल हॉस्पिटल में है। लऊकर पहुँचो उदर। अब्बी तक इसके बारे में किसी को कुच बी मालूम नहीं।"

यह 31 दिसंबर, 2001 को तड़के करीब 3 बजे की बात है, जब ठाणे जेल के एक सोर्स के इस फोन कॉल ने मेरी नींद खोल दी।

"शिट! क्या तुम शेयर स्कैमवाले हर्षद मेहता के बारे में बात कर रहे हो?" मैं हाँफते हुए बोला।

"हाँ...हाँ...वोईच...शेयर बाजारवाला। बोले तो लोचा करके रोकड़ा बनानेवाला। तुम मीडियावाले उसे 'बिग बुल' कहते थे ना! वह अब्बी ऑफ हुआ। खबर पक्की है। मँगता है, तो सिविल हॉस्पिटल से नक्की कर लो।"

हर्षद मेहता को उसके खिलाफ दर्ज एक मामले में जुडिशियल कस्टडी में भेजे जाने के बाद ठाणे जेल में रखा गया था। मेरे मन में एक के बाद एक कई विचार आए—क्या उसका मर्डर कर दिया गया? एक खयाल यह आया कि वाइट कॉलर क्राइम के आरोपियों को हफ्ता वसूली के लिए जेल में तंग किया जाता है। क्या ऐसा कुछ हुआ उसके साथ? या क्या उसे साजिशन मार डाला गया, ताकि उसके केस में शामिल बड़ी मछलियों को बचाया जा सके?

मैंने सिविल हॉस्पिटल में फोन किया, लेकिन फोन बिजी था। अब इस खबर की सच्चाई जानने का केवल एक तरीका था कि मैं खुद जाकर हर्षद

मेहता की बॉडी को देखूँ! मैंने अपने कैमरामैन को वहाँ जाने के लिए फोन करके बुलाया और अपनी मोटरसाइकिल पर सिविल हॉस्पिटल पहुँचा।

मैंने देखा कि मेहता की बॉडी को पोस्टमॉर्टम के लिए मुंबई ले जाने को मुर्दा ले जानेवाली गाड़ी में रखा गया था। वहाँ मैं अकेला टीवी पत्रकार था। मेडिकल स्टाफ ने मुझे बताया कि पहली नजर में ऐसा लगता है कि हर्षद की मौत कार्डियक अरेस्ट से हुई।

मैंने हर्षद को कई बार कोर्ट में सुनवाई के दौरान देखा था। एक बार उसे तब देखा था, जब सी.बी.आई. ने उसे हिरासत में लिया था। मैंने मालाबार हिल में सी.बी.आई. ऑफिस से स्पेशल कोर्ट तक उसका पीछा किया था। वह हमेशा शांत दिखता था। लगता था कि उसने खुद को नसीब के हवाले कर दिया था। बेशक जेल में वह कमजोर हो गया था, लेकिन मरने के बाद भी उसके चेहरे पर वही शांति झलक रही थी।

मैंने उन विजुअल्स के साथ अपने न्यूज चैनल पर सुबह 5 बजे के बुलेटिन में भारत के सबसे बड़े फाइनेंशियल घोटालेबाज की मौत की खबर दी। एक क्राइम जर्नलिस्ट के रूप में उन दिनों अंडरवर्ल्ड के मर्डर और पुलिस एनकाउंटरों की न्यूज देना मेरा रोजमर्रा का काम था। लेकिन हर्षद मेहता का मामला इनसे हटकर था। उसने खून की एक भी बूँद बहाए बिना बहुत बड़ा जुर्म किया था। हर्षद मेहता की नाटकीय जिंदगी की कहानी को समझने के लिए हमें जरा 1991 में लौटने की जरूरत है। तब भारत एक बहुत बड़ी मुश्किल से होकर गुजरा था।

1991 : भुगतान संकट, उदारीकरण और बंबई

भारत के लिए 20वीं सदी के आखिरी दशक की शुरुआत राजनीतिक और आर्थिक अस्थिरता के साथ हुई थी। यह दशक शुरू हुआ था पी.एम. चंद्रशेखर की सरकार के गिरने और मई 1991 में श्रीलंकाई तमिल गुरिल्लों के हाथों पूर्व पी.एम. राजीव गांधी की हत्या से। इसके बाद हमदर्दी की लहर से केंद्र की सत्ता में कांग्रेस की वापसी हुई थी। दो साल के अंतराल के बाद बनी कांग्रेस की सरकार और प्रधानमंत्री पी.वी. नरसिम्हा राव को देश के सामने मँडराते आर्थिक

संकट का सामना करना पड़ा। देश के पास केवल दो हफ्ते के लिए कच्चे तेल के इंपोर्ट का भुगतान करने के लायक पैसा बचा था। चंद्रशेखर की अगुवाईवाली पिछली सरकार ने कर्ज चुकाने के लिए 47 टन सोना बैंक ऑफ इंग्लैंड के पास 1,100 करोड़ रुपए में गिरवी रख दिया था। खाड़ी की जंग ने हालात और खराब कर दिए। भारत की विकास दर 1.06 प्रतिशत रह गई भी।[1]

देश-विदेश की एजेंसियों ने इकोनॉमी के खेती के ज्यादा आसरे रहने और लाइसेंस परमिट के सिस्टम को हालात इतने खराब होने की सबसे बड़ी वजह बताई। कारखाने लगाने, चलाने और फिर तैयार माल को बेचने का पूरा काम बहुत मुश्किल था। कारोबारों पर सरकार का कड़ा शिकंजा आर्थिक तरक्की में बाधा बन रहा था। अंतरराष्ट्रीय मुद्रा कोष (आई.एम.एफ.) और विश्व बैंक ने पूरे सिस्टम में बदलाव की सिफारिश की।[2] इसके अलावा, सोवियत संघ के टूटने के बाद दुनिया भर में निजीकरण के लिए आवाज उठ रही थी।

नरसिम्हा राव ने महसूस किया कि देश को दिवालियापन से बचाने के लिए सरकार की आर्थिक नीतियों को सिरे से बदलना जरूरी है। उन्हें एक इकोनॉमिस्ट की जरूरत थी, नेता की नहीं। पार्टी के एक सीनियर साथी ने उन्हें डॉ. मनमोहन सिंह का नाम सुझाया। सिंह भारतीय रिजर्व बैंक (आर.बी.आई.) के पूर्व गवर्नर और सरकार के आर्थिक सलाहकार थे। राव ने उन्हें अपने मंत्रिमंडल में वित्तमंत्री बना लिया।

जब सिंह ने 24 जुलाई, 1991 को संसद् में अपना पहला बजट पेश किया, तो वह भारत के लिए एक ऐतिहासिक दिन साबित हुआ। इससे भारतीय इकोनॉमी का चेहरा हमेशा के लिए बदलने वाला था। लाइसेंस परमिट राज को खत्म कर दिया गया और भारत ने विदेशी निवेश के लिए अपने दरवाजे खोल दिए। नई नीति में निजीकरण को बढ़ावा, घाटे में चल रही सरकारी कंपनियों को बेचना, इंपोर्ट ड्यूटी कम करना और करों में कमी शामिल थी। अपने बजट भाषण में सिंह ने लेखक विक्टर ह्यूगो के हवाले से कहा, "दुनिया की कोई भी ताकत उस आइडिया को नहीं रोक सकती, जिसका वक्त आ गया हो।"[3] सिंह जिस विचार का जिक्र कर रहे थे, वह 'उदारीकरण' के तौर पर सामने आया।

हालाँकि सरकार के शुरू किए गए आर्थिक सुधारों को लेफ्ट पार्टियों

और किसानों और मजदूरों के तमाम संगठनों के कड़े विरोध का सामना करना पड़ा। इसी दौरान बीजेपी का 'राम मंदिर आंदोलन' तेज होता जा रहा था। पी.एम. राव सहित कांग्रेस के एक छोटे ग्रुप ने महसूस किया कि यह आंदोलन सरकार के लिए फायदेमंद हो सकता है, क्योंकि यह आर्थिक मुद्दों से जनता का ध्यान हटाएगा। केंद्र सरकार उन दिनों इसी मोरचे पर जूझ रही थी। राव के लिए बीजेपी का आंदोलन उदारीकरण के लिए राह खोलनेवाला बन गया।[4] उदारीकरण का असर देश में सबसे पहले बंबई पर हुआ। यह असर यहाँ कई तरीकों से नजर आया। इसने लोगों का लाइफस्टाइल बदल दिया। 1994 में दो अहम प्राइवेट बैंक एच.डी.एफ.सी. और आई.सी.आई.सी.आई. शुरू हुए। उनके कॉरपोरेट ऑफिस बंबई में थे। कस्टमरों के लिए अब बैंकिंग सेवाएँ ज्यादा आसान हो गईं। देश भर में हजारों एटीएम लगने से अपने बैंकों के साथ कस्टमरों का रिश्ता हमेशा के लिए बदल गया। प्राइवेट बैंकों ने मुकाबले के कारण कम ब्याज दरों पर होम लोन और पर्सनल लोन देने की पेशकश की। इससे सरकारी बैंकों को भी यही रुख अपनाना पड़ा। ये सब काफी हद तक विदेशी निवेश की वजह से मुमकिन हुआ। सीधे विदेशी निवेश (एफ.डी.आई.) के रूप में और विदेशी संस्थागत निवेशकों (एफ.आई.आई.) के जरिए बैंकों में विदेशी रकम आई। सरकारी बैंक 20 फीसदी तक विदेशी निवेश पा सकते थे, जबकि प्राइवेट बैंकों के लिए विदेशी निवेश की लिमिट इससे काफी ज्यादा 74 फीसदी थी।[5]

उदारीकरण का असर लोगों के खान-पान पर भी हुआ। बंबई में पारसी-ईरानी रेस्त्राँ, उडुपी रेस्त्राँ और महाराष्ट्रीयन ईटरीज पहले से थीं। यहाँ 1996 तक मैकडॉनल्ड्स, डोमिनोज पिज्जा और पिज्जा हट जैसी अमेरिकी फूड चेन भी आ गईं। मैकडॉनल्ड्स का बंबई में खुलने वाला पहला आउटलेट विक्टोरिया टर्मिनस (अब सी.एस.टी.) रेलवे स्टेशन के बाहर था। इस तरह के आउटलेट्स आने से मुंबई के मध्य वर्ग में 'बाहर खाने' की कल्चर पैदा की। वीकेंड में इन जगहों पर परिवार उमड़ने लगे।

1990 के दशक में भारतीय बाजार में मोबाइल फोन आए। इससे दूरसंचार क्रांति शुरू हुई। पहले लोगों को लैंडलाइन कनेक्शन पाने के लिए बरसों तक

इंतजार करना पड़ता था और इसके लिए नेताओं से पहचान निकालनी पड़ती थी। वे अब किसी भी नजदीकी बाजार में जाकर सिम कार्ड खरीद सकते थे। मैक्सटच और बी.पी.एल. मोबाइल ने बंबई में सबसे पहले मोबाइल सर्विस शुरू की। तब एरिक्सन और सीमेंस के हैंडसेट थे। मोबाइल फोन आने से पहले शहर के हर नुक्कड़ पर पब्लिक कॉल ऑफिस (पी.सी.ओ.) थे, जहाँ लोगों को बाहर कॉल करने के लिए लाइन में लगे देखा जा सकता था। लेकिन 21वीं सदी की शुरुआत होते-होते ऐसे पी.सी.ओ. गायब हो गए।

सरकारी एयरलाइन एयर इंडिया की मोनोपली ईस्ट-वेस्ट एयरलाइंस (1992) और दमानिया एयरवेज (1993) जैसी प्राइवेट एयरलाइंस के आगाज से खत्म हो गई। इन दोनों का हेड ऑफिस मुंबई में था। उनके बाद जेट एयरवेज, एयर सहारा, किंगफिशर एयरलाइंस, एयर डेक्कन, स्पाइसजेट, इंडिगो, गो एयर और बाकी एयरलाइंस आईं। इन प्राइवेट एयरलाइंस ने मुसाफिरों को बेहतर विकल्प के साथ-साथ किफायती किरायों की भी पेशकश की।

उदारीकरण से पहले मुंबई की सड़कों पर ज्यादातर कारों के तीन ब्रांड—एंबेसडर, फिएट और मारुति नजर आते थे। लेकिन जैसे ही बाजार खुला, करीब 40 ब्रांडों की कारें आ गईं। उनमें जापान की टोयोटा और होंडा, जर्मनी की बी.एम.डब्ल्यू. और मर्सिडीज-बेंज, दक्षिण कोरिया की हुंडई और अमेरिका की फोर्ड शामिल थीं।

उदारीकरण ने भारत के नेशनल ब्रॉडकास्टर दूरदर्शन की मोनोपली को भी तोड़ दिया। ऐसा स्टार टीवी, जी-टीवी, सोनी और तमाम सैटेलाइट टीवी चैनलों के आने से हुआ। इनमें से ज्यादातर चैनल बंबई से चलते हैं। 2022 तक 1,000 टीवी चैनल आ चुके थे।

हर्षद मेहता घोटाला और उसका असर

1992 के अयोध्या मामले ने उन आर्थिक सुधारों को धीमा कर दिया, जो एक साल पहले बहुत जोर-शोर से शुरू किए गए थे। भारत में, खासकर बंबई में उथल-पुथल को देखते हुए कई मल्टी नेशनल कंपनियाँ देश में पैसा लगाने में हिचकिचा रही थीं।[6] 1992 में एक घोटाले ने फाइनेंशियल मार्केट को हिलाकर

रख दिया। इससे हालात और भी खराब हो गए। घोटाले का चेहरा 38 साल का हर्षद मेहता था। हर्षद राजकोट में पैदा हुआ था। कॉमर्स में ग्रैजुएट होकर वह बंबई आया था। पढ़ाई पूरी करने के बाद उसने एक बीमा कंपनी के सेल्समैन से लेकर शेयर-ब्रोकिंग फर्म के जॉबर तक कई छोटे-मोटे काम किए। जल्द ही उसने स्टॉक ट्रेडिंग और बॉम्बे स्टॉक एक्सचेंज (बी.एस.ई.) का कामकाज सीख लिया। जब वह इस काम में माहिर हो गया, तो उसकी नजर ट्रेडिंग और बैंकिंग सिस्टम की खामियों पर गई। 1980 के दशक के मध्य में उसने अपनी एसेट मैनेजमेंट कंपनी खोली।

जब हर्षद ने एक शेयर ब्रोकर के रूप में अपना कॅरियर शुरू किया, तो केवल मुट्ठी भर रईसों का सेंसेक्स पर असर था। हालाँकि लोगों ने देखा कि हर्षद के खरीदे गए किसी भी शेयर की कीमतें तेजी से बढ़ने लगती हैं और वह उनसे भारी मुनाफा कमाता है। जल्द ही उसे 'दलाल स्ट्रीट का बिग बुल' कहा जाने लगा। दलाल स्ट्रीट साउथ मुंबई की एक गली है। उसी में बी.एस़.ई. है। निवेशकों ने हर्षद के शेयर खरीदने के पैटर्न को अपनाना शुरू कर दिया। लोग उसके खरीदे शेयरों में अंधाधुंध पैसा लगाने लगे। हर्षद ने अपनी इंपोर्टेड लक्जरी एस.यू.वी. के साथ पोज देते हुए वर्ली सी फेस में अपने आलीशान घर की तसवीरें साझा करके और खूब विज्ञापन देकर इमेज चमकाने की कोशिश की।[7] उस जमाने में उसे शेयर बाजार का 'अमिताभ बच्चन' कहा जाता था। हर्षद से अखबारों में लेख लिखवाए जाने लगे और उसे शेयर बाजार में निवेश पर बातचीत के लिए बुलाया जाने लगा।

23 अप्रैल, 1992 को 'टाइम्स ऑफ इंडिया' में एक खबर छपने तक हर्षद मेहता की जिंदगी और फाइनेंशियल मार्केट में सबकुछ ठीक-ठाक लग रहा था। इस खबर से यह बात सामने आई कि स्टेट बैंक ऑफ इंडिया (एस.बी.आई.) ने एक दलाल (हर्षद मेहता) से कुछ खामियों से लिये गए 500 करोड़ रुपए से भी ज़्यादा की रकम चुकाने के लिए कहा था। इस खबर ने भानुमती का पिटारा खोल दिया। बहुत से लोगों को अब जाकर यह अहसास हुआ कि उन्होंने हर्षद को शेयरों में बेशुमार पैसा लगाते और मालामाल होते हुए देखा था, लेकिन उन्होंने ये कभी नहीं सोचा था कि पहली बार बाजार में लगाने के लिए उसे इतना

पैसा कैसे मिल रहा था? और उसके खरीदे गए हर शेयर की कीमत आखिर कैसे बढ़ती जा रही है?

संसद् में भारी हंगामे के बाद पी.एम. मनमोहन सिंह ने मेहता के लेनदेन की आर.बी.आई. से जाँच कराने का ऐलान किया। हालाँकि मामले में क्राइम का पहलू देखते हुए सी.बी.आई. को भी शामिल किया गया। कुछ दिनों के भीतर आर.बी.आई. की जाँच समिति, सी.बी.आई. और खोजी पत्रकारों की रिपोर्ट ने एक ऐसे शख्स की घिनौनी कहानी का खुलासा किया, जो बैंकिंग और इक्विटी बाजार के सिस्टम में हेर-फेर करके भारत का सबसे अमीर आदमी बननेवाला था।

घोटाले के कई पहलू थे, जिनकी बदौलत एक दशक के भीतर हर्षद मेहता कामयाबी के आसमान पर पहुँच गया था। शेयर ब्रोकर के रूप में अपने शुरुआती दिनों में उसने इनसाइडर ट्रेडिंग में शामिल होने की तरकीब आजमाई थी। इनसाइडर ट्रेडिंग किसी कंपनी के अधिकारियों को रिश्वत देकर किसी खास कारोबार के बारे में सीक्रेट जानकारी हासिल करके शेयर खरीदना या बेचना होती है। मेहता के खरीदे गए शेयरों की कीमतों में बढ़ोतरी के पीछे यही 'राज' था। इसका एक उदाहरण एसीसी सीमेंट था। मेहता ने जब इस कंपनी के शेयर खरीदे, तब उनकी कीमत 200 रुपए थी। यह देखते-ही-देखते 9,000 रुपए तक पहुँच गई।[8]

हालाँकि घोटाले का एक और गंभीर पहलू बैंकिंग सिस्टम में हेर-फेर का था। तब मौजूदा सिस्टम के मुताबिक अगर किसी छोटे बैंक को रकम की जरूरत होती, तो वह किसी बड़े बैंक से करीब 15 दिन के लिए शॉर्ट टर्म लोन ले लेता। इसके बदले में वह सिक्योरिटीज दे देता। लोन चुकाने के बाद वह सिक्योरिटीज उसे वापस कर दी जातीं। उधार देनेवाला बैंक उधार दी गई रकम पर ब्याज हासिल करके मुनाफा कमा लेता। इसे 'रेडी फॉरवर्ड (आर.एफ.) सिस्टम' कहा जाता था। यह सारा लेन-देन दलालों या बिचौलियों के जरिए किया जाता था। असल में लोन लेनेवाला बैंक असली सिक्योरिटीज के कागजात जमा नहीं करता था। वह कागज का एक छोटा टुकड़ा बतौर बैंक रसीद (बी. आर.) यह भरोसा दिलाने के लिए जरूर सौंप देता था कि जरूरत पड़ने पर वह काम आ जाएगा। इस तमाम लेन-देन में वक्त लगता था, क्योंकि इसके लिए

जरूरी नई टेक्नोलॉजी तब तक भारत में नहीं आई थी। इस प्रोसेस को तेज करने के लिए लोन देनेवाला बैंक लोन लेनेवाले बैंक का पैसा दलाल को दे देता था। बाद में दलाल ही वक्त पूरा होने पर लोन देनेवाले बैंक को ब्याज सहित रकम लौटा देता था।[9]

हर्षद मेहता ने कुछ भ्रष्ट और लापरवाह बैंक अफसरों की मदद से इसी सिस्टम का फायदा उठाया। वह कुछ बैंकों से बिना किसी बैंक की सिक्योरिटीज दिए कैश ले लेता और उस रकम को शेयरों में लगा देता। मुनाफा वसूली करने के बाद वह तय वक्त पर ब्याज सहित रकम लौटा देता था। बैंक खुश थे, क्योंकि उन्हें हर्षद के साथ किए गए आर.एफ. लेन-देन से रिटर्न मिल रहा था। इस तमाम गोरखधंधे के लिए हर्षद ने बैंक ऑफ कराड और मेट्रोपॉलिटन कोऑपरेटिव बैंक जैसे छोटे बैंकों को बी.आर. देने के लिए पटा लिया था। उनकी बी.आर. के आधार पर हर्षद ने बड़े बैंकों से कैश हासिल किया और वह तमाम रकम शेयर बाजार में लगा दी।[10]

हर्षद इतनी बड़ी रकम का इंतजाम करने के बाद शेयरों की नकली माँग पैदा करके शेयर बाजार को कंट्रोल करने में कामयाब हो गया।[11] जब वह कोई खास शेयर खरीदता, तो बाकी निवेशक भी वैसा ही करते। इससे उस शेयर की कीमत बेतहाशा बढ़ जाती। उसके बाद हर्षद मुनाफावसूली करके उन शेयरों को बेच देता। उसके लिए काम करनेवाले भ्रष्ट बैंक अफसरों का एक नेटवर्क था। वह पत्रकारों से भी अच्छे रिश्ते रखता था। 1990 के दशक में बिजनेस को कवर करनेवाले पत्रकार अजीत जोशी ने मुझे एक किस्सा सुनाया था। कुछ बिजनेस पत्रकार शेयर बाजार में पैसा लगाते थे। एक बार हर्षद से मुलाकात के दौरान उनमें से कुछ पत्रकारों ने उससे सलाह माँगी कि कौन सा शेयर खरीदना चाहिए? हर्षद ने उन पत्रकारों को अपने एक आदमी से मिलने को कहा। उस शख्स ने उन्हें एक खास कंपनी का शेयर खरीदने की सलाह दी। अगली सुबह जब पत्रकार ट्रेडिंग करनेवाले थे, तो 14 रुपए प्रति शेयर के भाव पर अपर सर्किट लग गया। यानी बाजार में उस शेयर के केवल खरीदार थे, बेचनेवाला कोई नहीं था। उस शेयर में रोज अपर सर्किट लगता रहा। पत्रकार एक हफ्ते बाद जब उस शेयर को खरीद सके, तब तक उसकी कीमत 169 रुपए तक पहुँच गई

थी। लेकिन तीन दिन बाद घोटाले का पर्दाफाश हो गया। इससे सेंसेक्स गिर गया और पत्रकारों ने अपना पैसा गँवा दिया।[12]

कैपिटल मार्केट में हर्षद मेहता के दिनों को याद करते हुए जोशी ने मुझे बताया कि कई नई कंपनियाँ अपने शेयरों के भाव बढ़ाने के लिए उसके पास जाती थीं। वह बहुत कम वक्त में एक शेयर की कीमत 10 रुपए से बढ़ाकर 1,000 रुपए करवा देता था। "हर्षद मेहता ने इस धंधे में कई फर्जी कंपनियों की मदद की। ऐसी कंपनियों का वजूद एक मेज और एक कुरसी के अलावा और कुछ नहीं होता था। हर्षद मेहता को देखकर कई लोग करोड़पति बन गए। शेयर बाजार इतना तेज हो गया कि दलाल स्ट्रीट पर मूँगफली बेचनेवाले, बूट-पॉलिशवाले और फेरीवाले भी शेयरों में पैसे लगाने के बारे में सोचने लगे", जोशी ने बताया।[13]

30 मई, 1992 को आर.बी.आई. की बनाई गई जानकीरमन समिति की रिपोर्ट छपी। इस रिपोर्ट के आधार पर सी.बी.आई. ने एस.बी.आई. अफसरों के खिलाफ मामला दर्ज किया। चार दिन बाद हर्षद मेहता, उसके भाई अश्विन और एस.बी.आई. के डिप्टी मैनेजिंग डायरेक्टर सी.एल. खेमानी को गिरफ्तार कर लिया गया। जैसे-जैसे जाँच आगे बढ़ी, कुछ और लोगों की भी गिरफ्तारी हुई।

तीन महीने जेल में बिताने के बाद हर्षद को जमानत मिल गई। वह जेल से बाहर आया, तो कुछ निवेशकों ने उसका हीरो जैसा स्वागत किया। इस घोटाले का पर्दाफाश करनेवाली पत्रकार सुचेता दलाल के मुताबिक, हर्षद एक अनोखा किरदार था। जेल जाने के बावजूद वह चुलबुला बना रहा। अपने खिलाफ लिखनेवाले पत्रकारों से उसे कोई शिकायत नहीं थी। सुचेता कहती हैं कि हर्षद सहज था, अच्छी तरह बात करता था और कभी किसी उलझन में नहीं दिखता था।[14] अपनी रिहाई के कुछ महीनों बाद हर्षद ने एक बार फिर सभी को चौंका दिया। इस बार उसने अपने कारोबार या कमाई से नहीं, बल्कि अपने दावों से सनसनी फैलाई। बंबई के इंडियन मर्चेंट्स चैंबर में एक प्रेस कॉन्फ्रेंस में हर्षद ने आरोप लगाया कि उसने पी.एम. पी.वी. नरसिम्हा राव को मामले को रफा-दफा करने के लिए एक करोड़ रुपए की रिश्वत दी थी। उसे 1999 में सिर्फ एक मामले में दोषी ठहराया गया और पाँच साल की सख्त कैद की सजा सुनाई

गई। वह मामला मारुति उद्योग लिमिटेड से धोखाधड़ी का था। सजा सुनाए जाने के बाद हर्षद को जमानत मिल गई।[15]

नवंबर 2001 में हर्षद और उसके दो भाइयों—अश्विन और सुधीर को धोखाधड़ी के नए आरोप में फिर से गिरफ्तार कर लिया गया। उन पर 250 करोड़ रुपए के शेयरों को दोस्तों और रिश्तेदारों को देने का आरोप लगाया गया, जिन्होंने वे शेयर बेच दिए। इस बार हर्षद मेहता की जमानत खारिज हो गई और उसे अपने आखिरी दिन सलाखों के पीछे बिताने पड़े। महज 47 साल की उम्र में उसकी मौत हो गई।

19वीं सदी के अंत में शुरू हुए बी.एस.ई. के इतिहास में हर्षद मेहता घोटाले जैसा कोई घोटाला पहले कभी नहीं हुआ था। निवेशकों, रेग्युलेटरों, बैंकों और जाँच एजेंसियों सहित तमाम लोगों ने इस घोटाले से सबक सीखा। नतीजतन कैपिटल मार्केट के सिस्टम में बदलाव हुआ। सिक्योरिटीज ऐंड एक्सचेंज बोर्ड (सेबी) तब तक महज एक कागजी शेर था। इस घोटाले के बाद उसे और अधिकार मिले। उसने लिस्टेड और गैर-लिस्टेड कंपनियों, इनिशियल पब्लिक ऑफरिंग्स (आई.पी.ओ.) और तमाम निवेश योजनाओं के कायदे बनाने के लिए कई कदम उठाए।

इस घोटाले पर लंबे समय तक किसी का ध्यान नहीं गया। इसकी वजह यह थी कि कैपिटल मार्केट का लेन-देन तब तक दस्तावेजों पर हो रहा था, न कि इलेक्ट्रॉनिक या डीमैट फॉर्मेट में। सेबी ने दस्तावेजी सेटलमेंट को इलेक्ट्रॉनिक सिस्टम में बदल दिया। लेन-देन में पारदर्शिता को सबसे ज्यादा तवज्जो दी गई। इसने कैपिटल मार्केट पर मुट्ठी भर लोगों का दबदबा खत्म कर दिया। ये सब करने से कम-से-कम पैसा लगानेवाले निवेशकों के लिए भी रास्ता खुल गया। भारत में इंटरनेट का जमाना कैपिटल मार्केट में सुधारों के साथ-साथ आया और इसने भी इसमें मदद की। 1992 में दलालों के जरिए कारोबार होता था। अब निवेशक सीधे ऑनलाइन कारोबार कर सकते हैं।

लेकिन घोटाले जारी हैं...

हालाँकि हर्षद मेहता घोटाले के बाद कैपिटल मार्केट और बैंकिंग में कई

सुधार हुए, लेकिन घोटालेबाजों ने किसी तरह नए सिस्टम को भी हैक करने के तरीके ईजाद कर लिये। इसके बाद भी कुछ और घोटालों से भी निवेशक और डिपॉजिटर लुटे। ऐसा ही एक घोटाला किया था केतन पारेख ने।

केतन पारेख एक चार्टर्ड अकाउंटेंट था। उसने 1980 के दशक में एक स्टॉक ब्रोकर फर्म में काम शुरू करके कैपिटल मार्केट में अपना कॅरियर शुरू किया था। दलाल स्ट्रीट में काम करने के दौरान पारेख की मुलाकात हर्षद मेहता से हुई। बाद में हर्षद को उसका गुरु माना गया। वह हर्षद मेहता की फर्म ग्रोमोर इन्वेस्टमेंट्स में शामिल हो गया। इस फर्म पर 1992 के सिक्योरिटीज घोटाले में शामिल होने का आरोप लगाया गया था। बाजार में बेईमान खिलाड़ियों ने केतन को ऐसे शख्स के रूप में देखा, जो हर्षद मेहता की जगह ले सकता था। हर्षद का सितारा डूबने पर केतन का सितारा चमका।

हर्षद मेहता के नौ साल बाद केतन को कानून तोड़ने के लिए पकड़ा गया। 28 फरवरी, 2001 को तब के वित्तमंत्री यशवंत सिन्हा ने इकोनॉमी में सुधारों की दूसरी लहर शुरू करने के मकसद से बजट पेश किया। इसने टैक्स और सरचार्ज में कमी की, सरकारी कंपनियों को बेचने पर जोर दिया और एक नए श्रम कानून का सुझाव दिया।[16] केंद्रीय बजट ने कैपिटल मार्केट को खुशगवार कर दिया। उस दिन सेंसेक्स 4070.37 अंकों पर खुला और 177 अंकों की बढ़त के साथ बंद हुआ। हालाँकि दो दिन बाद, 2 मार्च को बाजार में 176 अंकों की गिरावट हुई। इस तारीख को बी.एस.ई. में 'ब्लैक फ्राइडे' के रूप में दर्ज किया गया। बाजार की गिरावट की अहम वजह केतन पारेख के शेयर थे। बाजार में पहले से ही अफवाहें तैर रही थीं कि केतन को अपना बकाया चुकाने में दिक्कत हो रही है। एक हफ्ते बाद कलकत्ता स्टॉक एक्सचेंज में केतन के लिए काम करनेवाले तीन ब्रोकर भुगतान नहीं कर सके। इस बीच, सेबी ने स्टॉक मार्केट क्रैश की जाँच शुरू कर दी।[17]

केतन के लिए असली मुसीबत तब शुरू हुई, जब बैंक ऑफ इंडिया के विजिलेंस चीफ ने उसके खिलाफ सी.बी.आई. में शिकायत दर्ज कराई। उन्होंने केतन पर दो लोगों के साथ मिलकर बैंक से 137 करोड़ रुपए की धोखाधड़ी का आरोप लगाया। शिकायत मिलते ही केतन के ऑफिस पर छापा मारा गया।

उसके दस्तावेज जब्त कर लिये गए। 30 मार्च, 2001 को उसे गिरफ्तार कर लिया गया।[18] जाँच से पता चला कि केतन शेयर बाजार में कारोबार में पैसे डालने के लिए बैंक के पे ऑर्डरों में हेर-फेर कर रहा था।

इस घोटाले का केंद्र मसजिद बंदर में मेरे घर से कुछ ही दूर था। भीड़भाड़ वाली काजी सैयद स्ट्रीट पर एक पुरानी गुमनाम इमारत में मौजूद माधवपुरा मर्केंटाइल को-ऑपरेटिव बैंक (एम.एम.सी.बी.) की मांडवी ब्रांच से केतन को पैसा मिला था। इस ब्रांच से उसे कथित तौर पर 120 करोड़ रुपए के[19] पे ऑर्डर जारी किए गए थे। इसके लिए उसने बैंक के चेयरमैन और ब्रांच मैनेजर के साथ साँठ-गाँठ की थी। केतन ने कथित तौर पर बैंक ऑफ इंडिया की शेयर बाजार शाखा में इन पे ऑर्डरों को भुनाया और इस तरह मिली रकम अपने खातों में जमा कर ली। हालाँकि बाद में ये पे ऑर्डर बाउंस हो गए। दरअसल पे ऑर्डर एक डिमांड ड्राफ्ट की तरह होता है। जब किसी बैंक का डिमांड ड्राफ्ट भुनाने के लिए कोई किसी दूसरे बैंक में जमा करता है, तो दूसरा बैंक मानता है कि पहले बैंक ने उस शख्स के खाते से रकम डेबिट कर ली है। हालाँकि केतन के मामले में ऐसा नहीं हुआ। एम.एम.सी.बी. ने उससे कोई पैसा डेबिट किए बिना उसे पे ऑर्डर जारी कर दिया था।[20]

हर्षद मेहता की तरह केतन पारेख ने भी धोखाधड़ी से पैसा जुटाकर शेयर बाजार में लगाया। उसका आगाज सूचना प्रौद्योगिकी (आई.टी.) और दूरसंचार (टेलीकॉम) के उछाल के साथ-साथ हुआ था। उसने खासतौर पर इन दो क्षेत्रों से ताल्लुक रखनेवाली 10 कंपनियों में निवेश किया। इन शेयरों को 'K-10' शेयर के रूप में जाना जाता था, जिसमें 'K' का मतलब 'केतन' था।[21] हालाँकि जैसे ही आई.टी. इंडस्ट्री जरा लड़खड़ाई, लोगों ने 'K-10' शेयरों से पैसा निकालना शुरू कर दिया। इससे केतन मुश्किल में पड़ गया। 2001 का केंद्रीय बजट पेश किए जाने के एक दिन बाद मार्केट क्रैश होने पर सेबी और आर.बी.आई. ने इसकी जाँच शुरू की। उन्होंने यह नतीजा निकाला कि केतन ने इनसाइडर ट्रेडिंग की थी और बैंकों को ठगा था। उसके बाद दो दशक में केतन पारेख को अलग-अलग अदालतों ने अलग-अलग आरोपों में दोषी ठहराया। उसे 2017 तक शेयर मार्केट में कारोबार करने से भी रोक दिया गया था।[22]

2001 में, जब शेयर बाजार में हाहाकर मचा था, एक और घोटाले ने निवेशकों को एक नया झटका दिया। 2 जुलाई, 2001 को यूनिट ट्रस्ट ऑफ इंडिया (यू.टी.आई.) के बोर्ड ने ऐलान किया कि वह अगले छह महीने के लिए यू.एस.-64 योजना के यूनिट होल्डरों को भुगतान बंद कर देगा। साथ ही, उसने यूनिट्स के फिर खरीदने और बेचने पर भी रोक लगा दी। इस फैसले से कैपिटल मार्केट में हड़कंप मच गया। यू.एस.-64 भारत की पहली म्यूचुअल फंड योजनाओं में से एक थी और इसे पब्लिक सेक्टर का एक सुरक्षित साधन माना जाता था। इसे एक बँधी हुई आमदनी की स्कीम के तौर पर शुरू किया गया था।

फंड के अभाव में यू.टी.आई. की ये हालत हुई थी। सेबी के पूर्व अध्यक्ष यू.के. सिन्हा के मुताबिक, संकट की जड़ 1993-94 से चला आ रहा एक गलत चलन था। यू.टी.आई. ने उस साल इस स्कीम की ज्यादा आमदनी होने से यूनिट होल्डरों को डिविडेंड देना शुरू किया था। कुछ साल तो 28 फीसदी तक डिविडेंड दिया गया। डिविडेंड का भुगतान करने के लिए सरप्लस आमदनी के साथ रिजर्व फंड भी इस्तेमाल करने के लिए यू.टी.आई. की अकाउंटिंग पॉलिसी को बदल दिया गया था। हालाँकि सेबी किसी स्पॉन्सर की गारंटी के बिना तय रिटर्न वाली किसी स्कीम की अनुमति नहीं देता है, लेकिन यू.टी.आई. बिना किसी गारंटी के एक तय आमदनी की स्कीम चलाती है। 2001 में यू.टी.आई. बहुत खराब हालत में पहुँच गया। उसने पाया कि उसके पास निवेशकों को भुगतान करने के लिए फंड ही नहीं हैं।[23]

इस गड़बड़झाले से व्यक्तिगत निवेशकों को झटका लगा, जबकि एस.बी.आई. और आई.सी.आई.सी.आई. बैंक जैसे बड़े संस्थागत निवेशकों ने घोटाले का पर्दाफाश होने से पहले अपनी होल्डिंग को भुना लिया। यह इसलिए मुमकिन था, क्योंकि इन संस्थागत निवेशकों के नॉमिनी यू.टी.आई. के बोर्ड में थे और उन्हें हालात का पहले ही अहसास हो गया था।[24]

राजनीतिक दखल को भी यू.टी.आई. संकट की एक वजह माना गया। यह आरोप लगाया गया कि यू.टी.आई. के कुछ खराब फैसले सत्ता में बैठे लोगों के दबाव में लिये गए थे। 2001 के बजट के बाद बाजार की हालत खराब थी।

सरकार सार्वजनिक वित्तीय संस्थानों को कुछ पसंदीदा शेयरों में पैसा लगाने के लिए मजबूर करके गलत तरीके से बाजार को ऊपर ले जाने के लिए बेताब थी। इसके लिए कर्ज में निवेश करने के बजाय यू.टी.आई. ने सुनी-सुनाई बातों के मुताबिक ज्यादा जोखिम वाले शेयरों में भारी निवेश किया। यू.टी.आई. ने केतन पारेख के 'K-10' शेयरों में भारी निवेश किया। फिर आई.टी. बूम के अचानक खत्म हो जाने पर उसे भारी नुकसान हुआ।[25] इस झटके के बाद यू.टी.आई. के चेयरमैन पी.एस. सुब्रमण्यम को इस्तीफा देना पड़ा। यह नाकामी पैसे के गलत इस्तेमाल और गैर-जिम्मेदाराना कामकाज का एक नमूना है। इसने 21वीं सदी की शुरुआत में कैपिटल मार्केट पर गहरा असर डाला था।

कई सुरक्षा उपायों और धोखाधड़ी को रोकने के लिए मुस्तैदी के बावजूद बैंकिंग और कैपिटल मार्केट से हर कुछ साल के बाद किसी-न-किसी घोटाले की खबर सामने आती रही है।

फरवरी 2022 में सेबी को एक अजीब घोटाले का पता चला। नेशनल स्टॉक एक्सचेंज (एन.एस.ई.) की पूर्व सी.ई.ओ. चित्रा रामकृष्ण पर मिलीभगत का आरोप लगाया गया था। मार्च 2022 में जारी सेबी की रिपोर्ट के मुताबिक, चित्रा को अप्रैल 2013 में एन.एस.ई. की सी.ई.ओ. और एम.डी. बनाया गया था। वे कथित तौर पर एक 'आध्यात्मिक गुरु' के संपर्क में थीं, जो हिमालय में रहते थे। जाहिर तौर पर वे तमाम पेशेवर और पर्सनल मामलों में उनकी सलाह मानती थीं। कैपिटल मार्केट में कोई अनुभव नहीं होने के बावजूद चित्रा ने आनंद सुब्रमण्यन को चीफ स्ट्रेटेजिक ऑफिसर बनाया। बाद में, उन्हें ग्रुप ऑपरेटिंग ऑफिसर और एम.डी. के सलाहकार के पद पर प्रमोट किया गया। सुब्रमण्यन को बहुत ज्यादा सैलरी पैकेज दिया गया। उन्हें लगातार इंक्रीमेंट भी मिले। 2013 में जब सुब्रमण्यम को चित्रा ने एन.एस.ई. में नौकरी की पेशकश की थी, तब उन्हें एक प्राइवेट फर्म से 15 लाख रुपए से कम की सालाना सैलरी मिलती थी। तीन साल बाद, 2016 में उनकी सालाना सैलरी 4.21 करोड़ रुपए हो गई थी। वे कंसल्टेंसी के आधार पर काम कर रहे थे। वे हफ्ते में सिर्फ चार दिन काम करते थे, जिसे बाद में बढ़ाकर पाँच दिन कर दिया गया।[26]

सेबी को दिए अपने बयान में चित्रा ने कबूल किया था कि वे इ-मेल

आई.डी. rigyajursama@outlook.com के जरिए एक योगी के संपर्क में थीं और उनसे सलाह लेती थीं। उन्होंने उसे 'सिद्ध पुरुष' और 'परमहंस' करार दिया। उनका मतलब ऐसी हस्ती से था, जिसे किसी शारीरिक अभिव्यक्ति की जरूरत नहीं होती है, लेकिन वह शारीरिक रूप से प्रकट हो सकता है। चित्रा ने जाँचकर्ताओं को बताया कि वे योगी पिछले 20 साल से उनका मार्गदर्शन कर रहे थे। मगर शक यह था कि यह आध्यात्मिक गुरु और सुब्रमण्यन एक ही शख्स था, क्योंकि चित्रा को दी गई उनकी सलाह से सुब्रमण्यन को बहुत फायदा हुआ।[27] सेबी ने अपनी जाँच में पाया कि चित्रा ने सुब्रमण्यन के अप्वाइंटमेंट और उन्हें फायदे पहुँचाने में कई नियम-कायदों को अनदेखा किया। उन्होंने 2014 से 2016 के बीच एक अनजान शख्स (आध्यात्मिक गुरु) से एन.एस.ई. के बारे में अंदरूनी ढाँचे, डिविडेंड, फाइनेंशियल नतीजों और कर्मचारियों के बारे में सीक्रेट जानकारी भी साझा की।[28]

11 फरवरी, 2022 को सेबी ने चित्रा रामकृष्ण, आनंद सुब्रमण्यन और एन.एस.ई. को कई आरोपों का दोषी पाया और उन पर भारी जुरमाना लगाया। चित्रा और सुब्रमण्यन को तीन करोड़ रुपए का जुरमाना देने के लिए कहा गया, जबकि एन.एस.ई. को दो करोड़ रुपए का भुगतान करने के लिए कहा गया। सेबी ने चित्रा और सुब्रमण्यन पर अगले तीन साल के लिए किसी भी बाजार के बुनियादी ढाँचे से जुड़ने पर भी पाबंदी लगा दी।[29] कुछ हफ्ते बाद सी.बी.आई. ने उन्हें 'को-लोकेशन स्कैम' के मामले में गिरफ्तार किया। फिर उन्हें सलाखों के पीछे डाल दिया गया। ये स्कैम चित्रा और सुब्रमण्यन के कार्यकाल के दौरान हुआ था। एक व्हिसल-ब्लोअर की शिकायत के आधार पर 2018 में यह मामला दर्ज किया गया था। आरोप लगाया गया था कि कुछ स्टॉकब्रोकिंग फर्मों ने सेबी और एन.एस.ई. के अनजान अधिकारियों के साथ मिलकर एक्सचेंज सर्वर सिस्टम में खामियों का फायदा उठाया और मार्केट डेटा तक पहुँच बना ली।[30]

जुलाई 2022 में मुंबई के एक पूर्व पुलिस कमिश्नर को ई.डी. ने गिरफ्तार किया। उन पर आरोप था कि एन.एस.ई. के लिए काम करनेवाली उनकी कंपनी ने एन.एस.ई. कर्मचारियों की टेलीफोन लाइनों को अवैध रूप से इंटरसेप्ट करने

के लिए कुछ हार्डवेयर और सॉफ्टवेयर खरीदे थे। 2001 में उनकी कंपनी को एक्सचेंज के सर्वर की साइबर खामियों का ऑडिट करने का काम सौंपा गया था। हालाँकि उन्होंने यह कहकर अदालत में अपना बचाव किया कि उनकी गिरफ्तारी राजनीतिक बदले के कारण हुई है। उन्होंने कहा कि उनकी कंपनी ने कॉल रिकॉर्ड नहीं किए थे, केवल पहले से रिकॉर्ड किए गए कॉल्स का एनालिसिस करके एन.एस.ई. को रिपोर्ट दी थी।

राकेश झुनझुनवाला का सफर : 5,000 रुपए से 41,000 करोड़ रुपए तक

जब एक अनुभवी पत्रकार ने राकेश झुनझुनवाला को '[स्टॉक] बाजार का राजा' कहा, तो उन्होंने जवाब दिया, 'कोई भी बाजार का राजा नहीं है। जो राजा बनना चाहते थे, उन्हें आर्थर रोड जेल जाना पड़ा।' झुनझुनवाला जाहिर तौर पर हर्षद मेहता और केतन पारेख का जिक्र कर रहे थे, जो कैपिटल मार्केट में उनके ही दौर के थे और 'स्टॉक एक्सचेंजों के जार' के नाम से मशहूर थे।[31]

हर्षद और केतन की तरह कुछ महान् निवेशकों ने कानून की अग्निरेखा को नहीं लाँघा और खलनायक नहीं बने। इसके बजाय वे कैपिटल मार्केट में अपनी बेशुमार कामयाबी की बदौलत रोल मॉडल बन गए। इनमें राकेश झुनझुनवाला अहम नाम है।

झुनझुनवाला के पिता मुंबई में इनकम टैक्स कमिश्नर थे। उनका काम शहर के अमीरों की आमदनी पर नजर रखना और यह पक्का करना था कि सभी लोग ठीक तरीके से टैक्स जमा करें। झुनझुनवाला घर पर अकसर अपने पिता को उनके दोस्तों और साथियों के साथ शेयर, निवेश, कमाई, टैक्स और रुपए-पैसों के तमाम मामलों पर चर्चा करते हुए सुनते थे।[32] इसने शेयर बाजार में उनकी रुचि जगाई। उन्होंने जान-पहचानवालों से पैसे उधार लेकर शेयर खरीदने शुरू किए। तीन साल के भीतर उनकी रकम कई गुना बढ़ गई। उन्हें करीब 25 लाख रुपए की कमाई हुई। ग्रैजुएशन के बाद झुनझुनवाला ने चार्टर्ड अकाउंटेंसी की पढ़ाई पूरी की और अपनी खुद की स्टॉक ट्रेडिंग फर्म 'रेयर एंटरप्राइजेज' बनाई।[33] उनकी कामयाबी को देखते हुए उन्हें 'इन्वेस्टर विद द

मिडास टच', 'वॉरेन बफे ऑफ इंडिया' और 'बिग बुल' कहा जाने लगा। फोर्ब्स ने उन्हें 2022 में दुनिया के अरबपतियों की लिस्ट में 438वें नंबर पर रखा। वे 2021 के 36वें सबसे अमीर भारतीय थे। उनकी कुल संपत्ति 41,000 करोड़ रुपए थी।[34] 2022 में झुनझुनवाला ने कम लागत वाली 'अकासा एयर' में निवेश करके एविएशन में कदम रखे।

झुनझुनवाला की कामयाबी की कहानी के बारे में और जानने के लिए मैं उनके दोस्त हितेश शाह से मिला। शाह मरीन लाइंस हिंदी विद्या भवन स्कूल में 11वीं क्लास तक झुनझुनवाला के साथ पढ़े थे। बाद में दोनों ने एक साथ चार्टर्ड अकाउंटेंसी की पढ़ाई की। पहले शाह ने स्टॉक ट्रेडिंग में कदम रखा और उसके बाद झुनझुनवाला ने। शाह के मुताबिक, उन्होंने ही झुनझुनवाला को शेयर बाजार के कई बड़े खिलाड़ियों से मिलवाया था। शाह ने मुझे बताया कि झुनझुनवाला के दिमाग में स्टॉक ट्रेडिंग हमेशा से थी। यहाँ तक कि जब झुनझुनवाला दोस्तों के साथ ड्रिंक्स और डिनर के लिए बाहर जाते थे, तो वे अपने खरीदे हुए शेयरों के बारे में ही बातचीत करते थे। उन्होंने हमेशा उस कंपनी की गहराई से स्टडी की, जिसका स्टॉक उन्होंने खरीदने का फैसला किया। शाह ने कहा, "तेज दिमाग और किस्मत ने उन्हें कामयाब बनाया।"[35] शाह ने यह भी देखा कि झुनझुनवाला में अपने खरीदे हुए शेयरों के लिए बहुत धीरज था। "उसने अपने और अपने रिश्तेदारों के लिए टाइटन के शेयर खरीदने तब शुरू किए, जब इसकी कीमत सिर्फ 50 रुपए थी। उसे देखकर दूसरे दोस्तों और मैंने भी यही शेयर खरीदे। कीमत दोगुनी होते ही हमने अपने शेयर बेच दिए, लेकिन झुनझुनवाला ने नहीं बेचे। इस तरह लंबा वक्त गुजरने पर उसकी दौलत कई गुना बढ़ गई।"[36]

तजुर्बेकार बिजनेस जर्नलिस्ट और मेरे पूर्व सहयोगी शिशिर सिन्हा की राय भी शाह जैसी ही है कि धीरज रखना झुनझुनवाला की खास ताकत रही है। "उन्होंने न केवल शेयरों में पैसा लगाया, बल्कि 'धीरज' भी लगाया। पैसे और धीरज ने मिलकर उन्हें बेशुमार मुनाफा दिया। कीमतें कम होने पर शेयर खरीदने की तरकीब भी उनके लिए बहुत कारगर रही। अमूमन लोग उन शेयरों को खरीदना पसंद करते हैं, जिनकी कीमतें बढ़ रही हैं। बाद में उन शेयरों की

कीमतों में गिरावट आने पर अकसर नुकसान का सामना करना पड़ता है। झुनझुनवाला कंपनियों की बुनियादी बातों की अच्छी तरह से स्टडी करते थे। फिर जिनका भविष्य सुनहरा नजर आता, वे उन्हीं में निवेश करते थे।" सिन्हा ने कहा।[37]

झुनझुनवाला खुद खुलकर बताते थे कि उन्होंने इतना पैसा कैसे कमाया? "1985 में निवेश करते समय मैं जिन बातों पर ध्यान देता था, उन्हीं का 2020 में भी खयाल रखता हूँ। उस दौरान कुछ भी नहीं बदला। बुलिश होने की बदौलत ही मैं इतनी दौलत कमा सका।" झुनझुनवाला ने एक बार एक न्यूज चैनल को एक इंटरव्यू में बताया था।[38]

शिशिर सिन्हा का कहना है कि कैपिटल मार्केट में झुनझुनवाला का नाम बहुत इज्जत से लिया जाता था। "लोग उनके पीछे चलते थे, लेकिन उन्होंने कभी लोगों को गुमराह नहीं किया। उन्होंने कभी कोई हेरा-फेरी नहीं की। निवेशकों का मानना था कि अगर झुनझुनवाला किसी खास शेयर में पैसा लगा रहे हैं, तो उससे अच्छा रिटर्न मिलना चाहिए।"[39]

राकेश झुनझुनवाला जैसे लोगों की सफलता की कहानियों ने बहुत लोगों को शेयर बाजार की ओर आकर्षित किया है। पिछले तीन दशक में शेयर बाजार तेजी बढ़ा और फैला है। मार्च 1992 में जब सेंसेक्स या बी.एस.ई. ने 4,000 का आँकड़ा पार किया, तो इसे कैपिटल मार्केट के इतिहास में मील का पत्थर माना गया। 2022 में सेंसेक्स 61,000 अंक के पार हो गया। नई सदी की शुरुआत से शेयरों में निवेशकों का एक बड़ा हिस्सा सैलरीवाले मिडिल क्लास के लोग हैं। बैंकों में फिक्स्ड डिपॉजिट पर कम ब्याज दर और रियल एस्टेट में निवेश जोखिम भरा होने के कारण शेयर बाजार उनके लिए अपने पैसे को कई गुना बढ़ाने की एक उम्मीद बन गया। ऑनलाइन ट्रेडिंग ने शेयरों में निवेश करना आसान बना दिया है। मुंबई में मिडिल क्लास लोगों के इलाकों में कई वेल्थ मैनेजर और निवेश सलाहकार मिल सकते हैं। वे अपने कस्टमरों को आई.पी.ओ. और म्यूचुअल फंड में नए निवेशों के बारे में बताते हैं। हालाँकि सीनियर जर्नलिस्ट सुचेता दलाल मानती हैं—"आज लोग निवेश करने से पहले रिसर्च नहीं कर रहे हैं, हालाँकि अब हमारे पास इंटरनेट और गूगल भी हैं।

निवेशकों का सबसे बड़ा हिस्सा 18 से 35 साल के बीच की उम्र का है, लेकिन वे [रिसर्च करने की] तकलीफ नहीं उठाते।"[40]

तमाम जोखिमों के बावजूद शेयरों में निवेश करना नई सदी में बढ़ा ही है। हालाँकि निवेश करने के लिए इसी दौरान रियल एस्टेट का विकल्प भी सामने आया है।

□

19

धरती से आसमान तक

'जब भी दिल्ली आओ, तो मेरे घर पर ठहरना।'

ये अल्फाज बहुत आम लग सकते हैं, लेकिन एक मुंबईकर के लिए ये गर्मजोशी वाले प्यारी धुन की तरह हैं। दिल्ली के किसी बाशिंदे की ओर से इस तरह की दिली और मेहमाननवाजी की पेशकश उसका कोई मुंबईकर दोस्त शायद न कर सके। इसकी वजह यह भी है कि चाहे कोई मुंबईकर किसी दिल्लीवाले जितना कमाता हो और उसके जैसी हैसियत का हो, लेकिन वह उसके मुकाबले बहुत छोटे घर में रहता है।

मुंबई में घर हमेशा महँगा रहा है। सच कहा जाए तो मुंबई रियल एस्टेट के मामले में दुनिया के सबसे महँगे शहरों में से एक है। मुंबई में एक बेडरूम-हॉल-किचन में रहनेवाला शख्स दिल्ली, लखनऊ, अहमदाबाद, कोलकाता या भारत में किसी भी जगह एक बहुत बड़ा घर खरीद सकता है। अकसर भारत के दूसरे शहरों के लोग मुंबई के 'दड़बेनुमा घरों' में रह रहे अपने दोस्तों और रिश्तेदारों को देखकर चौंक जाते हैं।

16वीं सदी की शुरुआत में पुर्तगाली पहली बार बंबई के द्वीपों पर उतरे थे। तब उन्होंने शायद कभी नहीं सोचा होगा कि ये छोटे-छोटे द्वीप आनेवाली सदियों में भारत के सबसे बड़े शहरी केंद्र में बदल जाएँगे! इसे मुमकिन किया था अंग्रेजों ने। 17वीं सदी के आखिर में ब्रिटिश गवर्नर गेराल्ड आंगियर सरकारी हेडक्वार्टर को सूरत से बंबई ले आए। इससे बबंई की तेजी से तरक्की होने लगी। बंबई देश की बिजनेस कैपिटल बन गई। तब बहुत सारे लोग दूसरी जगहों से यहाँ आने लगे। आंगियर के वक्त बंबई की आबादी महज 60,000 थी।[1] यह 2022 तक बढ़कर दो करोड़ से ज्यादा हो गई।[2] सदियों से अपने बंदरगाहों, रेलवे, इंडस्ट्री, शेयर बाजार,

बॉलीवुड और तमाम कारोबारों की बदौलत मुंबई रोजगार की तलाश और बेहतर जिंदगी की उम्मीद करनेवालों को अपनी ओर खींचती आई है।

सैटेलाइट शहरों का आगाज

बंबई भारत का सबसे ज्यादा आबादी वाला शहर बनी, तो इसका बुनियादी ढाँचा और रहवासियों के लिए जरूरी इंतजाम नाकाफी पड़ने लगे। जल्द ही इसका असर यहाँ रहनेवालों की जिंदगी की क्वालिटी पर पड़ने लगा। 20वीं सदी के उत्तरार्ध में मुंबई में भीड़भाड़ कम करने और ज्यादा शहरी इलाकों को डेवलप करने की जरूरत पहले से कहीं ज्यादा महसूस की जाने लगी। नतीजतन, पिछले कुछ बरसों में सैटेलाइट शहर डेवलप हुए।

आज मेरे बचपन के ज्यादातर दोस्त और स्कूल के साथी नवी मुंबई, पनवेल, मीरा-भायंदर, कल्याण-डोंबिवली या वसई-विरार जैसे पड़ोसी शहरों में रहते हैं। उनमें से ज्यादातर शादी और बच्चे होने के बाद बड़े और बेहतर घरों की जरूरत को देखते हुए मुंबई के आसपास रहने चले गए। वहाँ मुंबई के मुकाबले घर काफी सस्ते थे। ये शहर लोकल ट्रेनों के जरिए आसानी से मुंबई से जुड़े हुए थे।

मुंबई के सबसे नजदीक नवी मुंबई है। मुंबई के विपरीत नवी मुंबई अच्छी प्लानिंग से बसाया गया शहरी केंद्र है। 1971 में जब महाराष्ट्र सरकार ने इस टाउनशिप की पेशकश की, तो इसे '21वीं सदी का शहर' कहा गया। नया शहर बनाने के लिए सिटी इंडस्ट्रियल डेवलपमेंट कॉरपोरेशन (सिडको) बनाया गया। 1973 की शुरुआत में मुंबई और नवी मुंबई को जोड़ने के लिए ठाणे क्रीक पर एक रोड ब्रिज बनाया गया था। लेकिन 1992 में मानखुर्द और वाशी के बीच रेलवे ब्रिज शुरू होने से नवी मुंबई के विकास में तेजी आई। यह ब्रिज लोकल ट्रेनों के जरिए मुंबई तक आने का जरिया बना। मई 1992 तक लोकल ट्रेनें हार्बर लाइन पर विक्टोरिया टर्मिनस (अब सी.एस.एम.टी.) और मानखुर्द के बीच चलती थीं। संयोग से, 1992 में ही बंबई में सांप्रदायिक दंगों का पहला चरण शुरू हुआ। उसके बाद बड़ी संख्या में लोग नवी मुंबई चले गए।

दंगों के कारण समुदायों ने अलग-अलग रहना शुरू करने के लिए अपनी-अपनी बस्तियाँ बना लीं। लोग दूसरे समुदायों के पड़ोसियों के साथ रहने से

डरने लगे। इस तरह मीरा रोड में 'नया नगर' में मुसलमानों की बस्ती बन गई। पड़ोसी भायंदर में गुजराती और मारवाड़ी हिंदू बस गए। कई मुसलिम परिवार कौसा, मुंब्रा और नालासोपारा जैसी जगहों पर शिफ्ट हो गए। लोग हिफाजत और कल्चर की वजह से इस तरह एक साथ रहने लगे। कुछ हाउसिंग सोसाइटियों में रहनेवाले ज्यादातर लोग पक्के शाकाहारी थे। वहाँ मांस खानेवालों को घर खरीदने से रोकने के लिए नियम बना दिए गए। इस तरह की कोशिशों ने समुदायों के बीच विवाद और टकराव पैदा किए। इन्हें कानूनी रूप से चुनौती दी गई है।

जैसे-जैसे शहर का विकास होता गया, कई बस्तियाँ और छोटी बस्तियाँ फलती-फूलती टाउनशिप में तब्दील हो गईं। इन टाउनशिप में वे तमाम सुविधाएँ थीं, जिनकी ख्वाहिश कोई मुंबई में कर सकता है। सच तो यह है कि नवी मुंबई के एक औसत बाशिंदे की लाइफ क्वालिटी मुंबई में रहनेवालों के मुकाबले बेहतर मानी जाती है। 2018 के ईज ऑफ लिविंग इंडेक्स में नवी मुंबई को भारत का दूसरे सबसे अच्छा रहने लायक शहर माना गया। पुणे पहले नंबर पर था, जबकि मुंबई का नंबर तीसरा रहा।[3] आज नवी मुंबई में वह सबकुछ है, जिसकी उम्मीद एक आधुनिक भारतीय शहर में की जा सकती है। एकदम आधुनिक रेलवे स्टेशन, स्कूल-कॉलेज, हाई टेक्नोलॉजी वाली हेल्थ सर्विस, हर वक्त पानी और बिजली की सप्लाई, बड़ा क्रिकेट मैदान और इंटरनेशनल एयरपोर्ट—सबकुछ तो है यहाँ। शिवडी और न्हावा-शेवा के बीच एक ट्रांस-हार्बर लिंक ने दोनों शहरों को और करीब ला दिया है।

घरों के लिए जमीन का इंतजाम

यह अजीब लगता है कि 1990 के दशक के दौरान लोग मुंबई से बाहर पलायन कर रहे थे और उसी दौरान शहर की सीमा में घर बनाने के लिए ज्यादा-से-ज्यादा जमीन मुहैया कराई जा रही थी। कई सरकारी नीतियों ने पूरे शहर में नई रिहाइशी कॉलोनियाँ बनाने का रास्ता साफ किया। इस तरह रियल एस्टेट सबसे फायदेमंद धंधों में से एक बन गया।

वडाला से अणिक और माहुल तक मुंबई का उत्तर-पूर्वी हिस्सा ज्यादातर दलदली जमीन, मैंग्रोव और नमक के मैदानों से बना है। इन इलाकों को 1990

के दशक की शुरुआत तक बस्तियाँ बसाने लायक नहीं माना जाता था। यहाँ केवल कुछ झुग्गी-बस्तियाँ थीं। उनमें भी इतना जुर्म होता था कि लोग शाम के बाद इधर आने-जाने से बचते थे। तीन दशक बाद यहाँ के हालात और आबादी पूरी तरह से बदल गई। नामी बिल्डरों ने यहाँ तीन रिहाइशी कॉलोनियाँ डेवलप कीं। इनमें सैकड़ों हायर और मिडिल क्लास परिवारों ने रहने के लिए घर खरीदे। एक बिल्डर ने तो साउथ मुंबई के आलीशान कफ परेड से प्रेरित होकर अपनी कॉलोनी का नाम 'न्यू कफ परेड' रखा। एक और बिल्डर ने अपनी कॉलोनी के एक हिस्से का नाम 'न्यूयॉर्क' ही रख दिया।

1971 के महाराष्ट्र स्लम एरिया ऐक्ट में संशोधन करके राज्य सरकार ने 'स्लम रिहैबिलिटेशन अथॉरिटी' (एस.आर.ए.) बनाई थी। यह अथॉरिटी रियल एस्टेट इंडस्ट्री के लिए सोने की खान साबित हुई। झुग्गी-बस्तियाँ उस समय तक शहर में आँखों की किरकिरी मानी जाती थीं। अचानक ही वे बेशकीमती हो गईं। कानून ने बिल्डरों को झुग्गियों की जमीनों पर बिल्डिंग बनाने की मंजूरी दे दी। बिल्डरों ने झुग्गीवासियों को मुफ्त घर देने के बाद बाकी फ्लैट खुले बाजार में बेच दिए। 1995 से पहले बंबई में अपनी रिहाइश साबित करके झुग्गी में रहनेवाला हर शख्स इस योजना के तहत मुफ्त घर पाने का हकदार था। इसके बदले में बिल्डरों को 'फ्लोर स्पेस इंडेक्स' (एफ.एस.आई.) मिला। इसे भारत में कुछ जगहों पर 'फ्लोर एरिया रेशियो' (एफ.आर.ए.) भी कहा जाता है। यह इंडेक्स उनके डेवलप किए गए स्लम एरिया के अनुपात में होता है। मुंबई में 2,397 स्लम क्लस्टर हैं। वे धीरे-धीरे इस योजना के तहत डेवलप किए जा रहे हैं।[4] झुग्गी पुनर्वास योजना ने रियल एस्टेट मार्केट में क्रांति ला दी।

धारावी को अकसर एशिया की सबसे बड़ी स्लम बस्तियों में से एक और मुंबई की चमक-दमक से अलग माना जाता है। लेकिन इस योजना से अब धारावी की सूरत भी बदलेगी, भले ही धीरे-धीरे बदले। 2004 में सरकार ने 2.1 वर्ग किलोमीटर में फैली इस बस्ती को बदलने के लिए 'धारावी रीडेवलपमेंट प्रोजेक्ट' का ऐलान किया। यह डेवलपमेंट सरकारी एजेंसियों को प्राइवेट एजेंसियों के साथ मिलकर किया जाना था। हालाँकि 2002 तक दो लाख झोंपड़ियों में रहनेवाले 10 लाख लोगों में से केवल 350 ही महाराष्ट्र हाउसिंग एरिया डेवलपमेंट अथॉरिटी

(म्हाडा) के बनाए नए घरों में जा सके। प्रोजेक्ट में नौकरशाही की अड़चनों, आर्थिक मंदी और मुकदमों की रुकावटें आईं। रेगुलर झुग्गी पुनर्वास योजना धारावी पर लागू नहीं हो सकती। दरअसल यह न केवल एक आवासीय क्लस्टर है, बल्कि यहाँ चमड़े के प्रोडक्ट्स और मिट्टी के बरतनों के लघु उद्योग भी हैं। इसकी अनौपचारिक अर्थव्यवस्था पर भी ध्यान देना होगा। यह भी प्रोजेक्ट में देरी की एक बड़ी वजह है। धारावी के निवासी धारावी पुनर्विकास समिति के तहत एकजुट हुए हैं। वे कानूनी और राजनीतिक मंचों के जरिए अपने मुद्दों को उठाते हैं। धारावी प्रोजेक्ट शुरू होने के बाद डेवलप करने के लिए रियल एस्टेट इंडस्ट्री को करीब 600 एकड़ जमीन मिलने की उम्मीद है।

नवंबर 2007 में राज्य सरकार ने शहरी जमीन सीलिंग कानून रद्द करके बड़े प्लॉटों को डेवलपमेंट के लिए फ्री कर दिया। यह कानून कुछ लोगों के हाथों में जमीन जाने से रोकने और सभी को घर मुहैया कराने के लिए बनाया गया था। इसके तहत किसी को भी 500 वर्ग मीटर से ज्यादा की खाली जमीन रखने की इजाजत नहीं थी। राज्य सरकार को ज्यादा जमीन का अधिग्रहण करके उसका इस्तेमाल घर बनाने के लिए करना था। हालाँकि सरकार जमीन पर कब्जा करने और रिहाइशी प्रोजेक्ट शुरू करने में नाकाम रही। तब इस कानून को बेकार करार दिया गया और हाउसिंग मार्केट में जमीन को रोककर रखने के लिए इसकी आलोचना की गई थी। इसके रद्द होने से रियल एस्टेट प्रोजेक्टों के लिए करीब 500 हेक्टेयर के प्लॉट मुहैया हो गए हैं।[5]

डेवलपमेंट कंट्रोल रूल्स (डी.सी.आर.) में बार-बार बदलावों ने भी रियल एस्टेट मार्केट को बढ़ावा दिया है। नए नियमों के मुताबिक, एक बिल्डर को करीब 50 फीसदी का एफ.एस.आई. इंसेंटिव मिल सकता है। यह कानून पुरानी और खस्ताहाल इमारतों की मरम्मत और उनके रीडेवलपमेंट की सुविधा भी देता है। इस तरह उनकी एफ.एस.आई. में बढ़ोतरी हो जाती है। प्रोजेक्ट का खर्च बिल्डर उठाता है। इसके बदले वह इंसेंटिव में मिली एफ.एस.आई. बेच सकता है।

इन रेग्युलेटरी संशोधनों के अलावा समुद्र और खाड़ियों से घिरे मुंबई शहर को मिलों से भी खूब प्लॉट मिले। यही नहीं, राज्य सरकार ने 2020 में घोषणा की कि वह नमक की जमीन पर घर बनाने की उम्मीद खँगालने के लिए आई.आई.टी.

बॉम्बे की मदद से एक जियोलॉजिकल सर्वे करेगी। अगर प्रोजेक्ट को मंजूरी मिल गई, तो 355 एकड़ से ज्यादा जमीन डेवलपमेंट के लिए और मुहैया कराई जा सकेगी। हालाँकि पर्यावरण के जानकारों ने इस कदम की मुखालफत की है। उनका कहना है कि यह कदम मुंबई को बरबाद करनेवाला होगा।[6]

रियल एस्टेट की हकीकत

मैंने 2005 में मसजिद बंदर का घर छोड़ दिया और 21 लाख रुपए का लोन लेकर भक्ति पार्क, वडाला में 1-बीएचके का फ्लैट खरीद लिया। 2018 में बड़े घर में शिफ्ट होने के लिए मैंने वही फ्लैट 1.22 करोड़ रुपए में बेच दिया!

मेरा केस मुंबई में 2005-06 में शुरू हुए रियल एस्टेट बूम का एक छोटा सा नमूना है। कीमतें तेजी से बढ़ीं और मिडिल क्लास के लोगों के लिए मुंबई में अपना घर लेना मुश्किल हो गया।

अचानक आए इस उछाल को समझने के लिए हमें पिछले दशक की घटनाओं को देखने की जरूरत है। पी.वी. नरसिम्हा राव सरकार ने 1991 में उदारीकरण शुरू किया था। रियल एस्टेट मार्केट पर उसका अच्छा असर हुआ। 2005 तक इस इंडस्ट्री में 100 फीसदी तक एफ.डी.आई. की मंजूरी दे दी गई थी। आर्थिक सुधारों ने भी विदेशी वेंचर कैपिटलिस्ट्स को आकर्षित किया।

सप्लाई में बढ़ोतरी से डिमांड भी बढ़ी। सीनियर रियल एस्टेट जर्नलिस्ट वरुण सिंह ने मुझे बताया, "पहले लोग अपनी बचत से, दोस्तों या रिश्तेदारों से उधार लेकर या अपने रिटायरमेंट फंड के पैसे से घर खरीदते थे। लेकिन उदारीकरण के कारण खरीदारों को बैंकों से आसानी से होम लोन मिलने लगे।"[7] 1990 के दशक के आखिर में ई.एम.आई., ब्याज के फिक्स्ड और फ्लोटिंग रेट और फोर्सक्लोजर जैसे शब्द मिडिल क्लास की बोलचाल का हिस्सा बनने लगे। सरकारी बैंकों के अलावा एच.डी.एफ.सी. और आई.सी.आई.सी.आई. जैसे प्राइवेट बैंकों और हाउसिंग फाइनेंस कंपनियों ने घर खरीदारों को कम और किफायती ब्याज दरों पर होम लोन की पेशकश की। होम लोन देनेवालों ने न केवल लचीले प्लान की पेशकश की, बल्कि गंभीर बीमारी और नौकरी छूटने के दौरान बीमा जैसी अतिरिक्त सेवाएँ भी मुहैया कराईं। होम लोन लेनेवालों को

टैक्स में छूट ने डिमांड को और बढ़ावा दिया।

बिल्डर सुभाष पटेल का परिवार पीढ़ियों से रियल एस्टेट कारोबार में है। वे कहते हैं—"गल्फ वॉर का भी इस मार्केट को बढ़ाने में अहम रोल था। जिन्होंने अपना पैसा खाड़ी देशों में निवेश किया था, इस वॉर के कारण उन्होंने वह पैसा वहाँ से निकाल लिया और मुंबई में रियल एस्टेट में फिर से लगा दिया। अमेरिका और इंग्लैंड में बसे कई एन.आर.आई. ने रियल एस्टेट बाजार को लुभावना पाकर यहाँ के प्रोजेक्टों में भारी निवेश किया। कीमतों में बढ़ोतरी के अंदाज में उन्होंने फिर से बेचने के लिए बड़ी संख्या में घर खरीदे।"[8]

"उदारीकरण के साथ शेयर बाजार में भी तेजी आई और निवेशकों ने अच्छा मुनाफा कमाया। हालाँकि 1990 के दशक के आखिर में शेयर बाजार में कई घोटालों का पर्दाफाश हुआ था। इसने शेयरों में निवेश से मिलनेवाले रिटर्न को कम और धीमा कर दिया। तब लोग निवेश के लिए दूसरे रास्ते तलाशने लगे। इसके लिए उन्हें रियल एस्टेट मार्केट सही लगा। उन दिनों इस इंडस्ट्री पर बहुत ज्यादा टैक्स नहीं था और अफसरों की निगरानी भी सख्त नहीं थी। इसलिए भी कई लोगों ने रियल एस्टेट प्रोजेक्टों में अपना पैसा लगाया। डिमांड बढ़ने के कारण घरों की कीमतें आसमान छूने लगीं।" पटेल ने समझाया।[9]

2005-06 के उछाल से ठीक पहले मेरे चाचा शशिकांत ने डोंबिवली में बन रही एक टाउनशिप में एक फ्लैट बुक किया था। एक दिन अचानक उनके पास एक रूखा सा एस.एम.एस. आया—'आपकी बुकिंग कैंसल कर दी गई है। बुकिंग की रकम वापस कर दी जाएगी।' उनके साथ फ्लैट बुक करनेवाले कई और लोगों को इस तरह के मेसेज मिले। बिल्डर ने कीमतें बढ़ने पर अचानक बुकिंग कैंसल कर दी और निवेशकों को बिना ब्याज का भुगतान किए बुकिंग की रकम लौटा दी। कुछ हफ्ते बाद उसी प्रोजेक्ट के लिए बुकिंग फिर से शुरू हो गई, लेकिन बहुत ज्यादा कीमतों के साथ।

सैलरीवाले मिडिल क्लास वर्ग ने रहने के लिए घर खरीदे, लेकिन अमीर निवेशकों ने फिर से बेचने और मुनाफा कमाने के लिए घर खरीदे। इस वजह से कीमतें बेतहाशा बढ़ीं। नतीजतन, एक बार फिर मुंबई में अपना घर लेना मुश्किल हो गया। वरुण सिंह का मानना है कि बिल्डर लॉबी ने अपना खेल खेला और

सरकार में अपने दबदबे का इस्तेमाल करते हुए कीमतों को ऊँचा रखा।

म्हाडा जैसी सरकारी एजेंसियों को लोगों को किफायती घर मुहैया कराने का काम सौंपा गया है। म्हाडा हर साल अलग-अलग आमदनीवालों के लिए सैकड़ों घरों की पेशकश करनेवाले प्रोजेक्ट लाता है। म्हाडा के घर बाजार से सस्ते होते हैं। इसलिए उनकी डिमांड हमेशा सप्लाई से ज्यादा होती है। आवेदकों को ये मकान लॉटरी के जरिए अलॉट किए जाते हैं।

चिमनियों की जगह आ गए टावर

2003 में महालक्ष्मी में स्टार न्यूज की चौथी मंजिल की कैंटीन से सेंट्रल मुंबई का शानदार नजारा दिखता था। लंबी चिमनियाँ लोगों को याद दिलाती थीं कि यह इलाका कभी मिल डिस्ट्रिक्ट के तौर पर जाना जाता था। कुछ चिमनियाँ अपनी हेरिटेज वैल्यू के कारण अब भी बची हुई हैं। लेकिन आसमान को चूमती इमारतों ने उन्हें बौना बना दिया है। मुंबई में जमीन कम है। यह समुद्र और खाड़ियों से घिरा हुआ शहर है। इसलिए शहर के डेवलपमेंट का एक ही तरीका था कि ऊँची इमारतें बनाई जाएँ। जिस मिल की जमीन पर ये चिमनियाँ खड़ी हैं, उसे रिहायशी टावर और मॉल में तब्दील कर दिया गया है। शहर के नौजवान लोअर परेल के फीनिक्स मिल को शॉपिंग और मौज-मस्ती की जगह मानते हैं। पास की कमला मिल में भी कई बेहतरीन रेस्त्राँ, बैंक और टीवी स्टूडियो जैसी कमर्शियल जगह हैं।

चिमनी और मिलें न केवल मुंबई के औद्योगिक इतिहास की नुमाइंदगी करती हैं, बल्कि इन्होंने इस शहर के विकास में भी अहम रोल निभाया है। इन्होंने शहर को बहुत-कुछ दिया है—कमर्शियल सेंटर के इसके किरदार से लेकर सियासी पार्टियों, त्योहारों और इसके अंडरवर्ल्ड तक।

बंबई की पहली सूती मिल 1856 में रेलवे के शुरू होने और शहर के बंदरगाह के पूरी तरह से काम करना शुरू करने के कुछ ही बाद लगाई गई थी। जल्द ही मिलों की संख्या कई गुना बढ़ गई। 19वीं सदी के आखिर तक बंबई में 100 से ज्यादा मिलें हो गईं। शहर इतना बड़ा कपड़ा केंद्र बन गया कि इसे 'पूरब का मैनचेस्टर' कहा जाने लगा। 20वीं सदी के आखिर तक इन

तमाम मिलों में ढाई लाख से ज्यादा मजदूर काम करते थे। हालाँकि ज्यादातर मिल मालिक पारसी या गुजराती थे, लेकिन उनके मजदूर महाराष्ट्र के कोकण इलाके के या उत्तर भारतीय राज्यों के थे।

फलते-फूलते कपड़ा उद्योगों ने कई मजदूर यूनियनों को भी पैदा किया। शुरू में कम्युनिस्ट पार्टियों की यूनियनें मजबूत थीं। बाद में कांग्रेस और शिवसेना की यूनियनों ने उन्हें चुनौती दी। 20वीं सदी उत्तरार्ध में जब बंबई में ट्रेड यूनियन उथल-पुथल के दौर से गुजर रही थीं, तो डॉ. दत्ता सामंत मिल मजदूरों के सबसे ताकतवर नेता के तौर पर उभरे। उन्होंने मजदूरों के मुद्दों को उठाने के लिए आक्रामक रवैया अपनाया। सामंत ने 1982 में बोनस और मजदूरों की पगार बढ़ाने की माँग को लेकर हड़ताल बुलाई।

मुंबई के इतिहासकार उस हड़ताल का विस्तार से जिक्र करते हैं। इसे 'द ग्रेट बॉम्बे टेक्सटाइल स्ट्राइक' कहा जाता है। इसने शहर के कपड़ा उद्योग के लिए मौत की घंटी बजा दी। यह हड़ताल करीब दो साल तक जारी रही। इसके बाद एक-एक करके 80 से ज्यादा मिलों को स्थायी रूप से बंद कर दिया गया। ढाई लाख से ज्यादा मजदूर बेरोजगार हो गए। कई मिल मालिकों ने पड़ोसी राज्य गुजरात में जमीन खरीदी और अपना कारोबार वहाँ ले गए।

नतीजतन मिलों के इलाकों से हलचल गायब हो गई। मिलों की उजाड़ इमारतें अब भुतहा लगने लगीं। और तभी उन्होंने शहर के डेवलपमेंट के लिए आसानी से मिल जानेवाली जमीन के रूप में रियल एस्टेट इंडस्ट्री को लुभाया।

1991 में राज्य सरकार बंबई के लिए नए डेवलपमेंट कंट्रोल नियम लेकर आई। उन्होंने इस शर्त पर मिल की जमीन बेचने की इजाजत दी कि जमीन के एक हिस्से में किफायती घर और जनता के प्रोजेक्ट होने चाहिए। बाद के बरसों में बिल्डर लॉबी के दबाव में कई बार इन नियमों को तोड़-मरोड़कर पेश किया गया। आखिर ज्यादातर बंद मिलों को कमर्शियल और रिहाइशी प्रोजेक्टों के लिए रीडेवलप किया गया। नेशनल टेक्सटाइल कॉरपोरेशन के पास मुंबई में कई मिलें थीं। उसने भी कमर्शियल इस्तेमाल के लिए अपनी जमीन बेचने का फैसला किया। आज इन जमीनों पर 90 मंजिल तक ऊँची इमारतें हैं। इस पुस्तक को लिखने के समय मिल की जमीन पर 'पैलेस रॉयल' बन रहा है

और इसे भारत में सबसे ऊँची गगनचुंबी इमारतों में से एक माना जाता है।

मिलों का जमाना खत्म होने से सेंट्रल मुंबई के परेल, लालबाग, चिंचपोकली और काला चौकी जैसे इलाकों की डेमोग्राफी भी बदल गई। इन इलाकों में महाराष्ट्रीयन मिल मजदूरों की बसावट थी। वे बॉम्बे डेवलपमेंट डिपार्टमेंट (बी.डी.डी.), बॉम्बे इंप्रूवमेंट ट्रस्ट (बी.आई.टी.) और प्राइवेट कंपनियों की बनाई ब्रिटिश काल की चॉलों में रहते थे।

इन चॉलों में जगह की बहुत कमी थी। यहाँ साफ-सफाई और बुनियादी सुविधाएँ भी कम थीं। उन चॉलों की जगह अब ऊँचे रिहाइशी टावरों ने ले ली है। अब उनमें रोजगार के लिए देश भर से मुंबई आए लोग रहते हैं। बी.डी.डी. और बी.आई.टी. चॉलों का भी रीडेवलपमेंट किया जा रहा है। वरुण सिंह कहते हैं—"कई मिल मजदूर और उनके परिवार के सदस्य अब मिल की जमीनों पर बने इन टावरों में सिक्योरिटी गार्ड का काम करते हैं।"[10]

घर मिला नहीं, ई.एम.आई. चालू!

मेरे दोस्त एंथनी (अनुरोध पर नाम बदला गया) ने कल्याण में बन रही एक टाउनशिप में 35 लाख रुपए में 2-बीएचके फ्लैट बुक किया। उन्होंने बिल्डर को करीब 20 लाख रुपए दे दिए थे। मगर तभी वह प्रोजेक्ट मुकदमेबाजी में फँस गया। करीब पाँच साल के इंतजार के बाद एंथनी ने अपनी बुकिंग कैंसल कर दी। उन्हें अपना पैसा मिल तो गया, लेकिन कड़ी मशक्कत के बाद।

हालाँकि उन्हें अपनी रकम पर कोई ब्याज नहीं मिला, लेकिन एंथनी भाग्यशाली थे कि कम-से-कम अपना पैसा तो उन्हें मिल गया। मुंबई में ऐसे सैकड़ों मामले सामने आए हैं, जहाँ खरीदारों को न तो उनका फ्लैट मिला और न ही रिफंड मिला। कुछ अपनी ई.एम.आई. भरते रहे। जिन्होंने ई.एम.आई. देने से मना किया, उन्हें वसूली एजेंटों ने परेशान किया। कुछ मामलों में मुकदमेबाजी के कारण प्रोजेक्ट अटक गए। कुछ मामलों में तो बिल्डरों ने जानबूझकर अपने कस्टमरों को धोखा दिया।

ऐसे मामले भी सामने आए हैं, जहाँ बिल्डरों ने एक प्रोजेक्ट से मिले पैसे को किसी दूसरे प्रोजेक्ट में लगा दिया। कुछ बेईमान बिल्डरों ने घरों के खरीदारों

को हर मुमकिन तरीके से शिकार बनाया। जैसे एक फ्लैट को कई लोगों को बेच दिया, वादा किए गए कारपेट एरिया से कम एरिया दिया, वादा की गई सुविधाएँ नहीं दीं और एग्रीमेंट में छिपी शर्तें जोड़ीं। ऐसे मामले इतने बढ़ गए कि मेरे चैनल एबीपी न्यूज ने पीड़ितों की दुर्दशा को उजागर करने के लिए 'मेरा घर, मेरा हक' कैंपेन शुरू किया।

अगर प्राइवेट सिक्योरिटी इंडस्ट्री भारत में पूर्व सैनिकों को सबसे ज्यादा रोजगार देनेवाली इंडस्ट्री है, तो रियल एस्टेट इंडस्ट्री रिटायर्ड पुलिस अफसरों को सबसे ज्यादा रोजगार देनेवाली रही है। मुंबई के करीब हर बड़े बिल्डर ने पार्टनर या कंसल्टेंट के तौर पर पूर्व पुलिस अफसरों को अपने साथ लिया है। इसका फायदा यह होता है कि पुलिसवाले परेशान करनेवालों को दूर रखने में मदद कर सकते हैं। अगर कोई किसी बिल्डर को पुलिस में शिकायत करने की धमकी देता है तो इन पूर्व पुलिस अफसरों को 'पुलिस स्टेशन मैनेज करने' का काम सौंपा जाता है। वहाँ का अफसर शिकायत को कुछ ऐसा कहकर खारिज कर देता है, 'ये तो सिविल मैटर है। हम इसमें कुछ नहीं कर सकते। अदालत में जाओ।' वे पुलिस और सिविल एडमिनिस्ट्रेशन में सीनियर अफसरों के साथ संपर्क में भी मदद करते हैं। उनसे जबरन वसूली करनेवालों से निपटने की उम्मीद भी की जाती है। इस तरह वसूली करनेवाले अकसर सामाजिक कार्यकर्ताओं, आर.टी.आई. कार्यकर्ताओं, लोकल नेताओं और पत्रकारों के रूप में आते हैं और प्रोजेक्ट में गड़बड़ियों का हवाला देते हुए पैसे माँगते हैं। कई बिल्डर इस तरह की परेशानियाँ खड़ी करनेवालों को अपनी मर्जी से कुछ रकम देने की पेशकश करते हैं। इसे 'गुडलक मनी' कहते हैं।

आजकल घर खरीदारों को रियल एस्टेट रेग्युलेशन ऐंड डेवलपमेंट ऐक्ट, 2016 से कुछ राहत मिली है। इसे 'रेरा' भी कहा जाता है। इस कानून के तहत सभी रियल एस्टेट प्रोजेक्टों का रेरा प्राधिकरण के साथ रजिस्टर्ड होना जरूरी है। इससे घर खरीदारों के हकों की हिफाजत होती है। इसमें कानून तोड़नेवाले बिल्डरों के लिए जुरमाने और सजा का प्रावधान है। यह कानून परेशान घर खरीदारों की परेशानियाँ भी दूर करता है।

□

20

क्या चमक खो रही है मुंबई?

लोग पैसा कमाने के लिए मुंबई आते हैं। इस शहर ने सदियों से कपास, अफीम, चाँदी, सोना और हीरों के साथ-साथ इनसानों का भी कारोबार किया है। यहाँ हर नुक्कड़ से रंक से रईस बनने की कहानियाँ निकलती हैं। जुझारू, जोखिम लेनेवालों और कड़ी मेहनत करनेवालों के लिए यह शहर हमेशा फायदेमंद रहा है। यह शहर उन लोगों को सौगात देता है, जो सपने लेकर आते हैं और संघर्ष करते हैं। पिछले कुछ दशकों में भारत की इकोनॉमी में बहुत उथल-पुथल रही है। उसके मद्देनजर अब यह सवाल पूछा जा रहा है कि क्या मुंबई देश के शहरों में सिरमौर की अपनी ऐतिहासिक इमेज बनाए रख पा रही है?

चली गई टेक्सटाइल इंडस्ट्री

लंबे समय तक हड़ताल और अड़ियल यूनियनबाजी के कारण मिलों के बंद होने से 1990 के दशक तक दुनिया भर में मशहूर टेक्सटाइल इंडस्ट्री मुंबई से करीब-करीब पूरी तरह से पलायन कर गई है। पहले एक ही मिल में पूरा प्रोडक्शन होता था। अब वह अलग-अलग जगह पर किया जाने लगा और छोटी-छोटी इंडस्ट्रीज में बँट गया, जैसे—सूत की कताई, बुनाई, रँगाई, छपाई, कटाई, कढ़ाई और पैकिंग। मजदूरी, बिजली, पानी और ऑक्ट्रॉय महँगे हो जाने की वजह से ये छोटी-छोटी इंडस्ट्रीज सूरत, भिवंडी, मालेगाँव और इचलकरंजी जैसे छोटे शहरों में डेवलप होने लगीं।

'भारत मर्चेंट्स चैंबर्स' के राजीव सिंघल ने मुझसे कहा, "सूरत अब टेक्सटाइल इंडस्ट्री का एक बड़ा सेंटर बन गया है। दुनिया में महिलाओं के सबसे

अच्छे ड्रेस मटीरियल अब सूरत में मिलते हैं। करीब 40 साल पहले खानदानी परिवारों में इंपोर्ट की हुई जापानी साड़ियों का क्रेज था। ये ज्यादातर साउथ बंबई के मोहता मार्केट और मनीष मार्केट में बेची जाती थीं। अब उसी क्वालिटी की साड़ियाँ सूरत में बनाई और बेची जाती हैं।"[1]

मुंबई से टेक्सटाइल इंडस्ट्री के पलायन का असर उसके थोक बाजार पर भी पड़ा। उद्योगपति धीरूभाई अंबानी ने मसालों का कारोबार छोड़ने के बाद यार्न के एक्सपोर्ट में कदम रखा। इसके लिए उन्होंने 19वीं सदी के मूलजी जेठा मार्केट में एक छोटा ऑफिस खोला।[2] मूलजी जेठा, मंगलदास और स्वदेशी मार्केट में थोक में कपड़े बेचे जाते थे। सिंघल के मुताबिक, "इन नामी बाजारों में कारोबार में बड़ा बदलाव आया है। मजदूरों के मुद्दों और बढ़ती लागत के कारण कई पुराने थोक व्यापारी अब खुदरा कारोबार करने लगे हैं।"[3]

सिंघल का कहना है कि मुंबई के बंदरगाहों का महत्त्व भी कम हो गया है। भारत के पश्चिमी तट पर जवाहरलाल नेहरू पोर्ट और मूँदड़ा पोर्ट जैसे कई नए बंदरगाह अब इंटरनेशनल ट्रेड के लिए मुफीद बन गए हैं।

सोना, चाँदी और हीरे

1978 में आई अमिताभ बच्चन की फिल्म 'डॉन' में एक गाना था—'ई है बंबई नगरिया, तू देख बबुआ··· सोने-चाँदी की डगरिया तू देख बबुआ।'

जब मैंने कुमार जैन से पूछा कि क्या मुंबई के बारे में ये शब्द अब भी सच हैं, तो उन्होंने जोर देकर कहा कि अब यह सच नहीं है। जैन ने सोने और चाँदी के अपने पुश्तैनी कारोबार को जारी रखा है। उनके परदादा उम्मेदमल उन पाँच जौहरियों में से एक थे, जिन्होंने 20वीं सदी की शुरुआत में मुंबादेवी मंदिर के पीछे अपनी दुकान खोली थी। कुछ बरसों में ही इस इलाके में 3,000 से ज्यादा दुकानें हो गईं। यह इलाका डेवलप होकर सोने और चाँदी का मुख्य बाजार जवेरी बाजार बन गया। "1925 में सोने की कीमत 18.75 रुपए तोला थी (2022 में यह पुस्तक लिखते समय सोने का भाव 57,000 रुपए तोला से ज्यादा हो चुका था)। मुंबादेवी मंदिर जानेवाले लोग हमारी दुकानों से सोने के गहने खरीदते थे। कारोबारी सुबह छह बजे से ही काम पर लग जाते थे।

लेकिन अब सबकुछ बदल गया है।" जैन ने कहा।[4]

जैन का मानना है कि जवेरी बाजार के खरीदारों को अब खरीदारी का पहले जैसा अहसास नहीं होता। ट्रैफिक जाम, पार्किंग की जगह की कमी और भीड़भाड़ वाली सड़कें बाजार को नीरस बनाती हैं। इसके अलावा, जवेरी बाजार और मुंबादेवी के आसपास के इलाके में पिछले 30 साल में तीन बम धमाके हुए हैं, जिनमें 100 से ज्यादा लोग मारे गए। "नई पीढ़ी जवेरी बाजार में आने से बचती है और इसके बजाय उपनगरों में अपने आसपास के जूलरी स्टोरों पर खरीदारी करती है। लेकिन पुराने कस्टमर अब भी हम पर भरोसा करते हैं। इस बाजार में आनेवाले विदेशी कस्टमरों की संख्या में भी गिरावट आई है।" जैन कहते हैं।[5]

सोने के कारोबारी कुमार जैन इस बात से नाखुश हैं कि बदलावों का बाजार पर बुरा असर हुआ है। मगर हीरा व्यापारी संजय कोठारी अपने कारोबार की कामयाबी से खुश हैं। जेम्स ऐंड जूलरी एक्सपोर्ट प्रमोशन काउंसिल के पूर्व चेयरमैन कोठारी कहते हैं, "दुनिया के हीरा कारोबार पर भारत राज कर रहा है।"[6]

बंबई में हीरे का कारोबार जवेरी बाजार में भी शुरू हुआ था। वहाँ कुछ हीरा कारोबारियों ने धनजी स्ट्रीट में अपनी दुकानें खोलीं। पहले कच्चा माल इंपोर्ट करने पर पाबंदी थी, लेकिन 1960 के दशक के दौरान सरकार ने कुछ पाबंदियों में ढील दी। इससे बंबई में हीरा कारोबार फला-फूला। हीरा कारोबार जवेरी बाजार की भीड़भाड़ वाली और तंग गलियों से चर्नी रोड की बहुमंजिला पंचरत्न बिल्डिंग तक फैला हुआ था। 1980 के दशक में महाराष्ट्र के मुख्यमंत्री शरद पवार के कार्यकाल के दौरान बांद्रा-कुर्ला कॉम्प्लेक्स में एक डायमंड मार्केट बनाने के लिए जमीन एलॉट की गई थी। 20 एकड़ और नौ टावरों में फैला यह एक्सचेंज 2010 में शुरू हुआ था। 4,000 से ज्यादा सदस्यों और 2,500 ऑफिसों के साथ यह दुनिया का सबसे बड़ा डायमंड एक्सचेंज होने का दावा करता है।

हीरे के प्रोडक्ट ज्यादातर सूरत में बनते हैं, जबकि इनकी मार्केटिंग और ट्रेडिंग मुंबई में होती है। हीरा उद्योग में काम करनेवाले कई लोग रोज मुंबई और सूरत के बीच सफर करते हैं। वे आमतौर पर भारतीय रेलवे की डबल डेकर ट्रेन 'फ्लाइंग रानी' में आते-जाते हैं। यह ट्रेन मुंबई और सूरत के बीच चलती है।

हालाँकि यह सिलसिला जल्द ही खत्म हो सकता है, क्योंकि सूरत में एक और बड़ा हीरा बाजार खुल रहा है। कोठारी का मानना है कि इससे मुंबई पर बहुत ज्यादा असर पड़े बिना कई कारोबार मुंबई से सूरत जा सकते हैं। खरीदारी करने के लिए विदेशी तो मुंबई ही आएँगे।

"भारत में हीरा उद्योग बढ़ रहा है। अब ये सालाना 25 अरब डॉलर का धंधा है। हमारा कारोबार बेल्जियम और इजरायल जैसे बड़े खिलाड़ियों को कड़ी टक्कर दे रहा है।" कोठारी ने कहा।[7]

एक दर्जन बीच, लेकिन वॉटर स्पोर्ट्स नहीं

"जब कसाब और उसके साथी आतंकवादी मुंबई में उतरे, तो उन्होंने न केवल बेकसूर लोगों को मार डाला, बल्कि पूरे समुद्री उद्योग को भी खत्म कर दिया। अब सुरक्षा इंतजामों के कारण आप अपनी बोट को रात में बाहर नहीं ले जा सकते।" मेरे दोस्त राजीव सोमानी ने कहा। उनका कारोबार वाटर स्पोर्ट्स और समुद्र तट की सुरक्षा से जुड़ा है।[8]

मुंबई को भारत का फाइनेंशियल केंद्र माना जा सकता है। लेकिन सोमानी का अनुभव कहता है कि यहाँ कारोबार, खासकर ग्रीनफील्ड प्रोजेक्ट चलाना आसान नहीं है। सोमानी एक ऐसे शख्स हैं, जिन्होंने कुछ अलग करने का सपना देखा और उसे साकार करने का जोखिम उठाया। लेकिन सरकार की दूरदर्शिता की कमी, अनगिनत नियम-कायदों, नौकरशाही की अड़चनों और मुकदमेबाजी ने उनका सपना चकनाचूर कर दिया।

100 किलोमीटर से ज्यादा लंबी कोस्टलाइन वाली मुंबई में एक दर्जन से ज्यादा बीच हैं। लेकिन पूरे शहर में मौज-मस्ती के लिए एक जगह भी कोई बड़ी वाटर स्पोर्ट्स फैसिलिटी नहीं है। 2001 में जब महाराष्ट्र टूरिज्म डेवलपमेंट कॉरपोरेशन (एम.टी.डी.सी.) ने गिरगाँव चौपाटी पर वाटर स्पोर्ट्स फैसिलिटी बनाने के लिए टेंडर जारी किया, तो राजीव सोमानी ने पहल की।

सोमानी ने कहा, "मुझे लगा कि माकूल, शांत और साफ पानी वाली गिरगाँव की खाड़ी को भगवान् ने वाटर स्पोर्ट्स के लिए ही बनाया है।"[9] फिल्म स्टार सुनील शेट्टी के साथ साझेदारी में उन्होंने 'दृष्टि एडवेंचर स्पोर्ट्स' कंपनी

शुरू की। इस कंपनी ने H_2O वाटर स्पोर्ट्स कॉम्प्लेक्स, सूजी वोंग फ्लोटिंग रेस्त्राँ और साल्ट वाटर ग्रिल सी बीच रेस्त्राँ चलाना शुरू किया। इस इंटीग्रेटेड कॉम्प्लेक्स में एक जेटी, मीठे पानी के शॉवर और चेंजिंग रूम हैं।

हालाँकि एक सुरक्षित और बिना हादसे वाली वाटर स्पोर्ट्स फैसिलिटी चलाने के लिए वे परेशानी में भी पड़े। सोमानी का दावा है कि उन्हें नौकरशाही से परेशानी हुई, कई एजेंसियों की खींचतान और मुकदमेबाजी में खींचे जाने का सामना करना पड़ा। "टूरिज्म पॉलिसी के मुताबिक हम रेस्त्राँ और चेंजिंग रूम का इंतजाम करते हैं, लेकिन फिर कोई जनहित याचिका दायर कर देता है और हमें रुक जाना पड़ता है। हमें रेस्त्राँ चलाने से रोकने के लिए कोस्टल रेग्युलेटरी जोन (सीआरजेड) के नियमों का हवाला दिया गया। लेकिन मुझे बताइए कि क्या 400 साल पहले बीच पर मछुआरे समंदर के किनारे पर खाना नहीं बनाते थे? एक विभाग को पता नहीं होता कि दूसरा विभाग क्या कर रहा है? टेंडरिंग अथॉरिटी को सभी क्लियरेंस लेनी चाहिए। सिंगल विंडो क्लियरेंस सिस्टम से इस तरह की दिक्कतें कम होंगी। लेकिन वे केवल किराया वसूल करने का काम करते हैं।" सोमानी ने अपने मन की बात साझा की।[10]

लोकल ट्रेन अब भी मुंबई की 'लाइफलाइन'?

जो भी मुंबई की रफ्तार के साथ चलने में नाकाम रहता है, उसे जल्द ही बाहर का रास्ता दिखा दिया जाता है—चाहे वह 1960 के दशक में ट्राम हो या घोड़ों से जुती खूबसूरत विक्टोरिया पर 2015 में बॉम्बे हाई कोर्ट का पाबंदी लगाना। विक्टोरिया पर पाबंदी की वजह घोड़ों पर जुल्म बताई गई थी। हालाँकि ट्रांसपोर्ट के आधुनिक तरीके आ जाने के बाद वैसे भी उनका काम जॉयराइड्स तक सीमित रह गया था।

मुंबई में लोकल ट्रेनों के महत्त्व को अकसर घिसी-पिटी लाइन 'मुंबई की लाइफलाइन' कहते हुए बताया जाता है। यह सच है कि वे शहर का एक जरूरी हिस्सा बन चुकी हैं। लोकल ट्रेनों में रोज 75 लाख मुसाफिर सफर करते हैं। ये ट्रेन मुंबई को दूर के उपनगरों से जोड़ती हैं। जब मुसाफिरों की संख्या बहुत बढ़ गई, तो लोकल ट्रेनों की लंबाई भी चार बोगियों से बढ़कर पहले 8 और फिर

12 हो गई। इसके बावजूद, लगातार बढ़ती आबादी के कारण लोकल ट्रेन सेवाएँ चरमरा जाती हैं।

पीक आवर्स के दौरान लोकल ट्रेन पकड़ने और उसमें बैठने के लिए जगह खोजने के लिए (या महज उसमें खड़े होने के लिए भी) कुशल धावक, पहलवान और जिम्नास्ट होना चाहिए। हर साल भीड़ की वजह से लोकल से गिरकर कई मुसाफिरों की मौत हो जाती है। 2005 से 2015 के बीच कुल 6,989 लोग लोकल ट्रेन से सफर करने के लिए अपने घरों से निकले और जिंदा नहीं लौटे। ये उन 25,722 यात्रियों में से थे, जो इन 10 साल के दौरान लोकल ट्रेनों से गिर गए थे।[11] अगर आप लोकल ट्रेन से सफर करते हैं, तो कभी भी समय पर (या जिंदा!) घर लौटने के बारे में निश्चित नहीं हो सकते। पीक आवर्स के दौरान लोकल ट्रेन नेटवर्क में एक घंटे की रुकावट भी शहर में अफरा-तफरी की वजह बन जाती है।

लेकिन अब मेट्रो नेटवर्क आ जाने की बदौलत लोकल ट्रेनों पर मुंबई की निर्भरता बदलने वाली है। शहर को 2014 में अपनी पहली मेट्रो लाइन मिली, जो पश्चिमी उपनगरों में वर्सोवा और पूर्वी उपनगरों में घाटकोपर के बीच चलती है और 11 किलोमीटर की दूरी तय करती है। 2025 तक मुंबई मेट्रोपॉलिटन इलाके के हर हिस्से को जोड़नेवाली 14 लाइन चालू हो जाने की उम्मीद है। लाइन 3 को छोड़कर सभी लाइनें एलिवेटेड हैं। लाइन 3 पूरी तरह से अंडरग्राउंड है। इससे इतना तो तय है कि हर मानसून में मुंबई को तहस-नहस करनेवाली बाढ़ का असर इस नेटवर्क पर नहीं होगा।

मेट्रो से लोकल ट्रेनों में भी भीड़भाड़ कम हो जाएगी। लोकल रेल नेटवर्क की तरह ज्यादातर मेट्रो लाइनें उत्तर-दक्षिण की ओर हैं, ताकि पैसेंजर ट्रेनों से मेट्रो में शिफ्ट हो सकें। मेट्रो 3 इस नेटवर्क की सबसे लंबी लाइन है। यह लाइन पश्चिमी उपनगरों के सीप्ज को दक्षिण मुंबई में कफ परेड से जोड़ती है। तीन लाइनें पूर्व-पश्चिम कनेक्टिविटी भी मुहैया कराएँगी।

हालाँकि रेलवे बीट के एक अनुभवी पत्रकार राजेंद्र अकलेकर मेट्रो को मौजूदा लोकल ट्रेन नेटवर्क के तत्काल गंभीर प्रतियोगी के रूप में नहीं देखते। वे मानते हैं कि एक या दो पीढ़ी के बाद ही ऐसा मुमकिन हो सकेगा। "जैसे-जैसे

नया नेटवर्क पूरा होगा और उसे लोग इस्तेमाल करने लगेंगे, तो धीरे-धीरे मेट्रो के मुसाफिरों की संख्या बढ़ सकती है। लेकिन ये सब मौजूदा लोकल ट्रेन नेटवर्क की तुलना में इसके टाइम टेबल, किराए और बाकी चीजों पर निर्भर करता है। 10 रुपए के सबसे कम किराए और शानदार नई तकनीक वाली ट्रेनें मेट्रो नेटवर्क को सस्ता और ज्यादा लुभावना होने का वादा करती हैं। लेकिन इसकी अपनी सीमाएँ हो सकती हैं। एक्सेस कंट्रोल, क्यूरेटेड माहौल और बेहतर सफर से मेट्रो फिलहाल क्लास चाहनेवाले वर्किंग क्लास के लोगों के लिए पसंदीदा बन सकती है।" अकलेकर ने मुझे बताया।[12]

अकलेकर के विचार में, लोकल ट्रेनें अब भी विशाल मुंबई महानगर क्षेत्र को कवर करनेवाला ट्रांसपोर्ट का सबसे सस्ता और तेज जरिया है। "बिना किसी सीमा वाले इस तरह के फ्री एक्सेस के मुसाफिरों की भीड़ मुंबई लोकल ट्रेन पर राज करती है। मुंबईकरों ने लोकल को अपनी संस्कृति में ढाला है और इसे अपनी चाहतों का हमसफर बनाया है। इससे लोकल ट्रेन मुंबई की लाइफलाइन और मुंबईकरों की पसंदीदा बन गई है।" उन्होंने चुटकी ली।[13]

मोनोरेल : मुंबई का सफेद हाथी

2010 की शुरुआत में एक लग्जरी रिजॉर्ट कंपनी ने मलेशिया के पूर्वी तट पर अपने नए लॉन्च किए गए रिजॉर्ट को दिखाने के लिए स्टार न्यूज के पत्रकारों को वहाँ ले जाने की पेशकश की। मैंने अपने सीनियरों को यह दलील देकर मुझे वहाँ भेजने के लिए मना लिया कि इस टूर से दो मकसद पूरे होंगे—पहला, हम मलेशियाई टूरिज्म पर एक शॉर्ट फीचर करेंगे, क्योंकि छुट्टियों का मौसम आ रहा है। और दूसरा, हम कुआलालंपुर में मोनोरेल सिस्टम के काम करने के तरीके पर एक स्टोरी कर सकेंगे। चूँकि मुंबई में मोनोरेल नेटवर्क वही मलेशियाई कंपनी स्कॉमी बना रही है, इसलिए हम उसके अफसरों के इंटरव्यू भी कर सकेंगे। मैं खुद यह स्टोरी करने के लिए उतावला था। इसकी वजह यह भी थी कि मैं रिहाइशी कॉलोनी भक्ति पार्क में रहता था और मोनोरेल नेटवर्क वहाँ से गुजरने वाला था। मेरे बॉस मान गए और मैं कुआलालंपुर के लिए रवाना हो गया।

उसके चार साल बाद, फरवरी 2014 में मुंबई में पहली मोनोरेल शुरू की

गई। तब एक हफ्ते से ज्यादा वक्त तक उसके स्टेशनों के बाहर लंबी लाइन लगी रही। परिवार और दोस्त स्टेशन पर ऐसे उमड़ पड़े, जैसे वे पिकनिक पर जा रहे हों। मुंबई के ट्रांसपोर्ट के इस सबसे नए जरिए पर मस्ती की सवारी का मजा लेने के लिए मोनोरेल भीड़ से खचाखच भर गईं। यह भारत का पहला मोनोरेल प्रोजेक्ट था। एलिवेटेड कंक्रीट पटरियों पर दौड़ती यह मोनोरेल पटियाला स्टेट रेलवे के मोनोरेल से अलग तरह की है, जिसका नमूना दिल्ली के रेल संग्रहालय में देखा जा सकता है।

जनता का शुरुआती जोश देखकर सरकार खुश हो गई। लेकिन जनता का यह जोश थोड़े दिन का ही था। एक बार जब लोग जॉयराइड्स से ऊब गए, तो उनका जोश कम हो गया और मोनोरेल शहर में एक सफेद हाथी बन गई। मोनोरेल की रंग-बिरंगी गाड़ियाँ रोज मेरे घर के सामने से गुजरती हैं और मैं अकसर उन्हें खाली देखता हूँ।

यह प्रोजेक्ट मुंबई मेट्रोपॉलिटन रीजन डेवलपमेंट अथॉरिटी (एम.एम.आर.डी.ए.) ने 2008 में लार्सन ऐंड टूब्रो और मलेशियाई कंपनी स्कॉमी को सौंपा था। 2010 में मेरे साथ इंटरव्यू के दौरान स्कॉमी के प्रेजिडेंट सियाहरुनिजाम शमसुद्दीन ने मुझसे जोश से कहा था, "हम ट्रैफिक जाम की परेशानी दूर करने के लिए शहर की माइक्रो-सर्जरी करते हैं।"[14] हालाँकि मोनोरेल प्रोजेक्ट तमाम गलत वजहों से सुर्खियों में रहा है। पूर्वोत्तर उपनगरों में चेंबूर से लेकर मध्य मुंबई में जैकब सर्कल तक मोनोरेल की कुल लंबाई 19 किलोमीटर थी। चेंबूर से वडाला तक सात किलोमीटर का पहला फेज 2011 में शुरू होना था। लेकिन प्रोजेक्ट में देरी के कारण लागत बढ़ गई। आखिर फरवरी 2014 में पहली मोनोरेल शुरू की गई। इसमें शुरुआती दिनों में बार-बार खराबी आती थी। दो बार तो मुसाफिर एलिवेटेड मोनोरेल कारों में फँस गए और उन्हें उतारने के लिए फायर ब्रिगेड को बुलाना पड़ा। एक और मामले में चलती ट्रेन में आग लग गई। नसीब है कि जान-माल का कोई नुकसान नहीं हुआ।

हादसों के अलावा मोनोरेल खराब प्लानिंग वाले एक बड़े प्रोजेक्ट का नमूना भी है। भक्ति पार्क जैसे कुछ स्टेशन रिहाइशी कॉलोनियों से दूर हैं। वडाला डिपो और जीटीबी नगर जैसे स्टेशन एक-दूसरे से बमुश्किल 250 मीटर की दूरी

पर हैं। एक और मुद्दा इसकी फ्रीक्वेंसी का है। लोकल ट्रेनें या मेट्रो हर तीन से 10 मिनट में आती हैं, लेकिन एक मोनोरेल ट्रेन को पिछली ट्रेन के बाद आने में 30 से 45 मिनट लगते हैं। ऐसी वजहों से मुंबईकरों को मोनोरेल नहीं भाई। कम मुसाफिर होने के कारण इसे चलाने की लागत इसकी आमदनी से ज्यादा बनी रही। सरकार का और मोनोरेल लाइनों का भी प्लान था, लेकिन ये सब देखते हुए उसे ठंडे बस्ते में डाल दिया गया।

सड़कें और पुल : हमेशा कार्य प्रगति पर है!

सरकार का मुंबई की सड़कों पर ज्यादा कारों की सुविधा देते हुए मेट्रो और मोनोरेल लाइनों के साथ पब्लिक ट्रांसपोर्ट सुधारने में निवेश करने के काम एक-दूसरे के खिलाफ लगते हैं। मुंबई में नई सड़कों और पुलों का विकास खासकर कारों के लिए किया जा रहा है। यह तब हो रहा है, जबकि सरकार ग्लोबल वार्मिंग के असर को कम करने के लिए इसके समाधानों पर मंथन कर रही है।

शिवसेना-बीजेपी सरकार के सत्ता में आने के बाद 1996 में मुंबई में रोड डेवलपमेंट का सिलसिला शुरू हुआ था। तब के लोक निर्माण विभाग मंत्री नितिन गडकरी ने मुंबई और उसके आसपास 55 फ्लाईओवर बनाने का एक बड़ा प्रोजेक्ट शुरू किया था। तब शहर में लंबे ट्रैफिक जाम होते थे, क्योंकि एक साथ कई जगहों पर कंस्ट्रक्शन का काम चल रहा था। हर जगह बोर्ड पर लिखा होता था—"कार्य प्रगति पर है। एक बेहतर कल के लिए आज की असुविधा को सहन करें।" 1999 में शिवसेना-बीजेपी सरकार के सत्ता से बाहर होने के बाद भी 'कार्य प्रगति पर' जारी रहा।

मार्च 2010 में बांद्रा-वर्ली सी लिंक खुल गया। इससे इन दोनों जगहों के बीच की दूरी 20 मिनट से घटकर पाँच मिनट रह गई। इसी तरह 2014 में ईस्टर्न फ्रीवे खोला गया। यह दक्षिण मुंबई को चेंबूर के पूर्वोत्तर उपनगर से तेजी से जोड़ता है। नई सदी की शुरुआत में जे.जे. फ्लाईओवर और लालबाग फ्लाईओवर जैसे लंबे फ्लाईओवर शुरू हुए।

कई मेट्रो लाइनों और बुनियादी ढाँचे के दूसरे प्रोजेक्टों का काम साथ-साथ होने के कारण मुंबई एक बार फिर 1990 के दशक जैसे लंबे ट्रैफिक जाम का

सामना कर रही है। 2022 में जब यह पुस्तक लिखी जा रही थी, तो मुंबई के पूर्वी और पश्चिमी दोनों कोस्ट में बदलाव हो रहे थे। 2018 में मुंबई ट्रांस-हार्बर लिंक बनना शुरू हुआ। 21 किलोमीटर लंबा यह पुल मध्य मुंबई में शिवडी को नवी मुंबई के पास न्हावा-शेवा से जोड़ेगा। यह पनवेल, अलीबाग, पुणे और गोवा तक का सफर एक घंटा कम कर देगा। 2023 में पूरा होने पर यह भारत का सबसे लंबा समुद्री पुल होगा। पश्चिमी तट के साथ-साथ बी.एम.सी. इतना ही बड़ा एक और प्रोजेक्ट कर रही है—22 किलोमीटर लंबी मुंबई कोस्टल रोड साउथ मुंबई के मरीन ड्राइव को कांदिवली के उत्तर-पश्चिमी उपनगर से जोड़ेगी।

फरवरी 2022 में भाऊचा धक्का से नवी मुंबई तक एक वाटर टैक्सी सर्विस शुरू की गई थी, जो इन दो शहरों को स्पीड बोट और कैटामरान के जरिए आधे घंटे के भीतर जोड़ती है। हालाँकि महँगी होने के कारण यह इन दो शहरों के बीच सफर करनेवालों की पसंद अभी तक नहीं बन पाई है। इसलिए इसका आगे चलना मुश्किल ही लगता है।

इनसानियत से सराबोर मुंबईकर...

मुंबई का आसमान बदल सकता है, इसका बुनियादी ढाँचा बदल सकता है, कारोबार और लेन-देन के नए तरीके आ सकते हैं, लेकिन शहर के किरदार की कुछ चीजें दशकों से वैसी ही बनी हुई हैं। सीनियर जर्नलिस्ट और लेखक शंकर अय्यर इस बारे में मुझसे सहमत हैं। अय्यर 1980 के दशक से मुंबई की सियासत और इकोनॉमी की शिद्दत से रिपोर्टिंग कर रहे हैं। जब हम मार्च 2022 में मेरे चैनल के एक कॉन्क्लेव में मिले, तो उन्होंने मुंबई के किरदार के बारे में अपने विचार मेरे साथ साझा किए।

उनके विचार में औपनिवेशिक काल के बाद ईंट और मोर्टार की जगह आकर्षक स्टील और काँच के आने से कारोबारों और इकोनॉमी में बदलावों का पता चलता है। पुरानी इंडस्ट्रीज लंबे समय से ग्लोबलाइजेशन की ताकत के सामने झुक गईं, पैसे के जोर के सामने यूनियनों की आवाज को बंद हुए अरसा हो गया और मिलों की जमीन और चिमनियाँ अब तेजी से बढ़ती सर्विस इकोनॉमी के कारण पनपे शहर के लैंडस्केप में पुराने सिंबल की तरह खड़ी रह गई हैं।

बेंगलुरु के नया हब बनने के तमाम हो-हल्ले के बावजूद मुंबई हमेशा बिजनेस आइडिया और कारोबारी खयालों की स्टार्टअप राजधानी रहेगी और हमेशा गिग इकोनॉमी की पहचान बनी रहेगी।

"फिर भी," अय्यर ने कहा, "मुंबई तमाम शहरों के बीच अपनी शानो-शौकत के साथ खड़ी अलग ही नजर आती है। यह अब भी मौकों को भुनाने की जगह है। थकी हुई इच्छाओं के माहौल के बीच मुंबई आज भी एक जोशीला आइडिया बनी हुई है। यह उम्मीदों का मिलन मौकों से कराती है। इसके द्वीप अब भी उम्मीदों और सपनों को पूरा करते हैं। उम्मीदें यहाँ अब भी पूरी होती हैं, सपने यहाँ अब भी सच होते हैं। यह अजूबों के साथ ही बिना अजूबों वाले अंदाजों का शहर है। यह अब भी वही शहर है, जो सोता नहीं है, जहाँ हुनर को अहम माना जाता है, जहाँ वक्त के पास भी वक्त नहीं है, जहाँ लोग हमेशा जल्दबाजी में होना चाहते हैं। फिर भी, यहाँ ऐसे इनसानों से, मुंबईकरों से रूबरू होना बहुत आम है, जो इनसानियत से सराबोर हैं।"[15]

□

टिप्पणियाँ

1. अयोध्या से पहले की बंबई

1. https://byjus.com/free-ias-prep/home-states-of-ias-officers-in-india/
2. '2 अगस्त, 2021 तक भारतीय पुलिस सेवाओं और राज्य पुलिस सेवाओं के अधिकारियों की त्रैमासिक सूची', महाराष्ट्र राज्य पुलिस विभाग, https://www.mahapolice.gov.in/uploads/posting_details/a8bc7a0f58c573b87eba9eb9367dd316.pdf.

2. रुश्दी की पुस्तक पर 1989 का दंगा

1. 'मुसलिम मोरचे पर पुलिस गोलीबारी की सी.पी.डी.आर. जाँच' (13 अप्रैल, 1989 को लोकतांत्रिक अधिकारों के संरक्षण के लिए समिति द्वारा जाँच रिपोर्ट प्रकाशित की गई थी), http://www.unipune.ac.in/snc/cssh/humanrights/02%20STATE%20AND%20ARMY%20-%20POLICE%20REPRESSION/G%20MAHARASHTRA/2.pdf.
2. वही।
3. Jyoti Thottam, 'Rushdie's Mumbai', Time, 18 June, 2009, http://content.time.com/time/specials/packages/article/0,28804,1902809_1902810_1905180,00.html.
4. वही।
5. वही।

3. 1990 : बंबई पहुँचा रथ

1. Meena Menon, 'Riots and After in Mumbai : Chronicles of Truth and Reconciliation', New Delhi, Sage Publications India Pvt. Ltd, 2012, Page 22-82.
2. वही।
3. वही।

4. वही।
5. जैसा लेखक को आर.यू. सिंह ने बताया।
6. जैसा लेखक को रघुनाथ कुलकर्णी ने बताया।
7. एल.के. आडवाणी पर आर.के. लक्ष्मण के कार्टून, 21 फरवरी, 2015, http://yousaidit-rklaxman.blogspot.com/2015/02/rk-laxman-about-bjp-sangh-parivar.html.

4. दिसंबर 1992 के दंगे

1. इस पुस्तक के विभिन्न अध्यायों में दंगों और पुलिस फायरिंग में मारे गए लोगों के आँकड़े न्यायमूर्ति बी.एन. श्रीकृष्ण आयोग की रिपोर्ट से उद्धृत किए गए हैं, https://www.sabrang.com/srikrish/vol1.htm.
2. जैसा असलम मलकानी ने लेखक को बताया।

5. जनवरी 1993 के दंगे

1. नाम अनुरोध पर बदला गया।
2. श्रीकृष्ण आयोग, 'जाँच रिपोर्ट', 16 फरवरी, 1998, https://www.sabrang.com/srikrish/vol1.htm.
3. जैसा लेखक को विजयानंद गुप्ता ने बताया।
4. Meena Menon, 'Riots and After in Mumbai', Page 91-96. उन्होंने खुलासा किया कि घटना गांधी चॉल की थी, न कि राधाबाई चॉल की, जैसाकि उस समय के अखबारों में छापा गया था।
5. Telegraph Bureau, 'Bal Thackeray Stripped of Voting Right', 28 July, 1999, Telegraph, https://www.telegraphindia.com/india/bal-thackeray-stripped-of-voting-right/cid/918057
6. जैसा अहमद शेख ने लेखक को बताया।
7. जैसा असलम मलकानी ने लेखक को बताया।
8. Sukanya Shantha, 'With Weary Witnesses, Suleman Usman Bakery Case Goes to Trial After 26 Years', The Wire, 4 March, 2019, https://thewire.in/communalism/suleman-usman-bakery-case-trial-witnesses.
9. जैसा अतीक-उर-रहमान ने लेखक को बताया।
10. श्रीकृष्ण आयोग, 'जाँच रिपोर्ट', 16 फरवरी, 1998।
11. Sharad Pawar, 'On My Terms : From the Grassroots to the Corridors of Power', New Delhi, Speaking Tiger Publishing Pvt. Ltd, 2016, Page 110.
12. Rakesh Maria, 'Let Me Say It Now', Chennai, Westland Books Pvt Ltd, 2020, Page 66.

13. जैसा लेखक को वाई.सी. पवार ने बताया।
14. जैसा लेखक को सुरेंद्र कुमार जायसवाल ने बताया।
15. जैसा लेखक को बबन जाधव ने बताया।
16. बाल ठाकरे की उनके निवास पर लेखक और अन्य मीडियाकर्मियों के साथ बातचीत।

6. 12 मार्च, 1993 : खून से लथपथ बंबई

1. Sharad Pawar, 'On My Terms', Page 112.
2. जैसा लेखक को कीर्ति अजमेरा ने बताया।
3. B. Raman, 'Lessons from the Mumbai Blasts', Rediff.com, 14 March, 2003, https://www.rediff.com/news/2003/mar/14raman.htm.
4. Rakesh Maria, Let Me Say It Now, Page 85.
5. यह जानकारी 1993 के धमाकों के मुकदमे से जुड़े अफसरों, वकीलों और अंडरवर्ल्ड के मुखबिरों के साथ लेखक की बातचीत पर आधारित है।
6. मुंबई पुलिस द्वारा विशेष टाडा अदालत में दायर की गई 1993 के धमाकों की चार्जशीट, https://www.hindustantimes.com/india/93-blasts-court-to-deliver-verdict/story-OaNzvfWZWbARemkkSaLenJ.html.
7. जैसा लेखक को विशेष टाडा अदालत में मामले के एक अभियुक्त ने बताया, जो गुमनाम रहना चाहता था।
8. जैसा लेखक को एम.एन. सिंह ने बताया।
9. जैसा लेखक को नीरज कुमार ने बताया।
10. जैसा लेखक को ए.एस. सामरा ने बताया।
11. जैसा लेखक को एम.एन. सिंह ने बताया।
12. Lekha Rattanani, 'Bombay bomb blasts : Police ask for maximum punishment for accused', India Today, 30 November, 1993, https://www.indiatoday.in/magazine/indiascope/story/19931130-bombay-bomb-blasts-police-ask-for-maximum-punishment-for-accused-811840-1993-11-30.
13. India Today Bureau, 'Former filmstar Parveen Babi sees plots everywhere', India Today, 19 August, 2002, https://www.indiatoday.in/magazine/indiascope/story/20020819-former-filmstar-parveen-babi-sees-plots-everywhere-796505-2002-08-19.
14. Soniya Agrawal, 'Parveen Babi put sex-appeal in 1970s Bollywood, but constantly fought mental health issues, The Print, 20 January, 2020,https://theprint.in/theprint-profile/parveen-babi-put-sex-appeal-in-1970s-bollywood-but-constantly-fought-mental-health-issues/180461/.
15. जैसा अंडरवर्ल्ड के एक मुखबिर ने लेखक को बताया।
16. B. Raman, 'Exclusive! B Raman's unpublished 2007 article : Why Yakub Memon must not be hanged', Rediff.com, 24 July, 2015,

https://www.rediff.com/news/column/exclusive-b-ramans-unpublished-2007-article-why-yakub-memon-must-not-be-hanged/20150723.htm.

17. जैसा लेखक को न्यायमूर्ति पी.डी. कोदे ने बताया।

7. अंडरवर्ल्ड का राज

1. Harinder Baweja, 'I will return to India and face trial but after teaching Dawood a lesson : Chhota Rajan', India Today, 31 January, 1996, https://www.indiatoday.in/magazine/interview/story/19960131-i-will-return-to-india-and-face-trial-but-after-teaching-dawood-a-lesson-says-chhota-rajan-833413-1996-01-31.
2. Praveen Swami, 'We are responsible for the attacks on Milind Vaidya', Frontline, 27 March, 1999, https://frontline.thehindu.com/other/article30159164.ece.
3. Express News Service, 'Gangster Chhota Rajan acquitted in 1993 blasts accused's murder case', Indian Express, 23 April, 2021, https://indianexpress.com/article/india/gangster-chhota-rajan-acquitted-in-1993-blasts-accuseds-murder-case-7285610/.
4. Charul Shah, '1993 Mumbai blast accused's murder: Chhota Rajan acquitted', HindustanTimes, 23 April, 2021, https://www.hindustantimes. com/cities/others/1993-mumbai-blast-accused-s-murder-chhota-rajan-acquitted-101619120031425.html.
5. Sumita Sarkar and Arvind Tiwari, 'Combating Organised Crime : A Case Study of Mumbai City', South Asia Terrorism Portal, https://www.satp.org/satporgtp/publication/faultlines/volume12/article5.htm.
6. जैसा लेखक को सुनील जैन ने बताया।
7. Harinder Baweja, 'I will return to India and face trial but after teaching Dawood a lesson : Chhota Rajan'.
8. जैसा लेखक को जोसी जोसेफ ने बताया।
9. जैसा लेखक को फैजल वाहिद ने बताया।
10. जैसा लेखक को टेलीफोन पर नदीम सैफी ने बताया।
11. जैसा लेखक को लक्ष्मण जिमान ने बताया।
12. Sumita Sarkar and Arvind Tiwari, 'Combating Organised Crime : A Case Study of Mumbai City'.
13. Nazia Sayed, 'An insider's first-hand account of the mob', Mumbai Mirror, 17 November, 2010, https://mumbaimirror.indiatimes.com/mumbai/other/an-insiders-first-hand-account-of-the-mob/articleshow/16074035.cms.
14. जैसा लेखक को बलजीत परमार ने बताया।

15. Express News Service, 'Journalist J Dey murder case verdict : Gangster Chhota Rajan, eight others sentenced to life imprisonment', Indian Express, 3 May, 2018, https://indianexpress.com/article/cities/mumbai/journalist-j-dey-murder-case-verdict-gangster-chhota-rajan-8-others-convicted-jigna-vora-acquitted-5159738/.
16. Staff Reporter, 'Inquiry against ACP for partying with gangsters', The Hindu, 2 January, 2010, https://www.thehindu.com/news/Inquiry-against-ACP-for-partying-with-gangsters/article16835514.ece.
17. Syed Firdaus Ashraf, 'Former judge J.W. Singh accused of underworld links acquitted', Rediff.com, 6 August, 2002, https://www.rediff.com/news/2002/aug/06fird.htm.
18. Jayprakash S. Naidu, '360 degrees : Encounter cops too have shot into oblivion', Deccan Chronicle, 1 November, 2015, https://www. deccanchronicle.com/151101/commentary-op-ed/article/encounter-cops-too-have-shot-oblivion-0.

8. कड़वी गोली : अंडरवर्ल्ड का अंत?

1. Jayprakash S. Naidu, '360 degrees : Encounter cops too have shot into oblivion'.
2. जैसा लेखक को स्वर्गीय गोपीनाथ मुंडे ने बताया था।
3. जैसा लेखक को बीजेपी प्रवक्ता केशव उपाध्याय ने बताया।
4. जैसा लेखक को स्वर्गीय विजय सालस्कर ने बताया था।
5. वही।
6. Express News Service, 'Encounter probe report indicts cops', Indian Express, 29 September, 1998, https://indianexpress.com/article/news-archive/encounter-probe-report-indicts-cops/lite/.
7. 'MCOCA Checks Crime in State', Times of India, 31 August, 2009, https://timesofindia.indiatimes.com/city/mumbai/mcoca-checks-crime-in-state/articleshow/4952889.cms.
8. 2010 और 2011 में लेखक को छोटा राजन होने का दावा करनेवाले एक शख्स के +344 नंबरों से कॉल आए थे। यह साबित नहीं किया जा सका कि वह शख्स सचमुच छोटा राजन था या नहीं?
9. जैसा लेखक को मुंबई पुलिस के एक सोर्स ने बताया।
10. जैसा लेखक को अरुण गवली ने बताया।
11. जैसा लेखक को केशव उपाध्याय ने बताया।
12. जैसा लेखक को प्रेमकुमार बेदी ने बताया।
13. जैसा लेखक को शकुंतला बेदी ने बताया।
14. Raval Sheela, Godfathers of Crime: Face to Face with India's Most Wanted, New Delhi: Hachette, 2015, p. 144, 183.
15. जैसा लेखक को अश्विन नाईक ने बताया।

लौटा आतंक

लेखक को ए.सी.पी. मोहम्मद जावेद ने बताया।

11 : नहीं सीखा सबक

ALBADEVI SHOOTING CASE-1946', Bombay High Court storical Cases Records, https://bombayhighcourt.nic.in/libweb/storicalcases/cases/KALBADEVI_SHOOTING_CASE-1946.html.

सा लेखक को इंस्पेक्टर संजय गोविलकर ने बताया।

सा लेखक को इंस्पेक्टर रमेश महाले ने बताया।

सा लेखक को डी.आई.जी. स्वाति साठे ने बताया।

सा लेखक को इंस्पेक्टर रमेश महाले ने बताया।

बीपी न्यूज पर 2016 में दिखाई गई न्यूज रिपोर्ट, https://www.youtube.com/watch?v=2WiK6rs4_DI

CAG audit report of Maharashtra, 2015, https://cag.gov.in/cag_old/content/report-2015-compliance-financial-and-performance-audit-state-finances-government-maharashtra

जैसा लेखक को के.पी. रघुवंशी ने बताया।

Shailendra Mohan, 'Bulletproof jackets used on 26/11 unsafe against AK-47s', Hindustan Times, 6 January, 2010, https://www.hindustantimes.com/mumbai/bulletproof-jackets-used-on-26-11-unsafe-against-ak-47s/story-a0XtsdTHIMKOY2vGOSpOMP.html.

अनिल गलगली से लेखक की बातचीत पर आधारित।

PTI, '1,432 bulletproof vests for Mumbai cops failed to withstand SLR fire : Maharashtra Government', Economic Times, 22 March, 2018, https://economictimes.indiatimes.com/news/defence/1432-bullet-proof-vets-for-mumbai-cops-failed-test-to-withstand-slr-fire-maharashtra-government/articleshow/63419243.cms?from=mdr.

Sagar Rajput, Zeeshan Shaikh, 'Maharashtra Police deradicalisation project : Core curriculum step by step', Indian Express, 3 August, 2019, https://indianexpress.com/article/india/maharashtra-police-deradicalisation-project-core-curriculum-step-by-step-5073952/.

कुदरत का बदला

1. 'Black rain claims 2,500 buffaloes', Rediff News, 29 July, 2005, https://www.rediff.com/news/2005/jul/29jcm.htm.
2. Shankkar Aiyar, Malini Bhupta, Dilip Bobb, 'Mumbai floods: Unprecedented rains paralyse India's financial capital, hundreds

16. Nazia Sayed, 'I tried to kill Dawood thrice : Bunty Pandey', Mumbai Mirror, 3 January, 2011, https://mumbaimirror.indiatimes.com/mumbai/other/i-tried-to-kill-dawood-thrice-bunty-pandey/articleshow/16089282. cms.
17. Aritra Hazra, 'Santosh Shetty : A long journey from Breach Candy to Bangkok', Hindustan Times, 13 October, 2015, https://www.hindustantimes.com/mumbai/santosh-shetty-a-long-journey-from-breach-candy-to-bangkok/story-91DasWUbKDemLjxfJaXQYP.html.
18. Arvind Ojha, 'Deepika Padukone on NCB radar in drug probe linked to Sushant death: Sources', India Today, 22 September, 2020, https://www.indiatoday.in/movies/celebrities/story/deepika-padukone-on-ncb-radar-in-drug-probe-linked-to-sushant-death-sources-1724085-2020-09-22.

9. खाकी के आँसू

1. डॉ. पी.एस. पसरीचा से लेखक का इंटरव्यू।
2. TNN, 'Relay delay : Pasricha botches baton handover', Times of India, 6 February, 2004, https://timesofindia.indiatimes.com/city/mumbai/relay-delay-pasricha-botches-baton-handover/articleshow/478349. cms.
3. जैसा लेखक को दया नायक ने बताया।
4. जैसा लेखक को ए.सी.पी. अविनाश धर्माधिकारी ने बताया।
5. जैसा लेखक को प्रदीप शर्मा ने बताया।
6. जैसा लेखक को जे. डे ने बताया था।
7. PTI, "Sachin Waze not Osama bin Laden' : Uddhav Thackeray on transferred Mumbai Cop', LiveMint, 11 March, 2021, https://www.livemint.com/politics/news/sachin-vaze-is-not-osama-bin-laden-uddhav-thackeray-on-transferred-mumbai-cop-11615428746133.html.
8. https://www.dailypioneer.com/2021/india/waze-planted-bomb-for-monetary-gain--nia.html
9. ABP News Bureau, 'Anil Deshmukh Asked Vaze To Collect Rs 100 Cr For Him Per Month : Param Bir Singh Tells Uddhav Thackeray', ABP News, 21 March, 2021, https://news.abplive.com/news/india/param-bir-singh-letter-uddhav-thackeray-anil-deshmukh-asked-sachin-vaze-to-collect rs 100 cr-1449374.

10. एक नई सियासत

1. Sujata Anandan, 'Fallouts of Babri in Bombay', National Herald, 19 December, 2017, https://www.nationalheraldindia.com/opinion/

fallouts-of-babri-in-bombay.

2. जैसा लेखक को नंदू साटम ने बताया।
3. जी.आर. खैरनार, 'एकाकी झुंज', पुणे, पुष्प प्रकाशन लि., 1999, पृष्ठ 210, 216, 217, 218।
4. वही, पृष्ठ 218, 219, 220, 221, 222, 223, 224।
5. Nauzer K. Bharucha, 'The Teflon Mr Pawar', Times of India, 7 July, 2010, https://timesofindia.indiatimes.com/blogs/nothingbutthetruth/the-teflon-mr-pawar/.
6. Smruti Koppiker, 'Suspended BMC's commissioner, G.R. Khairnar gets reinstated by majority vote', India Today, 15 November, 1995, https://www.indiatoday.in/magazine/indiascope/story/19951115-suspended-bmcs-commissioner-g.r.-khairnar-gets-reinstated-by-majority-vote-807912-1995-11-15.
7. M. Rahman, 'Charges of underworld links jolt Pawar but he tries to ride out the crisis once again', India Today, 15 September, 1994, https://www.indiatoday.in/magazine/special-report/story/19940915-charges-of-underworld-links-jolt-pawar-but-he-tries-to-ride-out-the-crisis-once-again-809617-1994-09-15.
8. जैसा लेखक को हितेंद्र ठाकुर ने बताया।
9. Sharad Pawar, On My Terms, पृष्ठ 130–131।
10. वही।
11. जैसा लेखक को सीनियर जर्नलिस्ट अनुराग त्रिपाठी ने बताया।
12. Jitendra Dixit, 'How did remote control become a political word? Who used it for the first time?', ABP News, 5 February, 2020, https://marathi.abplive.com/news/mumbai/how-did-remote-control-become-a-political-word-who-had-used-it-for-the-first-time-739075.
13. Express News Service, 'Hand over Sundew Apartment or let PMC raze it : SC to Vyas Construction', Indian Express, 13 October, 2011, https://indianexpress.com/article/cities/pune/hand-over-sundew-apartment-or-let-pmc-raze-it-sc-to-vyas-construction/.
14. जैसा लेखक को वागीश सारस्वत ने बताया।
15. जैसा लेखक को एम.एन. सिंह ने बताया।
16. Vaibhav Purandare, 'Bal Thackeray & The Rise of The Shiv Sena', Delhi, Roli Books, Lotus Collection, pp. 184-85.
17. जैसा लेखक को एम.एन. सिंह ने बताया।
18. Express News Service, 'Bal Thackeray arrest in 2000 wrong : Ajit Pawar', Indian Express, 13 October, 2019, https://indianexpress.com/elections/bal-thackeray-arrest-in-2000-wrong-ajit-pawar-6066454/.

19. जैसा लेखक को एम.एन. सिंह ने बताया।
20. लेखक पुलिस कमिश्नर एम.एन. सिंह औ
थे।
21. Narayan Rane, No Holds Barr
HarperCollins Publishers India, 20
22. वही, पृष्ठ 81.

11. प्रमोद महाजन : शख्सियत, कत्ल अ

1. जैसा जाँच अधिकारी इंस्पेक्टर अनिल मेकवान
बताई गई प्रमोद महाजन की ये बातें पुलिस को
महाजन के आखिरी शब्द माने गए।
2. जैसा लेखक को अभिमन्यु शितोले ने बताया।
3. जैसा लेखक को कुमुद संघवी चावरे ने बताया।
4. TNN, 'SC notice to CBI over Mahajan
of India, 3 January, 2006, http
com/india/sc-notice-to-cbi-over-mah
articleshow/1356146.cms.
5. PTI, 'Vajpayee a statesman who asked G
'rajdharma' in 2002 riots : Congress',
August, 2018, https://www.newindianex
aug/17/vajpayee-a-statesman-who-ask
follow-rajdharma-in-2002-riots-congress-1
6. जैसा लेखक को अभिमन्यु शितोले ने बताया।
7. जैसा लेखक को पूर्व पत्रकार और बीजेपी प्रवक्ता प्रेम शु
8. जैसा लेखक को नंदू साटम ने बताया।
9. जैसा लेखक को प्रेम शुक्ला ने बताया।
10. वही।
11. जैसा लेखक को अभिमन्यु शितोले ने बताया।
12. जैसा लेखक को संजय निरुपम ने बताया।
13. जैसा लेखक को अनिल मेकवान ने बताया।
14. वही।
15. वही।
16. वही।
17. वही।
18. IANS, '3 men who partied with Rahul Mah
Hindustan Times, 3 June, 2006, https://www.hind
india/3-men-who-partied-with-rahul-mahajan-s
YLlkR4PkYAGr3Rvd6LvFxL.html.

killed', India Today, 8 August, 2005, https://www.indiatoday.in/magazine/cover-story/story/20050808-monsoon-rains-flood-mumbai-thousands-evacuated-787258-2005-08-08.

3. 'India: Flood: 2005/07/27', Asian Disaster Reduction Centre, https://www.adrc.asia/view_disaster_en.php?NationCode=&Lang=en&Key=857.
4. Shankkar Aiyar, Malini Bhupta, Dilip Bobb, 'Mumbai floods'.
5. 'Centre grants Rs 1,200 cr for BRIMSTOWAD', Mumbai Mirror, 13 July, 2007, https://mumbaimirror.indiatimes.com/mumbai/other/centre-grants-rs-1200-cr-for-brimstowad/articleshow/15723410.cms.
6. Dipti Singh, 'Has Mumbai's Brimstowad project gone down the drain?', Free Press Journal, 3 October, 2020, https://www.freepressjournal.in/mumbai/has-mumbais-brimstowad-project-gone-down-the-drain.
7. HT Correspondent, 'Mumbai clears Rs 569 crore for much delayed Mithi river rejuvenation project', Hindustan Times, 27 November, 2020, https://www.hindustantimes.com/mumbai-news/mumbai-clears-rs-569-crore-for-much-delayed-mithi-river-rejuvenation-project/story-HFHyPMDTNTmIBToR0c1QxI.html.
8. Express News Service, 'Mumbai : Pilot project launched to clean Mithi river', Indian Express, 6 August, 2021, https://indianexpress.com/article/cities/mumbai/mumbai-pilot-project-launched-to-clean-mithi-river-7441485/#:~:text=The%20objective%20of%20the%20project,the%20 river%20to%20clean%20it.
9. TNN, '95% Mithi river work completed : Iqbal Chahal', Times of India, 4 February, 2021, https://timesofindia.indiatimes.com/city/mumbai/95-mithi-river-work-completed-chahal/articleshow/80677323.cms.
10. PTI, 'Mumbai: 80 pc of Nariman point, Mantralaya areas will go under water by 2050, predicts BMC chief Iqbal Singh Chahal', Times of India, 28 August, 2021, https://timesofindia.indiatimes.com/city/mumbai/mumbai-80-pc-of-nariman-point-mantralaya-areas-will-go-under water-by-2050-predicts-bmc-chief-iqbal-singh-chahal/articleshow/85710453.cms.
11. Sanjana Bhalerao, 'By 2050, Mumbai will see 25% increase in flash flood intensity, says study', Indian Express, 20 February, 2020, https://indianexpress.com/article/cities/mumbai/mumbai-flash-flood-study-6290303/.
12. वही।
13. 'The 11 cities most likely to run out of drinking water-like Cape Town', BBC, 11 February, 2018, https://www.bbc.com/news/world-42982959.
14. Lyla Bhavadam, 'BMC scraps plans to build a dam to augment

Mumbai's water supply, instead opts for a desalination plant', Frontline, 17 December, 2021, https://frontline.thehindu.com/dispatches/bmc-scraps-plans-to-build-a-dam-to-augment-mumbais-supply-instead-opts-for-a-desalination-plant/article37979329.ece.

15. बॉलीवुड का बदरंग चेहरा

1. Outlook Web Desk, 'The Sanjay Dutt Tape', Outlook, 3 February, 2022, https://www.outlookindia.com/website/story/the-sanjay-dutt-tape/216640.
2. PTI, 'Sanjay Dutt denies links with Shakeel', Times of India, 7 March, 2003, https://timesofindia.indiatimes.com/india/sanjay-dutt-denies-links-with-shakeel/articleshow/39561574.cms.
3. जैसा लेखक को एम.एन. सिंह ने बताया।
4. जैसा लेखक को सर्वेश उपाध्याय ने बताया।
5. जैसा लेखक को अशोक दुबे ने बताया।
6. जैसा लेखक को मयंक शेखर ने बताया।
7. वही।
8. जैसा लेखक को सर्वेश उपाध्याय ने बताया।

16. लालबागचा राजा

1. जैसा लेखक को सुधीर साल्वी ने बताया।
2. वही।
3. वही।
4. Mridula Chari, 'Why Mumbai police detectives are lining up at the tomb of a 14th-century Sufi saint this week', Scroll.in, 26 December, 2015, https://scroll.in/article/778131/why-mumbai-police-detectives-are-lining-up-at-the-tomb-of-a-14th-century-sufi-saint-this-week.
5. जैसा लेखक को सुधीर साल्वी ने बताया।

17. डांस बार : कानून के साथ लुका-छिपी का खेल

1. Tabassum Barnagarwala, 'Waiting in the Wings : Photographer who shot bar dancers, looks back at their life', Indian Express, 25 October, 2015, https://indianexpress.com/article/lifestyle/life-style/waiting-in-the-wings-photographer-who-shot-bar-dancers-looks-back-at-their-life/.
2. जैसा लेखक को मनजीत सिंह सेठी ने बताया।

3. Mateen Hafeez, 'Tarannum case: No charges yet', Times of India, 1 May, 2006, https://timesofindia.indiatimes.com/city/mumbai/tarannum-case-no-charges-yet/articleshow/1511070.cms.
4. जैसा लेखक को तरन्नुम खान ने बताया।
5. वही।
6. Sagnik Chowdhury, 'Deepa Bar owner starts TV news channel, stars and politicians throng launch party', Indian Express, 28 April, 2002, http://archive.indianexpress.com/news/deepa-bar-owner-starts-tv-news-channel-stars-and-politicians-throng-launch-party/1108686/2.
7. जैसा लेखक को पुलिस के मुखबिर ने बताया।

18. फाइनेंशियल मार्केट के हीरो और विलेन

1. ABP News, 'Know how did P.V. Narasimha Rao lay the foundation of new India', YouTube Video, 24 July, 2021, https://www.youtube.com/watch?v=DcR1ah0nltI.
2. Shubhomoy Bhattacharjee, 'How WB, IMF got India to adopt reforms in 1991', Indian Express, 17 September, 2010, https://indianexpress.com/article/news-archive/web/how-wb-imf-got-india-to-adopt-reforms-in-1991/.
3. ABP News, 'Know how did P.V. Narasimha Rao lay the foundation of new India'.
4. जैसा लेखक को पत्रकार राजेश कुमार ने बताया।
5. C.P. Chandrashekhar, 'FDI in banking', The Hindu, 16 November, 2012, https://www.thehindu.com/business/Economy//article56842944.ece.
6. वही।
7. एबीपी माझा, यू-ट्यूब वीडियो, 23 अक्तूबर, 2021, https://www.youtube.com/watch?v=Ppx0qPJ1PXQ.
8. Sreekumar Ray, 'Insider Trading . A White-Collar Crime and Its Impact on the Stock Market', International Journal of Business Ethics in Developing Economies, Vol. 3, Issue 2, 2014, http://www.publishingindia.com/GetBrochure.aspx?query=UERGQnJvY2h1cmVzfC8yMzg1Ln BkZnwvMjM4NS5wZGY=.
9. Samir K. Barua, Jayanth R. Varma, 'Securities Scam Genesis, Mechanics and Impact', Vikalpa, Vol. 18, Issue 1, 1 January, 1993, https://web.iima. ac.in/assets/snippets/workingpaperpdf/1992-09-01jrvarma.pdf.
10. वही।
11. Makarand Joshi, 'Harshad Mehta scam in 1992 ushered regulatory

regime in Indian capital market', MoneyControl, 10 October, 2020, https://www.moneycontrol.com/news/business/markets/harshad-mehta-scam-in-1992-ushered-regulatory-regime-in-indian-capital-market-5944281. html.

12. जैसा लेखक को अजित जोशी ने बताया।
13. वही।
14. एबीपी माझा, खोजी पत्रकार सुचेता दलाल की माझा के साथ बातचीत।
15. Pallavi Prasad, 'Where is the Rs 24,000 Cr. Lost in Harshad Mehta Securities Scam?', The Quint, 28 September, 2020, https://www.thequint.com/explainers/where-is-the-rs-24000-crore-lost-in-the-harshad-mehta-securities-scam#read-more.
16. 'South Asia Monitor : India Budget 2001 : Can the Government Deliver?', Center for Strategic and International Studies, 1 April, 2001, https://www.csis.org/analysis/south-asia-monitor-india-budget-2001-can-government-deliver-april-1-2001.
17. Debashis Basu, Sucheta Dalal, The Scam : The Scam : From Harshad Mehta To Ketan Parekh, Mumbai, Kensource Information Services Pvt Ltd, 2001.
18. Onkar Singh, Rediff Correspondent, 'CBI arrests stock broker Ketan Parekh', 30 March, 2001, https://www.rediff.com/business/2001/mar/30ketan.htm.
19. 'CBI arrests Ketan Parekh', Times of India, 10 August, 2001, https://timesofindia.indiatimes.com/business/india-business/cbi-arrests-ketan-parekh/articleshow/1852914918.cms.
20. Jigna Shah, 'Madhavpura Bank: A Ready Reckoner', Rediff.com, 31 March, 2001, https://www.rediff.com/money/2001/mar/31spec.htm.
21. Sundeep Khanna, 'BACKSTORY : Ketan Parekh and his K-10 stocks', CNBC, 20 September, 2021, https://www.cnbctv18.com/business/backstory-ketan-parekh-and-his-k-10-stocks-10803981.htm.
22. Aron Almeida, 'Ketan Parekh Scam – The Infamous Stock Market Fraud', Trade Brains, 4 October, 2021, https://tradebrains.in/ketan-parekh-scam/#:~:text=Ketan%20Parekh%20declared%20to%20be,15%20years%20up%20to%202017.
23. 'How UTI crisis unfolded: Former Sebi chairman UK Sinha revisits the drama', Business Standard, 5 January, 2020, https://www.business-standard.com/article/beyond-business/how-uti-crisis-unfolded-former-sebi-chairman-uk-sinha-revists-the-drama-120010400751_1. html.
24. वही।
25. Praful Bidwai, 'Betrayal of Public Trust. Behind the UTI Crisis',

16. Nazia Sayed, 'I tried to kill Dawood thrice : Bunty Pandey', Mumbai Mirror, 3 January, 2011, https://mumbaimirror.indiatimes.com/mumbai/other/i-tried-to-kill-dawood-thrice-bunty-pandey/articleshow/16089282. cms.
17. Aritra Hazra, 'Santosh Shetty : A long journey from Breach Candy to Bangkok', Hindustan Times, 13 October, 2015, https://www.hindustantimes.com/mumbai/santosh-shetty-a-long-journey-from-breach-candy-to-bangkok/story-91DasWUbKDemLjxfJaXQYP.html.
18. Arvind Ojha, 'Deepika Padukone on NCB radar in drug probe linked to Sushant death: Sources', India Today, 22 September, 2020, https://www.indiatoday.in/movies/celebrities/story/deepika-padukone-on-ncb-radar-in-drug-probe-linked-to-sushant-death-sources-1724085-2020-09-22.

9. खाकी के आँसू

1. डॉ. पी.एस. पसरीचा से लेखक का इंटरव्यू।
2. TNN, 'Relay delay : Pasricha botches baton handover', Times of India, 6 February, 2004, https://timesofindia.indiatimes.com/city/mumbai/relay-delay-pasricha-botches-baton-handover/articleshow/478349. cms.
3. जैसा लेखक को दया नायक ने बताया।
4. जैसा लेखक को ए.सी.पी. अविनाश धर्माधिकारी ने बताया।
5. जैसा लेखक को प्रदीप शर्मा ने बताया।
6. जैसा लेखक को जे. डे ने बताया था।
7. PTI, "Sachin Waze not Osama bin Laden' : Uddhav Thackeray on transferred Mumbai Cop', LiveMint, 11 March, 2021, https://www.livemint.com/politics/news/sachin-vaze-is-not-osama-bin-laden-uddhav-thackeray-on-transferred-mumbai-cop-11615428746133.html.
8. https://www.dailypioneer.com/2021/india/waze-planted-bomb-for-monetary-gain--nia.html
9. ABP News Bureau, 'Anil Deshmukh Asked Vaze To Collect Rs 100 Cr For Him Per Month : Param Bir Singh Tells Uddhav Thackeray', ABP News, 21 March, 2021, https://news.abplive.com/news/india/param-bir-singh-letter-uddhav-thackeray-anil-deshmukh-asked sachin-vaze-to-collect-rs-100-cr-1449374.

10. एक नई सियासत

1. Sujata Anandan, 'Fallouts of Babri in Bombay', National Herald, 19 December, 2017, https://www.nationalheraldindia.com/opinion/

fallouts-of-babri-in-bombay.

2. जैसा लेखक को नंदू साटम ने बताया।
3. जी.आर. खैरनार, 'एकाकी झुंज', पुणे, पुष्प प्रकाशन लि., 1999, पृष्ठ 210, 216, 217, 218।
4. वही, पृष्ठ 218, 219, 220, 221, 222, 223, 224।
5. Nauzer K. Bharucha, 'The Teflon Mr Pawar', Times of India, 7 July, 2010, https://timesofindia.indiatimes.com/blogs/nothingbutthetruth/the-teflon-mr-pawar/.
6. Smruti Koppiker, 'Suspended BMC's commissioner, G.R. Khairnar gets reinstated by majority vote', India Today, 15 November, 1995, https://www.indiatoday.in/magazine/indiascope/story/19951115-suspended-bmcs-commissioner-g.r.-khairnar-gets-reinstated-by-majority-vote-807912-1995-11-15.
7. M. Rahman, 'Charges of underworld links jolt Pawar but he tries to ride out the crisis once again', India Today, 15 September, 1994, https://www.indiatoday.in/magazine/special-report/story/19940915-charges-of-underworld-links-jolt-pawar-but-he-tries-to-ride-out-the-crisis-once-again-809617-1994-09-15.
8. जैसा लेखक को हितेंद्र ठाकुर ने बताया।
9. Sharad Pawar, On My Terms, पृष्ठ 130–131।
10. वही।
11. जैसा लेखक को सीनियर जर्नलिस्ट अनुराग त्रिपाठी ने बताया।
12. Jitendra Dixit, 'How did remote control become a political word? Who used it for the first time?', ABP News, 5 February, 2020, https://marathi.abplive.com/news/mumbai/how-did-remote-control-become-a-political-word-who-had-used-it-for-the-first-time-739075.
13. Express News Service, 'Hand over Sundew Apartment or let PMC raze it : SC to Vyas Construction', Indian Express, 13 October, 2011, https://indianexpress.com/article/cities/pune/hand-over-sundew-apartment-or-let-pmc-raze-it-sc-to-vyas-construction/.
14. जैसा लेखक को वागीश सारस्वत ने बताया।
15. जैसा लेखक को एम.एन. सिंह ने बताया।
16. Vaibhav Purandare, 'Bal Thackeray & The Rise of The Shiv Sena', Delhi, Roli Books, Lotus Collection, pp. 184-85.
17. जैसा लेखक को एम.एन. सिंह ने बताया।
18. Express News Service, 'Bal Thackeray arrest in 2000 wrong : Ajit Pawar', Indian Express, 13 October, 2019, https://indianexpress.com/elections/bal-thackeray-arrest-in-2000-wrong-ajit-pawar-6066454/.

19. जैसा लेखक को एम.एन. सिंह ने बताया।
20. लेखक पुलिस कमिश्नर एम.एन. सिंह और नारायण राणे के बीच इस तकरार के गवाह थे।
21. Narayan Rane, No Holds Barred: MyYears in Politics, Noida: HarperCollins Publishers India, 2019, pp. 68.
22. वही, पृष्ठ 81.

11. प्रमोद महाजन : शख्सियत, कत्ल और उनकी सियासत

1. जैसा जाँच अधिकारी इंस्पेक्टर अनिल मेकवान ने लेखक को बताया। गोपीनाथ मुंडे को बताई गई प्रमोद महाजन की ये बातें पुलिस को दिए मुंडे के बयान में शामिल थीं और ये महाजन के आखिरी शब्द माने गए।
2. जैसा लेखक को अभिमन्यु शितोले ने बताया।
3. जैसा लेखक को कुमुद संघवी चावरे ने बताया।
4. TNN, 'SC notice to CBI over Mahajan 'favouring' Reliance', Times of India, 3 January, 2006, https://timesofindia.indiatimes. com/india/sc-notice-to-cbi-over-mahajan-favouring-reliance/ articleshow/1356146. cms.
5. PTI, 'Vajpayee a statesman who asked Gujarat CM Modi to follow 'rajdharma' in 2002 riots : Congress', New Indian Express, 17 August, 2018, https://www.newindianexpress.com/nation/2018/ aug/17/vajpayee-a-statesman-who-asked-gujarat-cm-modi-to-follow-rajdharma-in-2002-riots-congress-1858771.html.
6. जैसा लेखक को अभिमन्यु शितोले ने बताया।
7. जैसा लेखक को पूर्व पत्रकार और बीजेपी प्रवक्ता प्रेम शुक्ला ने बताया।
8. जैसा लेखक को नंदू साटम ने बताया।
9. जैसा लेखक को प्रेम शुक्ला ने बताया।
10. वही।
11. जैसा लेखक को अभिमन्यु शितोले ने बताया।
12. जैसा लेखक को संजय निरुपम ने बताया।
13. जैसा लेखक को अनिल मेकवान ने बताया।
14. वही।
15. वही।
16. वही।
17. वही।
18. IANS, '3 men who partied with Rahul Mahajan surrender', Hindustan Times, 3 June, 2006, https://www.hindustantimes.com/ india/3-men-who-partied-with-rahul-mahajan-surrender/story-YLlkR4PkYAGr3Rvd6LvFxL.html.

12. फिर लौटा आतंक

1. जैसा लेखक को ए.सी.पी. मोहम्मद जावेद ने बताया।

13. 26/11 : नहीं सीखा सबक

1. 'KALBADEVI SHOOTING CASE-1946', Bombay High Court Historical Cases Records, https://bombayhighcourt.nic.in/libweb/historicalcases/cases/KALBADEVI_SHOOTING_CASE-1946.html.
2. जैसा लेखक को इंस्पेक्टर संजय गोविलकर ने बताया।
3. जैसा लेखक को इंस्पेक्टर रमेश महाले ने बताया।
4. जैसा लेखक को डी.आई.जी. स्वाति साठे ने बताया।
5. जैसा लेखक को इंस्पेक्टर रमेश महाले ने बताया।
6. एबीपी न्यूज पर 2016 में दिखाई गई न्यूज रिपोर्ट, https://www.youtube. com/watch?v=2WiK6rs4_DI
7. CAG audit report of Maharashtra, 2015, https://cag.gov.in/cag_old/content/report-2015-compliance-financial-and-performance-audit-state-finances-government-maharashtra
8. जैसा लेखक को के.पी. रघुवंशी ने बताया।
9. Shailendra Mohan, 'Bulletproof jackets used on 26/11 unsafe against AK-47s', Hindustan Times, 6 January, 2010, https://www.hindustantimes.com/mumbai/bulletproof-jackets-used-on-26-11-unsafe-against-ak-47s/story-a0XtsdTHlMKOY2vGOSpOMP.html.
10. अनिल गलगली से लेखक की बातचीत पर आधारित।
11. PTI, '1,432 bulletproof vests for Mumbai cops failed to withstand SLR fire : Maharashtra Government', Economic Times, 22 March, 2018, https://economictimes.indiatimes.com/news/defence/1432-bullet-proof-vets-for-mumbai-cops-failed-test-to-withstand-slr-fire-maharashtra-government/articleshow/63419243.cms?from=mdr.
12. Sagar Rajput, Zeeshan Shaikh, 'Maharashtra Police deradicalisation project : Core curriculum step by step', Indian Express, 3 August, 2019, https://indianexpress.com/article/india/maharashtra-police-deradicalisation-project-core-curriculum-step-by-step-5873952/.

14. कुदरत का बदला

1. 'Black rain claims 2,500 buffaloes', Rediff News, 29 July, 2005, https://www.rediff.com/news/2005/jul/29jcm.htm.
2. Shankkar Aiyar, Malini Bhupta, Dilip Bobb, 'Mumbai floods: Unprecedented rains paralyse India's financial capital, hundreds

killed', India Today, 8 August, 2005, https://www.indiatoday.in/magazine/cover-story/story/20050808-monsoon-rains-flood-mumbai-thousands-evacuated-787258-2005-08-08.

3. 'India: Flood: 2005/07/27', Asian Disaster Reduction Centre, https://www.adrc.asia/view_disaster_en.php?NationCode=&Lang=en&Key=857.
4. Shankkar Aiyar, Malini Bhupta, Dilip Bobb, 'Mumbai floods'.
5. 'Centre grants Rs 1,200 cr for BRIMSTOWAD', Mumbai Mirror, 13 July, 2007, https://mumbaimirror.indiatimes.com/mumbai/other/centre-grants-rs-1200-cr-for-brimstowad/articleshow/15723410.cms.
6. Dipti Singh, 'Has Mumbai's Brimstowad project gone down the drain?', Free Press Journal, 3 October, 2020, https://www.freepressjournal.in/mumbai/has-mumbais-brimstowad-project-gone-down-the-drain.
7. HT Correspondent, 'Mumbai clears Rs 569 crore for much delayed Mithi river rejuvenation project', Hindustan Times, 27 November, 2020, https://www.hindustantimes.com/mumbai-news/mumbai-clears-rs-569-crore-for-much-delayed-mithi-river-rejuvenation-project/story-HFHyPMDTNTmIBToR0c1QxI.html.
8. Express News Service, 'Mumbai : Pilot project launched to clean Mithi river', Indian Express, 6 August, 2021, https://indianexpress.com/article/cities/mumbai/mumbai-pilot-project-launched-to-clean-mithi-river-7441485/#:~:text=The%20objective%20of%20the%20project,the%20 river%20to%20clean%20it.
9. TNN, '95% Mithi river work completed : Iqbal Chahal', Times of India, 4 February, 2021, https://timesofindia.indiatimes.com/city/mumbai/95-mithi-river-work-completed-chahal/articleshow/80677323.cms.
10. PTI, 'Mumbai: 80 pc of Nariman point, Mantralaya areas will go under water by 2050, predicts BMC chief Iqbal Singh Chahal', Times of India, 28 August, 2021, https://timesofindia.indiatimes.com/city/mumbai/mumbai-80-pc-of-nariman-point-mantralaya-areas-will-go-under-water-by-2050-predicts-bmc-chief-iqbal-singh-chahal/articleshow/85710453.cms.
11. Sanjana Bhalerao, 'By 2050, Mumbai will see 25% increase in flash flood intensity, says study', Indian Express, 28 February, 2020, https://indianexpress.com/article/cities/mumbai/mumbai-flash-flood-study-6290303/.
12. वही।
13. 'The 11 cities most likely to run out of drinking water-like Cape Town', BBC, 11 February, 2018, https://www.bbc.com/news/world-42982959.
14. Lyla Bhavadam, 'BMC scraps plans to build a dam to augment

Mumbai's water supply, instead opts for a desalination plant', Frontline, 17 December, 2021, https://frontline.thehindu.com/dispatches/bmc-scraps-plans-to-build-a-dam-to-augment-mumbais-supply-instead-opts-for-a-desalination-plant/article37979329.ece.

15. बॉलीवुड का बदरंग चेहरा

1. Outlook Web Desk, 'The Sanjay Dutt Tape', Outlook, 3 February, 2022, https://www.outlookindia.com/website/story/the-sanjay-dutt-tape/216640.
2. PTI, 'Sanjay Dutt denies links with Shakeel', Times of India, 7 March, 2003, https://timesofindia.indiatimes.com/india/sanjay-dutt-denies-links-with-shakeel/articleshow/39561574.cms.
3. जैसा लेखक को एम.एन. सिंह ने बताया।
4. जैसा लेखक को सर्वेश उपाध्याय ने बताया।
5. जैसा लेखक को अशोक दुबे ने बताया।
6. जैसा लेखक को मयंक शेखर ने बताया।
7. वही।
8. जैसा लेखक को सर्वेश उपाध्याय ने बताया।

16. लालबागचा राजा

1. जैसा लेखक को सुधीर साल्वी ने बताया।
2. वही।
3. वही।
4. Mridula Chari, 'Why Mumbai police detectives are lining up at the tomb of a 14th-century Sufi saint this week', Scroll.in, 26 December, 2015, https://scroll.in/article/778131/why-mumbai-police-detectives-are-lining-up-at-the-tomb-of-a-14th-century-sufi-saint-this-week.
5. जैसा लेखक को सुधीर साल्वी ने बताया।

17. डांस बार : कानून के साथ लुका-छिपी का खेल

1. Tabassum Barnagarwala, 'Waiting in the Wings : Photographer who shot bar dancers, looks back at their life', Indian Express, 25 October, 2015, https://indianexpress.com/article/lifestyle/life-style/waiting-in-the-wings-photographer-who-shot-bar-dancers-looks-back-at-their-life/.
2. जैसा लेखक को मनजीत सिंह सेठी ने बताया।

3. Mateen Hafeez, 'Tarannum case: No charges yet', Times of India, 1 May, 2006, https://timesofindia.indiatimes.com/city/mumbai/tarannum-case-no-charges-yet/articleshow/1511070.cms.
4. जैसा लेखक को तरन्नुम खान ने बताया।
5. वही।
6. Sagnik Chowdhury, 'Deepa Bar owner starts TV news channel, stars and politicians throng launch party', Indian Express, 28 April, 2002, http://archive.indianexpress.com/news/deepa-bar-owner-starts-tv-news-channel-stars-and-politicians-throng-launch-party/1108686/2.
7. जैसा लेखक को पुलिस के मुखबिर ने बताया।

18. फाइनेंशियल मार्केट के हीरो और विलेन

1. ABP News, 'Know how did P.V. Narasimha Rao lay the foundation of new India', YouTube Video, 24 July, 2021, https://www.youtube.com/watch?v=DcR1ah0nltI.
2. Shubhomoy Bhattacharjee, 'How WB, IMF got India to adopt reforms in 1991', Indian Express, 17 September, 2010, https://indianexpress.com/article/news-archive/web/how-wb-imf-got-india-to-adopt-reforms-in-1991/.
3. ABP News, 'Know how did P.V. Narasimha Rao lay the foundation of new India'.
4. जैसा लेखक को पत्रकार राजेश कुमार ने बताया।
5. C.P. Chandrashekhar, 'FDI in banking', The Hindu, 16 November, 2012, https://www.thehindu.com/business/Economy//article56842944.ece.
6. वही।
7. एबीपी माझा, यू-ट्यूब वीडियो, 23 अक्तूबर, 2021, https://www.youtube.com/watch?v=Ppx0qPJ1PXQ.
8. Sreekumar Ray, 'Insider Trading : A White-Collar Crime and Its Impact on the Stock Market', International Journal of Business Ethics in Developing Economies, Vol. 3, Issue 2, 2014, http://www.publishingindia.com/GetBrochure.aspx?query=UERGQnJvY2h1cmVzfC8yMzg1Ln BkZnwvMjM4NS5wZGY=.
9. Samir K. Barua, Jayanth R. Varma, 'Securities Scam Genesis, Mechanics and Impact', Vikalpa, Vol. 18, Issue 1, 1 January, 1993, https://web.iima. ac.in/assets/snippets/workingpaperpdf/1992-09-01jrvarma.pdf.
10. वही।
11. Makarand Joshi, 'Harshad Mehta scam in 1992 ushered regulatory

regime in Indian capital market', MoneyControl, 10 October, 2020, https://www.moneycontrol.com/news/business/markets/harshad-mehta-scam-in-1992-ushered-regulatory-regime-in-indian-capital-market-5944281. html.

12. जैसा लेखक को अजित जोशी ने बताया।
13. वही।
14. एबीपी माझा, खोजी पत्रकार सुचेता दलाल की माझा के साथ बातचीत।
15. Pallavi Prasad, 'Where is the Rs 24,000 Cr. Lost in Harshad Mehta Securities Scam?', The Quint, 28 September, 2020, https://www.thequint.com/explainers/where-is-the-rs-24000-crore-lost-in-the-harshad-mehta-securities-scam#read-more.
16. 'South Asia Monitor : India Budget 2001 : Can the Government Deliver?', Center for Strategic and International Studies, 1 April, 2001, https://www.csis.org/analysis/south-asia-monitor-india-budget-2001-can-government-deliver-april-1-2001.
17. Debashis Basu, Sucheta Dalal, The Scam : The Scam : From Harshad Mehta To Ketan Parekh, Mumbai, Kensource Information Services Pvt Ltd, 2001.
18. Onkar Singh, Rediff Correspondent, 'CBI arrests stock broker Ketan Parekh', 30 March, 2001, https://www.rediff.com/business/2001/mar/30ketan.htm.
19. 'CBI arrests Ketan Parekh', Times of India, 10 August, 2001, https://timesofindia.indiatimes.com/business/india-business/cbi-arrests-ketan-parekh/articleshow/1852914918.cms.
20. Jigna Shah, 'Madhavpura Bank: A Ready Reckoner', Rediff.com, 31 March, 2001, https://www.rediff.com/money/2001/mar/31spec.htm.
21. Sundeep Khanna, 'BACKSTORY : Ketan Parekh and his K-10 stocks', CNBC, 20 September, 2021, https://www.cnbctv18.com/business/backstory-ketan-parekh-and-his-k-10-stocks-10803981.htm.
22. Aron Almeida, 'Ketan Parekh Scam – The Infamous Stock Market Fraud', Trade Brains, 4 October, 2021, https://tradebrains.in/ketan-parekh-scam/#:~:text=Ketan%20Parekh%20declared%20to%20be,15%20years%20up%20to%202017.
23. 'How UTI crisis unfolded: Former Sebi chairman UK Sinha revisits the drama', Business Standard, 5 January, 2020, https://www.business-standard.com/article/beyond-business/how-uti-crisis-unfolded-former-sebi-chairman-uk-sinha-revists-the-drama-120010400751_1. html.
24. वही।
25. Praful Bidwai, 'Betrayal of Public Trust. Behind the UTI Crisis',

Transnational Institute, 16 July, 2001, https://www.tni.org/es/node/7878.

26. 'Final Order against Ms. Chitra Ramkrishna and Others', Securities and Exchange Board India, https://www.sebi.gov.in/enforcement/orders/feb-2022/final-order-against-ms-chitra-ramkrishna-and-others_56030. html.
27. वही।
28. वही।
29. वही।
30. वही।
31. आज तक, राकेश झुनझुनवाला के साथ बातचीत, यू-ट्यूब वीडियो, 22 मई, 2021, https://www.youtube.com/watch?v=Ace4mczq1Yo.
32. Kritesh Abhishek, 'Rakesh Jhunjhunwala Success Story-Rs 5,000 to Rs 41,000 Crores!', Trade Brains, 18 December, 2021, https://tradebrains.in/rakesh-jhunjhunwala-success-story/.
33. 'Who is Rakesh Jhunjhunwala?', Business Standard, https://www.business-standard.com/about/who-is-rakesh-jhunjhunwala.
34. 'Rakesh Jhunjhunwala', Forbes, https://www.forbes.com/profile/rakesh-jhunjhunwala/?sh=565cc038174b.
35. जैसा लेखक को हितेश शाह ने बताया।
36. वही।
37. जैसा लेखक को शिशिर सिन्हा ने बताया।
38. आज तक, राकेश झुनझुनवाला के साथ बातचीत।
39. जैसा लेखक को शिशिर सिन्हा ने बताया।
40. एबीपी माझा, खोजी पत्रकार सुचेता दलाल की माझा के साथ बातचीत, https://www.youtube.com/watch?v=Ppx0qPJ1PXQ&t=1401s.

19. धरती से आसमान तक

1. Gillian Tindall, 'City of Gold : The Biography of Bombay', Gurgaon, Penguin India, 2000.
2. World Population Review, 'Mumbai Population 2022', https://worldpopulationreview.com/world-cities/mumbai-population.
3. Scroll Staff, 'Pune ranks best among 111 cities in government's Ease of Living Index,' Scroll.in, 13 August, 2018, https://scroll.in/latest/890313/pune-ranks-best-among-111-cities-in-governments-ease-of-living-index.
4. Slum Rehabilitation Authority, Mumbai, 'Department History', https://sra.gov.in/page/innerpage/department-history.php.
5. BS Reporter, 'Maharashtra repeals land ceiling Act, finally', Business

Standard, 14 June, 2013, https://www.business-standard.com/article/economy-policy/maharashtra-repeals-land-ceiling-act-finally-107113001114_1.html.

6. Faisal Malik, 'Devpt on salt pan land : IIT-B to check feasibility', Hindustan Times, 2 March, 2020, https://www.hindustantimes.com/mumbai-news/devpt-on-salt-pan-land-iit-b-to-check-feasibility/story-ZT5WJM4CCz1LfbeK7TOosO.html.
7. जैसा लेखक को वरुण सिंह ने बताया।
8. जैसा लेखक को सुभाष पटेल ने बताया।
9. वही।
10. जैसा लेखक को वरुण सिंह ने बताया।

20. क्या चमक खो रही है मुंबई?

1. जैसा लेखक को राजीव सिंघल ने बताया।
2. 'Mulji Jetha Market – A Textile Bazaar in Mumbai', Indian Bazaars Blogspot, 16 April, 2010, http://indianbazaars.blogspot.com/2010/04/mulji-jetha-market-textile-bazaar-in.html.
3. जैसा लेखक को राजीव सिंघल ने बताया।
4. जैसा लेखक को कुमार जैन ने बताया।
5. वही।
6. जैसा लेखक को संजय कोठारी ने बताया।
7. वही।
8. जैसा लेखक को राजीव सोमानी ने बताया।
9. वही।
10. वही।
11. PTI, 'Deaths due to fall from overcrowded Mumbai local trains go up, reveals RTI', Indian Express, 13 September, 2015, https://indianexpress.com/article/cities/mumbai/deaths-due-to-fall-from-overcrowded-mumbai-local-trains-go-up-reveals-rti/.
12. जैसा लेखक को राजेंद्र अकलेकर ने बताया।
13. वही।
14. जैसा लेखक को स्याहरुनिजाम शमसुद्दीन ने बताया।
15. जैसा लेखक को शंकर अय्यर ने बताया।

□□□